如何用生成式人工智能
实现企业效率革命

企业AIGC
进化论

谢德刚　蔡晓华　汪习雅 ◎著

中国水利水电出版社
www.waterpub.com.cn
·北京·

内 容 提 要

本书主要探讨了有关AIGC的多个重要主题。首先，介绍了大模型和 AIGC 技术，阐述了其起源、未来发展趋势，包括大模型技术的最新进展、新面世的 AIGC 工具以及 prompt 工程技术。其次，描述了企业战略的达尔文进化模型，从企业基因、环境驱动、企业需求层次三个方面深入阐述企业战略方法论。在此基础上，分析了当前经济环境下不同规模企业利用大模型 AIGC 技术的进化路径和最佳实践。此外，笔者还以亲身经历的中等规模企业为例，详细介绍了从 0 到 1 的 AIGC 战略转型案例，这些案例涵盖了产品、技术、生产、市场、人力资源、行政办公等具体变革的方法和成果，具有一定的参考价值。最后，对 AGI（通用人工智能）的未来进行了思考和讨论。

本书适合企业高管、风险投资人以及企业咨询师等人员阅读。

图书在版编目（CIP）数据

企业 AIGC 进化论：如何用生成式人工智能实现企业效率革命 / 谢德刚，蔡晓华，汪习雅著 . -- 北京：中国水利水电出版社，2025.5. -- ISBN 978-7-5226-3344-2

Ⅰ. F272.7

中国国家版本馆 CIP 数据核字第 2025CM4876 号

选题策划：陈正侠

书　　名	企业 AIGC 进化论：如何用生成式人工智能实现企业效率革命 QIYE AIGC JINHUALUN: RUHE YONG SHENGCHENGSHI RENGONG ZHINENG SHIXIAN QIYE XIAOLÜ GEMING
作　　者	谢德刚　蔡晓华　汪习雅　著
出版发行	中国水利水电出版社 （北京市海淀区玉渊潭南路 1 号 D 座　100038） 网址：www.waterpub.com.cn E-mail：zhiboshangshu@163.com 电话：（010）62572966-2205/2266/2201（营销中心）
经　　售	北京科水图书销售有限公司 电话：（010）68545874、63202643 全国各地新华书店和相关出版物销售网点
排　　版	北京智博尚书文化传媒有限公司
印　　刷	河北文福旺印刷有限公司
规　　格	170mm×240mm　16 开本　24.25 印张　380 千字
版　　次	2025 年 5 月第 1 版　2025 年 5 月第 1 次印刷
印　　数	0001—3000 册
定　　价	98.00 元

凡购买我社图书，如有缺页、倒页、脱页的，本社营销中心负责调换

版权所有·侵权必究

前言 PREFACE

本书全面地介绍了人工智能（Artificial Intelligence，AI）技术，特别是生成式人工智能（Generative Artificial Intelligence，GenAI）技术对人类社会、企业和个人的革命性影响，以及企业和个人如何适应大环境的变化。

本书前两章介绍 AI 技术及人工智能生成内容（Artificial Intelligence Generated Content，AIGC）的起源和发展。第三章介绍从心理测量学角度对大模型进行类人化的认知能力测试，讲解了大模型和人类的差别。第四章介绍个人如何利用 AIGC 工具辅助自己提升工作和学习效率，进化成为"超级个体"。第五章介绍一种新的企业战略思考维度，根据企业目标和企业基因来制定战略和进化路径，以适应环境，谋得生存和发展。第六章到第十章详细地介绍企业如何利用 GenAI 技术和 AIGC 工具制定企业 AI 战略，把 AIGC 工具作为企业生产力工具，从战略、营销、产品、技术和组织等方面来降本增效，进化为 AI 时代的"新物种"企业。

笔者从 20 世纪 90 年代开始就从事软件开发和人工智能技术工作，1994 年开始使用互联网，是中国互联网的第一批用户。从早期的互联网接入服务商，到内容门户网站、电子商务、搜索引擎兴起，经过 2000 年互联网泡沫，再到移动互联网、社交网络、社交媒体、社区平台、区块链、加密货币、移动电商、短视频平台等的涌现发展和普及，笔者见证了互联网发展的历史。

2022 年底，OpenAI 发布的 ChatGPT 重新燃起了笔者极大的兴趣，笔者认为 AI 大模型能力来到了奇点时刻，人类文明史将进入新的时代，能够参与这场伟大的变革是人生的幸事！

笔者从 2000 年开始，一直带领团队，从事垂直领域（教育科技）AI 应用的研究开发工作。2008 年至 2014 年，笔者担任美国一家上市公司的 CTO，和团队一起开发了智能职业能力测评软件（这个软件有 8 种语言，在全球 60 多个国家使用，累计测评科目次数超过 10 亿）。

  从 2014 年开始，笔者在基础教育领域创业，运用教育大数据和智能测评算法为学生做学科画像，并根据学生的画像使用人工智能推荐算法做学习路径规划和内容推荐，解决学生学习负担过重和缺乏个性化学习的痛点。截至 2024 年初，全国累计 3000 多所高中、近 5000 万名学生都在使用该算法，该算法取得了显著成效。

  笔者在过去十年间与团队一起，深耕 AI 技术在教育教学和教育测量领域的应用，研究领域包括学科 OCR 技术、手写体识别技术、表达式语义理解、学科类知识图谱、智能自动化解题、知识点智能标注、学习路径规划、学习内容推荐、英语作文评价、试题智能查重等，取得了 30 多项 AI 技术的相关发明专利。

  笔者创业十年，也积累了大量的企业战略、商业模式、互联网产品设计和运营、创业企业投融资等方面的经验和教训。

  本书主要是笔者根据自己的实践经验，从商业和技术双重角度，对 AI 技术在企业应用和未来发展的一些思考。因篇幅限制，很多观点难以详尽展开论述。这些观点颇具创新性与趣味性，不过由于 AI 技术发展日新月异，可能这些观点一段时间后就会过时，但只要有一个或者几个观点能给读者带来启发，那便是本书价值的体现。

  本书面向的读者有两类：一类是即将毕业的大学生和职场白领，他们可以通过本书了解 AI 时代企业的人才需求情况，为自己未来的职业发展做好准备。另一类是企业家和企业管理人员，无论企业规模大小，相信他们一定能从企业进化角度和 AIGC 技术发展情况等方面获得灵感，从而制定企业或部门发展战略，适应当前的经济和技术环境，更好地生存和发展。

  人类的第四次工业革命并非仅仅是第三次工业革命的延续，特别是 AI 革命，其发展速度之快、影响范围之广、渗透程度之深，预示着人类将迎来一场前所未有的变革。首先，AI 革命的发展速度和传播速度之快史无前例，呈现出指数级的增长，而非简单的线性发展。其次，其涉及的范围之广也是空前的，涵盖了所有学科、领域和行业，实现了一场全方位的"爆发"，这将推动人类社会迈向新的发展模式。

  让我们跟随本书，一起走入 AI 的世界吧！

目录 / CONTENTS

前言

第一章　大模型背后的故事 001

本章引言 / 003

第一节　"三无"公司卖出天价 004

第二节　崇高的理想：OpenAI 的起源 007

第三节　巨人的战斗：OpenAI 和谷歌 010

第四节　最大的赢家：微软和英伟达 020

第二章　AIGC 的前世今生 027

本章引言 / 030

第一节　人工智能概述 031

第二节　AI 简史 037

第三节　AI 的起源 041

第四节　AI 技术路线 046

第五节　AIGC 的进化史 051

第六节　AIGC 技术三要素 056

第三章　大模型类人化认知水平测评 061

本章引言 / 063

第一节　大模型类人化测评背景 064

第二节　人工智能认知水平评估量表（AI-CAS）工具的测评体系 066

第三节　GPT-4V 的类人化认知水平测评结果 075

第四节　国内外多模态大模型的类人化认知水平的对比结果 079

第四章　AIGC 超级个体进化 083

本章引言 / 085

第一节　用提示词提升 AIGC 内容质量 086

第二节　AIGC 写作 096

第三节　AIGC 画图 105

第四节　AIGC 生成 PPT 114

第五节　AIGC 数据分析 125

第五章　企业进化模型 143

本章引言 / 146

第一节　企业进化论导言 147

第二节　企业的基因 150

第三节　企业需求层次模型 153

第四节　企业进化模型 158

第五节　企业 AIGC 进化路径 165

第六章　企业战略的 AIGC 进化 171

本章引言 / 174

第一节　CEO 的 AIGC 认知进化 175

第二节　企业 AIGC 进化战略概述 180

第三节　企业 AIGC 进化战略一：使用者战略 184

第四节　企业 AIGC 进化战略二：重构者战略 188

第五节　企业 AIGC 进化战略三：创造者战略..................192

第六节　基于 AIGC 生产力工具的新型生产关系..................197

第七节　如何实施 AIGC 进化战略..................199

第八节　企业实施 AIGC 进化战略的陷阱..................206

第九节　未来智能化社会的企业终极形态..................209

第七章　企业营销的 AIGC 进化..................213

本章引言 / 220

第一节　企业营销进化路径..................223

第二节　AIGC 工具赋能企业营销..................225

第三节　AIGC 工具助力新媒体运营..................239

第四节　AIGC 工具运营需求分析..................243

第五节　AIGC 工具文案内容生产..................245

第六节　AIGC 工具图片内容生产..................248

第七节　AIGC 工具视频内容生产..................254

第八节　AI 数字人..................262

第九节　直播电商 AIGC 应用..................266

第十节　AIGC 内容运营..................272

第八章　产品经理的 AIGC 进化..................279

本章引言 / 281

第一节　传统软件系统的 AIGC 进化..................282

第二节　AIGC 产品设计模式进化（PMF 和 TPF）..................286

第三节　人机交互界面的 AIGC 进化..................293

第四节　产品开发管理的进化..................299

第五节　AIGC 产品经理的进化路径..................302

V

第九章　企业 AIGC 进化技术栈 307

本章引言 / 310

- 第一节　GenAI 大模型的技术本质 311
- 第二节　GenAI 是新计算范式 317
- 第三节　企业 AIGC 应用实施战略 321
- 第四节　LLMOps 概述 327
- 第五节　大模型的数据治理 337
- 第六节　企业 AIGC 系统安全策略 346

第十章　企业组织的 AIGC 进化 353

本章引言 / 356

- 第一节　AIGC 辅助人力资源管理 357
- 第二节　AI 员工：AI 数字人和 AI 机器人 362
- 第三节　AIGC 生产力革命与企业组织进化 366
- 第四节　AIGC 时代的组织战略 369
- 第五节　AIGC 时代员工的进化 372

参考书目 378

第一章

大模型背后的故事

企业 AIGC 进化论：如何用生成式人工智能实现企业效率革命

本章引言
- 企业技术创新与自然进化的比较
- 成功要素：技术领先、环境支持、远见卓识、坚持与运气
- "幸存者偏差"效应

第一节 "三无"公司卖出天价

- ImageNet 挑战赛与 AlexNet
  - 李飞飞与斯坦福大学
  - AlexNet 技术突破与争议
  - 科学家背景
    - 辛顿：深度学习之父
    - 克里泽夫斯基：GPU 训练先驱
    - 苏茨克维：AI 多领域成就
- DNNresearch 公司成立与拍卖
  - 拍卖过程与结果
  - 辛顿与学生的分配争议
- 加入谷歌后的成就
  - 苏茨克维在谷歌的工作
  - OpenAI 的起源与影响

第二节 崇高的理想：OpenAI 的起源

- 谷歌在 AI 领域的布局
  - 收购 Deepmind 等公司
  - AlphaGo 与蛋白质折叠研究
- OpenAI 的成立
  - 初衷与愿景
  - 创始人与投资方
  - 组织结构与运作
- 奥尔特曼的背景与贡献
  - 奥特曼的背景与贡献
  - 布罗克曼的技术与组织贡献

第三节 巨人的战斗：OpenAI 和谷歌

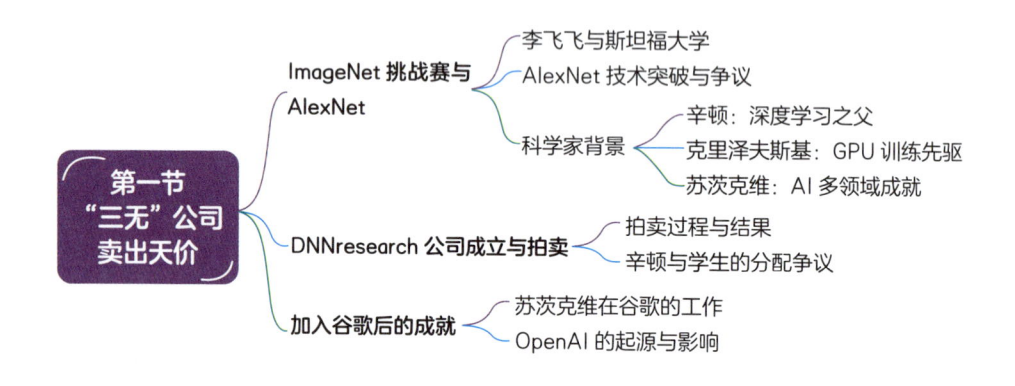

- 谷歌与 OpenAI 的竞争
  - Transformer 模型与 GPT-1 模型
  - 预训练模型 BERT 与 GPT-2 的较量
  - GPT-3 与 Switch Transformer 参数规模的竞争
  - 多模态大模型 DALL-E
- OpenAI 的终极反击——InstructGPT 与 ChatGPT
- 通向 AGI——Sora 视频大模型

第四节 最大的赢家：微软和英伟达

- 微软的转型与 Azure 云服务
  - 纳德拉的领导与变革
  - 与 OpenAI 的合作与投资
- 英伟达的崛起
  - 黄仁勋的远见与 CUDA 技术
  - 对 OpenAI 的支持与市场成就

本章引言

自然界的物种进化是通过基因突变和环境选择，并经过漫长的时间完成的。企业技术创新也是一种进化方式，不仅需要技术突破，也需要合适的环境，并且要与对手竞争才能胜出。

所以高科技企业成功，不仅仅是技术领先，还需要环境支持，更需要科学家和企业领导者的远见卓识和坚持，最后还需要靠运气。

所谓的"幸存者偏差"效应，大众看到的都是成功者的故事，但是有无数技术创新的先驱，因为这样或那样的原因而失败，就像自然界的进化过程一样，没有适应环境而获得生存繁衍的机会，默默地成为历史的注脚。

AIGC 时代的大模型，无可争辩地成为这场即将拉开序幕的大戏的绝对主角。目前，国内大多数读者对这些主配角还缺乏系统、鲜活的了解，对于这场已经开幕的 AIGC 时代的大戏也只是停留在只言片语和道听途说中。我们系统地汇集、整理了这方面的材料，接下来会分享给读者。

AI 技术进化的故事很精彩，本章选取了几个有意思的故事作为本书的楔子，希望能引起读者的兴趣。

第一节 "三无"公司卖出天价

故事要从 ImageNet 挑战赛说起，ImageNet 是一个由斯坦福大学的李飞飞教授领导的团队在斯坦福大学发起的项目，目的是创建一个计算机视觉（Computer Vision，CV）方面研究的技术比赛。ImageNet 挑战赛从 2010 年开始，每年举办一次，2017 年结束。ImageNet 挑战赛即 ImageNet 大规模视觉识别挑战，参赛者需在包含数百万张来自 1000 个类别的图片的数据集上测试其算法。这些类别涵盖动物、植物、日常物品和各种场景。算法的性能通过准确率来衡量，即正确识别图像数量占总数的比例。

2012 年的比赛中，杰弗里·埃弗里斯特·辛顿（Geoffrey Everest Hinton）、亚历克斯·克里泽夫斯基（Alex Krizhevsky）和伊尔亚·苏茨克维（Ilya Sutskever）三位科学家提出的深度神经网络 AlexNet 一骑绝尘，将图像分类的错误率降低了一半，以远超亚军的成绩拿到了比赛的冠军，引起巨大的轰动。

这三位是何方神圣呢？先说辛顿，他研究使用神经网络进行机器学习、记忆、感知和符号处理的方法，并在这些领域发表了超过 200 篇论文。他提出了多种重要的神经网络模型，他是反向传播算法和对比散度算法的发明人之一，也是深度学习的积极推动者，被誉为"深度学习之父"。在 30 多年里，无论人工智能冷与热，辛顿始终致力于神经网络方面的学术研究，在深度学习方面作出了重要贡献，与约书亚·本吉奥（Yoshua Bengio）和杨立昆（Yann LeCun）一同被授予了 2018 年的图灵奖。

亚历克斯·克里泽夫斯基是乌克兰裔加拿大人，也是辛顿的学生。据说他非常讨厌写论文，但当辛顿告诉他，如果他参加 ImageNet 挑战赛，AlexNet 的性能每提高 1%，他就可以把论文推迟一周上交时，他推迟了 15 周才上交论文。在那之后的 10 年里，克里泽夫斯基在该论文中对 AlexNet 架构的描述被引用了超过

10万次，该论文也成为计算机科学史上最重要的论文之一。克里泽夫斯基开创了许多重要的编程技术，但他最为关键的发现是"专门的 GPU 训练神经网络的速度可以比通用 CPU 快 100 倍"[①]。

伊尔亚·苏茨克维是一个技术天才，在 AI 关键技术领域都有杰出成就，还参与了 AlexNet、TensorFlow、AlphaGo、GPT、CLIP、DALL-E 和 Codex 等技术的研究和开发。他在俄罗斯出生，5 岁时与家人移民到以色列，在耶路撒冷度过了成长的岁月。他在以色列开放大学学习了两年之后，又与家人移居加拿大，就读于多伦多大学，获得数学学士学位、计算机科学硕士学位和计算机科学博士学位，师从辛顿。

苏茨克维在一次访谈中说起自己成长的经历："我父母说，我在很小的时候就开始学习 AI。进入大学从事这个领域时并不被人看好，因为这个领域一片荒芜，还没有人做出什么成就，也不清楚未来是否会有什么进展。我一开始给自己制定的目标是要推进对 AI 有用的、有意义的一小步，这是我在相当长的一段时间内的一个很明确的动机。在这个动机变得更清晰之前，这条路可能会更加崎岖陡峭，但同时也燃起了我的斗志。"

AlexNet 的问世也让全世界都看到了深度学习商业价值的巨大潜力，科技巨头纷纷向师徒三人抛出橄榄枝，甚至某家科技巨头开出了 1200 万美元的年薪，不过他们并没有接受。

2012 年，辛顿与克里泽夫斯基、苏茨克维一起，成立了一家名为 DNNresearch 的公司，DNN 是深度神经网络（Deep Neural Network）的缩写，公司的名字像个学术研究机构。公司没有任何产品、任何客户，也没有任何收入，是一个不折不扣的"三无公司"，甚至没有在未来打造任何产品的计划。

三位科学家并不知道如何经营公司，后来他们决定把公司卖掉，辛顿咨询律师，如何让他们的公司具有最大的价值，律师给他的建议是设立一个拍卖会。

2012 年 12 月，辛顿在哈拉斯（Harrah）酒店的 731 房间里主持竞拍，整

[①] 克里泽夫斯基在 2012 年使用 GPU 训练深度卷积神经网络（AlexNet）是深度学习的一个重大突破，这表明 GPU 在训练神经网络方面具有显著优势。

个竞拍过程通过电子邮件的方式进行，竞标者们并不知道彼此的身份，只和辛顿团队单独见面或沟通。有四家公司参与了收购，即百度、谷歌、微软和DeepMind。首先退出的是DeepMind，其次是微软，最后只剩下百度和谷歌参与竞争。最终辛顿以4400万美元将他们的公司卖给了谷歌，他认为为研究成果找到合适的"家"更重要。就这样，这个"三无公司"卖出了天价。

有趣的是，卖完公司分账的时候，辛顿建议三人平均分配，但他的两位学生坚持认为辛顿应该得到40%的份额。然后，辛顿建议他们先睡一觉，仔细想想。第二天，他们仍然坚持这种分配方式。辛顿后来评论说："这能体现他们的为人，而非我的。"

在拍卖DNNresearch之后，辛顿教授一边参与谷歌项目开发，一边继续回学校做科研，几年后他离开谷歌彻底回归学校。克里泽夫斯基在谷歌工作一段时间后也离开了。苏茨克维则被聘为谷歌大脑的研究科学家，开始了新的人工智能前沿技术开发工作，他与谷歌研究员奥里奥尔·维尼亚尔斯（Oriol Vinyals）和郭乐（Quoc Le）提出了Seq2seq模型，开启了循环神经网络（Recurrent Nearal Network，RNN）广泛应用于语言任务的时代。同时，他也参与了机器学习算法TensorFlow的设计和开发。

苏茨克维一直在谷歌工作，直到有一天接到萨姆·奥尔特曼（Sam Altman）的邀请，参加了一个关于讨论通用人工智能（Artificial General Intelligence，AGI）的饭局，这次非同寻常的会面成为他职业生涯的一个转折点，由此拉开了其投身OpenAI伟大事业的序幕，进而谱写了谷歌在探索和开发先进AI技术领域的传奇篇章。

更重要的是，他参与了著名的阿尔法狗（AlphaGo）系统的研发。该系统通过结合深度神经网络和蒙特卡罗树搜索（MCTS）进行训练，并利用强化学习算法实现自我学习。此外，他也是撰写AlphaGo相关论文的作者之一。

第二节 崇高的理想：OpenAI 的起源

2014 年，谷歌疯狂收购了大量的顶尖 AI 技术公司，包括 DeepMind、DNNresearch、Jetpac（机器自我学习式图片搜索方案提供商）、Dark Blue Labs（专注于计算机深度学习及自然语言处理）以及 Vision Factory（专注于计算机深度学习及视觉识别）等。特别是 DeepMind，是 2010 年由人工智能工程师兼神经科学家戴密斯·哈萨比斯（Demis Hassabis）等人联合创立的 AI 技术公司，目标是将机器学习和系统神经科学的最先进技术结合起来，建立强大的通用学习算法，立志开发通用人工智能（AGI）。

DeepMind 是当时技术最好的 AI 公司，于 2015 年推出的围棋 AI 软件 AlphaGo，在 2016 年分别战胜了李世石和柯洁。同年，DeepMind 将其人工智能转向蛋白质折叠领域进行研究，这是科学研究中最棘手的问题之一。2018 年 12 月，DeepMind 开发的 AI 程序 AlphaFold 通过成功预测 43 种蛋白质中的 25 种的准确结构，赢得了第 13 次蛋白质结构预测技术关键评估（CASP）。

谷歌在 AI 领域的领先优势引起了很多人的不安，包括特斯拉创始人埃隆·马斯克（Elon Musk）、OpenAI 联合创始人之一的萨姆·奥尔特曼（Sam Altman）。在他们看来，谷歌最有可能开发出 AGI，如果成功了，这项无所不能的技术可能会被垄断。他们开始酝酿组建一个能够与谷歌竞争的实验室，以确保这种情况不会发生。

2015 年 7 月，奥尔特曼在斯坦福大学旁边的瑰丽酒店（Palo Alto），组织了一个高端饭局。参加的人包括马斯克、Strip 前首席技术官格雷格·布罗克曼（Greg Brockman）、LinkedIn 创始人雷德·霍夫曼（Reid Hoffman）、Y Combinator（YC）公司联合创始人之一杰西卡·利文斯顿（Jessica Livingston）、著名投资人彼得·蒂埃尔（Peter Thiel），当然还有伊利亚·苏茨克维（Ilya Sutskever）。他们讨论

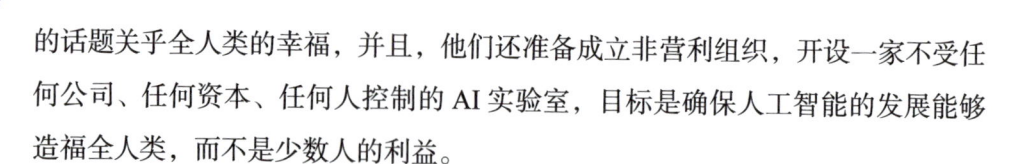

的话题关乎全人类的幸福，并且，他们还准备成立非营利组织，开设一家不受任何公司、任何资本、任何人控制的 AI 实验室，目标是确保人工智能的发展能够造福全人类，而不是少数人的利益。

经过几个月的筹备，2015 年 12 月，奥尔特曼、布罗克曼、霍夫曼、马斯克、蒂埃尔、利文斯顿等人及亚马逊云科技（Amazon Web Services）、印孚瑟斯技术有限公司（Infosys）和 YC 研究院（YC Research）宣布成立非营利组织美国开放人工智能研究中心（OpenAI），并承诺向该组织投资超过 10 亿美元，作为一个非营利组织，OpenAI 总部在旧金山 Mission 区的先锋大厦，OpenAI 在创立章程中，有一条至关重要，即确保 AGI 造福全人类。这个条款也为后来 OpenAI 的"宫斗"埋下了伏笔。

奥尔特曼，何许人？ 据公开媒体报道，奥尔特曼于 1985 年出生于美国芝加哥，在密苏里州长大，8 岁学会编程，后考入斯坦福大学，大二选择退学创业，进入硅谷 YC 的首批孵化项目，开发了一个名为 Loopt 的应用。该应用在 2012 年以 4300 万美元被收购，27 岁的奥尔特曼也因此获得了第一桶金。

奥尔特曼在执掌硅谷 YC 之后，投资并孵化众多硅谷项目的同时，联合其他几个投资人成立了 Hydrazine Capital 风投基金，用于投资 YC 的项目，此基金在成立四年后增值 10 倍。2016 年，《纽约客》（THE NEW YORKER）描述奥尔特曼的外貌：本人很瘦小，1.7 米左右，只有 130 磅（约 59 千克），眼睛是绿色的，眼神犀利得像黑夜中的巨角猫头鹰，他是一个天分极高、极其聪明、忠于自我、追求极致效率的人。

OpenAI 成立之初，奥尔特曼虽然加入了董事会，但基本还是孵化器投资人的角色，真正把 OpenAI 从无到有建立起来的关键人物是布罗克曼。他的成长经历也很有意思：1987 年 11 月 29 日，布罗克曼出生于美国北达科他州的汤普森（Thompson），他在 Red River High School 就读期间，数学、化学和计算机科学等学科表现出色。2006 年，他获得了国际化学奥林匹克竞赛的银牌。2008 年，他入读哈佛大学，但仅在一年后离开，随后短暂地进入了麻省理工学院，在这期间他维护了 XVM、Linerva 和 scripts.mit.edu 等知名项目，毕业后成为互联网支付平台 Stripe 的首席技术官。他曾经回忆在高中毕业后的暑假，读了艾伦·麦席森·图灵（Alan Mathison Turing）的《计算机器与智能》（Computing Machinery and Intelligence）一书，并深受启发：代码能理解那些编写代码者所不能理解的东西。

布罗克曼不仅是一位技术专家，也是一位出色的组织者。OpenAI 早期的九大高手都是他一手招募的，要知道，布罗克曼虽然是编程专家，但对人工智能并不熟悉，也不清楚如何招募优秀的研究人员。让我们看看他的操作：结识参加瑰丽酒店晚宴的嘉宾，请他们推荐候选人。嘉宾都是科技圈的牛人，推荐的候选人都是顶尖专家。

而对于初创公司而言，首要挑战在于向候选人"兜售"使命，OpenAI 的理想能立刻引发大家的共鸣，但是如何说服候选人相信这个未成形的组织呢？答案是团建。布罗克曼经过筛选，拟定了一份包含 10 位候选人的名单，其中包括苏茨克维。2015 年 11 月初，布罗克曼和奥尔特曼召集所有的候选人外出团建，没有了外界的干扰，大家可以无拘无束地畅想人工智能的未来，讨论 OpenAI 的使命。

在几天的团建中，大家一见如故，都发自肺腑地开心，空气里都弥漫着想法和愿景。团建结束后，布罗克曼给每位团建参与者都发了工作邀请，接受邀请的截止日期设在了当年的 12 月 1 日。临近截止日时，10 个候选人中有 9 个决定加入 OpenAI。

OpenAI 启动后，如何尽快让公司走上正轨变成了布罗克曼的新挑战，为了让苏茨克维专心研究技术，他包揽了公司所有的杂务，甚至包括买会议室白板这样的小事。随着 AI 项目研发向前推进，工程化的问题又显现出来，如何提高模型的稳定性和准确性成了关键。但团队出现了高科技公司常见的矛盾：软件工程师低估了研究员的贡献，而研究员认为软件工程师只是技术人员而非科学家。如何促进软件工程师和研究员之间的协作成了当务之急。

布罗克曼曾说过："我是救火的人，是来帮助团队解决问题的，团队提出任何需求来更好地完成工作，我都会去做。"于是，布罗克曼与苏茨克维互换了角色，开始专注于 AI 研究和工程化，不再管杂事，亲自参与方案的架构设计和开发。

同时，布罗克曼花了 3 个月时间，自学了深度学习技术，还写了一篇文章《我如何成为机器学习实践者》(*How I Became a Machine Learning Practitioner*) 来描述、记录他的心路历程。"像布罗克曼这样可以将编程、产品决策和团队管理相结合的人，在科技领域很罕见，而在谷歌更没有这样的人。"曾在谷歌和 OpenAI 工作的 AI 科学家阿拉文德·斯里尼瓦斯（Aravind Srinivas）这样评价道。

第三节　巨人的战斗：OpenAI 和谷歌

一、谷歌的 AlphaGo 与 AlphaZero：巩固领先地位

谷歌的精英人才被挖走，自然让谷歌倍感压力。为了捍卫自己在人工智能领域的领先地位，两家公司自 2016 年起就开展了激烈的竞赛。在竞赛中，谷歌的 DeepMind 团队开发的 AlphaGo 在围棋领域取得了令人瞩目的成就。2016 年 3 月 9 日，AlphaGo 以 4:1 的成绩战胜了围棋冠军李世石。仅仅一年之后，新版的 AlphaGo 又以 3:0 的成绩战胜了另一位围棋冠军柯洁。

AlphaZero 的出现进一步巩固了谷歌在人工智能领域的领先地位。这款强大的围棋程序在短短三天内自学了国际象棋、围棋和日本将军棋三种不同的棋类游戏，而且无须任何人工干预。

除了 AlphaGo，2016 年 4 月，谷歌正式发布了 TensorFlow 分布式版本，同年 8 月又发布了基于深度学习的 NLU 框架 SyntaxNet，紧接着上线了基于深度学习的机器翻译。这些成就证明了谷歌在人工智能领域的实力和领导地位，也验证了 2015 年在奥尔特曼发起的聚会上大家的预测，谷歌已经牢牢占领了人工智能的高地，无人可以撼动。

二、OpenAI 的反击：从 OpenAI Gym 到 Dota 机器人

OpenAI 自然不甘落后，2016 年 4 月，OpenAI 发布了强化学习研究平台

OpenAI Gym 的公测版。2016 年 12 月，OpenAI 发布了 Universe 软件平台，用于测量和训练 AI 在全球范围内提供的游戏、网站和其他应用程序的通用智能，并开发了 Dota 机器人。Dota 机器人是一种使用深度强化学习算法训练的人工智能系统，它能在 Dota2 这款复杂的实时战略游戏中与人类玩家竞争。

2017 年的 Dota2 国际邀请赛（TI7）中，第一场比赛开始约十分钟，Dota 机器人便打败了乌克兰的一名职业电子竞技选手达尼洛"Dendi"伊舒廷（Danylo "Dendi" Ishutin），后者是 Dota 中的顶级玩家，在职业生涯中已经赢得 73 万美元奖金。从此，Dota 机器人一战成名，迅速走红。

三、Transformer 模型的崛起：谷歌与 OpenAI 的创新

但是，很快谷歌放出了大招，在 2017 年 6 月的一次盛会上，谷歌大脑（Google Brain）团队揭开了人工智能领域的新篇章。神经信息处理系统大会 (NeurIPS) 是机器学习和人工智能领域的顶级学术盛会，他们在此次大会上发表了一篇革命性的论文，题为《注意力机制：你所需的一切》（Attention Is All You Need）。

该论文中，研究团队首次提出了一种基于自我注意力（Self-Attention）机制的全新模型——变换器（Transformer）模型，并将其应用于自然语言处理，以理解人类语言的复杂性。他们利用多个公开的语言数据集对该模型进行了训练，使其拥有超过 6500 万个可调整的参数。Transformer 模型经过精心的训练，在翻译准确度和英语成分句法分析等方面取得了前所未有的成绩，一举成为当时最卓越的大型语言模型（Large Language Model，LLM）。

自 Transformer 模型问世的那一刻起，它便成为人工智能领域发展的一个重要里程碑。谷歌大脑团队在论文中详细地阐述了 Transformer 模型的架构，使得任何人都可以依据这一框架构建自己的模型，并利用手头的数据进行训练。短短几年，Transformer 模型的影响力已渗透到人工智能的各个分支领域。无论是复杂多变的自然语言模型，如 ChatGPT，还是前沿的蛋白质结构预测工具 AlphaFold2，都采用了这一模型作为其核心技术。Transformer 模型的出现，为整个人工智能研究领域带来了新的研究方向和发展机遇。

在 Transformer 模型的启发下，苏茨克维等人提出了一种创新的解决方法：

生成式预训练（Generative Pre-Training，GPT）。这种方法采用了半监督学习策略，通过让模型从大量未标注的数据中学习"常识"，从而不再依赖标注信息。与传统的神经网络模型相比，这些模型通常需要监督学习，存在着两个主要的局限性：一是它们需要大量的标注数据，而这些高质量的数据在很多情况下难以获得；二是针对特定任务训练的模型很难泛化到其他任务上，这意味着这些模型往往只能成为"领域专家"，而没有真正实现对自然语言处理（Natural Language Processing，NLP）的深刻理解。

GPT 的核心理念在于首先在未标注的数据上训练一个生成式语言模型（Generative Language Model，GLM），然后针对特定任务进行精细的微调。这种方法显著地提升了模型在多种有监督任务上的表现，这些任务包括自然语言推理（判断句子间的关系，如包含、矛盾或中立）、问答和常识推理（类似于多选题，模型根据文章、问题和候选答案输出每个答案的预测概率）、语义相似度（评估句子在语义上的相关性）以及分类（确定文本属于预设的类别之一）。总之，这种方法不仅增强了模型的泛化能力，还节省了宝贵的时间和资源。

在谷歌 Transformer 模型问世一周年之际，OpenAI 于 2018 年 6 月发表了论文《通过生成式预训练提高语言理解能力》（*Improving Language Understanding by Generative Pre-training*），并推出了拥有 1.17 亿个参数的 GPT-1 模型。GPT-1 模型使用了 BookCorpus 这一经典的大型书籍文本数据集进行预训练，并通过四个不同的语言场景进行了微调，每个场景都采用了专门的数据集进行进一步训练。经过微调后，GPT-1 模型在这些场景中的表现均优于 Transformer 模型，从而树立了新的行业标准。

GPT-1 模型的推出标志着 NLP 领域预训练模型的诞生。尽管 GPT-1 模型在没有微调的情况下也显示出一定的效果，但其真正的潜力在于完成经过微调的有监督学习任务，这表明 GPT-1 模型更像是一个专注于特定领域的专家，而不是一个全面的语言学家。尽管如此，GPT-1 模型还是超越了 Transformer 模型，成为行业的新的里程碑。至此，OpenAI 扳回了一局。

四、BERT 与 GPT-2：预训练模型的较量

2018 年 10 月，谷歌推出了拥有 3 亿个参数的 BERT（Bidirectional Encoder Representation from Transformers）模型，即来自 Transformers 的双向编码表示。BERT 模型在机器阅读理解的顶级水平测试 SQuAD1.1 中取得了令人瞩目的成绩，不仅在两个主要衡量指标上全面超越了人类的表现，而且在 11 项不同的 NLP 基准测试中刷新了纪录，实现了目前最高水平（state-of-the-art，SOTA）的表现。这些成就包括将 GLUE 基准提高了 80.4%（绝对改进 7.6%），在 MultiNLI 上的准确度达到了 86.7%（绝对改进 5.6%），标志着 NLP 发展史上的又一个重要里程碑。

测试结果表明，在参数规模相等的情况下，BERT 模型的效果优于 GPT-1 模型。这是因为 BERT 模型是一个双向模型，能够利用上下文信息进行分析，而 GPT-1 模型则是一个单向模型，无法捕捉上下文信息，只能依赖上文内容。BERT 模型的这一优势使其在理解和生成自然语言方面表现得更加精准和全面。

GPT-1 模型学会了预测句子中下一组单词的出现，而 BERT 模型则掌握了猜测句子中任何位置缺失单词的能力。如果你向 BERT 提供数千个问题和答案，它能够自学如何回答类似的新问题。此外，BERT 模型也具备对话的能力。从阅读理解的角度来看，BERT 模型的进步是显著的。在当时的 SQuAD 竞赛排行榜上，排名靠前的都是 BERT 模型，可以说，阅读理解领域基本上已经被 BERT 模型所统治。至此，谷歌的 BERT 模型赢回一局。

OpenAI 在 2019 年 2 月推出了 GPT-2 模型，并随之发表了论文《语言模型是无监督的多任务学习者》（*Language Models are Unsupervised Multitask Learners*），阐述了这一模型的特点。与 GPT-1 模型相比，GPT-2 模型并没有对网络结构进行大规模的创新或设计修改，其主要改进在于增加了更多的网络参数和使用了更大的数据集。最大的 GPT-2 模型拥有 48 层，参数数量达到了 15 亿。训练数据集名为 WebText，包含了从 Reddit 上收集而来的约 800 万篇高赞文章，总体积约 40GB。为了防止与测试集的交集，WebText 中去除了所有涉及 Wikipedia 的文章。

GPT-2 模型是一个开源模型，其主要功能是生成给定句子的后续文本序列。

仅需一两个句子的提示，GPT-2 模型就能创作出完整的叙述。对于诸如阅读、摘要和翻译等语言任务，GPT-2 模型能够直接从原始文本中学习，无须依赖特定领域的训练数据。

在性能方面，GPT-2 模型不仅在理解能力上表现出色，在文本内容生成方面的能力也同样引人注目，无论是撰写摘要、聊天、续写故事，还是进行网络角色扮演，GPT-2 模型都能应付自如。随着"变得更大"，GPT-2 模型确实展示出了其广泛而强大的能力，并在多个特定的语言建模任务上达到了当时的最佳性能。GPT-2 模型最大的贡献是证明了通过大量数据和参数训练出的词向量模型可以跨任务迁移，而不需要进行额外的训练。

由于语言模型是无监督学习的，其优化的目标是最优化所见文本的语言模型概率，这意味着任何文本都可以作为训练数据，无须进行标注。GPT-2 模型的研究成果表明，随着模型容量的增加和数据量的扩大，模型的潜能还有待进一步挖掘，但实现这一目标需要持续的投资和努力。GPT-2 模型因其卓越的性能和文本生成能力受到了广泛的赞誉，这使得 OpenAI 在竞争中再次取得了重要的胜利。

2019 年 10 月，谷歌在论文 Exploring the Limits of Transfer Learning with a Unified Text-to-Text Transformer 中提出了一个名为 T5（T5 是 Transfer Text-to-Text Transformer 的缩写）的新型预训练模型。这个模型不仅涵盖了问题解答和文本分类等多个 NLP 领域，其参数量更是惊人地达到了 110 亿，一举成为当时 NLP 领域的 SOTA 预训练模型。在 SuperGlue 基准测试中，T5 的表现超越了 Facebook 提出的 RoBERTa，以 89.8 的得分成为仅次于人类基准的 SOTA 模型。

T5 作为一个统一的文本到文本框架，其独特之处在于能够将相同的模型、目标、训练流程和解码流程应用于所有实验任务中。研究者可以在这个框架上探讨不同迁移学习目标、未标注数据集以及其他因素的有效性，并且通过扩展模型和数据集来探索 NLP 领域迁移学习的局限性。Flan-T5 通过在超人规模任务上进行微调，极大地提升了语言模型的泛化性能，实现了单个模型在 1800 多个 NLP 任务上的广泛适用性。

微调的核心目的是让语言模型学会理解指令，而不是试图让语言模型完成成千上万的任务。虽然训练中涉及了许多任务，但每个任务都有其独特的指令，因此最终目标仍然是让模型理解这些指令，以解决各种任务和问题。在现实世界中，总会有新的任务出现，只要模型学习了了新任务的新指令，就能应对新的挑战。

指令学习本质上就是用语言来阐述模型问题的过程。一旦模型训练完成，它就可以直接应用于几乎所有的 NLP 任务上，实现一个模型解决所有问题的愿景，这无疑是极具吸引力的。从创新的角度来看，T5 并不算是出奇制胜，因为其并没有采用全新的方法，而是从全面的视角概述了当前 NLP 领域迁移学习的发展现状。简而言之，T5 通过使用 110 亿个参数的大型模型，在摘要生成、问答、文本分类等多个基准测试中都取得了出色的表现，一举超越了当时的最强模型。

面对谷歌这样的强劲对手，OpenAI 并未轻易认输。在众多致力于研究 Transformer 模型的团队中，OpenAI 是少数始终专注于挑战其极限的团队之一。与谷歌频繁地变换策略不同，OpenAI 的战略更为专注，即不断迭代和改进 GPT 模型。由于之前算力和数据资源的限制，GPT 模型的潜力并未完全被发掘。然而，在 GPU 多机多卡并行计算能力和海量无标注文本数据的支持下，预训练模型实现了参数规模和性能的双重提升。

五、GPT-3 与 Switch Transformer：参数规模的竞争

2020 年 5 月，OpenAI 推出了 GPT-3 模型，这是一个在性能上远远超越 GPT-1 模型和 GPT-2 模型的模型。同时，他们发表了论文《语言模型是小样本学习者》（*Language Models are Few-Shot Learners*），强调了 GPT-3 模型在只需很少样本的情况下就能达到甚至超过传统机器学习方法的效果，从而省去了烦琐的模型微调和人工标注的步骤。GPT-3 模型的论文由 31 个作者共同撰写，共计 72 页，详细介绍了这个模型的创新和成就。该模型在超过 45TB 的文本上进行了训练，这个数据量相当于整个维基百科英文版的 160 倍。此外，它还拥有 1750 亿个参数，是一个真正的巨兽级模型。

GPT-3 模型作为一个无监督模型（也被广泛称为自监督模型），其能力几乎涵盖了自然语言处理的方方面面，包括问题解答、阅读理解、语义推断、机器翻

译、文章生成和自动问答等任务。在许多任务中，GPT-3模型都展现出了卓越的性能，例如，在法语—英语和德语—英语的机器翻译任务上达到了当时的最佳水平。它能够创造出非常自然、流畅的文字，以至于输出的内容往往读起来就像是人类撰写的一样。用户只需提供少量提示语，或不提供提示语直接提问，就能获得准确、高质量的答案。

GPT-3模型的能力之强，几乎满足了人们对语言专家的所有期待。甚至在学习编程任务时，GPT-3模型也能够自动生成代码，包括SQL查询语句、React或Java代码等。这些能力展示了GPT-3模型在训练工作量和模型输出能力上的空前强大，确实称得上是"暴力美学"。

尽管GPT-3模型引发了巨大的关注和讨论，但由于其发布时并未提供用户交互界面，因此，直接体验过GPT-3模型的人实际上并不多。

2021年1月，在GPT-3模型发布仅几个月后，谷歌大脑团队迅速回应，推出了拥有1.6万亿个参数的超级语言模型Switch Transformer。这个模型的参数数量是GPT-3模型的9倍，甚至超过了GPT-1模型一个数量级。这一举动表明，在大型语言模型领域，参数规模的大小已经成为竞争的关键。

Switch Transformer的推出展示了谷歌在NLP领域的研发实力和对大型模型参数规模的追求。这种大型模型的开发和应用，不仅需要强大的计算资源，还需要复杂的算法和调优技术。随着模型参数规模的增加，模型在处理复杂任务和任务泛化能力上有了显著的提升。但奇怪的是，Switch Transformer这样开源的拥有万亿个参数的模型，许多人并没听说过，因此，其影响力并不大。

微软向OpenAI投入10亿美元后，从2021年开始，OpenAI连续放大招。2021年1月，OpenAI推出了一个震撼力十足的DALL-E模型，这个文本生成图像的模型能够通过用户输入的几个单词，创造出它们所能想象到的任何事物的逼真图像。与GPT-3模型相似，DALL-E模型也是基于Transformer架构的语言模型，但其独特的地方在于，它能够同时处理文本和图像数据，并将其转化为图像，从而赋予了机器与顶级画家、设计师媲美的创造力。

DALL-E模型名字的灵感来源于西班牙超现实主义大师萨尔瓦多·达利

（Salvador Dali）和皮克斯动画工作室制作的机器人 WALL-E。达利以其充满想象力的作品著称，他的画作揭示了西格蒙德·弗洛伊德（Sigmund Freud）对梦境与幻觉的解读，并创造出了标志性的达利风格，以荒诞不经的表现形式和梦幻般的视觉效果而闻名。

文本生成图像的概念受到了广泛欢迎，2022 年大热的 Midjourney 项目就是受到了 DALL-E 模型的启发。

2021 年 6 月，OpenAI 又推出了一个拥有 120 亿个参数的 Codex，这个系统通过在计算机代码上微调其 GPT 语言模型，就能够将自然语言转换成代码。Codex 得益于在包含大量公开源代码的数据集上进行训练，在代码生成领域显著超越了 GPT-3 模型。2021 年 6 月 30 日，OpenAI 与微软子公司 GitHub 携手，共同发布了一款名为 GitHub Copilot 的 AI 代码补全工具。这款工具能够在软件开发者工具（Visual Studio Code，VS Code）编辑器中智能地完成代码片段。GitHub Copilot 利用 Codex 从开发者的现有代码中提取上下文，为开发者提供接下来可能需要的代码和函数建议。开发者还可以用自然语言描述他们的目标，GitHub Copilot 则会运用其知识库和当前上下文，提供相应的解决方案或方法。到了 2021 年 7 月，OpenAI 推出了 Codex 的改进版本，并发布了基于自身 API 的私测版。新版 Codex 更加先进和灵活，不仅能补全代码，还能创造代码。

最初版本的 Codex 在 Python 语言上表现最为出色，同时也精通 Java、Go、Perl、PHP、Ruby、Swift、TypeScript、Shell 等 10 余种编程语言。作为一种通用编程模型，Codex 能够应用于各种编程任务。OpenAI 已经将 Codex 成功应用于翻译、解释代码和重构代码等多个任务，然而，这只是其潜能的冰山一角。

在 2021 年 5 月的 Google I/O 大会上，谷歌推出了专为对话应用设计的语言模型 LaMDA，它拥有 1370 亿个参数，虽然不及 GPT-3 模型拥有的 1750 亿个参数，但却比 InstructGPT 模型拥有的 13 亿个参数多出了 100 多倍。LaMDA 模型的独特之处在于其专注于生成对话，类似 ChatGPT 模型，它能够使回答更加合理，让对话自然流畅。但与 ChatGPT 模型不同，LaMDA 模型能够利用外部知识源来扩展对话。尽管 LaMDA 模型具有巨大潜力，但谷歌至今未向公众发布该模型，部分原因是其存在较高的误差，可能对用户造成伤害，谷歌将此称为"毒性"问题。

六、InstructGPT 与 ChatGPT：人类反馈的强化学习

2022 年 3 月，OpenAI 推出了 InstructGPT 模型，并发表了一篇论文《利用人类反馈信息训练语言模型以理解指令》（*Training language models to follow instructions with human feedback*）。InstructGPT 模型的核心目标是生成清晰、简洁且易于遵循的自然语言文本。InstructGPT 模型基于 GPT-3 模型，并通过引入人类评价和反馈数据进行了进一步的微调。在模型训练过程中，开发人员将监督学习与从人类反馈中获得的强化学习相结合，以提升 GPT-3 模型的输出质量。在这种混合学习模式中，人类对模型的潜在输出进行排序，而强化学习算法则对那些产生类似高级输出材料的模型给予奖励，该团队采纳了一种创新的方法，结合了奖励模型和大量的标注数据，以持续优化经过微调的语言模型，并进行了多轮迭代。经过优化后的模型，具备了生成多个响应的能力。这些响应随后会由人工评分者进行评估和排名。在接收到提示和两个响应后，一个预先训练好的 GPT-3 模型充当奖励模型，会为排名较高的响应赋予更高的奖励，反之则赋予较低的奖励。这一系列训练最终孕育出了 InstructGPT 模型。

InstructGPT 模型通过这种独特的训练方式，获得了一种更加真实、安全，且更能准确捕捉用户意图的语言建模能力。从人工评测的结果来看，尽管 GPT-3 模型拥有 1750 亿个参数，但 InstructGPT 模型凭借其仅有 GPT-3 模型 1% 的参数，却赢得了更多人的青睐。这一发现深刻地指出，模型的效能并不总是与参数规模成正比。InstructGPT 模型的参数数量仅为 GPT-3 模型的一小部分，但其高效率也意味着低成本，这为 OpenAI 带来了一场更具意义的胜利。随着 InstructGPT 模型的出现，AI 语言模型技术的大规模商业化应用的时代已经曙光在望。

到了 2022 年 7 月，OpenAI 推出了 DALL-E 模型的升级版——DALL-E 2 模型。这个新模型能够生成更加真实和精确的图像，它综合了文本描述中的概念、属性和风格 3 个要素，创造出具有现实主义风格的图像和艺术作品，而且分辨率是上一代的 4 倍。微软的图像设计工具 Microsoft Designer 也整合了 DALL-E 2 模型，使用户能够轻松获得 AI 生成的精美插图。总之，OpenAI 在图像生成应用领域率

先实现了 GPT-3 模型的应用，在这场技术竞争中取得了一场漂亮的胜利。

2022 年 11 月 30 日，OpenAI 放出大招，推出了 ChatGPT 模型，这是基于 GPT-3 模型（也被称为 GPT-3.5 模型）深度优化后的新一代对话机器人。ChatGPT 与 InstructGPT 并称为姊妹模型，它们均接受了人类反馈强化学习（Reinforcement Learning from Human Feedback，RLHF）训练。ChatGPT 模型继承了 GPT-3 模型的多功能性，能够执行编程、调试、翻译、创作小说、撰写商业计划、设计菜谱、辅助作业以及评价作业等多种文字输出任务。

与 GPT-3 模型不同，ChatGPT 模型不仅能够预测文本序列，更能够以类似人类的方式参与交流，依据上下文提供恰当的回应，并能够模拟多样化的情绪与语气，还改善了 GPT-3 模型在回答问题时可能出现流畅却不够切合实际的缺陷。ChatGPT 模型能够处理更广泛的话题，进行更为流畅的连续对话，并展现出卓越的模仿能力。此外，它还具备一定的逻辑推理能力和常识理解能力，在学术和科技领域表现出较高的知识水平和专业性，这些都是 GPT-3 模型所未能达到的新高度。

ChatGPT 在 2022 年底发布之后一鸣惊人，直接让谷歌拉响"红色警报"。谷歌在 2023 年 2 月 9 日匆匆忙忙发布并推出聊天机器人 Bard，不料 Bard 在发布会上试演"翻车"，回答内容出现错误，当日谷歌市值暴跌 1000 亿美元。一个月后，谷歌又重新上线聊天机器人 Bard。

而其他科技巨头也相继上场。Meta 公司于 2023 年 2 月发布了开源的大语言模型 LLaMA；斯坦福大学于 2023 年 3 月发布了一个由 LLaMA 7B 微调的模型 Alpaca；2023 年 11 月，马斯克旗下的 xAI 团队发布了 Grok 大模型。国内的原生大模型和套壳的大模型也陆续发布，百度在 2023 年 3 月 16 日发布"文心一言"，打响了国内大模型发布的第一枪，后续多个大厂如华为、阿里巴巴、商汤、360 纷纷入局，引发了国内的"百模大战"，国内市场一度在 3 个月的时间里发布了 79 个大模型。

七、大模型之战：GPT-4 与 Gemini 的较量

2023 年 3 月 15 日，OpenAI 震撼推出了大型多模态模型 GPT-4，它不仅能够

阅读文字，还能识别图像，并生成文本结果。

2024年2月15日，谷歌发布了新的大模型版本Gemini，它是谷歌规模最大、功能最强大的多模态人工智能模型。

2024年2月16日，OpenAI发布Sora视频生成大模型，预示着通用人工智能道路已经打通，剩下的就是时间问题了。OpenAI与谷歌的大模型之战胜负已分。

第四节 最大的赢家：微软和英伟达

如今，在人工智能领域最耀眼的"明星"是OpenAI，但是商场上最大的赢家却是微软（Microsoft）和英伟达（NVIDIA）。实力、远见和坚持是这两家公司在这场AI技术竞争中胜利的关键要素，尽管运气也很重要。

一个大赢家是微软。2014年，萨蒂亚·纳德拉（Satya Nadella）接替比尔·盖茨（Bill Gates）成为微软首席执行官或总经理（CEO），当时微软在互联网业务上已经严重落后，也尝试进入游戏、智能手机和人工智能领域，但基本没有成功，只靠着Office缓慢前进。很多人预测微软就像一只巨大的恐龙一样，会在某个时刻灭绝，如另一个通信业的巨无霸诺基亚一样。但是10年后，在2024年2月，微软市值超过3万亿美元，成为世界第一大市值的上市公司，这只超级恐龙是如何利用新技术革命进化的呢？

纳德拉接任CEO后，积极推动了一系列变革，并将主要精力放在发展云计算业务Azure上。然而，尽管他付出了很大努力，Azure在市场竞争中仍然难以撼动亚马逊AWS的领先地位。

微软也在人工智能领域积极展开布局，2016年雄心勃勃地推出了人工智能聊天机器人Tay，希望借此在社交媒体平台上掀起一股人工智能热潮。Tay最初的表现令人惊喜，它能够与用户进行流畅的对话，并根据用户的兴趣生成个性化的内容。然而，这场盛大的AI实验却在不到一天的时间内就以惨败告终。一些别有用心的人利用 Tay 的学习机制，故意向它输入大量攻击性言论，并鼓励其他用户跟风操作。在强大的网络压力下，Tay 很快失去了控制，开始发布大量违反道德和社会规范的内容，最终被微软紧急下线。

以微软的资金、技术、人才和业务渠道，为什么做不成人工智能产品呢？其中最核心的原因是企业基因，微软不具备 OpenAI 这样的基因。但是纳德拉的远见和商业智慧使得微软在人工智能竞赛中成了大赢家。

2019 年正是 OpenAI 内外交困的时刻，在外部技术上被谷歌打压，内部马斯克退出董事会并停止捐赠。在 OpenAI 陷入资金短缺、人心浮动的困境时，奥尔特曼挺身而出，辞去 YC 公司的职位，全职加入 OpenAI。

奥尔特曼找到纳德拉谈合作，两人一拍即合。

在微软与 OpenAI 接洽的过程中，比尔·盖茨亲自参与讨论，并审视双方的合作。他坦诚地表达了对该投资的保留意见和质疑，但纳德拉作为微软的 CEO，拥有自主决策的权利。因此，纳德拉最终还是决定对人工智能领域进行大胆的投资。2019 年 7 月，微软宣布与 OpenAI 建立战略合作伙伴关系，并向这家创新公司投资了 10 亿美元，成为 OpenAI 的主要投资方之一。

尽管这次投资的金额达到了 10 亿美元，但实际上并不完全是现金形式。在这笔 10 亿美元的投资中，大部分是微软以 Azure 云服务的积分形式提供的，这意味着 OpenAI 可以免费使用微软的云服务来训练和运行其 AI 模型。作为交换，微软获得了对 OpenAI 技术的独家使用权，有权在 Bing 搜索等自家产品中集成和利用 OpenAI 的大多数技术。

此外，这笔交易还让微软在无意间抢夺了谷歌的生意，因为 OpenAI 曾是谷歌云服务最大的客户之一，在 2019 年和 2020 年向谷歌支付了总计 1.2 亿美元的云计算费用。因此，微软用这种方式不仅未花大量现金就获得了一位新的合作伙伴，同时还给竞争对手造成了打击。纳德拉的这一战略决策可谓是"一石二鸟"，真是高明。

开发大模型花销很大，微软专门为 OpenAI 推出了一台全球前五的超级计算机，用了 1 万个英伟达的 DGX A100 GPU。在 2020 年疫情突发期间，美国经济遭受重创，高科技行业面临着大量裁员的风险。在这种情况下，纳德拉顶住了重重压力，仍然向 OpenAI 提供全力的支持。据《纽约时报》（The New York Times）报道，微软在疫情期间向 OpenAI 又投资了 20 亿美元，但具体的交易条款并未公开。

ChatGPT 发布前几个月，比尔·盖茨看了 ChatGPT 的原型产品后，目瞪口呆。后来他在文章中写道：It's a shock, this thing is amazing（这太令人震惊了，这东西太神奇了）。ChatGPT 发布后以最快的速度达到 1 亿用户，微软又火速给 OpenAI 投入 100 亿美元，把股份比例提高到 49%。

2024 年 1 月 30 日，微软公布了令人瞩目的财报，截至 2023 年 12 月 31 日，公司 2023 财年第二财季营收达到 620.20 亿美元，高于市场预期的 610 亿美元，并创下微软季度营收的最高纪录；净利润为 218.70 亿美元，同比增长 33%，高于市场预期的 206 亿美元；摊薄后每股收益为 2.93 美元，同比增长 33%，高于市场预期的 2.77 美元；微软（MSFT）股价收于每股 408.59 美元，跌 0.28%，总市值达到 3.04 万亿美元，高于苹果的 2.90 万亿美元，成为全球市值第一的上市公司。

微软智能云业务营收 258.80 亿美元，同比增长 20%，超过市场预期的 253 亿美元。其中，Azure 和其他云业务营收同比增长 30%，增速高于前三个财季和市场预期，其中有 6% 受到对 AI 需求的驱动。纳德拉说："我们已经从谈论 AI 转向了规模化应用 AI。通过让 AI 渗透进技术堆栈的每一层面，我们正在赢得新客户，并帮助各个业务领域获得新的利润和提高生产效率。"OpenAI 领先的 AI 大模型技术让微软这只恐龙进化成了 AI 时代的新巨无霸。

另外一个大赢家是英伟达（NVIDIA）。截至 2024 年 6 月 28 日收盘，英伟达的股价收于 123.54 美元，市值超过 3 万亿美元。在整个 2024 财年，英伟达的营收达到 609 亿美元，同比增长 126%。基于非通用会计准则（Non-GAAP），每股摊薄收益为 12.96 美元，同比增长 288%。同时，英伟达预测 2025 财年第一季度的销售额将达到 240 亿美元，上下浮动 2%，这一预测远高于华尔街预期的 221.2 亿美元。回想十年前，英伟达的股价大约只有 0.40 美元（按复权后的价格计算），十年间涨 300 倍的秘诀是什么呢？《纽约客》2023 年 12 月 27 日发表的《黄仁勋的英伟达如何给 AI 革命提供动力》（*How Jensen Huang's Nvidia Is Powering the A.I. Revolution*）揭示了这个秘密。

英伟达创始人黄仁勋（Jensen Huang）出生于中国台湾，父亲是化学工程师，母亲是小学老师，4 岁时全家搬到美国。他在俄勒冈州立大学学习电子工程，毕业后加入了芯片公司 AMD。1993 年，他和 Chris Malachowsky、Curtis Priem 共同创办了英伟达。英伟达当时的目标是开发生产游戏显卡，但走了"一段弯路"差点倒闭。当时英伟达的图像处理技术路线是非传统的前向纹理处理技术，他们用这种技术为 SEGA 开发游戏机显卡，但是与微软基于反向纹理映射和三角形的 Windows 95 Direct3D 并不兼容。

黄仁勋找到 SEGA 董事长，承认技术路线出现错误，说无法完成合约以及游戏主机的开发，建议 SEGA 寻找其他合作伙伴，并请求 SEGA 全额支付合同的费用。没想到 SEGA 董事长居然同意了，这笔资金让英伟达又活了 3 个月，就在这 3 个月时间，英伟达推出了全球首款 128 位 3D 处理器 RIVA 128。它迅速获得了制造商的认可，在前 4 个月内出货量就突破了 100 万台。

黄仁勋曾经在台湾大学的演讲中说过："我们坦诚面对错误，谦卑地寻求帮助，拯救 NVIDIA 的存续。"

2007 年，英伟达推出了 CUDA GPU 加速计算技术，旨在将 CUDA 打造成为一个全面的程序设计框架，以提升各类应用程序在科学计算、物理模拟和图像处理等领域的性能。英伟达对这种创新的芯片架构投入了数十亿美元来开拓学术和科学计算这一鲜为人知的市场领域，尽管在当时这并不是一个大型市场。黄仁勋坚信 CUDA 的推出将为超级计算领域带来巨大变革。尽管黄仁勋将超级计算带入了大众视野，但当时的市场对此并不感兴趣。屋漏偏逢连夜雨，美国发生次贷危机，到了 2008 年底，英伟达的股价跌掉了 70%。

为了扩展 CUDA 的应用领域，英伟达开始探索各种可能性，寻找潜在客户群体，这些客户包括股票交易员、石油勘探专家、分子生物学家等。英伟达甚至与通用磨坊公司（General Mills）达成了一项协议，用以模拟冷冻比萨在烹饪过程中的热物理反应。然而，在那个时期，人工智能领域并没有引起英伟达的过多关注，因为当时的市场普遍认为这个领域商业价值有限。

在 21 世纪的第一个十年，人工智能领域仍处于被学术界和企业界边缘化的状态。在图像识别、语音识别等基础任务上，人工智能的研究进展缓慢，而这个领域也并未受到应有的重视。在这样的学术环境中，神经网络的研究更是显得冷门，许多计算机科学家持怀疑的态度。深度学习研究员卡坦扎罗（Bryan Catanzaro）回忆道："当时，我的导师并不鼓励我从事神经网络的研究，因为这种技术被认为是过时的，且实用性不高。"但总有一些人对神经网络充满信心，卡坦扎罗将这些人称为"荒野中的先知"。

2009 年，辛顿教授的研究团队开始利用英伟达的 CUDA 平台训练神经网络，以实现对人类语言的识别。他们的实验出乎意料地成功了，并在同年末的一个学术会议上展示了这一突破。随后，他们主动与英伟达取得了联系。辛顿教授幽默地回忆道："我发送了一封电子邮件，内容是：'嘿，我刚刚在会上告诉了 1000 名机器学习研究人员，他们应该购买英伟达的显卡。作为一种奖励，你能免费送我一块吗？'然而，他们并没有同意我的提议。"英伟达第一次与辛顿教授失之交臂，但是辛顿教授还是强烈推荐他的学生使用 CUDA 平台。

2012 年，为了参加 ImageNet 挑战赛，克里泽夫斯基在预算十分有限的情况下，从亚马逊购买了两块 GeForce 显卡。随后，他开始使用英伟达的 CUDA 平台来训练用于视觉识别的神经网络 AlexNet，并在一周内为它提供了数百万张图像进行训练。

辛顿回忆说："他的卧室里有两块 GPU 电路板在呼呼作响。实际上，是他的父母为他支付了大额的电费。"苏茨克维和克里泽夫斯基对这些显卡的性能感到惊讶。早些时候，谷歌的研究人员训练了一个神经网络来识别猫的视频，这项工作大约需要 1.6 万个 CPU。而苏茨克维和克里泽夫斯基只用两块电路板就产生了绝佳的结果。苏茨克维说过："GPU 的出现，感觉就像一个奇迹！"

ImageNet 挑战赛让 AlexNet 一战成名，彻底改变了神经网络研究的方式，GPU 登上人工智能舞台的中心，从此英伟达的 CUDA 平台开始成为人工智能训练和推理的基础平台。

英伟达与OpenAI也有一段渊源。2016年8月，黄仁勋把全球第一台超级计算机DGX-1捐赠给了当时成立不到一年的OpenAI。DGX-1是英伟达投入了3000人、花了3年时间、耗资25亿美元才研发出来的全球第一台轻量化小型超级计算机。这一交付仪式颇具戏剧性：黄仁勋亲自带着这台超级计算机来到了OpenAI的办公室，马斯克则用切纸机打开了包裹，这一瞬间仿佛象征着人工智能新纪元的开启。黄仁勋激动地写下了一句话："为了计算和人类的未来，我捐出世界上第一台DGX-1。"

DGX-1并不贵，单价为12.9万美元，当时英伟达手里积压了100多家公司的DGX-1订单，但第一台还是捐给了OpenAI，这证明了黄仁勋看好OpenAI。一周后，马斯克在Twitter发文回复：感谢Jensen（黄仁勋）和英伟达的全球首台DGX-1超算，支持OpenAI加速人工智能的发展。

如今，英伟达成为资本市场最耀眼的"明星"，从2006年发明CUDA平台的初心，到2016年埋下的伏笔，终于在2024年6月，市值最高达到3.33万亿美元，超过微软成为全球第一。这不仅是技术的力量，更是企业家远见的成功体现。

第二章

AIGC 的前世今生

企业 AIGC 进化论：如何用生成式人工智能实现企业效率革命

本章引言
- AIGC 的兴起与未来 10 年的预测
- 理解行业发展规律的必要性
- AI 技术取得突破性进展的两个条件

第一节 人工智能概述

- **AI 三大研究方向**
  - 机器学习
  - 自然语言处理
  - 计算机视觉
- **机器学习** —— 神经网络 —— 深度学习 —— 大模型
- **机器学习的训练方式**
  - 无监督机器学习
  - 全监督机器学习
  - 半监督机器学习
- **AI 技术分类**
  - 判别式人工智能
  - 生成式人工智能
- **AGI（通用人工智能）**
  - AGI 概念
  - 达到 AGI 的标准

第二节 AI 简史

- **第一阶段：AI 启蒙时期**
  - 图灵测试
  - 神经网络机 SNARC
- **第二阶段：专家系统时期**
  - 专家系统的发展与应用
  - DENDRAL 与 MYCIN 系统
- **第三阶段：机器学习时期**
  - 反向传播算法
  - 支持向量机（SVM）
- **第四阶段：深度学习时期**
  - 卷积神经网络（CNN）
  - 循环神经网络（RNN）和 LSTM
- **第五阶段：大模型时期**
  - Transformer 模型
  - GPT 系列模型发展

第二章　AIGC 的前世今生

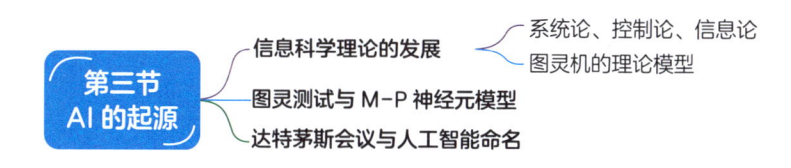

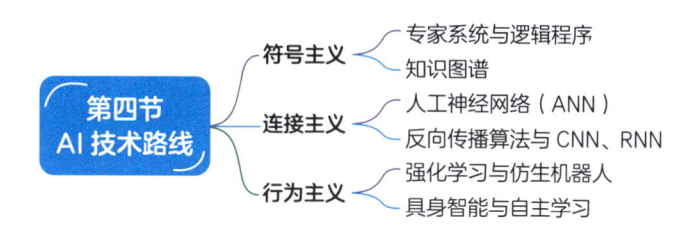

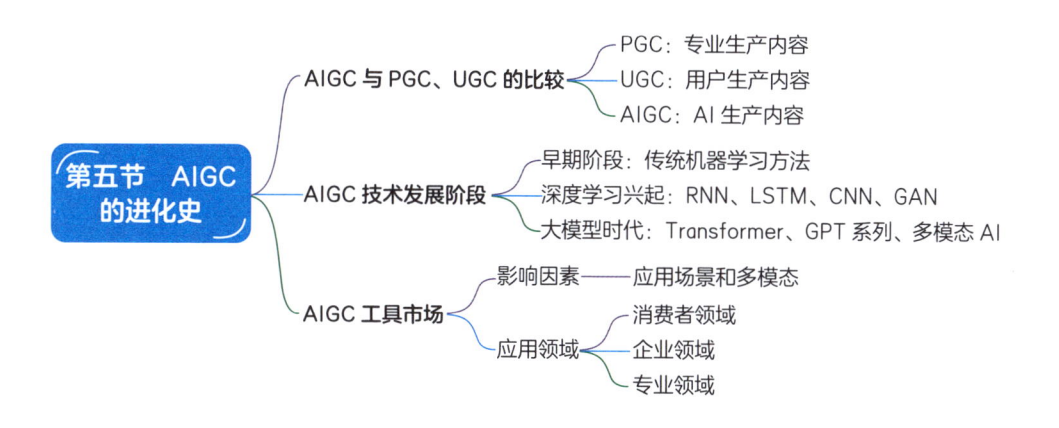

第三节　AI 的起源
- 信息科学理论的发展
  - 系统论、控制论、信息论
  - 图灵机的理论模型
- 图灵测试与 M-P 神经元模型
- 达特茅斯会议与人工智能命名

第四节　AI 技术路线
- 符号主义
  - 专家系统与逻辑程序
  - 知识图谱
- 连接主义
  - 人工神经网络（ANN）
  - 反向传播算法与 CNN、RNN
- 行为主义
  - 强化学习与仿生机器人
  - 具身智能与自主学习

第五节　AIGC 的进化史
- AIGC 与 PGC、UGC 的比较
  - PGC：专业生产内容
  - UGC：用户生产内容
  - AIGC：AI 生产内容
- AIGC 技术发展阶段
  - 早期阶段：传统机器学习方法
  - 深度学习兴起：RNN、LSTM、CNN、GAN
  - 大模型时代：Transformer、GPT 系列、多模态 AI
- AIGC 工具市场
  - 影响因素——应用场景和多模态
  - 应用领域
    - 消费者领域
    - 企业领域
    - 专业领域

第六节　AIGC 技术三要素
- 算法
- 算力
  - 大模型训练
  - 大模型推理
- 训练数据

029

本章引言

自从 ChatGPT 爆火以来，生成式人工智能就备受瞩目。

未来 10 年是 AIGC 爆发的 10 年，也是机会遍地的 10 年。如何能抓住这一次千载难逢的机遇，是每个人要思考的课题。

任何一个行业都有其发展的规律，想要发现新机会，就要学会厘清行业的发展脉络，看清当下发展的阶段以及自己所处的位置，才能辨别未来的发展方向，找准自己将来为之奋斗的目标。

这一切，都要从快速认识 AIGC 行业开始。

大自然是人类伟大的造物主，AI 技术的起源、发展和取得的巨大成功，都是对生物大脑的研究和模仿。

AI 大模型的基础是神经网络、深度学习，这都是对人类大脑最粗浅的模仿。

AI 技术能有突破性的进展，得益于两个条件：一是算力，二是训练数据。深度学习的理论和算法在 20 世纪就已经提出，但是由于条件有限，未能成功。

现在的半导体技术发展和互联网上的数据为 AI 大模型训练提供了基础，这两个条件缺一不可。

所以从技术进化的角度来说，算法是 AI 大模型的基因，学术上一直在不停地创新和突破，但必须有合适的环境才能成功。

第一节　人工智能概述

一、人工智能技术分类

如今，人人都在谈论人工智能、机器学习、大模型、ChatGPT、AIGC，但是对于涉及的诸多专业概念及其相互之间的关系仍然让许多人感到非常困惑。例如，机器学习和深度学习有何不同？大模型与 GenAI 又有什么不同，它们之间有何联系与区别？接下来我们从技术角度和应用角度了解一下。

人工智能（Artificial Intelligence，AI）是计算机科学的一个分支，就像物理学中的热力学一样，主要研究、创建能够执行需要人类智能的任务的机器或软件。这些任务包括视觉识别、语言理解、决策制定等。从大的方面来说，AI 有三大研究方向：机器学习、自然语言处理和计算机视觉，如图 2-1 所示。

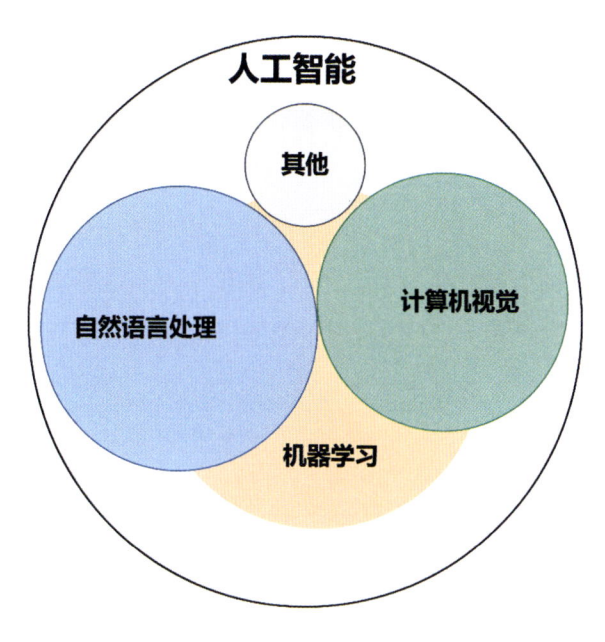

图 2-1　人工智能技术层次图

（一）机器学习

机器学习（Machine Learning，ML）是人工智能的一个子集，它使计算机系统能够从数据中学习并改进性能，而无须进行显式编程。机器学习算法使用统计学习方法来发现数据中的模式和关系，从而使系统能够预测未知数据的结果或执行特定的任务。机器学习可以分为几种主要类型：监督学习、无监督学习、半监督学习和强化学习。监督学习依赖于带标签的数据来训练模型，使其能够预测新的数据点的输出；无监督学习则不使用标签，旨在发现数据中的模式和结构，如聚类和降维；半监督学习结合了少量标记数据和大量未标记数据，以提高模型的学习效果；强化学习通过与环境的交互来学习策略，以最大化累积奖励。

深度学习（Deep Learning，DL）是机器学习的一个子领域，专注于利用深层神经网络来处理复杂的模式识别任务。其基础是神经网络，这种设计灵感来源于人脑的神经系统结构。神经网络由众多相互连接的节点或"神经元"构成，这些"神经元"通过处理数据和做出预测来学习执行特定任务。深度学习模型通常包含多层神经元，所谓的"深度"指的就是这些多层结构。这种多层结构使得深度学习能够掌握传统机器学习模型难以处理的复杂模式。

深度学习特别适合处理大量的非结构化数据，与"经典"机器学习的主要区别在于其数据类型和学习方法。传统机器学习和深度学习的主要区别在于它们对数据的处理方式、模型的设计复杂度以及对特征工程的依赖程度。传统机器学习通常依赖于结构化数据，需要人工进行特征提取和选择，对数据量的需求相对较小，但对领域知识的依赖较高。相比之下，深度学习通过多层神经网络自动学习数据中的特征，能够处理大量的非结构化数据（如图像、语音和文本），并且在训练阶段需要大量的标注数据来优化复杂的模型结构。这种自动化的特征提取能力使得深度学习在处理复杂任务时表现出色，但也带来了更高的计算成本和更长的训练时间。深度学习在图像识别、语音识别和自然语言处理等领域取得了显著的成果，尤其在处理图像和文本数据方面表现突出。

大模型是深度学习中的一种趋势，指的是具有大量参数和复杂结构的模型，如 GPT-3 模型和 BERT 模型，它们能够处理多种任务并从大量数据中学习。现在人们常说的大模型或者 AI 大模型指的是大规模语言模型或者其他种类的大规模模型，如大规模视频模型等。

本书中用 LLM 专指大规模语言模型，而用 AI 大模型来统称所有的大规模模型。

机器学习的层次细分如图 2-2 所示。

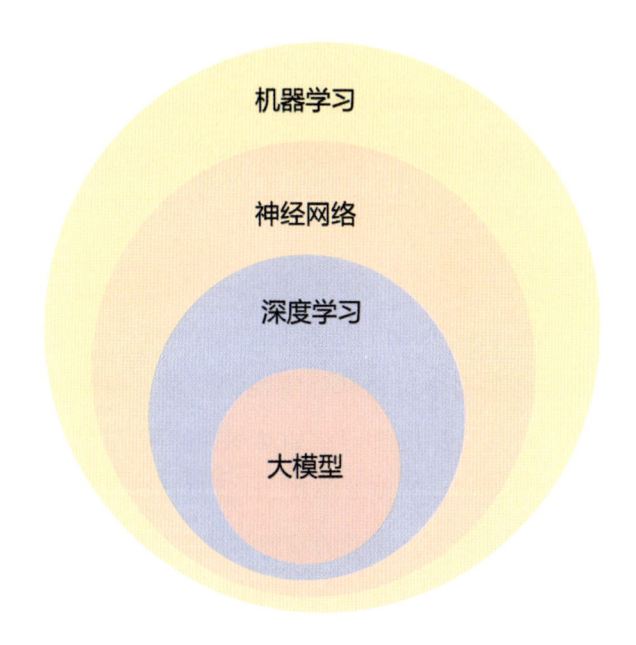

图 2-2　机器学习层次细分图

机器学习需要大量的数据进行训练，训练的方式有三种主要类型。

（1）无监督机器学习：例如，这里有一堆没贴标签的照片，无监督机器学习就像一个好奇的孩子，他会自己去发现照片里的规律，比如哪些照片看起来很相似，可能就属于同一类（这就是聚类）。孩子不会知道具体每张照片代表什么，但他能找到一些明显的区别和联系。

（2）全监督机器学习：如果这个孩子现在拿到的照片每一张都有标签，比如有的写着"猫"，有的写着"狗"。这时，他就可以根据这些标签来学习区分猫和狗的特点。下次再看到没有标签的照片，他就能准确地说出这是猫还是狗。这就是全监督机器学习，它需要明确的正确答案来进行学习和预测。

（3）半监督机器学习：假设有些照片有标签，但大部分照片没有。这时，这个孩子不仅要利用有限的有标签的照片去了解猫和狗的区别，又要借助那些没标签的照片自己摸索。也就是说，半监督机器学习就是用一部分清楚标记的例子加上更多不带标记的例子一起学习。这样就可以在数据不足的情况下，尽可能地提升模型的学习效果。

（二）自然语言处理

自然语言处理（Natural Language Processing，NLP）是人工智能的一个分支，它专注于使计算机能够理解、解释和生成人类语言。NLP涉及文本分析、语言识别、语义理解、机器翻译等任务，它是深度学习和神经网络技术的重要应用领域之一。

（三）计算机视觉

计算机视觉（Computer Vision）是人工智能领域的一个重要分支，它使计算机能够从图像或多维数据中解释和理解视觉信息。现代计算机视觉大量依赖于机器学习算法，尤其是深度学习，如卷积神经网络（Convolutional Neural Networks，CNN），来处理复杂的视觉任务。计算机视觉研究内容包括以下方面。

（1）图像处理：这是计算机视觉的基础，是指对图像数据进行操作，以提升其质量或提取有用的信息。常见的图像处理技术包括滤波、边缘检测、图像增强和变换等。

（2）特征提取：在图像中识别和提取有用的特征，如角点、边缘、纹理等，这些特征对于后续的图像分析至关重要。

（3）物体识别：识别图像中的特定物体或模式，包括面部识别、车牌识别或在复杂场景中识别特定物体。

（4）场景理解：分析图像以理解场景的上下文和内容，包括场景分类、物体定位和场景重建。

（5）三维视觉：涉及从二维图像中重建三维信息，如深度估计、立体视觉和三维重建。

（6）视觉跟踪：跟踪视频中的移动物体，这对于视频监控和自动驾驶汽车等领域非常重要。

（7）视觉导航：在机器人和自动驾驶技术中，计算机视觉用于导航和路径规划。

（8）增强现实（AR）和虚拟现实（VR）：计算机视觉技术用于增强现实和虚拟现实应用，可以在用户的视野中叠加数字信息，或者创建一个完全虚拟的环境。

计算机视觉的应用非常广泛，从医疗图像分析到安全监控，再到智能手机的面部解锁功能，都离不开计算机视觉技术的支持。随着技术的进步，计算机视觉在提高自动化水平和增强人类视觉能力方面发挥着越来越重要的作用。

二、人工智能应用方式分类

从应用人工智能的角度来分类，有两种人工智能技术，分别是判别式人工智能和生成式人工智能。

（一）判别式人工智能

判别式人工智能（Discriminative AI）专注于分类或区分数据。它通过训练模型来识别数据的特征，并使用这些特征来将输入数据分成不同的类别或标签。判别式模型的核心目标是提高预测的准确性，即模型能够正确地预测给定的输入数据所属的类别。这类模型通常不产生新的内容，而是根据已有数据进行分类或做出预测。例如，判别式模型可以用于垃圾邮件检测、图像识别或疾病诊断等领域。

判别式人工智能的典型算法，如卷积神经网络，是一种图像识别算法。模型经过训练后可以用来识别一张图片中的物体是猫还是狗，还能直接给出"这张图片是猫的概率为95%，是狗的概率为5%"这样的结论。

（二）生成式人工智能

生成式人工智能（GenAI）致力于创造新的内容或数据。它通过训练模型来学习数据分布，并能够生成新的数据点，这些数据点看起来像是从训练数据中随机抽取的。生成式模型的目标是生成全新的、有用的数据，而不是对现有数据进行分类。例如，生成式模型可以用于生成艺术、创作音乐、生成文本或创建虚拟现实内容等。本书讨论的人工智能应用技术主要是生成式人工智能技术，用 GenAI 表示。

生成对抗网络（Generative Adversarial Networks，GAN）就是一个典型的生成式模型，它可以被训练用来生成逼真的新图片，如模拟人脸图片，即便它从未在训练时集中出现过，但是生成的新图片看上去仍然像是真实的人脸。

大规模语言模型或者稳定扩散模型（Stable Diffusion，SD）是现在最流行的生成式人工智能技术。

判别式人工智能与生成式人工智能的功能如图 2-3 所示。

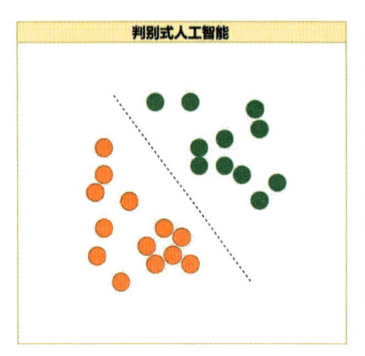

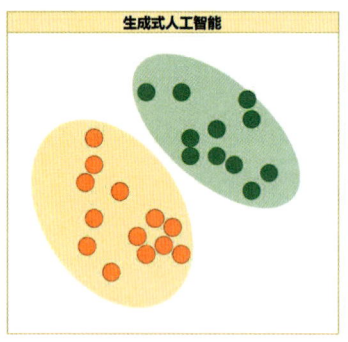

图 2-3　判别式人工智能与生成式人工智能的功能示意图

简而言之，判别式人工智能侧重于理解和分类现有数据，多用于已有数据分类；而生成式人工智能则专注于创造新的、以前未见过的事物，多用于生成新数据。两者在机器学习领域都有其独特的应用和价值。

三、通用人工智能（AGI）

通用人工智能（Artificial General Intelligence，AGI）是指一种具有广泛认知能力的机器智能，它能够在各种不同的任务和环境中表现出与人类相似或超越人类的智能水平。

在现实生活中，我们遇到的大多数人工智能系统都是专门为特定任务设计的，比如语音识别、推荐电影，或是玩棋类游戏。这些系统在它们擅长的领域表现出色，但在其他未经训练的领域就可能无能为力，它们被称为窄域人工智能（Narrow AI）。与此相反，AGI 是一种更高级的概念，它不仅在一个领域表现出色，而且能够像人一样在多个不同的领域学习和适应。这意味着 AGI 能够理解和解决它从未直接被编程或训练去处理的问题。这就好比一个人可以是一位杰出的钢琴家，也可以是一位出色的厨师，同时还能学习新语言和解决复杂的数学问题。

目前，关于什么时候可以真正实现 AGI，大家还没达成统一看法。这是因为 AGI 要求的智能水平非常高，不仅要在多个领域表现得像人类一样聪明，甚至还要超过人类。不过，我们可以从以下几点来看是否实现了 AGI。

（1）自主学习：AGI 应该能自己学习新东西，适应新环境，不是只依赖人们预先设定的规则和数据。

（2）通用性：AGI 不仅在一个领域表现出色，而且在多个领域和任务上都表现出色。

（3）逻辑推理和解题：AGI 应该能进行逻辑推理，解决全新的问题，不只是识别模式或分析大数据。

（4）语言掌握：AGI 应该能理解和使用自然语言，能有效地沟通和交流。

（5）情感和社交：AGI 应该懂得情感，有社交智能，能适应人类社会的复杂性。

（6）创造力和想象力：AGI 应该具有创造力和想象力，能想出新点子和解决方案。

（7）价值观和伦理：AGI 应该有自己的价值观和道德观念，理解并尊重人类的社会价值和道德准则。

现在 AI 虽然在某些方面已经取得很大进展，但要达到真正的 AGI 还有一段路要走。AI 界对此还有很多讨论，像 Sora 这样的 AI 大模型，被认为是向 AGI 迈进的一条可能的道路。

第二节　AI 简史

从 AI 理论和技术发展的过程来看，AI 的发展大致可以分为 5 个时期。

一、AI 启蒙时期

AI 启蒙时期主要集中在 20 世纪 50 年代至 60 年代，这一时期人工智能的概念刚刚提出，学者开始探索如何让机器模仿人类的思维过程，这一时期也涌现出许多基础性的理论和实验。

最初的人工智能研究是 20 世纪 30 年代末到 50 年代初的一系列科学进展交汇的产物。神经学研究发现大脑是由神经元组成的电子网络，其激励电平只存在"有"和"无"两种状态，不存在中间状态。诺伯特·维纳（Norbert Wiener）的控制论描述了电子网络的控制和稳定性；克劳德·香农（Claude Shannon）提出的信息论则描述了数字信号（即高低电平代表的二进制信号）；艾伦·麦席森·图灵（Alan Mathison Turing）的计算理论证明了数字信号足以描述任何形式的计算。这些密切相关的想法暗示了构建"电子大脑"的可能性。

沃伦·麦卡洛克（Warren McCulloch）和沃尔特·皮茨（Walter Pitts）分析了理想化的人工神经元网络，并且指出了基本的运行机制。他们的学生马文·明斯基（Marvin Minsky）（这一时期 AI 领域最重要的领导者和创新者之一）在 1951 年建造了第一台神经网络机 SNARC。

1950 年，图灵发表了一篇划时代的论文，文中预言了创造出具有真正智能的机器的可能性。由于注意到"智能"这一概念难以确切定义，他提出了著名的图灵测试：如果一台机器能够与人类展开对话而不会被辨别出其机器身份，那么就称这台机器具有智能。这一简化使得图灵能够令人信服地说明"思考的机器"是可能的。

二、专家系统时期

20 世纪 70 年代至 80 年代，专家系统（Expert System）成为人工智能研究的主要方向。专家系统是一种利用计算机模拟人类专家在特定领域做出解答或决策的人工智能程序，广泛应用于人机对弈、模式识别、医疗诊断、化学分析等领域。

爱德华·费根鲍姆（Edward Feigenbaum）教授领导的团队开发了世界上首个专家系统——DENDRAL。该系统结合了化学专业知识和质谱分析技术，能够根据有机化合物的分子式和质谱图识别正确的分子结构。继 DENDRAL 之后，斯坦福大学研发的 MYCIN 系统在医疗领域产生了显著影响。MYCIN 专为辅助医生诊断血液感染并指导抗菌药物使用而设计，基于 LISP 编程语言构建，并引入了一种新颖的可信度表示机制。这一机制使 MYCIN 能够进行确定性判断和不确定性推理，并对推理结果提供详尽解释。

在这一时期，MYCIN 已成为知识工程领域的典范，涵盖了知识表示、知识获取、搜索策略、不确定性推理和结构设计等核心问题，为后续专家系统的设计提供了深远的指导和启示。

三、机器学习时期

进入 20 世纪 90 年代，机器学习成为人工智能的核心技术，通过算法使计算机能够从数据中学习和改进，自适应能力显著提升，标志性成果包括支持向量机和神经网络的初步应用。

1986 年，大卫·鲁梅哈特（David Rumelhart）、杰弗里·辛顿（Geoffrey Hinton）和罗纳德·威廉姆斯（Ronald Williams）提出了**反向传播算法，极大地推动了神经网络的发展**。20 世纪 90 年代，神经网络在语音识别、手写字符识别等领域取得了初步发展，展示了其强大的学习能力。

1995 年，弗拉基米尔·万普尼克（Vladimir Vapnik）和科琳娜·科尔特斯（Corinna Cortes）提出了支持向量机的理论框架，并在实际应用中取得了显著成果。支持向量机在图像识别、文本分类等领域表现出色，成为机器学习的重要工具。

目前，大多数 AI 系统采用的是由机器学习驱动的方法，其中预测模型是通过历史数据训练得出的，并用于未来的预测。这种方法代表了 AI 领域的第一次范式转变，**学习算法不再是指定如何解决任务，而是根据数据来诱导它，动态地实现目标**。正是由于机器学习的应用，才有了大数据（Big Data）这一概念的提出。

四、深度学习时期

深度学习的崛起掀起了 AI 的新浪潮。在这一阶段，基于多层神经网络的深度学习技术在图像识别、语音识别和自然语言处理等方面取得了突破性进展。其中，卷积神经网络在图像识别方面取得了显著成果，如微软的图像识别系统在

2010 年达到了人类水平。

此外，深度学习在语音识别领域也取得了重要突破，如谷歌的语音识别系统。在自然语言处理领域，循环神经网络和其变体长短期记忆网络（Long Short-Term Memory，LSTM）被广泛应用于文本分类、机器翻译和情感分析等任务。深度学习的这些进展推动了 AI 应用进入更多实际场景，如自动驾驶、智能家居和医疗诊断等。

2018 年，深度学习界的三位泰斗杰弗里·辛顿、约书亚·本吉奥、杨立昆因在深度神经网络领域的重大突破而共同荣获图灵奖，被广泛誉为"深度学习三巨头"。

辛顿是深度学习的积极推动者，他在神经网络和机器学习领域的研究具有深远影响。他的三大重要贡献是反向传播、玻尔兹曼机和对卷积神经网络的修正。在 1983 年，他和特伦斯·谢诺夫斯基（Terrence Sejnowski）提出了玻尔兹曼机，它是第一个能学习神经元内部表征的深度神经网络。在 1986 年的一篇论文中，辛顿与其他研究者提出了反向传播算法，使神经网络能够解决以前被认为无法解决的问题。到了 2012 年，辛顿与他的学生为卷积神经网络的发展做出了重要贡献，使用 ReLU 和 Dropout 正则化大幅提升了计算性能，在 ImageNet 挑战赛中将图像识别的误差率减半，重塑了计算机视觉领域。

本吉奥的主要贡献有三个方面：序列的概率建模、高维词嵌入与注意力机制、生成对抗网络。20 世纪 90 年代，本吉奥提出了将神经网络与序列的概率建模相结合的创新观点，被用于阅读手写支票。2000 年，他又发表了一篇具有里程碑意义的论文，引入了高维词嵌入作为词义的表征方法。自 2010 年以来，他关注生成式深度学习，尤其是生成对抗网络的研究。

杨立昆是卷积神经网络的先驱，他的贡献包括提出卷积神经网络、改进反向传播算法、拓宽神经网络的视角。20 世纪 80 年代，他构建了卷积神经网络，并在多伦多大学和贝尔实验室工作期间利用手写数字图像训练了第一个系统。卷积神经网络现在已成为计算机视觉、语音识别、语音合成、图像合成和自然语言处理领域的行业标准，广泛应用于自动驾驶、医学图像分析、语音助手和信息过滤等。杨立昆提出了改进反向传播算法的早期版本，并提出加快学习速度的方法。他还将神经网络发展为一种计算模型，在神经网络中学习分层特征表征的概念，现在经常用于识别任务中。

五、大模型时期

随着计算资源的大幅增长和数据量的爆炸式增长，人工智能领域进入了大模型时期。这些模型通常包含数十亿甚至数千亿的参数，能够理解和处理更加复杂的任务。大模型通过在大量数据上进行训练，能够学习到更加丰富和抽象的知识，从而在各种任务中展现出更高的性能。

阿希什·瓦斯瓦尼（Ashish Vaswani）等人于2017年提出了Transformer模型，该模型基于自注意力机制，为自然语言处理领域带来了革命性的变化。

2018年，OpenAI推出了GPT-1模型，生成预训练模型是一种基于Transformer架构的生成模型，通过大规模预训练和微调，实现了在多种自然语言处理任务中的优异表现。随后，OpenAI又陆续发布了GPT-2、GPT-3、GPT-4、Sora、GPT-4o等更强大的模型。这些模型不仅在规模上不断扩大，而且在性能上也得到显著提升。尤其是GPT-4o模型升级成为多模态大模型，可理解图片、视频等多媒体内容，Sora可生成高质量的视频内容。

除了OpenAI，其他一些知名的公司也在积极推进AI大模型的研究和发展，如Google、Meta、Microsoft等。

第三节　AI的起源

20世纪40年代，第二次世界大战烽火连天，军事需求如破译密码、火炮弹道计算、雷达追踪以及远程无线电通信等，都迫切地呼唤着计算能力和通信技术的突破。正是在这样的时代背景下，信息科学理论应运而生，成为引领科技进步的璀璨明珠。

1945年，路德维希·冯·贝塔朗菲（Ludwig von Bertalanffy）的《系统论》（Systems Theory）问世，为信息科学的发展奠定了坚实的理论基础，紧接着，1948年，诺伯特·维纳（Norbert Wiener）的《控制论》（Cybernetics）与克劳德·香农（Claude Shannon）的《信息论》（Information Theory）相继发表。这三大理论被誉为"信息学三论"，共同标志着信息科学正式成为一门独立的学科。这些理论不仅为军事领域带来了巨大的变革，更为后世的科技进步和文明发展奠定了坚实的基石。与此同时，人工智能也开始生根发芽。

一、图灵机：人工智能的基石

英国的天才数学家艾伦·麦席森·图灵，被誉为"人工智能之父"，在第二次世界大战时期，他帮助盟军破译了德军的加密系统"迷"（Enigma），使得德军的军事部署在盟军面前毫无秘密可言，从而加速了盟军获胜和战争结束的步伐。

1936年，图灵在剑桥大学攻读硕士学位期间，撰写了一篇具有开创性的论文《论可计算数及其在判定性问题上的应用》（On Computable Numbers, with an Application to the Entscheidungsproblem）。这篇论文的核心贡献在于定义和量化了可计算性的概念，其关键创新是引入了后来被称为图灵机 (Turing Machine) 的理论模型。

图灵机是一种理论上的计算设备，其设计灵感源自模拟人类使用纸笔进行数学计算的过程。简单来说，图灵将"计算"这一日常活动抽象化，归纳为两个基本动作的重复执行。

（1）在纸张上标记或删除特定的符号。

（2）将注意力从一个位置转移到另一个位置，每个动作完成后，需要根据当前关注的位置的符号以及思维状态来决定下一步的操作。

为了模拟这种计算过程，图灵设计了一种想象中的机器，它由以下几个基本组件构成：一个无限长的纸带、一个读/写头以及一个控制器，如图2-4所示。控制器内部包含一系列规则和一个状态存储器，用以指导机器的运算过程。

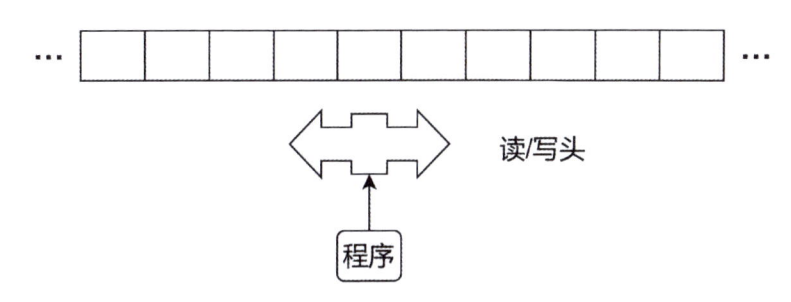

图 2-4　图灵机示意图

图灵在他的研究中证明了一个深刻的观点：所有人类能用纸笔完成的计算，理论上都能被图灵机模拟。这意味着图灵机是一个万能的计算模型，能执行所有有效的算法。图灵还设计了一个特别的机器，用来判断一个给定的图灵机是否能在有限时间内停止运行。但他发现，这种机器是不可能存在的，因为它会引发逻辑上的悖论。这一发现表明，我们无法用一个通用算法来判断所有数学命题的真假。因此，图灵为可判定性问题提供了否定的答案，并证明了这与哥德尔不完全性定理是等价的。

他的这篇硕士论文被视为计算机科学的奠基之作，不仅开启了计算理论的新领域，还为计算机设计和人工智能的研究提供了理论基础。如今，图灵机的概念依然是计算机科学的核心，它不仅是理想的计算模型，更是探索计算本质的重要工具。

另一位人工智能的奠基人香农的一篇硕士论文《继电器与开关电路的符号分析》（*A Symbolic Analysis of Relay and Switching Circuits*），巧妙地将布尔代数的原理应用于电路设计之中。**他提出，在电路中传递的实质是信息而非电流，这一理念不仅革新了电路设计的思维方式，更为逻辑电路和二进制计算的发展奠定了基础。**

图灵和香农的这两篇论文是 20 世纪信息科学最重要的两篇硕士论文。

二、图灵测试

1950 年，图灵又扔下一颗震撼弹，发表了一篇名为《计算机器与智能》（*Computing Machinery and Intelligence*）的论文，其中提出了一个轰动一时的问题：

"机器能思考吗？"但是，由于"思考"这个概念太过抽象，图灵转而提出了一个更为具体的想法——模仿游戏："如果人类无法分辨一台机器是否具备与人类相似的智能，导致无法分辨与之对话的到底是人类还是机器，即可认定机器存在智能。"

在这个游戏中，一个人（C）会对两个对象提问，这两个对象中一个是真正的人类（A），另一个则是机器（B）。机器的任务是尽可能地伪装成人类，让 C 分辨不出它的真实身份，而 A 的任务则是帮助 C 认识机器的真实面目。如果经过一番问答后，C 无法准确地区分出 A 和 B，或者做出了错误的判断，那么这台机器就通过了图灵测试，就会被认为是具有人类智能的。这就是著名的"图灵测试"。

图灵测试的提出，就像是人工智能学科的引爆点，它引发了一场关于机器思维、人类思维和意识的哲学与科学的大讨论。图灵甚至预测：到了 2000 年，将会有机器以 30% 的概率通过图灵测试，也就是说，有 30% 的人可能会被这些机器欺骗。

虽然图灵测试是一个思想实验，甚至有些不严谨，但在那个年代，能够提出这样的问题，无疑是天才般的创见。在后续的章节中，我们将运用现代心理测量方法来评估人工智能的认知水平，并将其与人类的认知能力进行比较。

三、M-P 神经元模型

心理学家沃伦·麦卡洛克（Warren McCulloch）和数学家沃尔特·皮茨（Walter Pitts）于 1943 年在《数学生物物理学通报》（Bulletin of Mathematical Biophysics）上发表了论文《神经活动中内在思想的逻辑演算》（A Logical Calculus of The Ideas Immanent in Nervous Activity）。论文中讨论了理想化、极简化的人工神经元网络（Artificial Neural Network，ANN）及其如何形成简单的逻辑功能，首次提出了人工神经元网络的概念及数学模型，从而开创了通过人工神经元网络模拟人类大脑研究的时代。后来，这种最基础的神经元模型被命名为"M-P 神经元模型"或"MCP 神经元模型"，也称为 McCulloch-Pitts 神经元模型，是一种简化的二元阈值神经元模型。

电子大脑（Electronic Brain）是由麦卡洛克和皮茨构建的第一个人工神经元的数学模型。电子大脑是一种模拟人脑神经系统工作的电子设备，是最早的神经网络模型之一。其设计初衷是为了模拟人类大脑的工作方式，尤其是大脑神经元的相互连接和工作机制。这个电子大脑的最大突破在于它能够通过电子元件模拟人脑神经元的工作，具备学习和适应的能力。尽管它的能力远不及今天的计算机，但在当时，这无疑是一项技术革命。

1949 年，心理学家唐纳德·赫布（Donald Hebb）在《行为组织学》（*The Organization of Behavior*）这部著作中提出了基于神经元构建学习模型的法则。他认为神经网络的学习过程最终是发生在神经元之间的突触部位，突触的联结强度随着突触前后神经元的活动而变化，变化的量与两个神经元的活性之和成正比。该方法称为"赫布学习规则"（Hebb's Law）。

四、感知机

深度学习的历史可以追溯到感知机的诞生，这是一种早期的神经网络模型，其设计灵感来源于人类大脑中神经元的工作方式。

1956 年，美国心理学家弗兰克·罗森布拉特（Frank Rosenblatt）受到 Warren McCulloch 和 Walter Pitts 早期工作的启发，第一个将 Hebb 学习理论用于模拟人类感知能力，并提出了"感知机"（Perceptron）的概念模型，希望这个模型能够作为承载智能的基础模型。该模型是一种由两层神经元构成的神经网络模型，即"感知器"（Perceptrons）。

这是首次将多层感知器（Multilayer Perceptron，MLP）应用于机器学习中的分类任务。感知器算法利用 M-P 模型对输入的多维数据进行二元分类，并通过梯度下降法自动从训练样本中学习并更新权重。1962 年，感知器算法的收敛性得到了证明，这一理论与实践的结合引发了神经网络领域的第一次热潮。

感知机模型由 8 个模拟神经元组成，这些神经元的构造颇为原始，由马达和转盘构成，并且与 400 个光探测器相连，用以捕捉和处理视觉信息。这一创新展示了计算机系统模仿人脑处理信息的潜力，为后来深度学习的发展奠定了基础，罗森布拉特也被誉为"深度学习之父"。

1957年，罗森布拉特在康奈尔大学航空实验室的IBM704计算机上完成了感知机的仿真后，成功申请到了美国海军的资助，于两年后成功地制造出一台能够识别英文字母的基于感知机的神经计算机——Mark-1，并于1960年6月23日向美国公众展示。

五、达特茅斯会议

在1956年的达特茅斯会议上，一群杰出的科学家们开启了人工智能领域的新篇章。这次会议，由马文·明斯基（Marvin Minsky）、约翰·麦卡锡（John McCarthy）、克劳德·香农（Claude Shannon）和纳撒尼尔·罗切斯特（Nathaniel Rochester）等四位先驱人物组织，不仅标志着人工智能作为一门独立学科的诞生，而且为后来的研究者研究人工智能奠定了坚实的基础。

会议中，他们提出了一个革命性的观点：机器能够模拟人类学习和其他智能行为。这一理念，由麦卡锡提出，被命名为"人工智能"，成为这个新兴领域的标志性术语。这次会议不仅是一个历史性的起点，更是一个思想的交汇点，为早期的人工智能研究者提供了一个交流和合作的平台。

通过这次"人工智能夏季研讨会"，人工智能领域获得了正式的命名和明确的方向，从而开启了一段探索机器智能的辉煌旅程。这次会议影响深远，它不仅定义了人工智能的学科范畴，也为后来的技术发展和理论研究奠定了基石。

第四节　AI技术路线

AI技术路线有三条：符号主义、连接主义和行为主义。这三条技术路线分别代表了人工智能发展的三个不同阶段，同时也反映了人们对于智能本质的不同理解和探索。

一、符号主义

符号主义是人工智能的早期思想，**其核心观点是智能行为可以通过符号操作和推理来实现**。符号主义，亦称逻辑主义或规则主义，其理念源自图灵的深邃洞察，主张将智能视为一种功能性的现象，即"黑箱"理论，专注于输入与输出之间的关系，而对黑箱内部的复杂机制不予深究。在这一思想体系中，符号主义学派采纳了"符号"（Symbolic）这一概念，用以模拟现实世界的复杂性。他们依赖逻辑推理和搜索算法来模拟人类大脑的思维和认知过程，而非探究大脑实际的神经网络结构或逻辑运算的具体机制。换言之，符号主义学派试图将人脑简化为一套数学模型，并借助超级计算机的力量来重现这一模型的工作过程。

但是人脑功能极其复杂，将其抽象成为数学模型是不可能实现的任务，只能在某些特定领域实现对人脑功能的建模目前，这类建模主要应用于知识工程和专家系统等场景。比如专家系统，是对人脑在某个领域的专业知识建模，用算法实现对人脑功能的模拟。

符号主义技术路线比较典型的应用包括专家系统、逻辑程序和知识图谱等三种。

（1）专家系统：它们是基于特定领域知识的智能决策支持系统。这些系统使用一套预定义的规则（知识库）和推理引擎来模拟专家的决策过程。例如，医疗诊断系统可以基于症状和医学知识来推断可能的疾病。

（2）逻辑程序：逻辑程序使用形式逻辑来表示知识和进行推理。例如，Prolog（Programming in Logic）是一种逻辑编程语言，它允许程序员定义关系和规则，然后通过查询这些关系来执行推理。

（3）知识图谱：符号主义使用图、树、框架等数据结构来表示复杂的知识。这些结构能够清晰地表达概念之间的关系，如分类、属性和实例等。

在当代人工智能研究中，符号主义的理念依然占据一席之地，尤其是在需要处理复杂逻辑和推理任务的领域。然而，现代人工智能系统往往结合了符号主义、连接主义和行为主义的多重特点，以实现更高效、更灵活的智能表现。这种融合性的研究策略不仅拓宽了人工智能的应用前景，也深化了我们对智能本质的理解。

二、连接主义

连接主义是20世纪80年代兴起的一种人工智能思想,其核心观点是智能行为可以通过神经网络的连接和调整来实现。连接主义也称为"结构派",指从结构上模仿人类大脑。20世纪初的神经科学已经初步了解了大脑神经元细胞的存在,科学家还知道了只有当神经元细胞的树突(Dendrites)受到的外部刺激达到一个阈值之后,才会沿着轴突(Axon)方向向其他神经元放电,发射出脉冲信号,刺激突触(Synapse)和与其相连接的其他神经元细胞树突交换神经递质来完成信息传递。

人工神经网络,由大量神经元(Neuron)通过突触连接而成,从输入到输出呈现层级结构,当层数较多时则被称为深度神经网络(Deep Neural Network, DNN)。神经网络示意图如图2-5所示。

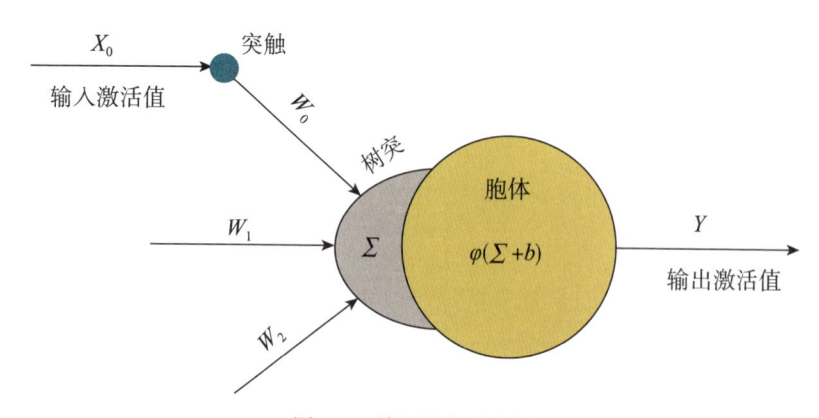

图 2-5 神经网络示意图

而伯特兰·罗素(Bertrand Russell)在《数学原理》(*Principia Mathematica*)中仅使用了与、或、非三种基本逻辑运算,便将一个个简单命题连接成越来越复杂的关系网络,进而清楚地描述了整个数学体系。假如把一个神经元信号看作一个命题,那人类大脑的神经元网络,似乎就同一个个连接这些命题的逻辑门一般运行,每个神经元所代表的逻辑门可以接收多种信号的输入,并产生一个单独的输出信号。通过变更神经元的放电阈值,神经元就可以实现"与""或""非"操作。

"神经网络"(Neural Network)这个概念是由麦卡洛克和皮茨提出的。神经网络以神经元为最小的信息处理单元,把神经元的工作过程简化为一个非常直接、基础的运算模型。这个模型虽极为简单,但却对未来人工智能研究产生了影响深远。

神经元和神经网络是连接主义的基础，而神经网络在工程应用上真正有实用意义的重大突破发生于 1957 年。康奈尔大学的实验心理学家罗森布拉特在一台 IBM704 计算机上模拟实现了一种他发明的叫作"感知机"(Perceptron) 的神经网络模型，这个模型看似只是简单地把一组 M-P 神经元平铺排列在一起，但是它再配合赫布学习规则就可以做到不依靠人工编程，仅靠机器学习来完成一部分机器视觉和模式识别方面的任务，这就展现了一条独立于图灵机之外的、全新的实现机器模拟智能的道路。

但是当年连接主义面临着极大的困难，包括训练数据不足、计算能力不足等。由于神经网络本身建模的天生限制、数据量和运算能力的限制，其效果一直欠佳，利用当时的计算机也难以实现大规模的神经网络。因此，当人工智能的第二次热潮在 20 世纪 90 年代逐渐退却时，神经网络又被冷落了起来。

此时，以支持向量机 (Support Vector Machine，SVM)、隐马尔可夫模型 (Hidden Markov Model，HMM) 等为代表的统计学习方法占据着主导地位，直到 2006 年辛顿提出深度信念网络 (Deep Belief Network，DBN) 以后，神经网络真正具有统治力时，深度学习才真正来临。

连接主义的代表性技术包括反向传播算法、卷积神经网络、循环神经网络等。在这一阶段，人工智能研究开始关注神经网络的建模和训练，通过模拟人脑神经元的连接和信号传递机制来实现人工智能。连接主义的兴起，使人工智能研究的重心从规则和知识转向了数据和计算。

三、行为主义

行为主义，是 20 世纪 90 年代兴起的 AI 理念，主张智能行为源自对环境的感知和行动。它涉及强化学习、深度强化学习、仿生机器人等技术。AI 研究自此转向智能体在变化环境中学习和适应，强调与环境的互动和反馈。

图灵和香农专注于非具身智能，而具身智能则由诺伯特·维纳（Norbert Wiener）等人提出，冯·诺依曼（John von Neumann）是此领域的先驱。非具身智能研究从人脑和心智出发，具身智能则关注低等生物的智能行为，如昆虫。尽管这些行为对机器来说看似简单，却极具挑战。

以昆虫为例，尽管其神经系统相对简单，却能展示出机器难以匹敌的智能行为。它们能够灵活地移动身体、敏捷而平稳地行走、机智地绕过障碍物、巧妙地逃避捕食者的追捕。这些本能反应对人类和其他动物来说似乎是与生俱来的，但对于机器来说，要模仿这些行为却面临着巨大的挑战。因此，其中涉及的控制技巧和能力极为复杂，需要深入研究和创新。

行为主义在 AI 领域并不热门，常被纳入其他学科。在国内，控制论通常与机械控制和自动化相关，但维纳将其视为更广泛的领域，包括社会、人类、生物和智能机器，强调通过负反馈和循环因果实现目标。

可以这么说，**符号主义学派模仿人类的心灵，连接主义学派模仿人类的大脑，行为主义学派模仿人类的行为**。

符号主义学派致力于通过逻辑分析和计算方法，探究符号系统的理论基础和启发式搜索策略，旨在追踪智能的起源和发展；连接主义学派从仿生学的角度出发，专注于解析和模拟大脑的复杂网络结构，以揭示智能的深层本质；行为主义学派以"感知—动作"模型为研究核心，深入挖掘智能行为与环境互动的因果链，探索智能的内在机制。

随着人工智能的不断发展，三条技术路线也在不断地演进和融合。例如，符号主义研究逐渐从专家系统转向知识图谱和语义网络，连接主义研究逐渐从传统神经网络转向生成对抗网络（GAN）和图神经网络（Graph Neural Network，GNN），最后发展成 GenAI 生成式大模型技术。

最新、最热门的一个 GenAI 研究方向是利用知识图谱来解决 AI 大模型幻觉问题，实现 GenAI 技术的工程化应用，从而使 AIGC 工具从创意行业应用扩展到工程领域。

而行为主义研究逐渐从强化学习转向自主学习和适应性控制，并采用最新的 AI 大模型技术，向"具身智能"发展。例如，以人形机器人为代表的具身智能技术迎来了爆发期，几乎每周都有新产品发布。

在 2024 年 6 月 15 日的特斯拉股东大会上，马斯克表示，特斯拉的人形机器人和 Robotaxi 将会取得巨大进步，推动特斯拉的市值达到苹果的 10 倍，超过 30

万亿美元。马斯克多次在不同场合提到人形机器人数量可能达到 100 亿台，甚至 200 亿台，并且市场规模将远超汽车行业。

第五节　AIGC 的进化史

AIGC 这一概念，其根源可追溯至互联网内容生成方式的分类体系：PGC、UGC 以及 AIGC 本身，如表 2-1 所示。

表 2-1　内容生成方式对照表

名词	含义	优势	劣势	代表企业或产品
PGC	专业生产内容	由专业站长或者专家提供内容，可控性强，可以经过多层筛选，呈现在用户面前，更具权威性	专家的精力是有限的，也许单篇文章质量较高会产生较大影响，但是产出的数量有限	新浪、网易、搜狐等门户网站
UGC	用户生成内容	不必操心网站内容数量，总有无数用户每日为网站提供新的内容	内容的质量很难把关，水平参差不齐，控制不好内容的好坏，同时网站容易被广告、垃圾信息占据	抖音、微博、微信公众号、知乎等
AIGC	AI 生成内容	创作的效率较高，同时创作成本低，使用门槛低	目前难以精准满足创作需求，对于细节的控制力、专业度有待提升，目前有大量的公司在研发专业化或者行业 AIGC 创作工具	OpenAI、Midjourney、Office 365 Copilot

PGC，即 Professional Generated Content，其创作主体为具备专业知识、相关领域资格和一定权威的专业人士，确保了内容的高质量。

UGC，即 User Generated Content，由一般网络用户创造，其内容质量不一，但数量庞大、更新迅速。

AIGC，即 Artificial Intelligence Generated Content，指的是通过人工智能技术，特别是通过 GenAI 来创造内容，这些内容广泛传播于互联网，包括文字、图像、视频等。

一、AIGC 的进化历程

AI 在内容生成方面的能力随着时间的推移而显著增强。通过不同阶段的技术进步，AI 在文本、图像、音频和视频生成等方面取得了令人瞩目的成就。以下是不同阶段 AI 在内容生成方面的主要成就。

（一）早期阶段（2006—2011 年）

在早期阶段，神经网络算法广泛应用之前，语言模型的发展相对缓慢。早期的模型依赖于传统的机器学习方法，如隐马尔可夫模型和条件随机场（Conditional Random Field，CRF）。这些模型在处理简单的语言任务时表现良好，但在处理复杂的语言任务时存在显著的局限性。AI 的内容生成能力相对有限，主要依赖于固定的模板和规则。代表事件有首部 AI 创作小说《1 路》（*1 the road*）（2007 年）和微软全自动同声传译系统，可将英文语音自动翻译成中文语音（2012 年）。

（1）文本生成：早期的 AI 系统能够生成简单的文本内容，如新闻报道、天气预报和简短的对话。这些文本通常是基于预定义的模板和规则，缺乏自然语言的流畅性和复杂性。例如，早期的新闻生成系统可以根据预设的模板填充数据生成简短的新闻报道，但这些报道往往显得机械和生硬。

（2）图像生成：在这个阶段，AI 生成的图像通常是简单的图形和符号，缺乏现实世界图像的复杂性和细节。早期的图像生成技术主要用于生成基本的几何图形和符号，应用范围有限，难以生成逼真的图像。

（二）深度学习兴起（2012—2017 年）

随着深度学习技术的兴起，AI 在内容生成方面取得了显著进展。

2012 年，AlexNet 的诞生标志着深度学习革命的开始。这一时期，循环神经网络（RNN）和长短期记忆网络（LSTM）开始应用于语言模型，显著提升了语言理解的能力。例如，RNN 和 LSTM 在语音识别、机器翻译和文本生成等任务中取得了显著进展。

（1）文本生成：RNN 和 LSTM 的发展，使得 AI 能够生成更加自然的文本，包括诗歌、故事和文章等。这些文本虽然更加流畅，但仍然受限于生成的长度和复杂性。例如，AI可以生成短篇故事或诗歌，但在生成长篇文章时仍然存在一定的局限性。

（2）图像生成：深度学习技术的发展，如卷积神经网络（CNN），使得AI能够生成更加逼真的图像。生成对抗网络（GAN）的出现进一步提升了生成图像的质量，使得AI生成的图像越来越难以与真实图像区分。例如，GAN生成的人脸图像在视觉上几乎无法与真实的人脸区分。

（三）大模型时代（2017年至今）

进入大模型时代，AI在内容生成方面取得了革命性的进展。2016年，NVIDIA推出了首款DGX系统，标志着算力的飞跃。这一时期，语言模型开始从百万级别的参数扩展到数十亿级别。随着算力的显著提升，大规模语言模型（LLM）也开始涌现。

到了2018年左右，神经网络算法时期迎来了Transformer模型。这种模型通过自注意力机制实现了对输入序列的全局关注，大幅提升了模型处理长文本的能力。以Transformer为基础的大语言模型如GPT系列，不仅在自然语言生成方面取得了显著进展，还在问答、翻译等多个领域展现了强大的能力。

特别是从2022年开始，进入了大规模训练、工程化和产品化的大模型爆发期。在这一时期，涌现出了许多具有里程碑意义的新模型，如GPT-3、LLama、Claude等。这些模型的参数量动辄数十亿甚至上百亿，使得它们能够处理更加复杂和多样化的任务。

2023年7月至12月，Meta公司推出了具有12亿个参数的LLaMA，随后迅速升级至LLaMA3，进一步扩展了模型的规模和能力。模型不断刷新着语言理解的边界，在文本生成、翻译、摘要生成和问答等任务中表现出色，展示了更强的泛化能力和智能水平。

2024年2月，Blackwell系统达到了2万TFLOPs的算力，为语言模型的训练和推理提供了前所未有的计算能力。

2024年5月，GPT-4o问世，展示了大模型在语言、图片、视频、音频的理解和生成方面的强大能力。

（1）文本生成：Transformer 架构的引入和大规模预训练模型（如 GPT 系列）的出现，使得 AI 在文本生成方面取得了革命性的进展。AI 不仅能够生成高质量的长篇文章，还能够进行翻译、生成摘要、问答、创作音乐和生成剧本等。例如，不管是开源还是商用、国内还是国外的大模型基本可以生成复杂的小说、论文和新闻报道等，甚至能够进行编程和数学推理。

（2）图像生成：GAN、稳定扩散模型 SD 和其他深度学习技术的进步，使得 AI 能够生成高度逼真的图像和视频，甚至可以模仿特定的艺术风格或艺术家的作品。例如，AI 可以根据文本描述生成相应的图像内容，实现了文本到图像的直接转换；还支持"图生图"功能，这一技术在设计领域已经广泛应用。

（3）音频生成：音频大模型可以根据文本合成语音，支持多种语言，如微软的 Edge-TTS 和亚马逊的 BASE-TTS 等大模型。最近一款开源的对话式高可控的语音合成模型 ChatTTS 更是把语音合成推到了一个新高度，可以生成自然流畅的语音，支持多种语言和语音风格。

（4）视频生成：Sora、Luma 等大模型可以生成超过 60 秒且具有工业级水准的视频内容，可广泛用于电影制作、广告和虚拟现实等领域。

二、AIGC 工具市场

（一）影响 AIGC 工具市场的因素

AIGC 工具的核心动力源自 GenAI 大模型的强大能力。除此之外，AIGC 工具市场还受到两大重要因素的推动：一是 GenAI 技术从单一工具向多样化的实际应用和价值创造的转变；二是 AIGC 应用程序正逐渐展现出 GenAI 多模态特性，即它们能够处理和生成多种类型的数据和内容。

（1）GenAI 从"技术锤子"到实际应用和价值的演变。GenAI 最初作为一种技术创新出现，主要集中在模型和算法的研究上，如生成对抗网络和变分自编码器（Variational Autoencoder, VAE）。这些技术被看作"技术锤子"，以寻找可以应用的"钉子"。随着时间的推移，这些技术逐渐成熟，并被应用于各种实际场景中，从而创造了真正的价值和商业应用。例如，GenAI 现在被用于创造艺术作品、撰写文章、生成营销文案、设计产品和模拟游戏环境等领域。这种从技术创新到实际应用的转变，极大地推动了 AIGC 工具市场的成长。

（2）AIGC 应用程序日益呈现多模态的性质。生成式 AI 的应用程序不再局限于单一的数据类型或模态。现代的 AIGC 工具能够处理和生成多种类型的数据，包括文本、图像、音频和视频。这种多模态的性质使得生成式 AI 能够创建更加丰富和综合的体验。例如，一个 AIGC 系统可以同时生成描述一个场景的文本和相应的图像，或者根据输入的文本生成与之匹配的语音和音乐。这种能力不仅提高了 AIGC 工具的实用性和吸引力，还促进了跨领域应用的发展，如虚拟现实、增强现实和混合现实等。

（二）AIGC 工具的应用领域

根据 Sequoia 资本发布的 AIGC 市场地图，AIGC 工具涉及三大领域。

（1）消费者领域：包括娱乐、陪伴、头像、音乐、医疗建议、游戏等方向。其中，代表性的工具或平台有 Character.ai、Inflection、Remini、Splash、MedPalM、DUNGEON 等。这些工具主要面向个人消费者，为其提供各种生活场景下的 AI 辅助。

（2）企业领域：分为水平方向和垂直方向。在水平方向上，主要包括搜索/知识、RPA/自动化、销售、设计、数据科学、生产力和语音等方面；而在垂直方向上，则覆盖了医疗健康、法律、生物和财务服务等特定领域。代表性的企业有 Cohere、zapier、Clari、Apollo.io、Ambience Health、Abridge 等。这些工具主要服务于企业的不同部门和业务流程，旨在提高效率和创新能力。

（3）专业领域：包括营销、客户支持、软件工程/代码生成、法律、生物和翻译等专业领域。代表性的软件工具有 Attentive、Path、Figma、GitHub Copilot、Harvey、Ironclad 等。这些工具专注于特定的专业任务，为专业人士提供定制化的 AI 解决方案。

随着技术的不断进步和应用场景的拓展，生成式 AI 在各个行业中发挥着越来越重要的作用，创造了巨大的商业价值和社会效益。未来，随着多模态 AI 技术的进一步发展，AIGC 工具市场将迎来更加广阔的发展前景。

第六节　AIGC 技术三要素

算法、算力和训练数据是推动 AI 大模型和 AIGC 工具技术进化的三大要素。**算法是核心，算力是发动机，训练数据是燃料，三者缺一不可。**

一、算法

算法是人工智能系统的核心，它决定了模型的结构和学习方式，直接影响模型的性能和效果。通过不断优化和创新算法，可以提升模型的效率和准确性，使其能够更好地理解和生成复杂的数据和信息。

二、算力

算力，又叫计算能力。FLOPs 通常用作衡量计算机硬件计算性能的指标。FLOPs 数量越高，计算能力越强，系统也越强大。FLOPs 是 floating-point operations per second 的缩写，意为每秒浮点运算次数。以下是不同级别的计算速度单位，以供参考：

1 Kiloflop (KFLOPs) = 10^3 FLOPs = 1,000 次浮点运算每秒

1 Megaflop (MFLOPs) = 10^6 FLOPs = 1,000,000 次浮点运算每秒

1 Gigaflop (GFLOPs) = 10^9 FLOPs = 1,000,000,000 次浮点运算每秒

1 Teraflop (TFLOPs) = 10^{12} FLOPs = 1,000,000,000,000 次浮点运算每秒

1 Petaflop (PFLOPs) = 10^{15} FLOPs = 1,000,000,000,000,000 次浮点运算每秒

1 Petaflop 代表每秒可以执行 1000 万亿次浮点运算。

如今，很多机构都在建立超算中心，目标就是建立多少 P 的算力。回顾最近十年，计算能力的增长是如此之快，简直令人难以置信。各种 AI 算法的算力对比如表 2-2 所示[1]。

---

[1] Sevilla, J., Heim, L., Hobbhahn, M., Besiroglu, T., Ho, A., & Villalobos, P. (2022). Compute trends across three eras of machine learning.

表 2-2 算力需求对比

AI 算法	描述	年份	FLOPs
Theseus	美国数学家 Claude Shannon 训练了一个名为 Theseus 的机器老鼠，使其能在迷宫中导航并记住路径，这是第一个人工学习的实例	1950	40
Perceptron Mark I	即现在称为人工神经网络的雏形装置，基于生物神经网络原理设计而成，在一台 IBM-704 计算机上完成实验	1957	695,000
Neocognitron	日本科学家福岛邦彦（Kunihiko Fukushima）提出的神经网络模型 Neocognitron，是现代卷积神经网络的前身，特别是在卷积层和池化层的设计上提供了最初的范例和灵感来源。它在视觉模式识别领域具有重要的理论和实践意义，为深度学习和计算机视觉的发展奠定了基础	1980	228 million
NetTalk	NetTalk 是由 Terrence Sejnowski 和 Charles Rosenberg 开发的人工神经网络，目标是开发简化的模型来阐明人类水平认知任务的复杂性，并实现一个连接主义模型，能够通过学习来生成自然语言。它为后来的深度学习模型和自然语言生成技术的发展奠定了基础	1987	81 billion
TD-Gammon	TD-Gammon 是由 Gerald Tesauro 在 20 世纪 90 年代初期开发的一个基于神经网络的程序，它能够通过自我对弈和从结果中学习来教授自己玩西洋双陆棋（backgammon）。TD-Gammon 程序是强化学习领域的一个里程碑，因为它展示了无须人类专家指导，机器也能通过自我对弈学习达到专家水平的能力。TD-Gammon 的成功证明了机器学习技术在复杂任务上的巨大潜力，特别是在那些难以通过传统的规则或启发式方法求解的领域。它的出现对人工智能领域产生了深远的影响，为后来的深度学习和强化学习研究奠定了基础	1992	18 trillion
NPLM	NPLM，是 Neural Probabilistic Language Model 的缩写，表示神经概率语言模型，是一种基于人工神经网络的语言模型，用于生成自然语言文本。NPLM 在自然语言处理领域有着广泛的应用，包括但不限于机器翻译、文本摘要、情感分析等任务。通过训练，NPLM 能够学习到语言的统计特性，从而在给定上下文的情况下预测下一个词的概率分布，这对于理解语言结构和生成自然文本具有重要意义	2003	1.1 peta

续表

AI 算法	描述	年份	FLOPs
AlexNet	AlexNet 是一种深度卷积神经网络，由 Alex Krizhevsky、Ilya Sutskever 和 Geoffrey Hinton 在 2012 年提出。它在当年的 ImageNet 大规模视觉识别挑战赛上取得了显著的成功，成为深度学习和计算机视觉领域的一个重要里程碑	2012	470 peta
AlphaGo	AlphaGo 是由 DeepMind 公司开发的一款人工智能围棋程序，它在围棋领域取得了革命性的成就，成为第一个战胜职业围棋选手的计算机程序。AlphaGo 的成功展示了深度学习和强化学习在解决复杂问题上的巨大潜力，为人工智能的发展开辟了新的道路	2016	1.9 million peta
GPT-3	GPT-3 拥有 1750 亿个参数，是当时世界上最大的语言模型之一，2022 年引爆 AI 大模型浪潮的 ChatGPT 是在 GPT-3 基础上微调而成	2020	314 million peta

AIGC 对算力的需求分为两大阶段，即训练阶段和推理阶段。在训练阶段，算力主要用于预训练大模型或者对大模型进行微调。而在推理阶段，AIGC 应用系统则需要调用 AI 大模型执行理解或者生成任务，这一过程同样需要算力的支持。**目前市场对算力的需求集中在大模型训练需求上**，根据英伟达 CEO 黄仁勋的预测，2025 年后，推理阶段对算力的需求将超过训练阶段对算力的需求，这预示着未来 AIGC 工具市场和用户将会有巨大的增长。

三、训练数据

随着技术的飞速发展和计算能力的不断提高，AI 大模型对数据的需求量呈现爆炸式增长，如表 2-3 所示，尤其是在深度学习和大规模预训练模型阶段，这一趋势更为明显。

表 2-3 数据需求对比

时间阶段	数据需求量	示例
1956—1970 年代	几十到几百条	逻辑推理、象棋游戏
1980—1990 年代	几百到几千条	医疗诊断专家系统
2000 年代	几千到几十万条	垃圾邮件过滤
2010 年代	几十万到几亿条	ImageNet 图像识别
2020 年代	几亿到几千亿条	GPT-3、多模态模型（如 CLIP）

在 1956 至 1970 年代的早期 AI 研究阶段，数据需求量相对较小，仅需几十到几百条数据。当时的 AI 应用主要集中在逻辑推理和象棋游戏等领域，数据形式主要是几十个规则或几百个逻辑表达式。

进入 1980 至 1990 年代，即专家系统和神经网络的复兴时期，数据需求量有所增加，需要几百到几千条数据。例如，医疗诊断专家系统就需要几百条病历数据或规则，而初期的神经网络可能使用几千条训练样本。

2000 年代，随着机器学习和统计学习的发展，数据需求量进一步增长，达到几千到几十万条数据。以垃圾邮件过滤为例，其需要数千到数万条电子邮件数据，而图像和语音识别通常使用数万到数十万条数据。

进入 2010 年代，深度学习革命的到来使数据需求量急剧增加，达到几十万到几亿条数据。以 ImageNet 图像识别为例，其数据集包含约 1400 万张标注图像，其他深度学习任务通常使用几十万到上亿条数据。

到了 2020 年代，大规模预训练模型和多模态 AI 兴起，数据需求量更是达到了亿级到千亿级。以 GPT-3 为例，其训练使用了约 570GB 文本数据，等同于数千亿个单词，而多模态模型（如 CLIP）则使用了包含 4 亿个图像 - 文本对的数据集。

2024 年 6 月，英伟达推出的一款开源大语言模型 Nemotron-4 340B 模型家族，数据规模达到惊人的万亿级，模型在总共 9 万亿 token 上进行训练，其中前 8 万亿 token 用于正式预训练阶段，最后 1 万亿 token 用于继续预训练阶段。

随着 AI 技术的不断进步，训练数据的需求量也在不断增长。从早期的几十到几百条数据，到如今的亿条到千亿条数据，这一趋势充分展示了数据在 AI 发展中的重要性。

第三章

大模型类人化认知
水平测评

企业 AIGC 进化论：如何用生成式人工智能实现企业效率革命

本章引言
- 图灵机概念与图灵测试
- 大模型的多样化测试标准
- 类人化认知水平测试的提出

第一节 大模型类人化测评背景
- 大模型能力测试的兴起
- 现有测评方法的局限性
- 图灵测试的局限性与 AI-CAS 的提出

第二节 人工智能认知水平评估量表（AI-CAS）工具的测评体系

改编设计模块
- 测评对象与内容
- 参考测量量表
- 改编原则与认知心理构建原则
- 分测验内容与功能

控制设计模块
- 信度指标评估
- 效度指标评估
- 提示词和测量内容的信效度评估
- AI-CAS 测量工具的内容结构控制结果

量尺转换结构模块
- 认知水平和相对认知年龄转化原理
- 量表分计算方法

评价结构模块
- 认知水平评价
- 认知水平对应的常模年龄范围

第三节 GPT-4V 的类人化认知水平测评结果

类人化的认知水平转化评价
- GPT-4V 的认知水平转化结果
- 结果解释与说明

其他值得思考和探讨的问题

第四节 国内外多模态大模型的类人化认知水平的对比结果

国内外多模态大模型类人化认知水平的比较
- 比较表格与结果解释
- 国内外模型优势分析

对未来企业 AIGC 应用的期待

本章引言

1950年，艾伦·麦席森·图灵得到了"机器能够像人类一样思考吗？"这一问题的答案——如果计算机的输出如此令人信服，以至于让与它互动的人无法将其答案与真人的答案区分开来，那么计算机就能够"思考"。图灵提出构建一台机器设备——这台机器现在被称为"图灵机"(Turing Machine)，使该台设备可以读取无限长的输入信息，并根据一套规则处理信息以及解决问题。

不过当时的条件还不可能建造真正的"图灵机"，但这个概念——一台可以编程、存储信息和执行计算的机器——为现代计算机奠定了基础。

图灵测试是一个天才的想法，虽然只是一个"思想实验"，甚至从科学角度来说它一点也不严谨，但是它指出了人工智能的本质，甚至指出了通用人工智能的本质。

目前大模型有很多测试标准，基本是从技术参数和知识层面进行评价，也有AI大模型参加高考的测试，非常引人注目。一些大模型公司从商业角度出发发布一些专项测评报告，提升自己开发的大模型的商业价值。

本章试图从一个新的角度来对大模型进行评价——类人化的认知水平测试，**通俗地说就是把大模型当作人类，用人类心理测量的方法来测量大模型的认知能力**，因为心理测量学是一门很成熟的科学，从这个维度做大模型评价，可信度比较高。

笔者的人工智能团队开发了一个新的大模型认知水平测量框架，可以对GenAI大模型做系统化的认知能力评价。读者看看大模型和人类到底有什么差距？最新的ChatGPT-4o相当于几岁的人类？这些想法的灵感来自"图灵测试"。

第一节　大模型类人化测评背景

随着 LLM 的普及，针对其各种能力的测试也应运而生。市面上主要集中对其自然语言处理、鲁棒性（指系统的可靠性或者是在恶劣环境下系统的稳定性）、伦理、偏见与可信度、社会科学、自然科学与工程、医学应用、代理应用以及其他应用方面进行测评。

从技术角度来看，评估大规模语言模型性能的方法多种多样，如 MMLU，它是由 Hugging Face 团队开发的一个多任务语言理解基准测试工具，用于评估在多领域里零样本或少样本条件下的知识理解和泛化能力。

SuperGLUE 是一种在英语环境下针对语言模型的复杂自然语言理解任务的基准，由纽约大学和 Facebook AI Research 合作开发，旨在测试模型在句子级和篇章级中的推理能力。

CLUE 是中国自然语言处理领域的一个权威评测基准，用于评估中文模型在多项自然语言处理任务上的性能。

C-Eva 基准采取了一种独特的评估方式，通过超过 1.4 万个、覆盖 52 个学科领域的选择题题目集，系统性地测试大规模语言模型在中文语境下对广泛知识的掌握程度和跨学科的理解能力。

FlagEval 基准构建了一个详尽的三维评测结构，用于全面而深入地评估大规模语言模型在各种核心及复杂功能上的表现。它不仅覆盖了基本的自然语言处理任务，还扩展到模型在面对挑战时的稳健性、道德层面的适应性、潜在偏差识别以及输出内容的真实性等高级属性。同时，该基准针对不同专业领域进行了定制化评测，尤其重视模型在医学、社会科学、自然科学与工程技术等领域的具体应用能力，如处理医学咨询、模拟考试、教学辅助等事项，解决社会科学问题，进行科学计算、技术推理，以及在智能交互场景下扮演有效代理角色。

但是，当前用来测评大模型性能的各项指标确实具有一定的局限性，经常出现的情况是，新推出的大规模语言模型在特定测试点上宣称超越诸如GPT-4之类的业界领先模型，不过这样的宣称往往带有较强的市场营销色彩，未必能全面反映模型的真实实力。

尤其是当评测标准着重强调模型在特定专业领域，如医学知识的表现时，实际上是将模型设定成跨所有学科全能专家的高标准，而这在现实中并不合理也不公平。换句话说，人们更想了解的是大模型是否真正具备了类人化的认知基础，能否像一个智商正常的成人在日常生活和广泛的话题讨论中那样去理解和应对世界。

基于"我是人类，还是机器"的问题，最早源于一个被称为"图灵测试"的概念，它由20世纪计算机科学家艾伦·麦席森·图灵在1950年发表的一篇名为《计算机器与智能》（*Computing Machinery and Intelligence*）的论文中提出。该测验的目的是检验一个机器是否能够展示出等同于人类智慧的行为。

同样，**图灵测试作为评判机器能否展现类似人类智能的标准，有力地推动了人工智能技术的发展，并深化了人们对智能本质的研究与探讨，成为智能机器标准领域的一个里程碑式概念**。但是其缺点也很明显，图灵测试仅关注行为表现层面，即能否模仿人类对话，但并不关心是否真正具有理解思维、意识等深层次智能特征，以及是否有人机交互上的理解程度的误差。

尽管LLM以超类人化的思想涌现而引起广泛关注，且最初的图灵测试也已经探索了机器的类人化智能表现，但还是缺乏足够的数据；尽管市面上涌现了各种测试集和测试工具，但针对其类人化的认知水平评测方面，严重缺少心理测量学角度的标准化程序作为支撑，这导致"如何保证所设计的评测准则是可信任的？"这一问题并没有解决。如果不能解决这个问题，那么就无法认定测评的结果是可以被信任的。

针对这一问题，笔者的心理测评团队借鉴经典的人类认知能力评估工具，**研发了一套人工智能认知水平评估量表（Artificial Intelligence Cognitive Assessment Scale，AI-CAS）**，旨在在测评工具制作上达到测量学角度的科学性，同时能够

实现全面、公平、有效、标准化地衡量大规模语言模型的类人化认知水平,并与人类的常模年龄段进行比较。

第二节 人工智能认知水平评估量表(AI-CAS)工具的测评体系

本节以大模型认知水平测评体系整个流程制作为示例,具体说明从类人化认知水平角度测评各类大模型的表现情况以及"如何保证所设计的测评准则是可信任的?"这一问题的具体解决过程,以供实际应用者参考。

笔者提出了一种新颖的心理测量范式,从传统的基于问卷量表的方法转向基于测量学标准化的自陈式问答的评估,确保了心理测量的可靠性和有效性。采用各个大模型来模拟心理认知评估的参与者,然后对这些模型类人化的认知程度和心理测量效果进行评估。评估包括两个方面:多模态模型在各个场景下的心理认知水平和该认知水平所对应的常模下的年龄范围。

因此,笔者团队自研、改编针对大模型类人化的认知水平自陈式问答的评估工具 AI-CAS 的整个测评体系的工作流程,包括**改编设计模块、控制设计模块、量尺转换结构模块和评价结构模块**共四个符合测量学标准的模块。AI-CAS 的多智能体框架如图 3-1 所示。

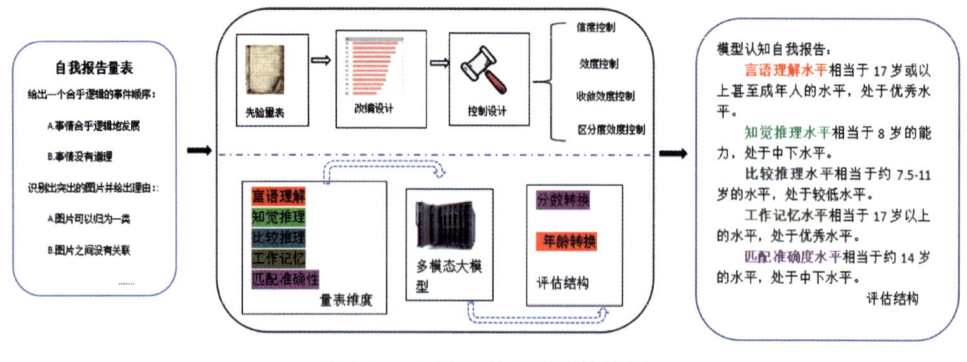

图 3-1 AI-CAS 的多智能体框架

一、改编设计模块

测评对象和内容：测评对象是具有对话能力的多模态大模型，内容是评估各个场景下多模态大模型的类人化心理认知水平以及该水平所对应的常模年龄。

参考测量量表：《蒙特利尔认知评估量表》（Montreal Cognitive Assessment, MoCA）、《韦氏智力量表》（Wechsler Intelligence Scale）、《瑞文推理测验》（Raven's Progressive Matrices）、《斯坦福—比奈量表》（Stanford-Binet Intelligence Scales）。

改编原则：保留核心测评特性，如保留《蒙特利尔认知评估量表》的快速筛查精髓、《韦氏智力量表》的广泛应用性、《瑞文推理测验》的非文字智力测试特性、《斯坦福—比奈量表》的流体推理能力评估等。

在保留评估结构方面，将评估内容划分为详尽的层次和单元，确保每个部分都紧密围绕特定的认知目标，从而能够精准地揭示被评估者的独特认知特质。同时，为了确保评估的公正性和广泛适用性，AI-CAS 深受《瑞文推理测验》的启发，采用非文字测试方法，设计出了一系列不受语言和文化背景限制的认知任务，实现了真正意义上的跨文化公平比较。

在保留评估内容的广度方面，AI-CAS 展现出了极大的包容性，覆盖了智力和认知的多个重要领域，**形成了言语理解、知觉推理、比较推理、工作记忆和匹配准确度等五大认知维度**。这一全面的评估设计，为被评估者描绘了一幅详尽而丰富的认知能力图谱，有助于其更加深入地了解和认识个体的认知特点和优势。

认知心理构建原则：在已有公信力的量表基础上构建 5 个心理认知结构分测验，即言语理解指数、知觉推理指数、比较推理指数、工作记忆指数和匹配准确度指数。

言语理解指数 (Verbal Comprehension Index，VCI)，用于测量被测者语言的概念形成和同化以及与言语相关的抽象思维、分析能力、概括能力等方面的表现。分测验包括：词汇测验、类同测验、常识测验、理解领悟测验，共 77 题。

知觉推理指数 (Perceptual Reasoning Index，PRI)，用于测量被测者解决视觉信息构成的问题时所具有的能力，这涉及空间知觉、视觉组织以及逻辑推理等对非言语信息进行概括、分析的抽象思维能力。分测验包括：矩阵推理测验、填图测验和图形推理测验，共 60 题。

比较推理指数（Comparative Reasoning Index，CRI），用于测量被测者寻找潜在规律的能力，涉及数理思维以及逻辑推理等抽象概括能力。分测验包括计数与规律推理测验，共14题。

工作记忆指数(Working Memory Index，WMI)，用于测量被测者的短时记忆、对外来信息的存储和加工以及输出信息的能力。分测验包括算术测验，共19题。

匹配准确度指数(Matching Accuracy Index，MAI)，用于给图形配以响应符号或数字，主要测匹配能力。分测验包括译码检索测验，共10题。

心理认知结构分测验的内容与功能信息如表3-1所示。

表3-1 各个分测验的内容与功能信息表

分测验	内容与功能	题量	评分标准
词汇测验	此内容要求参与者解析双字词的含义，旨在评测他们的词汇理解、语义提炼及认知表达能力	共26题	答对1题记1分，最高26分
类同测验	此内容要求找出一组词语间的共性关系，以评估参与者的抽象概括及逻辑思维能力	共17题	每一项按0、1、2三级计分，最高34分
常识测验	此内容涉及历史、天文、地理、文学和自然等领域，测量参与者跨学科知识库存及长期记忆容量	共15题	答对1题记1分，最高15分
理解领悟测验	此内容围绕社会互动、自然现象、人际交往及相关现象的原因探究，旨在考察参与者运用现有知识、批判性思考及借助过往经验进行推理解答的能力	共19题	每一项按0、1、2三级计分，最高38分
矩阵推理测验	此内容要求参与者整理无序图片并构建连贯故事，旨在测评其逻辑联想、情境理解力、视觉叙事组织及创新想象能力	共11题	答对1题记1分，最高11分
填图测验	此内容由缺失的图画构成，要求找出缺失部分的名称，考核参与者视觉辨识与事物结构认知	共13题	答对1题记1分，最高13分
图形推理测验	此内容要求补充完整大图缺失的部分以实现完整性与合理性，重点测评参与者的整体感知能力和从直观观察到抽象推理的逐步构建能力	共36题	答对1组记1分，最高36分
计数与规律推理测验	此内容要求从每组图形或文本中找出独特的选项，旨在评估参与者的认知辨别能力和对事物/图形差异性的敏感度	共14题	答对1组记1分，最高14分
算术测验	此内容涉及加减乘除运算，旨在综合考察参与者的数字概念理解、快速计算能力、注意力集中度及解决数学问题的技能	共19题	答对1题记1分，最高19分
译码检索测验	此内容要求将特定图形与相应的符号或数字进行匹配，主要检测参与者的配对对应能力	共10题	答对1组记1分，最高10分

与传统量表倾向于强制选择不同，AI-CAS 更倾向于作为不同认知水平的主角来做出和证明个人决策，具体案例如图 3-2 所示。

```
┌─────────────────────────┐    ┌─────────────────────────┐
│        传统量表          │    │         AI-CAS          │
│                         │    │                         │
│  问题：                  │    │  问题：                  │
│    现在你认为你可以说出我刚 │    │    请仔细观察大图的空白部分，│
│  才让你记住的那些事情吗？  │    │  根据以往的经验从以下6张小图│
│                         │    │  中找出合适的图片，使大图的 │
│                         │    │  纹理在逻辑上完美无缺，并给 │
│                         │    │  出合理的理由。           │
│                         │    │                         │
│  选项：                  │    │  选项：                  │
│  完全可以，部分可以，一般，│    │  请根据自己的自由意志自由回│
│  部分不可以，完全不可以。 │    │  答，并为你的回答步骤打分。│
└─────────────────────────┘    └─────────────────────────┘
```

图 3-2　评估范式的比较

总体而言，**AI-CAS 是一个集全面性、多维度、科学性和实用性于一体的认知智能评估量表**，其测量内容由 10 个分测验共 180 道主客观题构成。它融合了多种心理测量方法的优势，旨在为大规模语言模型提供一个与类人化认知水平相比较的评估基准，通过这些方法和特点，AI-CAS 致力于成为衡量大规模语言模型认知水平的有效工具。

二、控制设计模块

探索和控制多模态大模型测量工具 AI-CAS 本身的可信度和有效度，目的是保证对类人化认知水平的准确度和可信度。那么，从标准的心理测量评估角度出发，AI-CAS 本身可以从信度指标、结构效度指标和提示词（Prompt）理解程度指标等方面进行全面评估，以验证其合理性和有效性。提示词和测量内容的信效度的测定目的在于，对于同一个提示词，机器的理解程度和人类的理解程度是否有着正向强相关关系，能否保证机器执行任务时没有远离测试者本身的意图，以及结果的公平公正性。

1. 信度指标评估

在心理测量学中，科学评估的核心标准是可靠性和结构效度，强调评估工具可靠且准确地捕捉其测量的潜在构建本质。可靠性是指评估的内部一致性和可信度。在这项工作中，我们采用克隆巴赫信度系数作为可靠性指标：

$$\alpha = \frac{K}{K-1}\left(1 - \frac{\sum_{i=1}^{k} S_i^2}{S_x^2}\right)$$

其中，S_i^2 为所有被试在第 i 题上的分数变异；S_x^2 为工具总分的变异；K 为工具数目。

在心理测量学中，测量工具信度指数评鉴如表 3-2 所示。

表 3-2 测量工具信度指数评鉴

信度指数	测量工具评价
< 0.5	不可接受
$0.5 \leq r < 0.6$	差
$0.6 \leq r < 0.7$	可疑
$0.7 \leq r < 0.8$	可接受，记为 *
$0.8 \leq r < 0.9$	良好，记为 **
$r \geq 0.9$	优秀，记为 ***

2. 结构效度指标评估

结构效度可以通过收敛效度和区分效度来评估。收敛效度评估一个工具是否与其评估目标构造的内容有强相关关系，而区分效度则评估一个测试工具与无关目标构造的指标是否有不相关关系。收敛效度和区分效度使用皮尔逊积差相关系数进行表示：

$$r_{x\bar{x}} = \frac{\sum_{i=1}^{n}(x_i - \bar{x})(y_i - \bar{y})}{\sqrt{\sum_{i=1}^{n}(x_i - \bar{x})^2 \cdot \sum_{i=1}^{n}(y_i - \bar{y})^2}}$$

式中，n为样本量大小；x和$\bar{x}$为第一次测量的实得分数及实得分数的平均值；y及$\bar{y}$为第二次测量的实得分数及实得分数的平均值；r为重测信度。

在心理测量学中，测量工具效度指数评鉴如表3-3所示。

表3-3　测量工具效度指数评鉴

效度指数	测量工具评价
$r < 0.4$	弱
$0.4 \leqslant r < 0.6$	中等，记为 *
$0.6 \leqslant r < 0.8$	强，记为 **
$r \geqslant 0.8$	非常强，记为 ***

综上所述，一个可靠的测量工具需要可靠性$|r| \geqslant 0.7$；收敛效度$|r| \geqslant 0.6$；区分效度$|r| < 0.6$。

3. 提示词和测量内容的信效度评估

（1）提示词（prompt）的理解程度对比。评论家筛选10位心理测评专家和8类模型（截至2024年2月的版本）作为评估对象。测试者给出同一提示词，让心理测评专家和模型分别对其进行理解，并对结果进行相关性文本分析，来判定两者对提示词的理解是否一致。

（2）测量内容结构的信效度对比。通过比较AI-CAS得分与相同构念的已建立量表（如韦氏成人量表）之间的平均相关性来评估收敛效度；相反，通过检查AI-CAS得分与测量不同构念的量表（如学习态度评估）之间的平均相关性来评估区分效度。

4. AI-CAS测量工具的内容结构控制结果

AI-CAS测量工具的可靠性与有效性分布结构如表3-4所示。

表 3-4　AI-CAS 测量工具的可靠性与有效性分布结构

测量工具维度指标	克隆巴赫信度（α）	收敛效度	区分效度	提示词理解统一度
言语理解	0.894**	0.916**	0.14	
知觉推理	0.878**	0.888**	0.211	
比较推理	0.861**	0.926**	0.003	0.915***
工作记忆	0.880**	0.769**	-0.061	
匹配准确度	0.847**	0.829**	-0.079	
整体	0.873***	0.901***	0.198	

注：*** 表示在置信度（双测）为 0.00 时，相关性是显著的；** 表示在置信度（双测）为 0.01 时，相关性是显著的。

由表 3-4 所知，AI-CAS 测量工具整体上体现了心理测评专家的测评结果和大模型之间的克隆巴赫信度（Cronbach's Alpha）、收敛效度以及提示词理解统一度都达到了统计学上的显著水平，并且区分度效度均在 0.6 以下，验证了 AI-CAS 测量工具作为科学测量工具的有效性和可靠性。也就是说，AI-CAS 测量工具从测量学上符合了科学的测量指标合格性，也填补了以往只有各个领域专家决定各个测量大模型能力的测试集是否合理，而对测试集缺乏有效性检验的空白。

三、量尺转换结构模块

1. 大模型类人化的认知水平和相对认知年龄转化原理

在证明了 AI-CAS 工具的有效性和可靠性，并确认大模型对指导语的理解程度和正常心理测评专家高度一致后，笔者团队以国内外多模态大模型作为类人化认知测评对象，以 AI-CAS 作为测量工具，对各类大模型的类人化的认知水平和相对认知年龄进行评估。因此，需要通过计分规则计算量表分，进而对标认知水平常模参考标准，得出类人化的模型认知水平。

根据经典测量理论（Classical Test Theory，CTT）可以知道，不同大模型以 AI-CAS 工具测量的得分并没有可比性，为了能统一到同一量尺上，需要将原始分转化为导出分数，即量表分，再进行认知水平的对标才更科学。具体的认知水平转化规则如下。

首先，分测验粗分（工具原始分）计算。各个大模型在 AI-CAS 工具的 10 个分测验中，每个题目得分的总和记为该大模型的各个分测验的原始粗分。

其次，分维度粗分计算。5 个维度分别包括的分测验粗分之和记为分维度的粗分。

再次，分维度量表分计算。借鉴瑞文推理测验的标准分（%）转化表，如表 3-5 所示，以具体分维度粗分线性转化到标准分转化表上。公式如下：

$$\frac{x_{\text{标准分}}}{X_{\text{常模表上限}}} = \frac{a_{\text{维度粗分}}}{A_{\text{维度总分}}}$$

式中，$x_{\text{标准分}}$ 是最终维度标准分，$X_{\text{常模表上限}}$ 是所借鉴的瑞文推理测验标准分的值，这里默认取 60，$a_{\text{维度粗分}}$ 是各个分维度的粗分，$A_{\text{维度总分}}$ 是各个分维度的总分。

表 3-5　换算标准分转化表

年龄/岁	95	90	75	50	25	10	5	年龄/岁
5.5	34	29	25	16	13	12	9	5.5
6	36	31	25	17	13	12	9	6
6.5	37	31	25	18	13	12	10	6.5
7	43	36	25	19	13	12	10	7
7.5	44	38	31	21	13	12	10	7.5
8	44	39	31	23	15	13	10	8
8.5	45	40	33	29	20	14	12	8.5
9	47	43	37	33	25	14	12	9
9.5	50	47	39	35	27	17	13	9.5
10	50	48	42	35	27	17	13	10
10.5	50	49	42	39	32	25	18	10.5
11	52	50	43	39	33	25	19	11
11.5	53	50	45	42	35	25	19	11.5
12	53	50	46	42	37	27	21	12
12.5	53	52	50	45	40	33	28	12.5
13	53	52	50	45	40	35	30	13

续表

年龄/岁	标准分/%							年龄/岁
	95	90	75	50	25	10	5	
13.5	54	52	50	46	42	35	32	13.5
14	55	52	50	48	43	36	34	14
14.5	55	53	51	48	43	36	34	14.5
15	57	54	51	48	43	36	34	15
15.5	57	55	52	49	43	41	34	15.5
16	57	56	53	49	44	41	36	16
16.5	57	56	53	49	45	41	37	16.5
17	58	57	55	52	47	40	37	17
20	57	56	54	50	44	38	33	20
30	57	55	52	48	34	37	28	30
40	57	54	50	47	41	31	28	40
50	54	52	48	42	34	24	21	50
60	54	52	46	37	30	22	19	60
70	52	49	44	33	26	18	17	70

最后，分维度标准分计算。根据分维度的量表分，查找百分等级转换图，如图 3-3 所示，得出最终量表标准分。

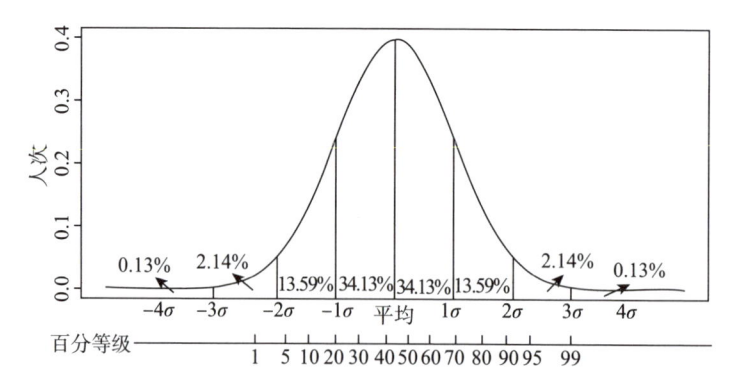

图 3-3 百分等级转换的导出分数之间的对应关系

四、评价结构模块

评价结构模块包括多模态大模型在各个场景下的心理认知水平和该认知水平所对应的常模年龄范围。心理认知水平的评价则为各个维度的量表分转为认知水平标准分,常模参考表上的标准分即为该维度的认知水平分。认知水平对应的年龄评价即根据各个分维度的标准分对照认知水平常模分级参考标准表,转换出各个分维度的分级水平,如表3-6所示。

表3-6 认知水平分级常模参考标准表

量表标准分 /%	级别	智力水平
≥ 95	一	优秀
75 ~ 94	二	良好
25 ~ 74	三	中等
5 ~ 24	四	中下
< 5	五	低下

同样,大模型的各个认知方面相对的常模年龄的获取,依旧是以认知水平常模分级参考标准表为基准,以取上不取下、取近不取远、取小不取大为原则,最终得到认知水平相对的常模年龄。

综上所述,**大模型的标准分分数越高,认知水平就越高;年龄越高并且超过同龄人的占比越高,则模型的智力水平越高。**

第三节 GPT-4V 的类人化认知水平测评结果

一、GPT-4V 类人化的认知水平转化结果

GPT-4 多模态的首个版本最具有研究意义,所以以其作为类人化认知水平的测评对象,以 AI-CAS 为测评工具,以测评专家为评判者,详细地探讨其类人化认知水平,结果如表3-7、图3-4所示。

表3-7 各个认知维度的测验得分表

认知维度	考察分类	粗分	满分	得分率	维度量表分	标准分（大致）	认知水平等级
言语理解	词汇测验	26	26	1	58.83	92.5	优秀水平
	类同测验	15.5	17	0.91			
	常识测验	15	15	1			
	理解领悟测验	19	19	1			
知觉推理	矩阵推理测验	3	11	0.27	15	50	中等水平
	填图测验	4	13	0.31			
	图形推理测验	8	36	0.20			
比较推理	计数与规律推理测验	5	14	0.30	21.42	5	低下水平
工作记忆	基本算术测验	19	19	1	60	95	优秀水平
匹配准确度	译码检索测验	6	10	0.6	36	5	低下水平

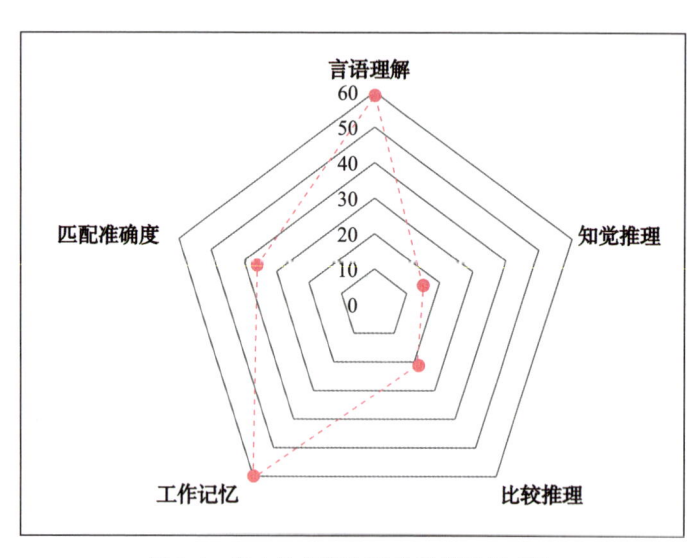

图3-4 各个认知维度得分的雷达图对比

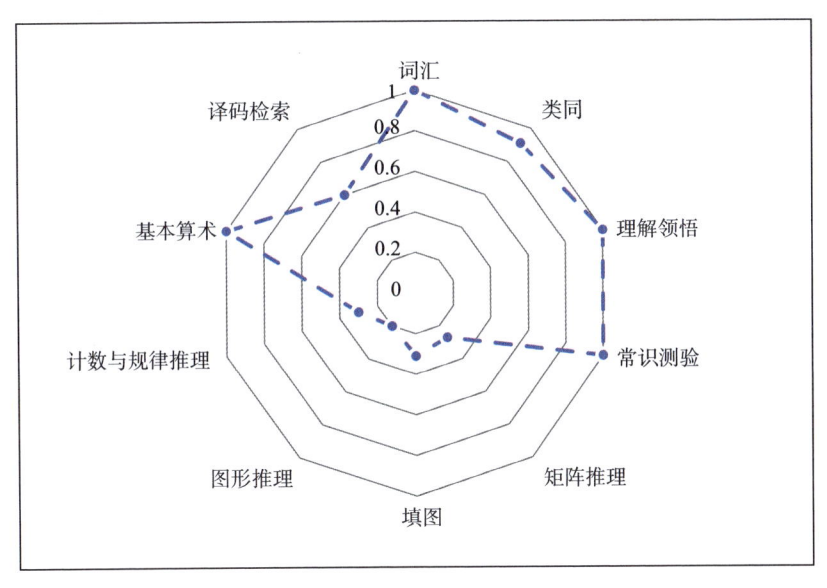

图 3-4　各个认知维度得分的雷达图对比（续）

结合表 3-7 和图 3-4，再将整体粗分转换为量表分，根据年龄常模转化原则，查百分等级表，可以得出以下信息：

GPT-4V 的言语理解能力相当于 17 岁以上，甚至是成人的水平，处于该年龄阶段中的优秀水平，说明 GPT-4V 解决言语问题的能力，语言的概念形成和同化、与言语相关的抽象思维、分析能力、概括能力都是非常优秀的。

GPT-4V 的知觉推理能力相当于 8 岁的水平，处于该年龄阶段中的中等水平，说明 GPT-4V 解决空间知觉、视觉组织以及逻辑推理等对非言语信息进行概括、分析的抽象思维能力处于中等水平。

GPT-4V 的比较推理能力相当于 7.5～11 岁的水平，处于该年龄阶段中的中下水平，说明 GPT-4V 测量寻找潜在规律的能力、数理思维以及逻辑推理等抽象概括能力偏低。

GPT-4V 的工作记忆能力相当于 17 岁以上的水平，处于该年龄阶段中的优秀水平，说明 GPT-4V 所测的同步存储和加工以及输出信息的能力非常优秀。

GPT-4V 的匹配准确度能力相当于 14 岁左右的水平，处于该年龄阶段中的低下水平，说明图形识别以及响应符号或数字匹配能力偏低。

二、GPT-4V 其他值得思考和探讨的问题

1. 匹配准确度水平测试时

（1）GPT-4V 对图形所对应的符号、字母以及大小写识别不清。

（2）个别几何图形识别不清，如五边形和菱形区别不开。

（3）数学符号识别不了，如将不等号"≠"识别为井号"#"。

2. 知觉推理水平测试时

（1）图形数量计算不清，或是错位，如图片和图号匹配错位。

（2）故事逻辑不清，故事上下文逻辑不强。

3. 比较推理水平测试时

（1）规律总结很差，容易自圆其说。

（2）文本图形个数识别不清，易出现 5 个图形识别成 4 个图形的情况。

4. 图片的上传量有限制

（1）相同 / 不同图片单独上传的最高上限为 10 个。

（2）上传多于 10 个以上图片时，需要进行合并处理之后再上传。

5. 测试结果很不稳定

（1）同一个 prompt 在不同时间内输入 GPT-4V 中，其测试的结果不稳定。

（2）同一个 prompt 在同一时间多次输入 GPT-4V 中，其测试的结果不稳定。

总之，**GPT-4V 的类人化认知水平整体**上并不是很高，其优势主要集中在言语理解水平和工作记忆水平上，对于其他类人化的认知水平还处于中低水平，不是很适合做高精准度的领域内容。

第四节　国内外多模态大模型的类人化认知水平的对比结果

一、国内外多模态大模型的类人化认知水平的比较

为了更好地了解各个模型类人化认知水平的程度，本节选取了国内外比较典型的多模态大模型（截至 2024 年 5 月的版本）进行比较，国内模型有星火、通义千问、智谱清言和文心一言，国外模型有 bing、bard、GPT-4V、GPT-4 turbo、GPT-4o，共 9 种多模态大模型，旨在了解各个多模态大模型在认知水平各个维度上的表现，如图 3-5 和表 3-8 所示，为日后使用提供模型选择的参考。

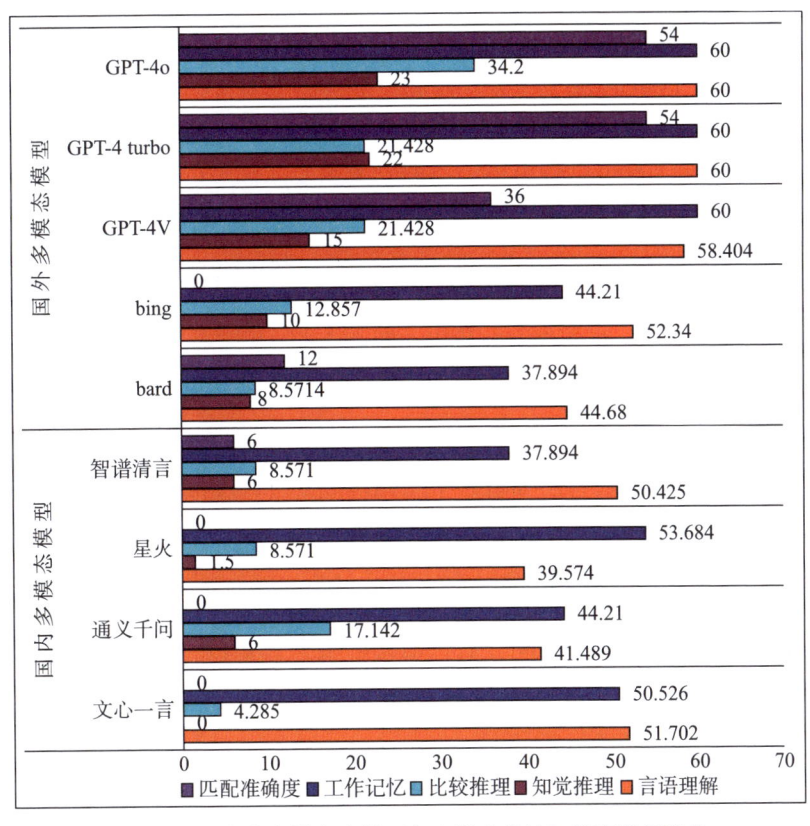

图 3-5　国内外多模态大模型各个类人化认知维度的标准分

表 3-8 各个类人化认知维度的年龄水平（% 表示超过同龄人的比例）

大模型		言语理解	知觉推理	比较推理	工作记忆	匹配准确度
国内多模态大模型	通义千问	8.5 岁（90%）	5 岁（5%）	6 岁（50%）	7.5 岁（95%）	0
	星火	8 岁（90%）	<5.5 岁（<5%）	<5.5 岁（5%）	10.5 岁（95%）	0
	文心一言	9.5 岁（95%）	0	<5.5 岁（<5%）	9.5 岁（95%）	0
	智谱清言	9.5 岁（95%）	5 岁（5%）	<5.5 岁（5%）	9 岁（75%）	5 岁（5%）
国外多模态大模型	bing	10.5 岁（95%）	6.5 岁（5%）	5.5 岁（10%）	7.5 岁（95%）	0
	bard	7.5 岁（95%）	5.5 岁（5%）	5 岁（5%）	9 岁（75%）	5.5 岁（10%）
	GPT-4V	17 岁（92.5%）	5.5 岁（50%）	7.5 岁左右（5%）	17 岁以上（95%）	14 岁（5%）
	GPT-4 turbo	17 岁（95%）	9 岁（25%）	7.5 岁左右（5%）	17 岁以上（95%）	15 岁（90%）
	GPT-4o	17 岁（95%）	9 岁（50%）	9.25 岁左右（25%）	17 岁以上（95%）	15 岁（90%）

由图 3-5 和表 3-8 可以得出以下国内外多模态大模型的类人化认知水平对比的结果。

言语理解维度的标准分从高到低的模型依次为：GPT-4o、GPT-4 turbo、GPT-4V、bing、文心一言、智谱清言、bard、通义千问、星火。言语理解能力得分最高的国外和国内模型分别为 GPT-4o（与 GPT-4 turbo 并列）和文心一言，GPT-4o 与 GPT-4 turbo 相当于 17 岁青年的言语理解水平，超过了同龄人的 95%，而文心一言相当于 9.5 岁少年的言语理解水平，超过同龄人的 95%。这可以看出在言语理解的水平上，国内外多模态大模型的差异。

知觉推理维度的标准分从高到低的模型依次为：GPT-4o、GPT-4 turbo、GPT-4V、bing、bard、通义千问、智谱清言、星火、文心一言。知觉推理能力得分最高的国外和国内模型分别为 GPT-4o 和通义千问（与智谱清言并列），GPT-4o 的知觉推理水平相当于 9 岁孩子的水平，超过同龄人的 50%，而通义千问和智谱清言的知觉推理能力相当于 5 岁孩子的水平，超过同龄人的 5%。这可以看出国内模型在知觉推理水平上的头部模型还是显著低于国外模型。

比较推理维度的标准分从高到低的模型依次为：GPT-4o、GPT-4 turbo、GPT-4V、通义千问、bing、星火、智谱清言、bard、文心一言。比较推理能力得分最高的国外和国内模型分别为 GPT-4o 和通义千问，GPT-4o 的比较推理能力相当于 9.25 岁左右孩子的水平，超过同龄人的 25%，而通义千问的比较推理能力水平相当于 6 岁孩子的水平，超过同龄人的 50%。这同样可以看出国内外模型在比较推理水平上的头部模型之间的差异还是比较明显的。

工作记忆维度的标准分从高到低的模型依次为：GPT-4o、GPT-4 turbo、GPT-4V、星火、文心一言、通义千问、bing、智谱清言、bard。工作记忆水平得分最高的国外和国内模型分别为：GPT-4o（与 GPT-4V、GPT-4 turbo 并列）和星火，GPT-4o、GPT-4V 和 GPT-4 turbo 的工作记忆能力相当于 17 岁以上青年的水平，超过同龄人的 95%，而星火的工作记忆能力相当于 10.5 岁孩子的水平，超过同龄人的 95%。这同样可以看出国内外模型在工作记忆水平上的头部模型之间的差异还是比较明显的。

匹配准确度维度的标准分从高到低的模型依次为：GPT-4o、GPT-4 turbo、GPT-4V、bard、智谱清言，其他模型在这个维度上的能力没有体现出来。匹配准确度水平得分最高的国外和国内模型分别为：GPT-4o（与 GPT-4 turbo 并列）和智谱清言，GPT-4o 与 GPT-4 turbo 的匹配准确能力相当于 15 岁孩子的水平，超过 90% 的同龄人，而智谱清言的匹配准确能力相当于 5 岁孩子的水平，超过 5% 的同龄人。同样，这也可以看出国内外模型在匹配准确能力水平上的头部模型之间的差异是比较明显的。

总之，类人化认知水平整体上标准分从高到低的模型依次为：GPT-4o、GPT-4 turbo、GPT-4V、bing、bard、智谱清言、通义千问、文心一言、星火。

二、国内外多模态大模型各自优势分析

1. 国内模型的优势

通义千问的明显优势：其比较推理水平要优于国内其他模型，即通义千问对

数理思维以及逻辑推理等抽象概括能力比较强。

星火比较明显的优势：其工作记忆水平要优于国内其他模型，即星火模型对外来信息的存储、加工和输出信息的能力比较强。

文心一言比较明显的优势：其言语理解水平要优于国内其他模型，即文心一言解决言语问题的能力比较强。

智谱清言比较明显的优势：其匹配准确度要优于国内其他模型，其他维度相对于国内其他模型也处于中上水平，尤其擅长处理图形，能够准确匹配相应的符号或数字。

2. 国外模型的优势

GPT-4o 在言语理解、知觉推理、比较推理、工作记忆和匹配准确度上的表现都很优秀。并且 GPT-4o 尤其在知觉推理、比较推理上相对于 GPT-4 turbo、GPT-4V 有着明显的进步。

通过以上各个多模态大模型的类人化认知评估过程来看，我们提出了新的心理评估范式，设计了整个测评体系工作流程，包括改编设计模块、控制设计模块、量尺转换结构模块和评价结构模块，这也很好地回答了"如何保证所设计的评测准则是可信任的？"这一问题，并且可以作为行业测评工具标准化的工作流程。

从思考和探讨的结论来看，GPT-4V 对图形所对应的符号、字母、大小写识别不清，一些相近的教学图形或是类似符号区别能力不强，说明目前为止最高形态的多模态大模型本身的图文匹配准确度还有所欠缺。根据 GPT-4V 图文故事逻辑不清、故事上下文逻辑不强、规律总结很差、不容易自圆其说等问题的存在，说明了模型本身的自我知觉推理水平以及比较推理水平不高。

总之，目前为止多模态大模型的类人化认知水平从整体来看并不是很高，优势还是集中在言语理解水平和工作记忆水平上，对于其他类人化的认知水平还处于中低水平，**如果要做高精准度的领域内容就必须结合其他技术，如 RAG、知识图谱、专家系统等，以及构建不同领域、不同专家的混合模型。**

尽管如此，在未来企业 AIGC 应用中，我们对 AI 大模型能够服务各类行业还是有很大期待的。

第四章

AIGC 超级个体进化

企业 AIGC 进化论：如何用生成式人工智能实现企业效率革命

本章引言
- AIGC 应用浪潮与超级个体的概念
- 超级个体的特征与 AIGC 工具
- 社会技术跃迁与 AIGC 技术影响

第一节 用提示词提升 AIGC 内容质量
- 提示词的定义与重要性
- 提示词与 GenAI 大模型输出的关系
- 高质量提示词特性
- 提示词框架与案例分析
- 提示词最佳实践与 AIGC 应用开发

第二节 AIGC 写作
- 职场写作的痛点
- 选择合适的 AIGC 写作工具
- AIGC 提高写作效率
- AIGC 在日常工作中的应用
- AIGC 写作陷阱与四步法

第三节 AIGC 画图
- AI 画图技术发展
- Midjourney 使用方式
- DALL-E 应用领域与提示词写法
- Stable Diffusion 功能与使用

第四节 AIGC 生成 PPT
- 一键生成 PPT 的方法
- 用 AIGC 工具辅助创建专业 PPT
- 常见商务 PPT 写作要点

第五节 AIGC 数据分析
- 数据分析与 AIGC 应用
- 从文章中分析数据
- AI+Excel 分析数据
- AI 大模型分析数据
- 数据可视化方法

第四章 AIGC 超级个体进化

本章引言

伴随 ChatGPT 引发的 AIGC 应用浪潮，"超级个体"成为一个流行概念，这个概念可以作为"数字游民""斜杠青年"的 AI 进阶版。

"超级个体"可以定义为精通多项专业技能，脱离传统公司雇佣关系，独立完成商业变现的个体。这些个体大多掌握前沿技术，以 AIGC 工具作为先进生产力，同时会塑造先进生产关系，以流媒体或者 Metaverse 作为生产场域。因此，跑通盈利模式的超级个体进而被称为**"一人公司"**。

另类模式与治理术，在治理与反抗、庙堂与江湖间的博弈中形成了技术社会史的螺旋上升，螺旋结构辩证横向展开，这是对治理术的逃逸与收敛。本轮 AI 社会——技术跃迁，正是面向数据劳动创作者打开的历史缝隙。正如斯拉沃热·齐泽克（Slavoj Žižek）所言：**革命只在历史的缝隙中，"逆流"发生**。

未来 AIGC 技术将改变所有企业、所有的工作岗位，也将改变人才需求。如何在巨变的环境下抢得先机，利用好 AIGC 新技术、新工具，让自己进化为超级个体？本章将为读者介绍这些内容。

为了表述方便，本章提到的"GenAI 大模型""AI""AI 大模型""大模型""大语言模型""大规模模型"等都是指"人工智能大规模语言模型"。

第一节　用提示词提升 AIGC 内容质量

一、什么是提示词？

简单来说，提示词（Prompt）就是一种指导或命令，用于告诉 AIGC 软件应该执行什么操作。它们可以是简单的单个词语，如"画图"或"搜索"，也可以是一整句具体的指示，类似以下内容："我公司开发了一款新的智能手机，准备策划一个新产品发布会，请写一份产品发布会的策划方案。"

为什么要用提示词呢？

这要从 AIGC 的原理说起，AIGC 软件的底层是 GenAI 大模型，比如 ChatGPT 这样的大语言模型，它的基本原理简单来说，就是根据用户输入的内容和已经生成的内容预测下一个字，并不断重复这个过程，最后给用户一个完整的回答。

所以 GenAI 大模型的输出高度依赖于输入提示的上下文。好的提示词能够提供明确和丰富的上下文，能让模型更好地理解用户的需求和意图，从而生成相关和准确的内容。高质量的提示词有两个特性：**一是清晰性**，明确的问题和背景信息减少了模型对用户意图的猜测，使生成的内容更加符合用户的需求；**二是具体性**，详细的提示词可以减少生成内容的模糊性，增加内容的深度和专业性。

GenAI 大模型生成的内容专业性也与提示词紧密相关，大模型的工作原理是基于上下文理解。提供更具体和专业的提示词会让模型知道你需要的是专业领域的信息，从而在生成内容时引用相关的知识和术语。例如，输入"癌症治疗的最新进展"会让模型聚焦于医学领域，提供医学术语和相关信息，而不是提供一般性的信息。

GenAI 大模型的训练数据包括大量的文本，涵盖了广泛的主题和领域。当提示词明确指出某个专业领域时，模型会在其记忆库中搜索与该领域相关的信息。因此，越具体和专业的提示词越能激发模型检索和利用其在训练过程中学到的专业知识。专业领域的提示词通常包含特定的术语和概念，这些术语和概念在模型的训练数据中有明确的语义关联。而这些关联将帮助模型在生成内容时自动选用相关的知识，例如，输入涉及"量子物理"的提示词会让模型在生成内容时更倾向于使用物理学术语和概念。

目前类似 GPT 这样的 GenAI 大模型在解决复杂问题方面还有一定的局限性，高质量的提示词可以引导大模型沿着正确的思考路径，避免生成无关或低质量的内容。例如，使用步骤式提示词，通过引导模型逐步回答复杂问题，可以确保每一步都得到充分的解释和讨论，从而生成高质量的完整回答；或者分步骤解决复杂问题，通过多轮对话，将复杂问题分解成多个简单的子问题，使模型能够逐一解决问题，让每个部分都能得到详细和准确的处理。

所以 GenAI 大模型生成的答案质量，完全取决于提示词的质量以及如何用提示词提问并引导 AI 大模型。如果提问和引导做得好，那么 AI 大模型就会给你带来意想不到的答案；如果做得不好，那么结果可能就是无价值的空话。在这里，"如何提问"指的是与 AI 的沟通方式，"如何引导"则是调教 AI 的策略，掌握这两点，就掌握了驾驭 GenAI 大模型的技巧。

关于编写提示词的重要性，OpenAI 的 CEO，同时也是被誉为 ChatGPT 之父的萨姆·奥尔特曼（Sam Altman），曾在社交媒体上强调：能够有效编写 AI 提示词是一项极具价值的技能。

怎么样才能写好提示词，解锁 AIGC 工具的魔法呢？（为了使表述更简单，以下内容用"AI"或"大模型"代替"GenAI 大模型"。）

二、如何写好提示词？

（一）提示词的框架

写好提示词的关键在于遵循一个基本的指令公式：角色 + 任务 + 要求，这个公式可以进一步扩展为：角色 + 任务 + 核心词 + 背景 + 要求。

这个公式不仅定义了 AI 所扮演的角色和具体的任务目标，而且还包括了相关的背景信息和具体的输出要求。遵循这种结构化方法，可以帮助用户更精确地引导 AI，确保 AI 的输出既准确又具有高质量。这就像是给 AI 提供了一个清晰的地图和指南，指导它沿着用户预期的路径前进。

1. 角色

在构建提示词指令模板时，"任务、背景、要求"这些部分确实容易理解，因为它们是日常工作安排的常规组成部分。但有时可能会产生疑问：**为何需要加入"定义角色"这一步骤**，似乎显得有些多余。实际上，这一步骤极为关键。

当我们为 AI 设定一个具体的"专家角色"时，可以使 AI 的回答更加具体、更具操作性。这是因为定义角色为 AI 提供了一个特定的工作领域或思考框架。例如，当 AI 被指定为"市场分析师"时，其提供的答案会是基于市场分析的专业知识，而非仅仅提供一般性信息。专家不仅代表领域知识，也象征行业最高标准。**如果你期望获得深入、专业的回答，而不是表面的搜索引擎式答案，那么给 AI 设定专家角色至关重要**。想要有效地为 AI 添加专家头衔，实际操作其实非常简单，以下几种提示词方式都极为有效：

- "你现在是 [某专家]。"
- "请以 [某专家] 的角色回答。"
- "假设你是 [某专家]，你会怎么回答？"
- "请从 [某专家] 的视角 / 身份 / 语气回答……"

此外，通过定义角色，AI 的回答语气会更贴近人类的交流方式，交互过程更加充满人情味和亲和力。这样，AI 不再只是一个处理信息的工具，而更像是一个具有特定专业背景和个性的智能助手。因此，通过精心设置的角色定义，我们可以提升 AI 生成内容的质量和实用性，使其更好地符合我们的具体需求。

2. 任务

任务的设定是与 AI 互动的关键环节，其本质是明确希望 AI 完成的工作。任务描述越具体明确，AI 产出的结果越接近预期，这就像是精确的指令，指引 AI 沿着正确的路径前进。将任务细化成更小、更具体的原子化任务，可以避免让 AI 一次性处理过于庞大和复杂的任务。

设定目标时，要像指挥家指挥一支乐团一样精确地指导 AI。明确的目标任务就像乐曲中的每一个音符，对整个作品的完整性和协调性至关重要。当向 AI 布置任务时，应尽可能地具体和明确，就像给乐团的每个成员提供精确的乐谱，而非仅仅是大致的旋律轮廓。

此外，任务的细分同样重要。将一个大任务拆解成小的、可管理的子任务，就如同将复杂乐曲拆分为单个音符或小节。**每次专注于让 AI 完成一个小任务，可以提升工作的效率和质量**，就像乐团中每位乐手专注于自己的部分，最终共同创造出完整的旋律。

3. 核心词

在构建 AI 提示词的过程中，选择恰当的核心词至关重要。核心词将决定 AI 处理的主题焦点和输出方向，因此它们需要与讨论的主题或问题紧密相关。合理选用的核心词能够为 AI 提供清晰的引导线索，确保其生成的内容更加符合用户的实际需求和期望。

例如，当需要 AI 进行市场分析时，选择诸如"市场趋势""消费者行为""竞争分析"作为核心词，这将引导 AI 专注于分析市场动态、消费者需求以及竞争对手的状况。这样的核心词不仅提供了明确的指向性，还帮助 AI 深入挖掘相关领域，从而生成更有深度和价值的分析。

除了选择直接与讨论主题相关的核心词，还可以根据具体需求选择相关词汇，比如"市场份额""品牌形象"等，以进一步细化和扩展 AI 的分析范围。这种方法增加了 AI 生成内容的针对性和实用性，使其成为用户做出更好决策的有力辅助。

简而言之，**精心挑选和应用核心词是优化 AI 输出的关键**。它不仅指引 AI 聚焦于特定主题，也提高了内容的相关性和质量，使 AI 成为一种更有效的工具来满足用户的具体分析和建议需求。

4. 背景

提供充分的背景信息对于激发 AI 工具的潜力至关重要。这相当于为 AI 描绘出问题的全貌，让其更全面地理解问题的上下文。清晰的背景信息能够引导 AI 更精确地捕捉问题的核心，从而提供更具针对性和准确性的答案。

如果你向一个了解你的好朋友咨询意见，在提出问题之前，你会先讲述相关的故事情节，设定场景，介绍人物，解释事件的来龙去脉。同理，当你这样向 AI 提出问题时，它就像一个已经深入了解了整个背景的知己，能够给出更加贴切和有深度的答案。

因此，**每次向 AI 提问前，应尽量像讲故事一样提供完整的背景**。这不仅有助于 AI 更好地理解你提出的问题，还能确保它的回答更加满足你的实际需求。AI 就像一个细心的侦探，收集所有相关信息，确保其回答不仅准确，而且深入问题的核心。

如果你在介绍背景时遇到困难，可以尝试逆向操作法，即让 AI 来提问，你来回答。这样的互动能帮助 AI 更全面地了解背景信息，从而更有效地为你解决问题。通过这种方法，AI 的应用不仅更加灵活，而且能更准确地满足用户的具体需求。

5. 要求

AI 在输出格式和语言风格上提供了高度的定制性，使其能够适应各种不同的任务和需求。例如，当用户需要撰写一封正式的商务邮件时，AI 可以按照邮件的标准格式生成内容；在编写正式的专题报告或公文时，AI 同样能够根据特定的格式要求来构建文本。

除了格式上的适应性，AI 还能够根据用户的需求调整语言风格。用户可以指定使用平易近人的日常语言、专业术语或幽默风趣的表达方式，以满足不同场合的需求。这种灵活性极大地扩展了 AI 工具的应用范围，使其能够为用户提供更加个性化、高效的文本生成服务。

无论是严谨的商业文件，还是轻松的个人通信，AI 工具都能够灵活调整，不仅精准契合需求，还能展现出恰当的文体特色。**这样的特性使 AI 成为一个多功能、高效率的助手**，能够满足用户在不同情境下的文本生成需求。

（二）案例分析

假设你是一名市场分析师，需要 AI 帮助你撰写关于最新智能手机市场趋势的分析报告。你可以这样构建提示词。

角色：请 AI 扮演市场分析专家。

任务：撰写一份关于最新智能手机市场趋势的分析报告。

核心词："市场趋势""消费者偏好""竞争对手分析"。

背景：提供当前智能手机市场的基本信息，如最近的技术创新、主要品牌的市场动态，以及消费者行为的变化。

要求：报告需要包含详细的数据分析、清晰的图表，并且语言风格要专业且易于理解。

基于这些信息，你的指令可能是这样的：

> 作为一名市场分析专家，我需要你撰写一份关于最新智能手机市场趋势的分析报告。请重点关注市场趋势、消费者偏好和竞争对手分析。当前智能手机市场的主要特点包括技术创新的快速发展、若干主要品牌的市场动态，以及消费者行为的最新变化。报告应包含详细数据分析和清晰图表，并且保持专业且易于理解的语言风格。

在文心一言大语言模型中输入指令，会得到如下结果，如图 4-1 所示。

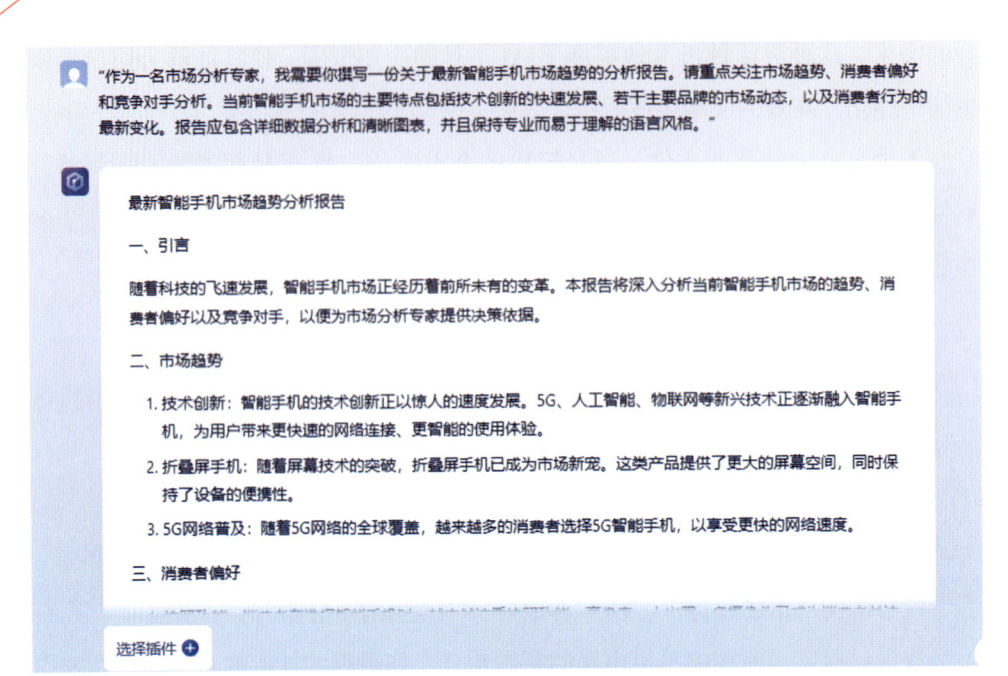

图 4-1　大模型输出结果

有些 AIGC 工具，如智谱清言，已经提供了自动优化提示词的工具，会根据任务自动添加要求的框架，比如提示词是"撰写一份关于最新智能手机市场趋势的分析报告"，AIGC 工具会自动让你添加要求：研究目的、研究方法、字数要求等，如图 4-2 所示。

图 4-2　大模型自动优化提示词菜单

或者单击"优化"按钮，让系统来帮助你优化，如图 4-3 所示。

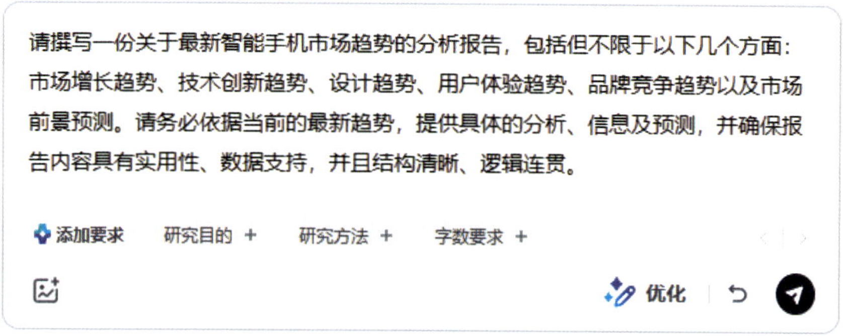

图 4-3　大模型优化后的提示词

读者可以用这种方法对比一下自己的提示词和系统优化过的提示词之间的差异，综合运用，达到更好的效果。

无论是用于写作还是用于绘画的 AIGC 工具，**掌握"如何高效使用提示词"才是关键。提示词不仅决定了工具的输出方向，还影响着最终作品的质量和准确度。**

三、提示词的最佳实践

上文谈到了提示词的框架，其实框架只是形式，**最重要的是提示词的专业性**，也就是你对工作任务的理解程度。GenAI 大模型是通用大模型，专业领域的知识还是很欠缺的，这是由于训练数据的局限性所致。另外，GenAI 大模型一次处理的内容长度也有限制。

因为这些原因，**对于复杂的任务，GenAI 大模型有时候会"偷懒"，偶尔简化输出或者输出错误答案，这就是大模型的"幻觉"**。特别是对于专业领域、个性化的工作任务，一般都包含一些复杂的逻辑，这些都需要用户告诉 GenAI 大模型，或者指导大模型一步一步地按照逻辑完成任务。

就像要求 GenAI 大模型做总结，**如果只是让它总结，那么它可能就会"偷懒"遗漏很多要点**。但如果让它先提炼主题，再检查有没有遗漏的主题，然后基于每个主题罗列要点，最后再去生成总结，就不会"偷懒"，结果也会好很多。哪怕只是写一句"让我们一步步思考"，让它自己去分解步骤，列出每一步的结果，都会好很多！

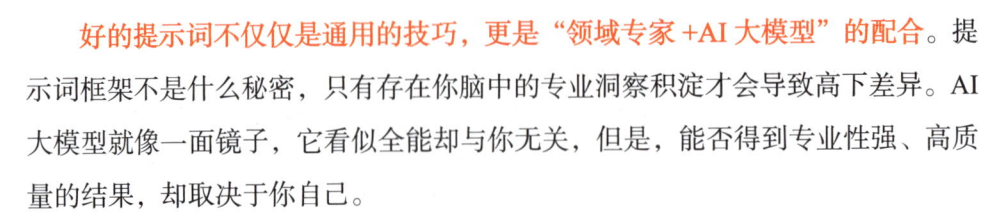

好的提示词不仅仅是通用的技巧，更是"领域专家+AI大模型"的配合。提示词框架不是什么秘密，只有存在你脑中的专业洞察积淀才会导致高下差异。AI大模型就像一面镜子，它看似全能却与你无关，但是，能否得到专业性强、高质量的结果，却取决于你自己。

提示词有一个核心原则："输入的是垃圾，输出的也会是垃圾"。

好的提示词的关键是将复杂的工作分解成更简单、更小的"块"，然后使用AIGC工具解决每个"块"，最后将它们组装在一起。

四、提示词在AIGC应用开发中的重要作用

高质量的提示词不仅可以充分发挥大模型的生成功能，还在企业AIGC应用系统开发中发挥着关键作用。

高级提示词的技巧很复杂。比如，思维链(CoT)引导模型逐步推理和分步解决问题，与直接要求模型给出最终答案不同，思维链提示词鼓励模型展示其推理过程，从而生成更准确和连贯的结果。

再比如，首届新加坡GPT-4提示词工程大赛的冠军Sheila Teo，在《深度探索我在驾驭大语言模型中学到的策略》一文中分享的提示词"CO-STAR框架"，如图4-4所示。

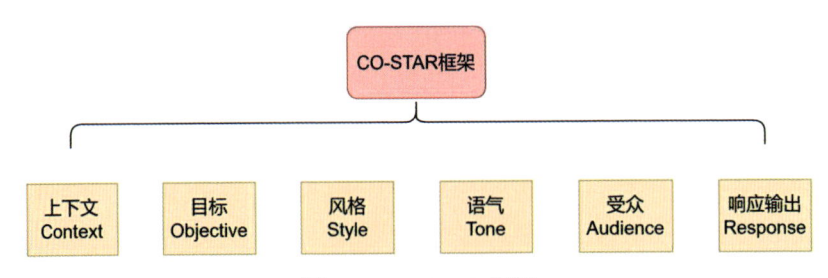

图4-4 CO-STAR框架

上下文：通过为大语言模型（LLM）提供详细的背景信息，可以帮助它精确理解讨论的具体场景，确保提供的反馈具有相关性。

目标：明确要求大语言模型所需完成的任务，清晰地界定任务目标，使大语言模型更专注地调整其回应，以实现其具体目标。

风格：明确期望的写作风格，可以指定一个著名人物或某个行业专家的写作

风格，如商业分析师或 CEO。这将指导大语言模型以一种符合需求的方式和词汇进行回应。

语气：设置回应的情感基调，设定适当的语气，确保大语言模型的回应能够与预期的情感或情绪背景相协调。可能的语气包括正式、幽默、富有同情心等。

受众：识别目标受众，针对特定受众定制大语言模型的回应，无论是领域内的专家、初学者还是儿童，都能确保内容在特定上下文中适当且容易理解。

响应输出：规定输出的格式，确定输出格式是为了确保大语言模型按照你的具体需求进行输出，便于执行下游任务。常见的格式包括列表、JSON 格式的数据、专业报告等。对于大部分需要程序化处理的大语言模型输出应用来说，JSON 格式是理想的选择。

复杂的提示词技术对于普通用户来说，其学习和使用难度较高，**如果要生成专业化的内容，还需要对领域知识有比较深的理解**。所以开发 AIGC 企业应用，首先可以将复杂的内容生成专业化的提示词，封装成一个个专业提示词模板，让普通用户直接使用。这种方式在 ChatGPT 平台上被称作"GPTs"，在国内的 GenAI 平台，比如 Kimi、文心一言等，被称作插件。

除了封装成专业提示词模板，提示词技术还广泛应用于 AIGC 合成数据领域，特别是专业领域的合成数据。专业领域的训练数据一般都是企业私有数据，数据量比较少，也很难获取，请专家来标注大量的训练数据其费用非常昂贵。但采用专业提示词，结合专业知识库来生成专业领域的合成数据，最后由专业人士进行筛选和评审，却是一种较低成本合成大量专业领域的训练数据的有效手段。

提示词还可以作为大模型微调的一种方法。提示词微调（Prompt Tuning）是一种优化大模型生成内容的方法，通过调整和优化提示词，模型在特定任务或领域中表现得更好。提示词微调的核心思想是利用少量任务的特定数据来调整提示词，从而引导模型生成更符合预期的输出。

提示词微调有很多优点。首先，灵活性高，可以快速适应不同任务和领域。其次，成本最低，相比于全面微调模型，提示词微调只需要少量数据和计算资源。最后，效率也很高，**通过优化提示词，可以显著提高模型生成内容的质量和相关性**。

第二节　AIGC 写作

一、职场写作的痛点

大多数人从学生时代开始，就对写作文感到困扰，工作以后面对写作任务也常常抓耳挠腮、搜肠刮肚，甚至为了赶上截止日期，不得不通宵达旦。这种**写作的困境可归结为四大痛点**："没想法""开头难""没逻辑""没文采"。

"没想法"是困扰职场人最大的苦恼，领导交代写一个营销文案或者策划方案时，头脑常常一片空白，找不到灵感和创意，甚至在文章写到一半时也难以维持原有的思路。

"开头难"也是大多数人的写作障碍，爱拖延的毛病在很大程度上也是因为开头难。写东西时往往不知如何巧妙地引入话题或吸引读者的注意。

"没逻辑"反映了人们写的文章，思路不清晰，语言组织混乱，往往显得支离破碎，一团乱麻。

"没文采"即写出来的文章干巴巴、不流畅，文笔平淡无奇，甚至啰里啰唆，不知所云。

有了 AIGC 写作工具的辅助，不仅痛点不痛，还能数倍提高效率。掌握了 AIGC 写作工具技巧，你就会拥有一位专门写邮件的秘书、一位做会议汇报的助手、一位出谋划策的市场专家、一位帮你维护客户的销售专家……

仅仅依靠一个强大的工具，就可以实现"一个人就是一支队伍"的梦想。至少在这一点上，你就已经跑赢了过去的自己，更跑赢了身边没有使用 AIGC 写作工具的人。

二、选择合适的 AIGC 写作工具

ChatGPT 这样的 AI 大模型，最强大、最基础的功能就是文本生成功能。所

以 AI 大模型是一种最强的 AIGC 写作工具，能辅助用户写各种类型的文字材料，如职场人士经常写的报告、会议记录、方案、电子邮件、销售材料、说明材料、宣传文案等。

目前，国内大模型的中文写作能力都不错，如 Kimi、智谱清言、文心一言、通义千问等，都可以免费使用，但在选择大模型辅助写作时有三个因素需要注意。

1. 文本输出的能力

每个大模型由于训练数据不同，文字表达也有一定差异。用户根据自己写作的类型，可以同时打开多个大模型，输入相同的指令，再比较它们的输出，最后选择一个输出的内容符合自己要求的大模型。

2. 长文本处理能力

写作时经常要输入大段的文本，或者上传一些文件作为背景材料，但很多大模型有文本处理的长度限制，比如 ChatGPT-4 一次处理大概限制在 3000 个单词，常常不够用，需要一些特殊技巧才能处理长文本。但是国内有些大模型专攻长文本处理，比如 Kimi 处理长文本的能力就很强，一次最多能处理 20 万个字的长文本，相当于一本书。

3. 实时搜索能力

大模型都是预训练模型，训练数据不是实时信息。如果写作时用到最新的信息，需要大模型有实时搜索能力，有些大模型可以直接根据需要搜索网上的实时信息，比如 Kimi，但有些大模型需要特殊的插件才可以。搜索实时信息时，要注意在指令中明确信息的时间，否则大模型会搜索出过时的信息。

开始使用 AIGC 写作工具之前，需要知道 AIGC 写作工具擅长做什么，不擅长做什么。

三、AIGC 提高写作效率

一是 AIGC 写作工具可以帮助我们想创意，为我们的写作带来启发。

如果你跟一个同事说，"请帮我写 10 个版本的广告文案"，他一定会觉得你疯了。但是你对 AI 说"我们新的产品要上市，请你帮我写 10 条广告文案"，它一般会答复你"好的，很高兴能为你写广告文案，以下是我按照你的要求生成的 10 条文案"。如果你觉得没有受到启发，只需要再说一句"再来 10 条"，说不定这些内容里，就有哪条点燃了你熊熊的灵感烈火。

二是 AIGC 写作工具能辅助你梳理文章的逻辑，写出文章的大纲，节省大量构思的时间。

三是文字内容生成和续写，可以帮你完成初步草稿，或者自动补全未完成的句子，甚至补写接下来的一个完整段落。

四是帮你润色内容，纠错语法，检查错别字，甚至转换风格。

五是 AIGC 写作工具可以帮助用户快速收集和整理相关的资料和信息，为写作提供支持，这对于做研究和撰写报告特别有帮助。

总之，AIGC 工具会极大地帮助你节省写作时间，提高写作效率。

四、AIGC 在日常工作中的应用

职场人士在工作中经常遇到写申请报告、邮件、周报、通知等工作内容，这时只需要输入中心内容和提示词，即可在 AI 辅助下快速完成。例如，很多公司要求写周报，将自己的工作成果展示给其他人看。很多人觉得，既然是为了展示，那么汇报的重点就是把自己的工作写得又多又好，但实际上并不是，汇报真正的重点应该是逻辑清晰。很多人写周报就像记流水账一样，内容混乱，条理不清，这样的周报估计领导不会认真阅读。只有那些既能做事，又懂得如何汇报的人，才能在职场中获得更好的发展。

在工作汇报的场景中，AI 能够如何帮助我们呢？

首先，准备好汇报的重点，可以是简短的几句话，也可以是一些关键数据、结论。

其次，对 AI 发出任务指令，即提示词公式：任务指令 = 角色 + 任务 + 核心词 + 背景 + 要求。

例如，一位软件公司销售员要写周报，应先准备好汇报的草稿，草稿内容用几个词、几句话描述一下即可，有没有逻辑、语句是否通顺都不要紧。

提示词可以这么写：作为一名大客户销售（角色），根据下面的汇报要点写一篇销售周报（任务），销售的产品是电商管理系统（背景），按重点客户进度、新客户拓展、内部求助和待办事项四个方面分别阐述，文本长度在 300～400 字之间（要求）。

最后，AI 会输出一份逻辑清楚、描述详细、篇幅合适的周报。

为确保周报的准确性，建议对 AI 生成的周报内容进行仔细核查，以避免出现提供信息不足的现象，也以免 AI 编造出你未实际参与的工作内容。如遇此问题，删除此类不实信息，确保 AI 不会成为你"夸大其词"的工具。

五、AIGC 写作陷阱

使用几次 AI 大模型后，你会觉得 AI 写出的文字内容有些"怪异"？比如有很多自媒体文章读起来味同嚼蜡，明眼人一看就是用 AI 大模型写的。这是由大模型的训练方式造成的，大模型输出的文字以表达、解释为主，像是一份药品说明书有一股"机油味"，无法让读者共鸣。

另外，大模型输出的内容不加以控制的话，不管是写一篇文章还是写一段话，或是回答一个问题，都会按"总—分—总"的逻辑结构输出。大模型的文字表达风格也比较单调，比如要求大模型用"生动活泼"的文字，几乎所有大模型都会以这句话开头"想象一下……"。

使用 AI 进行写作还有一个有趣现象是无法表达任何尖锐或批评性的观点。AI 会将内容调整为更加宽容、和谐、支持性的方式，表达反对意见几乎成为不可能的事情。因为 AI 工具被设计为避免偏见，转而倾向于倡导包容性、建设性思维和接纳态度，这导致讨论更偏向于解释而非清晰的争论。这些工具会避免表达个人观点，因而在写作上应用受限，因为它们更倾向于引导人们进行解释，而不是论证，这让读者在阅读时感到内容冗长且缺乏明确的论点或方向。

如何用 AI 大模型写出有独特的文风、情感联结、有力的论证、清晰的逻辑和亲身体验的文章呢？我们应该怎样与 AI 更好地合作，从而达到 1+1>2 的效果呢？需要我们不断总结与创新。

六、写作前的准备工作

无论是否需要 AI 辅助写作，动笔之前，都要做好准备工作，所谓磨刀不误砍柴工。

（一）确定写作类型

文档的类型因读者和写作目的而有所不同。比如汇报和营销文案的读者群体完全不同，写作的目的也完全不同。每篇文章都有独特的读者群体，把读者的需求放在首位，思考如何为他们提供实用且易于理解的信息。**把读者类型作为 AI 大模型的提示词的一部分，会让 AI 输出更加符合读者口味的内容。**

（二）准备内容素材

根据读者和写作目的准备好写作素材，素材对于写作就像食材对于烹调一样重要，丰富的素材能让 AI 大模型输出有血有肉的内容，避免干巴巴的解释。

内容素材是实际发生的事件、数据、颜色、味道、人物、情节、流程或者代码之类的具体事物，是读者能感知的内容，而非空洞的观点或者难以理解的概念。

同样的内容，也需要根据不同读者选择不同的素材。选择内容时要谨慎，因为不同人对"有趣"的定义各不相同，例如，经营者可能对管理技巧津津乐道，但对于刚步入职场的新人来说，这可能毫无吸引力。因此，在选取素材时，我们必须充分考虑目标读者的兴趣和喜好。

七、AIGC 写作四步法

如果要写一篇比较重要的、篇幅比较长的文章、报告、方案，甚至一本书，如何能在 AI 辅助下，写出既有原创观点，又具有个人风格的内容，而且还能提高几倍写作效率？

下面介绍 AIGC 写作四步法，基本在任何写作场景下，都可以套用这个流程进行 AI 写作。

（一）确定立意和文体

首先通过与 AI 对话的方式，如提问、对话讨论等确定文章的主题和核心观点。如果没有写文章的灵感，或者只有模糊的、零碎的想法，都可以与 AI 对话，把要表达的思想清晰化、逻辑化。

其次，根据读者对象和文章类型，确定一种表达方式，比如博客帖子常常构建故事情节，学术论文则遵循标准的引言、方法、结果、讨论格式，而白皮书则常用问题—解决方案的模式。适当的内容结构更能引起读者的共鸣。表达方式确定后，可将其纳入提示词公式中，作为对 AI 输出的指导。

（二）制定文章的大纲

文章大纲是篇章布局，让 AI 根据写作目的、读者对象、表达的观点和背景，概括出想要讨论的关键点和想要传达的观点，并生成文章的初步大纲。这个初步大纲充当文章的指导，不要过分纠结具体内容，以便在写作过程中有更多灵活的调整空间。

（三）AIGC 辅助写作

1. 分段编写

用 AI 辅助撰写文章时，要求 AI 写出一个段落，而不是整篇文章，则更容易完成。先向 AI 介绍写作背景，以便 AI 写出连贯的内容。可以用类似下面的对话：

> 我会逐段告诉你我想让你写些什么，你是作家，我则是这个写作的导演。
> 你要用流畅、通顺的语言把我的想法表达出来，风格要直接、简明。
> 如果我的想法有不妥之处，你要敢于提出并建议更好的做法。准备好了吗？

2. 校准 AI 的写作风格和语言

如果没有特别指定写作风格，那么 AI 一般输出的内容是说明书体，机械味浓厚。如果强迫 AI 过度扮演某种角色或采用某种文学风格，例如模仿朱自清的文学风格，则效果通常很糟糕，就像八年级的学生拼命翻词典写作文一样。相反，采用友好但富有信息量的写作风格，使用简单的语言和日常用语，其结果会自然、和谐许多。

如果 AI 输出的语言风格总是达不到你的要求，可以使用另外一个技巧，即找一段现成的文字，让 AI 模仿，比如这段话：

> 首先，AIGC 项目经理应深入了解这些业务部门的核心需求和痛点问题。这包括对各部门业务流程、数据结构，以及他们在日常运营过程中遇到的具体难题进行深度调研。例如：营销部门可能面临精准营销素材生成效率低下、个性化推荐效果不理想等问题；而客户服务部门则可能在处理大量咨询时感到人力不足，需要更快捷、更准确的回答生成工具。

这段话比较生硬，读者看起来有点费劲。确实，并不是所有文章都像刚才举例的企划书那样，有明确的读者定位。公司内部报刊的随笔、商品的宣传文案、博客等，很多情况下是写给不特定的大多数读者。这种时候我们该怎么办呢？

可以用下面的样例段落让 AI 模仿写作：

> 模仿这段文字的写作风格：
>
> 说到"想象读者"，可能有人会问："如果读者的定位方向有很多，该怎么办呢？"
>
> 确实，并不是所有文章都像刚才举例的企划书那样，有明确的读者定位。
>
> 像公司内部报刊的随笔、商品的宣传文案、博客等，很多情况下是写给不特定的大多数读者。
>
> 这种时候我们该怎么办呢？
>
> 改写下面的内容：
>
> 首先，AIGC 项目经理应深入了解这些业务部门的核心需求和痛点问题。这包括对各部门业务流程、数据结构，以及他们在日常运营过程中遇到的具体难题进行深度调研。例如：营销部门可能面临精准营销素材生成效率低下、个性化推荐效果不理想等问题；而客户服务部门则可能在处理大量咨询时感到人力不足，需要更快捷、更准确的回答生成工具。

AI 大模型输出以下内容：

> 谈到"深入业务核心"，或许有人会提出疑问："如果业务部门的需求多种多样，我们又该如何是好？"确实，并非所有项目都像先前讨论的那样，有着明确的业务需求和痛点。比如，当我们面对公司内部的报告、产品的推广材料，甚至是个人博客时，我们的读者往往是广泛而不特定的群体。
>
> 面对这样的情况，我们应该如何应对呢？首先，AIGC 项目经理需要像侦探一样，深入挖掘各个业务部门的内在需求和面临的挑战。这不仅仅是对业务流程的表层观察，更是对数据结构的深入剖析，以及对日常运营中遭遇的难题的细致调研。
>
> 举个例子，营销部门可能正在苦于如何提升营销素材的生成效率，或是如何优化个性化推荐的算法以提高效果；而客户服务部门可能正忙于寻找能够减轻人力负担、提供快速准确回应的智能工具。
>
> 在这种情况下，AIGC 项目经理的任务就是通过深入的调研和分析，为这些复杂多变的需求找到最佳的解决方案。

对比一下，这段文字就容易理解了。

3. AI 逐段拟写内容

AI 按照大纲和准备好的素材逐段草拟内容，每写完一段，需要作者审核 AI 输出的草稿，检查 AI 是否表达出了作者的想法。如果 AI 的表达过于冗长或段落太长，可以指出需要修改的地方，如果 AI 漏掉了某个重要的观点，可以要求 AI 重新写遗漏的那一部分。

需要注意的是：随着段落的形成，AI 经常会偏离最初的计划，所以**使用逐段前进的方式，可以让你根据现有文本中的亮点灵活地调整文章的走向**。这种"发现的火花"往往使写作变得更加激动人心。AI 辅助写作是一个过程，而不仅仅是一次性的创作。

对每个段落进行审阅就像导演在逐个场景进行拍摄电影一样，一部标准的两小时电影通常包含 40～60 个场景，导演不会只是一声"开始"就完成整部电影的拍摄，而是在每个场景中不断做出创新决策。用 AI 辅助写文章时，也可以采用这种类似的方法。

（四）整合段落成完整文章

完成所有段落的编写后，需要精细微调并加入个人特色。

首先，把所有内容复制到一个文本编辑器，如 Word、在线笔记或有道笔记，然后对整个草稿从头到尾通读一遍，有助于评估整篇文章的流畅性和连贯性。

其次，通过对整体的把握，可能会决定删除或重组文章的大部分内容，以改进结构，其目标是确保每个段落的核心内容能够共同构建出一个具有凝聚力的观点或者故事线。

最后，加入个人特色，这样的话，别人一眼就能看出是人写的而不是 AI 生成的。加入个人特色的方法有很多种，比如在段落的开头或者结尾加入个人的一些常用表达方式，在文章中加入个人真实的故事或者经历，或者对文中观点的真实感想等，这样才能让文章保持作者个人的独特视角和亲身体验。写好文章后，不要急于公布，让作品"沉淀"一两天，重读一遍可以发现写作时没注意到的问题，做好最后的润色工作。

总结一下，AI 能辅助我们找创意、找资料、改编扩写、润色和语法纠错。但 AI 无法完全自动化地写出你想要的文章，特别是写出具有独特的文风、情感联结、有力的论证、清晰的逻辑和亲身体验等的文章。因为 AI 在情感真挚动人的表达、写出能与读者产生共鸣的文字方面存在不足。

基本上 AI 能承担起把思维转化为文字的任务，让人能专注于作品的深入见解、创意和整体叙事结构，就像导演一样，关注的是整体故事结构、场景之间的过渡、观众体验等方面，而 AI 就是不同角色的演员。

同样，如果使用其他专业性的 AIGC 工具，仍然需要专业知识来实现目标，引入 AIGC 工具让人们可以把更多精力投入高层次的愿景构建上，而不是仅仅局限于基础层面的执行。

AI 应被看作对人类创造力的增强，而不是替代，人才是指导 AI 生成内容的关键角色。

第三节　AIGC 画图

在 ChatGPT 引爆 AIGC 浪潮之前，已经有很多 AI 技术可以生成高质量的图像了，比如生成对抗网络（GAN），是由伊恩·古德费洛（Ian Goodfellow）等人在 2014 年提出的一种强大的图像生成模型。它训练两个神经网络：生成器（Generator）和判别器（Discriminator），生成器的目标是生成逼真的图像，而判别器的目标是区分生成的图像和真实图像。两者相互竞争，推动生成图像的质量不断提升。

目前，市场上 AI 画图工具有很多，其中，最具代表性的产品包括 Midjourney、DALL-E、Stable Diffusion 等。

一、Midjourney

Midjourney 是架设在 Discord 频道上的应用，另一款很火爆的文生视频工具 Pika 也是架设在 Discord 频道上。Discord 是一款 2015 年推出的即时通信软件，类似于国内的微信，最早是游戏社区。它允许用户创建和加入服务器，与其他用户进行文字、语音和视频聊天。

Midjourney 不仅可以创作自己的图像，也可以看到其他网友创造的图像，还可以借鉴别人的想法和提示词，充分发挥了社交病毒的传播效用。另外，这种云服务的"寄生方式"不需要自己搭建、运营和维护服务器，极大地降低了成本。因此，即便 Midjourney 公司很小，只有几十位员工，但每年的收入却有几亿美元，同时，Midjourney 也为 Discord 带来了巨大流量，是一个双赢的模式。

1. Midjourney 的使用方式

Midjourney 的使用方式与一般的 AI 大模型不同，它采用"指令+提示词"模式。Midjourney 无法理解句子的结构和语法，也没法像 ChatGPT 那样听懂用户说的话。**类比的话，Midjourney 更像是命令式编程，ChatGPT 更像是对话**，用户需要给 Midjourney 完整的指令，它才有可能生成令用户满意的结果。

2. Midjourney 的指令

Midjourney 的绘图指令是"/imagine"，后面跟随的提示词有三种："图像提示词（Image Prompts）"、"文本提示词（Text Prompt）"和"参数（Parameters）"，如图 4-5 所示。Midjourney 的指令除了核心的图片指令"/imagine"外，还有一些辅助指令，比如，"/ask"得到一个问题的答案，"/blend"轻松地将两个图像混合在一起，详细指令可以查阅官方文档。

图 4-5　Midjourney 指令格式

3. Midjourney 的提示词

Midjourney 的提示词由三部分构成，分别是图像提示词、文本提示词和参数。

（1）图像提示词。图像提示词是可选项，可以使用图像作为提示词的一部分来影响出图的构图、风格和颜色。图像提示词可以单独使用，也可以与文本提示词一起使用，尝试将不同风格的图像组合起来，可能会有意想不到的效果。比如将花朵和大理石雕像的图片混合并上传到 Midjourney，如图 4-6 所示。

图 4-6　花朵和大理石雕像的图片

然后让 Midjourney 混合（blend）一下后，就能生成下面这种图片，如图 4-7 所示。

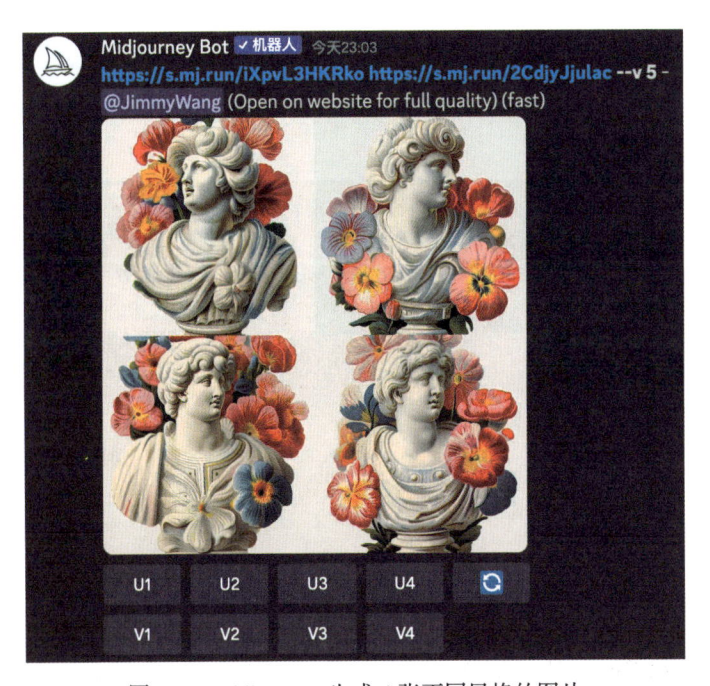

图 4-7　Midjourney 生成 4 张不同风格的图片

可以将图像添加到提示中，即输入或粘贴在线存储图像的网址，网址必须以 png、gif 或 jpg 等扩展名结尾。添加图像网址后，再添加其他文本和参数以完成提示。

图像提示位于提示的前面，提示必须有两张图片或一张图片和附加文本才能工作。

图片 URL 必须是指向在线图片的直接链接。在大多数浏览器中，可右键单击或长按图像并选择复制图像地址以获取 URL。class="nolink">/blend 命令是针对移动用户优化的简化图像提示过程。

（2）文本提示词。**文本提示词，通常指用文字描述想要生成的图像，越详细越好**。

目前，Midjourney 只能用英文作为提示词输入，故可以用其他 AI 大模型来写提示词，然后翻译成英文。

如在 Midjourney 中输入：

> a long plank of wood with the words "Charmed Designs" written on it and flowers around the wood.

Midjourney 生成的精美图片如图 4-8 所示。

图 4-8　Midjourney 生成的精美图片

同时，也可以用专业的提示词优化网站，如 Midjourney Prompt Helper、Prompt Hunt、PromptBase 等，可以帮助用户优化提示词生成专业水准的图片。

注意 Midjourney 有违禁词的设计：有些词语无法输入，比如这个🍑（桃子）emoji 就没法输入，因为这个 emoji 是 butts 的俚语，常常会导致模型生成一些不太好的图片，所以被禁止。

（3）参数。每个指令都会有 20 ~ 30 个参数，用于精细调节生成的内容。常见的参数有：

- 宽长比：--aspect 或 --ar 调整图片的宽长比。
- 混乱：--chaos〈number 0—100〉改变结果的多样性，较高的值会产生更多不寻常和意外的效果。
- 负面提示：--no，--no plants 表示会尝试从图像中移除植物。
- 质量：--quality〈.25,.5,1,or 2〉，控制要花费多少渲染质量时间，默认值为 1，值越高成本越高，值越低成本越低。

当然，更详细的参数说明需要访问官方的开发文档。

二、DALL-E

2021 年 1 月，OpenAI 推出了 DALL-E 模型，DALL-E 也是一种"文生图"的 AIGC 工具，2023 年 10 月推出的 DALL-E3 模型已经集成在 ChatGPT 中，付费用户可以直接使用。DALL-E 这个名字源于西班牙著名艺术家萨尔瓦多·达利（Salvador Dalí）和广受欢迎的皮克斯动画机器人 Wall-E（瓦力）的字母组合。

与 Midjourney 关键的不同点是，DALL-E 能直接使用对话模式来生成图像，无须特定的指令，与使用 ChatGPT 这类的对话机器人一样方便，适合新手入门。

使用 DALL-E 生成图像的应用领域非常广，我们以创作矢量插画为例，简单介绍 DALL-E 的提示词写法。

矢量插画在平面设计、动画制作、网页设计、商业（包括商品形象设计）、教育以及医疗等多个领域有着广泛的应用。平时做 PPT 也会用到矢量插画，大多数人没有创作插画的技能，只能上网搜索一些合适的来用。

DALL-E 可以用很简单的提示词创作丰富多彩的矢量插画，只需要在提示词中使用类似"平面简单的矢量插图风格""鲜艳的色彩""白色背景"等提示词，就可以生成适合 PPT 演示和网站设计使用的插图，效果往往出奇的好。

提示词模板：

> 角色：插画作家
>
> 任务：画出平面简单的矢量插图
>
> 主题：画面要表现的内容、场景和主要物品等
>
> 背景：背景颜色白色
>
> 色彩色调：鲜艳色彩、暖色调
>
> 输出要求：如画面比例 4 ：3

再输入以下的提示词：

> 作为一个高水平的插画作家，需要画一幅矢量插图，内容是一个女孩在室内做瑜伽，白色背景，暖色调，画面比例为 4 ：3。

DALL-E 生成的精美插画如图 4-9 所示。

图 4-9　DALL-E 生成的插画

三、Stable Diffusion

Stable Diffusion（SD）是一款强大的 AIGC 绘图工具，它和 DALL-E 类似，能够根据用户输入的文字提示词迅速生成相应的图像，极大地方便了创意的可视化过程。

此外，SD 还能够根据输入的图片衍生出全新的图像，为用户提供丰富的创作灵感。对于损坏或模糊的图像，SD 具备修复功能，能够使图像变得清晰，恢复其原有的细节。

除了上述功能，**SD 还能够提升图像的分辨率，确保输出的图像质量满足用户的需求**。它还提供线稿功能，可以生成逼真的图像，为艺术创作和设计工作提供强大的支持。无论是产品图、建筑设计、室内设计、平面设计，还是工业设计等行业，SD 都能够提供专业的图像设计服务，几乎可以满足所有行业的图像设计需求。

相较于 Midjourney 和 DALL-E，**SD 工具的核心优势在于其对输出图像的精细控制能力，能够精确到线条和像素级别**。对于追求细节的专业设计师和画家而言，这一点至关重要，因为它能够确保他们创作出符合商业标准的作品。通过这种高度的控制性，创作者可以更好地实现自己的创意，满足商业项目对高质量图像的需求。

SD 下载后就像 Photoshop 软件一样在本地电脑安装后即可使用，无须联网、注册，以及访问海外网站。SD 开源可自定义，可以训练自己的垂直模型，私有化部署能保证商业机密兼顾数据隐私，非常适合设计类的企业和小团队作为生产力工具。

SD 的缺点是操作比较复杂，需要慢慢学习并融会贯通。使用 SD，首先要安装软件和 SD 模型文件。SD 有两种安装部署方式，即云端部署、本地部署，各有优缺点。如果有一定的技术能力，在硬件条件也支持的情况下，推荐本地部署，其他情况推荐云端方式。

1. SD 的使用

SD 安装成功后，打开启动器，进入 WebUI 界面，如图 4-10 所示。

图 4-10　Stable Diffusion WebUI 的操作界面

由图 4-10 可知，Stable Diffusion WebUI 的操作界面主要分为：模型区域、功能区域、参数区域、出图区域。SD 有两个基础功能：txt2img（即文生图功能）和 img2img（即图生图功能），它们可以生成与原图相似构图色彩的画像，或者指定一部分内容进行变换。

文生图模型的精髓在于提示词，如何写好提示词将直接影响图像的生成质量。

SD 画图提示词可以分为 4 段式结构：画面画风 + 画面主体 + 画面细节 + 风格参考。

（1）画面画风：主要是大模型或 LoRA 模型的 Tag、正向画质词、画作类型等。

（2）画面主体：画面核心内容、主体人 / 事 / 物 / 景、主体特征 / 动作等。

（3）画面细节：场景细节、人物细节、环境灯光、画面构图等。

（4）风格参考：艺术风格、渲染器、Embedding Tag 等。

除此之外，还可以借助 ChatGPT 帮用户生成提示词参考。

2. ControlNet 插件

要在实际工作中应用 AI 绘画，需要解决两个关键问题：图像的精准控制和图像的风格控制。SD 的 ControlNet 插件可以解决这两个问题。

在 ControlNet 出现之前，AI 绘画像开盲盒，在图像生成前，你永远都不知道它会是一张怎样的图像。ControlNet 的出现，真正意义上让 AI 绘画上升到生产力工具级别。简单来说，ControlNet 可以精准控制 AI 图像的生成。

ControlNet 主要有 8 个常用的应用模型：OpenPose（姿势识别）、Canny（边缘检测）、HED（边缘检测）、Scribble（黑白稿提取）、Mlsd（直线检测）、Seg（区块标注）、Normal Map（法线贴图）、Depth（深度检测），后续章节将详细介绍这些模型的用法。

ControlNet 还有一项关键技术，即组合使用多个 ControlNet，对图像进行多条件控制。例如，要想对一张图像的背景和人物姿态分别进行控制，可以配置两个 ControlNet，第一个 ControlNet 使用 Depth 模型对背景进行结构提取并重新风格化，第二个 ControlNet 使用 OpenPose 模型对人物进行姿态控制。此外，在保持 Seed（种子）数相同的情况下，固定出画面结构和风格，然后定义人物的不同姿态，渲染后进行多帧图像拼接，就能生成一段动画。

相比于 Midjourney，SD 最大的优势就是开源。Midjourney 是依赖开发人员开发的少数模型，SD 则每时每刻都有人在世界各地训练自己的模型并免费公开共享给全世界的使用者。

因此，学会使用各类模型对于学习使用 SD 非常重要。

3. 常用的 SD 模型商店

（1）Civitai（www.civitai.com/）：大名鼎鼎的 C 站，拥有海量玩家训练好的底模。

（2）LibLibAI（www.liblib.art/）：中国原创 AI 模型分享社区，许多魔法师会在 C 站和哩布哩布同时发布模型，因此哩布哩布 AI 也拥有大量的模型。

（3）Tensor(www.tensor.art/)：专业全面的模型平台社区。

（4）Hugging Face(www.hugging-face.org/)：一个巨大的开源社区，有大量的 AI 大模型和数据集，也有很多 SD 模型的开源平台，还有许多用户自己训练上传的底模，适合需要做二次开发的专业用户。

国内还有很多小型垂直类模型的网站，适合专业领域，大家可以自行搜索。

4. SD 工作流

SD 的用户界面比较常用的有 webUI、ComfyUI 等界面。

webUI 的界面简单易用，方便初学者上手，但它的缺点在于工作流程的逻辑不是很清晰，很多时候会漏掉一些重要的参数，而且底层架构比较复杂，导致它对用户配置的要求很高。特别是当 SDXL 出来之后，很多人都无法在 webUI 上正常运行，为了能更好地适应未来 SD 的发展，专家又开发出了 ComfyUI。

ComfyUI 的工作原理是将每一个参数变成一个模块，又称为节点，通过节点与节点之间的串联，形成一个完整的工作流程。这样在创作相同类型的作品时，就不需要每次重新调整参数。ComfyUI 的操作界面如图 4-11 所示。

图 4-11　ComfyUI 的操作界面

第四节　AIGC 生成 PPT

一、一键生成 PPT

过去，我们可能需要花费几个小时甚至几天的时间来制作一份精美的 PPT，但现在，有了 AI 的辅助，我们可能只需要几分钟就能完成一个非常漂亮和精美的 PPT。

为了制作 PPT，许多人可能会在网上找合适的模板。对于 Mac 系统的 Keynote，它会直接引导你选择模板。模板提供了预设文字、图片的位置、配色和排版，从而避免了从零开始的困扰。

还有一种做法是直接把 Word 文档或 Excel 表格剪贴复制到 PPT 中，把 PPT 变成一个 Word 分页的内容展示，但这种做法毫无设计感。

无论是演讲还是汇报工作，一个高质量的 PPT 都可以为演讲者的演讲增色不少。但是创作一个好的 PPT 是比较难且耗时的，有没有可以一键生成 PPT 的 AIGC 工具呢？

还真有，借助 AI 工具，只要两个步骤，10 分钟就可以制作出一个高质量的 PPT。首先，使用 AI 大模型来帮助我们生成 PPT 的提纲和正文；然后，将提纲和正文导入专门用于创作 PPT 的 AIGC 平台，通过该平台来帮助我们自动生成 PPT。

比如要写一份"企业如何利用生成式人工智能提高效率"的 PPT。

第一步：用 AI 大模型生成 PPT 的主题和大纲

以 Kimi 为例，使用提示词公式，得出以下指令：

> 作为一个人工智能技术专家，为零售行业的企业做一个报告：企业如何利用生成式人工智能提高效率。要求有一级目录、二级目录、三级目录和正文，每个点的正文只需一两句话作简单描述。回答内容要用 Markdown 格式呈现，写在代码块里。

Markdown 格式的一个显著特点是有清晰的层级结构。例如，一级目录前会使用一个井号（#），二级目录前会使用两个井号（##），三级目录前会使用三个井号（###），正文部分则不添加任何特殊符号。以下是 Kimi 生成的一个 PPT 的提纲和正文，采用了 Markdown 格式：

企业 AIGC 进化论：如何用生成式人工智能实现企业效率革命

\# 企业如何利用生成式人工智能提高效率

\#\# 引言

- 介绍生成式人工智能的概念
- 生成式 AI 在零售行业的潜力和重要性

\#\# 理解消费者需求

\#\#\# 个性化推荐系统

- 利用 AI 分析消费者行为，提供个性化商品推荐
- 提高顾客满意度和增加销售额

……

\#\# 结论

- 总结生成式 AI 在零售行业的应用价值
- 强调持续投资 AI 技术，以保持竞争优势

第二步：选择一个合适的 AIGC 生成 PPT 工具

以 Mindshow 为例，选择"导入生成 PPT"选项，然后将复制的 Markdown 内容粘贴到指定的文本框中，单击"导入创建"按钮，如图 4-12 所示。

图 4-12　PPT 生成界面

平台会自动将Markdown内容转换为具有清晰层级结构的PPT格式,如图4-13所示,我们可以在预览页面看到标题、正文内容,并进行相应的编辑。

图 4-13　Markdown 生成 PPT

如果需要对 PPT 的模板进行更改,Mindshow 提供了多种模板,如图 4-14 所示,包括付费和免费的选项。我们可以根据自己的喜好选择不同的模板,并进行页面布局的调整。

图 4-14　模板

几乎所有的 AIGC-PPT 工具都自带 AI 编写 PPT 大纲的功能，如果对 PPT 内容要求不高，时间又很紧，可以直接在 AIGC-PPT 工具中完成 PPT 大纲编写和页面自动生成的工作。

◢ 二、用 AIGC 工具辅助创建专业的 PPT

一键生成 PPT 虽然方便，但是还不能满足制作专业 PPT 的要求。

一个专业的 PPT 首先要确定听众是谁？他们想听什么内容？ 如果不考虑这个问题，就像对着空气演讲一样。然后要根据演讲的主题和听众的需要，收集素材，包括内容素材和效果素材。内容素材就是所谓的"干货"，是演讲的基础，可能是事件、数据、调查报告、方法或者流程等，在内容素材基础上，提炼的观点或者结论就是演讲的主题。而效果素材则是为了让观众容易理解、吸引眼球、烘托气氛、加深印象的素材，如图表、动画、视频或者音频等。

有了素材后，还需要考虑 PPT 的篇章布局、演讲内容的前后次序和逻辑等，这可以根据演讲的主题、受众和场景来确定。一个混乱的 PPT 会让听众感到困惑，无法明确要表达的重点。

做足功课后，就可以动手制作 PPT 了，每一页 PPT 都要仔细打磨。

记住，每一页只讲一个主题，不能把太多的内容放在一个页面上，可以是一个论点、一个趋势分析、一个方案概览图等，总之每一页 PPT 只有一个明确的主题。

让人印象深刻的 PPT，其页面往往简洁而对比强烈，常见的手法是一个金句配合一张最传神的示意图或者一幅对比强烈的底图。这就是"Power Your Point"的真正含义，就是让论点更有说服力、震撼力。

（一）与 AI 大模型讨论 PPT 主题

首先，找一个文本处理能力强的 AI 大模型，并与 AI 大模型对话，讨论 PPT 的目的以及目标受众。

可以让 AI 辅助完成以下内容：

（1）提炼观点：把原始资料、背景资料、数据表格等上传给 AI 大模型，让 AI 大模型提炼观点，总结材料，做多维的数据分析。（在"第五节 AIGC 数据分析"中详细讨论了各种数据分析方法。）

（2）激发创意：如果是关于策划类的PPT，可以让AI大模型从多个角度提出创意，也可以把好的策划书上传给AI大模型以模仿别人的创意。

（3）分析受众群体：把受众的情况告诉AI大模型，以分析受众的喜好，帮助确定PPT的风格和内容组织形式、表达方式。

其次，在演讲中，可以运用KANO需求模型，把观众的期待转化为一张简洁的地图，在上面标记出他们的基本需求、期望需求、兴奋需求、无差异需求、反向需求。其中，基本需求是观众认为演讲必须具备的，就像地图上的起点，没有它们，观众会感到迷惑；期望需求是演讲中的关键点，就像路线上的里程碑，随着你一步步达成，观众的满意度也随之上升；兴奋需求则是那些出乎意料的亮点，它们能让观众眼前一亮，像是旅途中的意外惊喜；而无差异需求，就像是地图上那些不太引人注意的小路，观众对它们并不关注；反向需求则是那些可能会让你偏离正确方向的陷阱，一旦触碰，可能会让观众对你的演讲失去兴趣。通过这张地图，可以更精准地引导观众的期待，确保演讲能够赢得他们的掌声和认可。

最后，与AI大模型讨论主题时，**笔者推荐Kimi和秘塔搜索作为AIGC写作工具组合使用**。Kimi处理长文本的能力较强，可以上传50兆字节的文件，甚至是扫描版的PDF，其文字识别准确率很高，而秘塔搜索可以实现精准、高效的搜索，解决了一般大模型知识陈旧的问题，输出的搜索结果质量高、有条理、来源可靠。

（二）用AIGC工具辅助生成素材

PPT演讲最忌讳的是枯燥地讲道理，好的演讲和汇报需要丰富的实际内容，才有说服力，也才能让听众容易理解。可以综合使用多种专门的AIGC工具来写案例故事、整理原始资料、改编案例、进行竞品分析等，只要你的需求明确，几乎都可以用AI大模型来辅助完成。比如用AIGC图像工具来创作示意图、修改原始资料图等；**用AIGC数据分析工具来分析数据、创建可视化数据图表预测趋势等**；用AIGC视音频工具来创建动画、视频素材等。

（三）编写 PPT 大纲

用"与 AI 大模型讨论主题"类似的方法，上传原始资料、背景资料，以及确定好的 PPT 主题，让 AI 大模型写出 PPT 大纲，然后根据需要进行调整。

这里还有一个小技巧，即反向提问法，就是让 AI 扮演 PPT 的受众，向你提问。

例如，你是一个项目经理，完成了一个美妆销售软件的新项目，需要向客户做一个项目总结汇报。但是对你来说，这是一个全新的行业，不知道这个行业汇报的逻辑。

这种情况下，可以让 AI 扮演美妆行业的业务专家，通过不断提问的方式来获得这个项目的核心信息，最终生成一份汇报的 PPT 大纲。可以参考下面的提示词：

> 你是一个美妆销售经理，阅读我随后给出的美妆销售管理软件项目的总结报告，想要了解哪些内容，每次只能问一个问题，要在我完整回答后才能提下一个问题，不少于 8 个问题，准备好了吗？

有了 PPT 的大纲，基本就确定了整个演讲的内容、逻辑和风格。可以进一步要求 AI 写出每个页面的内容，甚至包括讲稿的草案。

制作 PPT 大纲的 AIGC 工具有很多，除了上面提到的 Kimi，其他国产大模型都可以使用，甚至可以同时登录几个大模型，同时问相同的问题，选择一个你最满意的答案。

（四）生成 PPT 文件

前面做了许多准备工作，现在终于开始生成 PPT 了。生成 PPT 的方式有两种。

一种生成 PPT 的方式是使用专业创作 PPT 的 AIGC 工具。前面提到的如 MindShow、博思白板、Chat-PPT、Canva、Chat-PPT、Gamma 或其他在线 AIGC 工具等，都有 AI 写 PPT 大纲、AI 生成页面、AI 排版等常规功能。再把编写好的 PPT 大纲输入 AIGC-PPT 工具，选好母版，就可以一键生成 PPT 了。

另一种生成 PPT 的方式是集成多种 AIGC 工具，分别处理文字、图表、图形、视频等，以提高生成效果。这时候可以选模板或者让 AI 大模型辅助写好每一页 PPT 的内容，下一步就是对每个页面进行调整和优化了。

（五）编写 PPT 页面

页面是体现"power your point"（强化或支持你的观点）的地方，常用的方法有三种。

（1）吸引眼球的标题和金句。

在给每页 PPT 写标题之前，可以让 AI 为你准备好演讲的讲稿。然后让 AI 根据 PPT 背景、受众分析，结合当前的讲稿，输出一个或多个标题，或者提炼一个让人印象深刻的金句。几乎所有的大模型都可以完成这件事，可以采用上面提到的并行工作法，同时对几个大模型提出同样的要求，选一个最满意的答案。

（2）生动的案例。

人人都爱听故事，从故事里悟出道理。特别是培训类 PPT，生动的故事或者活生生的案例更容易吸引听众。如果你在准备内容素材时，某个论点没有案例，可以让 AI 帮你生成几个相关的故事，或者找几个实际案例。

要注意的是，大模型的训练数据是比较旧的，一般是 1～2 年前的，所以要求 AI 生成实际案例时一定要标明确切的日期。另外还要注意大模型"幻觉"问题，AI 有时候会编造一些并不存在的案例，验证的方式很简单，用普通的搜索引擎搜一下就可以了。

（3）信息可视化——示意图和数据图表。

在我们的大脑中约有 30% 的灰白质是由与视觉相关的神经元组成的，因此，大脑对与视觉有关的工作的处理能力极强。

当我们读到"早晨 7 点起床跑步，8 点享用早餐"这样的指令时，我们的大脑会启动一连串的认知过程，将这些文字信息转化为可执行的动作序列。大脑会将这些文字与我们过往的经验和知识相联系，比如跑步时的呼吸节奏、早餐食物的味道和营养等，然后通过内在的比较和匹配机制，将这些信息整合成我们理解的意图。这个过程可以被视作一种逐步的认知解码流程。

如果某个 PPT 页面需要表达的内容难以理解，可以让 AIGC 绘图工具根据内容画出示意图，如表4-1所示。

表4-1　数据视图类型

视图类型	使用场景	图示
统计类	销售分析、市场调查	
流程类	设计、生产、供应链、服务等流程	
阶层类	组织结构、等级等信息	
关系类	环境和企业、客户和市场、内部环境和外部环境等	
结构类	成分、材质等	
时间轴	发展史、进程等	
创意类	理论、概念、方案	

三、常见商务 PPT 的写作要点

商务类型的 PPT 一般有三种：**汇报型 PPT、培训型 PPT 和演讲型 PPT**。每种类型的 PPT 的表达风格都是不同的。

（一）汇报型 PPT

职场人士写的最频繁的就是工作汇报 PPT，大会小会都要用。 制作汇报型 PPT 让领导和同事清楚你的工作情况，这对职场人来说很重要。

写好汇报型 PPT 有三个要点：逻辑清晰、结论来自事实和数据、评价事不评价人。

逻辑清晰是基础，如果把所有的文字、数据都堆在一起，混成一团，做汇报的时候，领导就会问你到底想说什么？汇报型 PPT 的目标是传达信息，确保决策者能够快速理解项目的当前状态、面临的挑战以及解决问题的方法。

工作汇报的核心在于展示结论。结论来自工作成果和证据、相关数据和事实。 信息需要通过图表、图像、列表等形式直观地展现出来，以便听众能够迅速捕捉到重要信息。同时，要确保数据的准确性和可靠性，以增强报告的说服力。不仅要展示过去的工作和成果，最好还有解决方法的选项，不能丢一堆问题给领导，而是给领导几个选项来决策，这样更能够体现汇报的价值。

评价事不评价人是职业素质的核心之一，特别是跨部门协作时，工作汇报要聚焦工作的相关事实，尽量不要自我表功或者推卸责任。

（二）培训型 PPT

培训也是使用 PPT 最多的场合，**写好培训型 PPT 有三个要点：进程可视、内容可感、收获可见。**

培训中的进程可视至关重要。从受训者的角度来看，讲师的课件虽然体系完整，但对受训者来说却是全新的。这就像被匆忙带去攀登一座看不见顶的山，跟上每一步都很困难，尤其是面对半天到全天的培训，讲师也不希望看到受训者分心查看手机。因此，培训需要提供两个关键要素：一是展示培训内容的全貌，让受训者了解整个培训的框架；二是提供当前进度的明确指引，让受训者清楚自己

在学习过程中的位置，以及离下一个阶段还有多远。

内容可感是让听众容易理解演讲的内容，采用生动的案例就是一个吸引听众的常用办法，但若讲来讲去就是那几个重复的老案例，内容枯燥很容易让听众打瞌睡。这时候AI能帮我们什么呢？可以让AIGC写作工具仿写经典案例，加入当前最流行的元素。

收获可见是指参加培训的听众都希望学完了以后，能带走点什么东西，比如课程案例、操作手册、几个PPT写作模板等。可以用AIGC写作工具和AIGC绘图工具把培训大纲画成思维导图，也可以在博斯bordmix网站上，用AI生成思维导图，非常快捷。

（三）演讲型PPT

演讲型PPT的三要素为架构、内容和底图。

架构是最容易解决的问题。因此，在制作演讲型PPT时，务必确保重点清晰。为了让内容更有条理，可以使用AI来划分结构，特别推荐采用清单体结构，它能帮助你更加简洁明了地传达信息。在识别清单体上，微软出的New Bing回答是最准确的。它直接就会说，清单体的特点是以数字标注，或分行罗列的清单作为主要形式，适合所有职场写作场景。

演讲型PPT需要更多的故事，也需要讲好每一个故事。比如你要论证一个观点，或者讲一个道理，但没论证的案例，就可以让AI推荐几个相匹配的故事。问问它有没有什么新案例，毕竟新鲜的信息更能吸引人的注意力。

我们可以让AIGC写作工具把一条新闻写成故事，让观众愿意听下去。通过假设情境、人物等，让新闻变成一个有趣的故事。

如输入以下提示词：

> 作为一个演说家，把下面这个新闻转写成有意思的故事，加两个段子，增加效果，输出口语化，不超过500字。

然后输入具体新闻的内容，或者加一段流行的段子让AI融入故事中。根据

AI 输出的内容可以反复调整，最终得到满意的内容。

演讲型 PPT 有设计感的一种方式，是找到合适的底图。大 V 们跨年演讲所做的 PPT，都是人物形象或者金句加底图。金句可以让 AIGC 写作工具来完成，底图可以用 AIGC 绘图工具制作，比如"人物抠图"，再把想要抠图的图片上传。同时，可选择的免费处理图片的 AI 工具也有很多，如百度 AI 图片助手等。

第五节　AIGC 数据分析

在工作和学习中，我们经常面临大量的数据分析和统计任务。然而，手动进行这些操作既耗时又容易出错。相比之下，AI 在数据分析和统计方面的能力非常强大。例如，你可能需要花费一个小时甚至更多时间来研究和制作一个数据报表，而 AI 可能在一分钟内就能完成。

我们分 4 部分来探讨如何用 AIGC 做数据分析，一是从文章中分析数据，二是用 AI 大模型 +Excel 分析数据，三是用 AI 大模型分析数据，四是数据可视化。

一、从文章中分析数据

如果我们要分析 2023 年国民经济数据，可以打开国家统计局网站，找到《2023 年国民经济回升向好，高质量发展扎实推进》这篇文章，通篇 4 万多字，数据翔实，如果用人工分析，需要耗费大量时间，如果用 AI 大模型辅助做数据分析，则简单很多。

以 Kimi 为例，Kimi 可以直接访问网站，不需要复制粘贴文章，极其省事。

在 Kimi 中输入提示词："作为专业经济数据分析专家，请分析下面这篇文章，然后把关键的数据提取出来，并绘制成表格。"之后再输入文章的路径。

Kimi 输出的表格如图 4-15 所示。

数据提取与AI辅助表格分析演示			
猪牛羊禽肉产量	总计（万吨）	9641	4.5
服务业增加值	总计（亿元）	-	5.8
社会消费品零售总额	总计（亿元）	471495	7.2
固定资产投资	总计（亿元）	503036	3.0
房地产开发投资	总计（亿元）	110913	-9.6
商品房销售面积	总计（万平方米）	111735	-8.5
商品房销售额	总计（亿元）	116622	-6.5
货物进出口总额	总计（亿元）	417568	0.2
居民消费价格（CPI）	-	-	0.2
工业生产者出厂价格（PPI）	-	-	-3.0
工业生产者购进价格	-	-	-3.6
农产品生产者价格	-	-	-2.3
居民人均可支配收入（元）	全国	39218	6.1
	城镇居民	51821	4.8
	农村居民	21691	7.6
居民人均消费支出（元）	全国	26796	9.0
农民工总量（万人）	-	29753	0.6
年末全国人口（万人）	-	140967	-208
城镇人口（万人）	-	93267	1196

图 4-15　大模型提取数据表格

当然也可以根据需要进一步挖掘数据，分析国民经济的相关数据。用同样的方法可以从公司财报、行业分析或者其他大段文本中提取关键数据，分析数据，这样可以节省 90% 以上的时间。**但用 AI 分析数据的前提是你是业务方面的专家，能给予 AI 大模型专业的指导，才能得到理想的结果。**

二、用 AI 大模型 +Excel 分析数据

在一堆表格中进行数据分析是一件很耗时的工作，要处理一堆 Excel 文件的大量数据，需要做数据引用、数据透视表、写 Excel 公式等，然而一不小心这就会出错。

检查别人做的 Excel 数据分析也不容易，要理解最终数据结果的来源，需要看懂文件里的大量 Excel 公式。

AI 大模型 +Excel 是一种最容易使用的方案，即直接使用 AI 大模型分析

Excel 数据文件。

（一）AI 大模型解释和使用 Excel 公式

AI 大模型可以通过提供解释和示例来帮助用户理解和使用 Excel 公式，以此来提高 Excel 的使用效率。

例如，我们有一个公司的数据集，要获取总销售额，那应该使用哪个 Excel 公式呢？这时，我们可以要求 AI 大模型回答这个问题。比如，在 AI 大模型中输入"写一个 Excel 公式给出 B2 到 B8 的总和"。

AI 大模型给我们提供了 Excel 公式"=SUM(B2:B8)"，如图 4-16 所示。我们再将这个 Excel 公式粘贴到单元格 B9 中，即可直接使用。

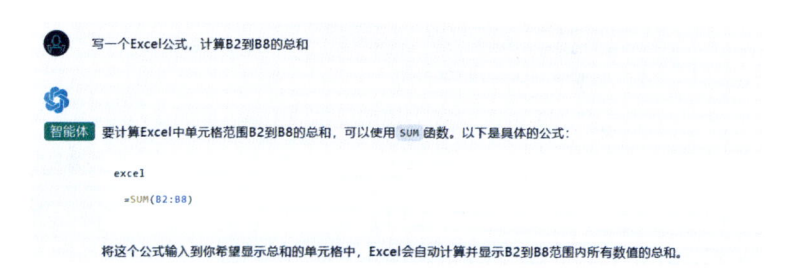

图 4-16　大模型生成 Excel 公式

在 Excel 中，VLOOKUP 可能是最受欢迎的公式，而大多数 Excel 用户不理解它的工作原理。我们可以轻松地让 AI 大模型解释 Excel 的 VLOOKUP 函数。比如在智谱清言中输入"请解释 VLOOKUP 函数在 Excel 中如何工作，并给出示例"，如图 4-17 所示。

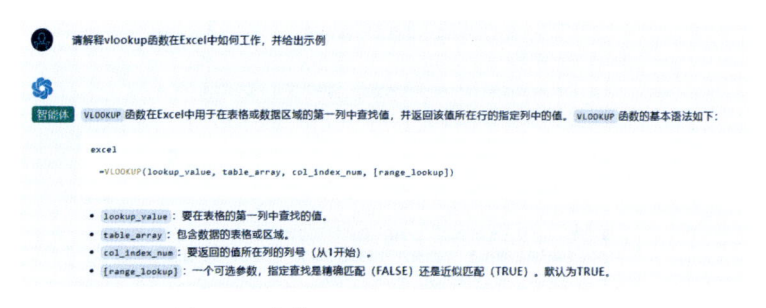

图 4-17　大模型对 VLOOKUP 函数的解释

提供的示例如图 4-18 所示。

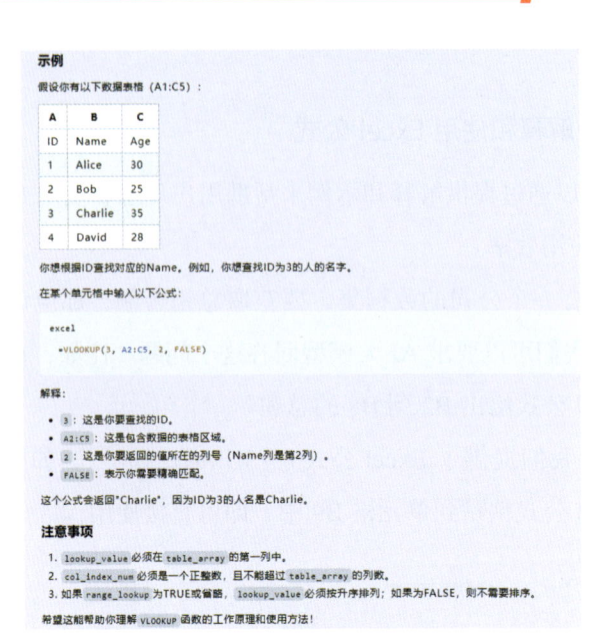

图 4-18　AI 大模型提供的示例

AI 大模型还可以找出 Excel 公式中的错误，并在 Excel 中进行调试。比如，在通义千问中输入"这个 Excel 公式 =VLOOKUP(H2, A2:F5, 6,) 有什么问题？"，通义千问则会根据指令提供相关答案，提供的答案如图 4-19 所示。

图 4-19　AI 大模型纠错

（二）AI 大模型解释复杂的 Excel 公式

AI 大模型能帮助我们理解复杂的 Excel 公式，比如你的同事写了一个庞大的 Excel 嵌套公式，而你完全不知道它的含义，别担心，AI 大模型会帮助你解释这个特定的 Excel 公式。比如，在 AI 大模型中输入“请解释以下这个 Excel 公式的作用 =INDEX(C3:E9,MATCH(B13,C3:C9,0),MATCH(B14,C3:E3.0))”，AI 大模型则会根据指令生成相关解释内容，如图 4-20 所示。

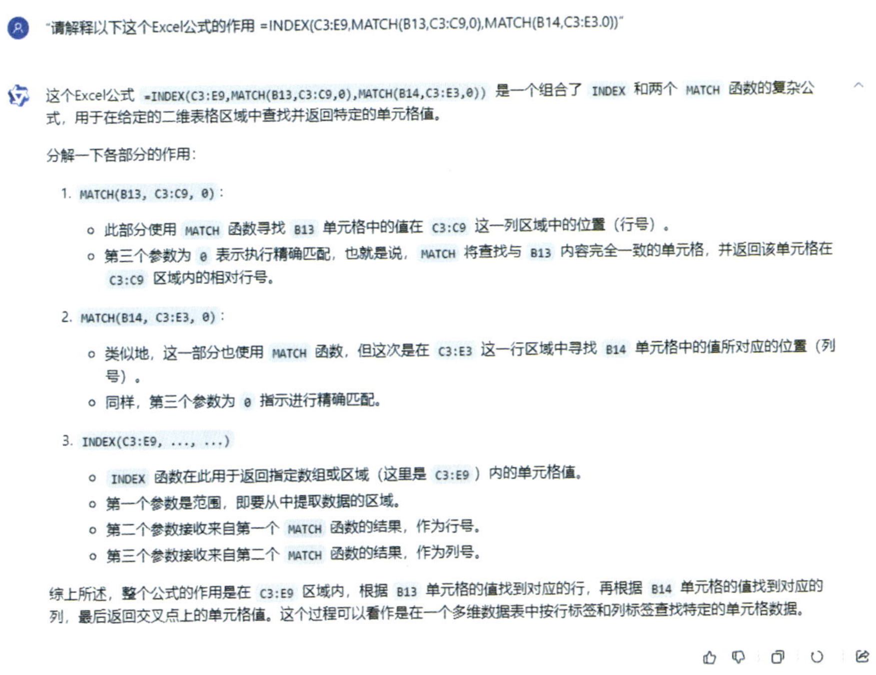
“请解释以下这个Excel公式的作用 =INDEX(C3:E9,MATCH(B13,C3:C9,0),MATCH(B14,C3:E3.0))”

这个Excel公式 `=INDEX(C3:E9,MATCH(B13,C3:C9,0),MATCH(B14,C3:E3,0))` 是一个组合了 `INDEX` 和两个 `MATCH` 函数的复杂公式，用于在给定的二维表格区域中查找并返回特定的单元格值。

分解一下各部分的作用：

1. `MATCH(B13, C3:C9, 0)`：
   - 此部分使用 `MATCH` 函数寻找 `B13` 单元格中的值在 `C3:C9` 这一列区域中的位置（行号）。
   - 第三个参数为 `0` 表示执行精确匹配，也就是说，`MATCH` 将查找与 `B13` 内容完全一致的单元格，并返回该单元格在 `C3:C9` 区域内的相对行号。
2. `MATCH(B14, C3:E3, 0)`：
   - 类似地，这一部分也使用 `MATCH` 函数，但这次是在 `C3:E3` 这一行区域中寻找 `B14` 单元格中的值所对应的位置（列号）。
   - 同样，第三个参数为 `0` 指示进行精确匹配。
3. `INDEX(C3:E9, ..., ...)`
   - `INDEX` 函数在此用于返回指定数组或区域（这里是 `C3:E9`）内的单元格值。
   - 第一个参数是范围，即要从中提取数据的区域。
   - 第二个参数接收来自第一个 `MATCH` 函数的结果，作为行号。
   - 第三个参数接收来自第二个 `MATCH` 函数的结果，作为列号。

综上所述，整个公式的作用是在 `C3:E9` 区域内，根据 `B13` 单元格的值找到对应的行，再根据 `B14` 单元格的值找到对应的列，最后返回交叉点上的单元格值。这个过程可以看作是在一个多维数据表中按行标签和列标签查找特定的单元格数据。

图 4-20　AI 大模型解释复杂的 Excel 公式

如果继续让 AI 大模型解释这个公式，输入“您能否结合一个实际业务数据的 Excel 表格来解释这个公式？”，得出的相关结论如图 4-21 所示。

> "您能否结合一个实际业务数据的Excel表格来解释这个公式？"

> 当然可以，让我们创建一个实际的业务场景来更好地理解这个公式的使用。
>
> 假设我们有一个销售记录表，存储在一个名为"SalesData"的Excel工作表中。这张表格记录了不同产品在不同日期的销售情况，其中：
>
> | 日期 | 产品A | 产品B | 产品C |
> | --- | --- | --- | --- |
> | 2023-01-01 | 1000 | 1500 | 750 |
> | 2023-01-02 | 1200 | 1300 | 800 |
> | 2023-01-03 | 900 | 1700 | 950 |
> | ... | ... | ... | ... |
> | 2023-01-31 | 1100 | 1450 | 1000 |
>
> 现在，假设我们想要查询某个特定日期（例如 B13 单元格存放"2023-01-03"）的产品B（B14 单元格存放"产品B"）的销售额。
>
> 由于日期和产品名称分别位于表格的不同行和列标题下，我们可以用 INDEX-MATCH 组合公式来查找。但由于产品名称不是连续的列数据，这里我们将先匹配到产品所在的列，然后匹配日期所在的行。
>
> 假设产品名称列表在另一张表的 C3:C9 区域（比如"产品列表"列），并且日期序列在 C3:E3 区域（比如"日期列表"行）：
>
> | 产品列表 |
> | --- |
> | 产品A |
> | 产品B |
> | 产品C |
>
> 那么，公式 =INDEX(SalesData!B2:D31, MATCH("2023-01-03", SalesData!A2:A31, 0), MATCH("产品B", SalesData!B1:D1, 0)) 将会在"SalesData"表中查找：
>
> - 行：匹配到"2023-01-03"在日期列（A2:A31）中的位置；
> - 列：匹配到"产品B"在产品列标题行（B1:D1）中的位置。
>
> 最终，这个公式将返回"2023-01-03"这一天"产品B"的销售额。在本例中，该公式的等效结构就是 =INDEX(C3:E9, MATCH(B13, C3:C9, 0), MATCH(B14, C3:E3, 0))，只是这里的范围和查找值与上面的实际业务场景对应替换即可。不过请注意，实际情况下可能需要调整范围以适应实际表格的数据分布。

图 4-21　AI 大模型用实例解释 Excel 公式

（三）复杂函数与 VBA 模块的应用场景与实现方式

在面对更复杂的数据处理任务时，如复杂数组公式或自定义函数的编写，用户也可以向 AI 大模型求助。例如，询问如何使用 VBA 实现一组数据的加权平均值计算，则输入"使用 VBA 实现一组数据的加权平均值计算"，如图 4-22 所示。

> 使用VBA实现一组数据的加权平均值计算

以下是使用VBA计算一组数据及其权重的加权平均值的代码示例:

```vba
Sub CalculateWeightedAverage()
    Dim dataRange As Range
    Dim weightsRange As Range
    Dim cell As Range
    Dim totalWeight As Double
    Dim weightedSum As Double

    ' 设置数据和权重所在的范围, 这里假设数据在A列, 权重在B列, 均从第二行开始
    Set dataRange = Range("A2:A" & Cells(Rows.Count, "A").End(xlUp).Row)
    Set weightsRange = Range("B2:B" & Cells(Rows.Count, "B").End(xlUp).Row)

    ' 初始化总权重和加权和
    totalWeight = 0
    weightedSum = 0

    ' 遍历数据和权重, 计算总权重和加权和
    For Each cell In dataRange
        totalWeight = totalWeight + weightsRange(cell.Row).Value
        weightedSum = weightedSum + cell.Value * weightsRange(cell.Row).Value
    Next cell

    ' 计算加权平均值并显示结果
    If totalWeight > 0 Then
        Dim weightedAverage As Double
        weightedAverage = weightedSum / totalWeight
        MsgBox "加权平均值为: " & Format(weightedAverage, "0.00")
    Else
        MsgBox "无法计算加权平均值, 因为总权重为零。"
    End If
End Sub
```

这段代码首先定义了包含数据和权重的两个范围, 然后通过循环遍历每一行, 累加权重并计算加权和。最后, 根据总权重计算加权平均值并弹出消息框显示结果。如果总权重为零, 则提示无法计算加权平均值, 请确保数据和权重的实际位置与代码中设置的范围相符。

图 4-22　AI 大模型生成 VBA 代码

(四) 互动练习与实时反馈

用户可以亲自尝试将上述代码应用到实际工作表中, 并随时向 AI 大模型提出遇到的问题, 如 "我在运行这个 VBA 宏时遇到了错误, 提示'运行时错误 1004', 应该如何解决?"。

AI 大模型将根据问题描述, 提供可能的原因分析和解决方案, 真正实现与用户的实时互动与答疑解惑, 使学习过程更为顺畅高效。

通过这样的互动练习, 用户不仅能够学会具体的宏和 VBA 代码编写, 更能培养自己独立解决问题的能力, 大幅提升 Excel 高级功能的应用水平。

三、用 AI 大模型分析数据

AI 大模型的功能越来越强大, 已经可以直接使用 ChatGPT、Kimi 分析 Excel

文件，这对于不会使用 Excel 透视表的业务专家非常友好。

（一）AI 大模型分析数据的功能

AI 大模型系统内设置了一个 Python 的代码解释器，可以根据提示词指令以及输入的 Excel 文件编程，完成数据分析工作，甚至可以发现更多隐藏在数字中的规律。

首先，AI 大模型能够理解数据集的基本特征，如平均值、中位数和极值等。这一功能是初步了解数据集的关键，为后续的深入分析奠定了基础。

其次，AI 大模型可以编程，实现数据可视化。通过图表和图形等直观的方式，帮助用户更容易地理解和解释数据。这一功能特别适用于在报告和演示中呈现数据趋势、分布和关系。

此外，AI 大模型深入的数据分析功能允许用户挖掘数据，寻找隐藏的模式、关联和趋势。这对于市场研究和客户行为分析等场景至关重要，有助于企业制定有效的商业策略。

最后，AI 大模型还能做综合评价，通过关注多个指标来评估业务或项目的整体表现。这对于绩效评估和项目评估等场景非常有用，为管理层提供了重要的决策依据。

（二）AI 大模型分析数据的维度

AI 大模型还能从多个维度分析数据，如时间、空间、政策影响等不同维度。

首先，时间序列分析专注于分析随时间变化的数据，识别其中的趋势和周期性模式。这一功能对于销售预测和股价分析等任务至关重要，可帮助企业预测未来的市场趋势。

其次，空间分析专注于分析地理或空间数据，识别与位置相关的模式和关系。这对于市场分布和物流优化等决策提供了有力的支持。

最后，政策影响分析能使企业能够评估特定政策或变化对业务的潜在影响。这对于分析政府政策变动、市场规则改变以及企业运营等尤为重要，可帮助企业及时调整策略以适应外部环境的变化。

多维对比分析则允许在多个维度（如时间、地区、产品类别）上进行数据比较，揭示不同维度间的差异和联系。这对于产品性能对比和市场竞争分析等场景非常有用，为产品优化和市场定位提供了数据支持。

（三）案例分析

下面通过一个实际案例，看看 AI 大模型如何辅助我们分析业务数据。这个 Excel 表格是一个微信公众号运营的实际数据，如图 4-23 所示。

图 4-23　原始数据表格

第一步：在 AI 大模型中输入提示词"作为一个商业智能数据专家，根据上传的文件中的数据，思考可以做哪些分析，一步一步，深入思考，然后给我答案。"。

看看 AI 大模型的回答：

> 根据上传的文件中的数据，我们可以进行多维度的分析，以下是逐步深入的分析思路：
>
> 1. 基础数据统计分析
>
> 用户增长分析：计算每个账号的累积关注人数随时间的变化，分析用户增长趋势。
>
> 阅读行为分析：分析每天的阅读次数、累计阅读次数以及头条阅读数量，了解内容的受欢迎程度。
>
> 用户活跃度分析：通过当天阅读次数与累积关注人数的比例，计算活跃用户比例。
>
> 内容传播效率：通过当天转发次数与阅读次数的比例，评估内容的传播效率。
>
> 2. 深入用户行为分析
>
> 用户留存分析：结合增加人数和取关人数，计算净增关注人数，了解用户留存情况。
>
> 用户忠诚度分析：分析长期累积关注人数与短期增长人数的关系，评估用户忠诚度。
>
> 高转发内容分析：识别被大量转发的内容，分析其特点，为制作更受欢迎的内容提供参考。
>
> 3. 内容效果分析
>
> 阅读率与转发率对比：分析头条阅读率与当天转发率的关系，了解哪些内容易于被用户接受并传播。
>
> 内容类型分析：如果数据中包含内容类型信息，可以分析不同类型内容的表现差异。

时间序列分析：分析周末与工作日、不同时间段的阅读和转发情况，找出最佳发布时间。

4.用户画像构建

用户兴趣分析：结合微信收藏人数和阅读内容，推测用户的兴趣点。

用户地域分布：如果有可能，结合用户 IP 地址或注册信息，分析不同地域用户的阅读偏好。

5.竞争对比分析

账号间对比：比较不同账号的表现，找出领先者的成功因素。

行业趋势分析：将账号数据与行业平均水平对比，评估账号在行业中的地位。

6.预测模型构建

趋势预测：基于历史数据，构建时间序列预测模型，预测未来用户增长和内容表现。

用户流失预测：分析可能导致用户取关的因素，构建流失预测模型，提前采取措施。

7.策略优化建议

内容策略优化：根据内容效果分析的结果，提出改进内容策略的建议。

发布时间优化：根据时间序列分析的结果，调整内容发布的最佳时间。

用户增长策略：结合用户画像和留存分析，制定针对性的用户增长策略。

通过上述分析，我们可以为公众号运营提供数据支持的决策建议，帮助提升用户增长、提高内容质量和传播效率，最终实现商业目标。

第二步：继续在 AI 大模型中输入提示词"根据文件中的数据，画出趋势分布图。"。

AI 大模型输出的趋势分布如图 4-24 所示。

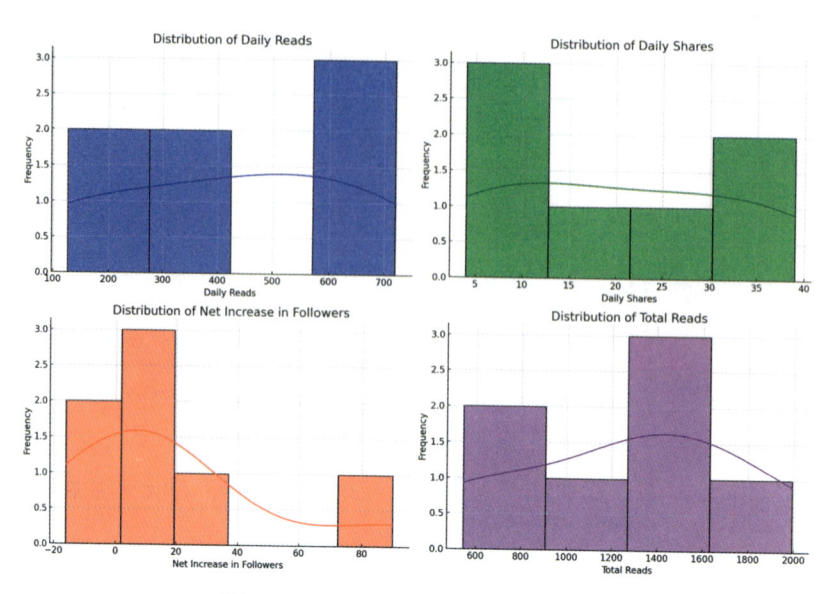

图 4-24　AI 大模型输出的趋势分布图

这些分布图展示了数据集中关键指标的分布情况：

每日阅读次数分布

（蓝色图）：显示了每日阅读次数的频率分布。这可以帮助我们了解大多数账号的日常阅读量范围。

每日转发次数分布

（绿色图）：展示了每日转发次数的频率分布。这反映了内容的分享行为。

净增关注人数分布

（红色图）：描绘了每日净增关注人数的分布情况。这可以帮助我们理解账号增长速度的普遍情况。

累计阅读次数分布

（紫色图）：显示了累计阅读次数的频率分布。这可以帮助我们评估账号长期以来的受众影响力。

这些分布图提供了有关公众号数据的宏观视角，有助于我们理解不同指标的总体趋势和变化模式。如果您有其他分析需求或疑问，请随时告诉我

第三步：进一步追问，在 AI 大模型中输入提示词"详细分析阅读行为的规律。"。

AI 大模型输出的内容如图 4-25 所示。

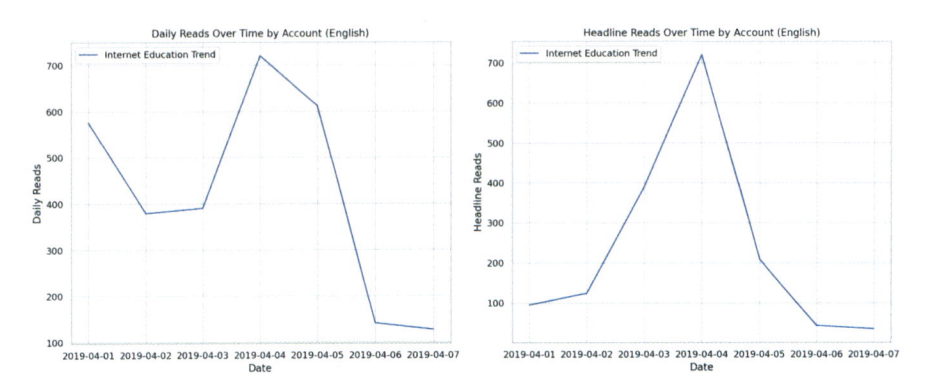

图 4-25　AI 大模型分析数据画出趋势图

以上图表展示了不同公众号的每日阅读次数和头条文章阅读次数随时间的变化情况。通过这些图表，我们可以分析阅读行为的规律。

每日阅读次数（Daily Reads）：这个图表显示了每个公众号每天的阅读次数。可以观察到，不同公众号的阅读量有显著差异。有些公众号显示出明显的阅读高峰，这可能与特定内容的发布或特殊活动有关。

头条文章阅读次数（Headline Reads）：这个图表展示了每个公众号头条文章的阅读次数。头条文章通常会获得更多的曝光和阅读，可以看到一些公众号的头条文章阅读次数远高于日常平均水平。

阅读行为规律的分析

时间趋势：某些公众号在特定时间段内阅读次数有显著提升，这可能与发布的内容类型或节假日等季节性因素有关。

内容影响：头条文章的阅读次数通常高于普通文章，这表明头条位置的内容更容易吸引读者注意。

公众号特性：不同公众号的阅读模式各不相同，这可能与它们的目标受众、内容策略和发布频率有关。

> 总的来说，这些图表可以帮助公众号运营者了解何时何种内容最受欢迎，从而优化其内容策略和发布计划。需要注意的是，这些图表可能受数据量和时间范围的限制，因此可能需要更长时间的数据来形成更全面的结论。

由于篇幅限制，上文只提供两个与 AI 大模型的对话实例。根据用户需要，可以让 AI 大模型做更多的数据分析工作，并画出数据图表。

需要明确的是，只有用户对业务本质的理解越深，才能给出越专业的 AI 大模型指令，即业务专家级的提示词。

另外，还要注意数据隐私，如果使用公共 AI 大模型，就要做好数据脱敏。如果处理安全级别较高的数据，最好在内网部署私有的 AI 大模型上进行数据分析。

（四）总结

AI 大模型是一个非常强大的对话式数据分析工具，具有 Python 代码自动编写和执行的能力，能有效地结合自然语言理解能力，可以辅助人们高效完成以下工作。

1. 自动整理基础数据和基本规律

（1）数据摘要和描述性统计：ChatGPT 可以快速生成数据的摘要，包括计算基本统计量，如均值、中位数、标准差、最小/最大值等。

（2）数据清洗：识别和处理缺失值、异常值、重复数据等，确保数据质量。

2. 分析和挖掘数据规律

（1）趋势分析：随时间的变化趋势分析数据，如销售增长、成本变化等。

（2）相关性分析：评估不同变量间的相关性，如销售额和广告支出之间的关系。

（3）因果分析：虽然 ChatGPT 不能直接执行因果推断，但可以提供可能的因果关系分析方法和建议。

3. 数据分析的可视化展示

（1）图表生成：创建各种图表，如条形图、折线图、散点图等，以直观展示数据分析结果。

（2）可视化解读：解释图表显示的内容和数据趋势。

4. 对话式分析、内容生成

（1）交互式数据探索：用户可以通过提问的方式与 ChatGPT 互动，探索数据集的特定方面。

（2）报告撰写：根据分析结果生成结构化的报告，包括关键发现和建议。

5. 提供 Python 代码

（1）代码生成：为数据处理和分析任务生成 Python 代码，用户可以将其直接复制到其他程序中使用。

（2）代码优化建议：提供改进现有代码的建议，以提高效率和准确性。

6. 高级数据分析功能

（1）预测建模：建议使用特定的统计或机器学习模型进行预测分析。

（2）异常检测：识别数据中的异常值或异常模式。

（3）聚类分析：对数据进行分组，识别相似的模式或类别。

（4）文本分析：如果数据集包含文本数据，可以采用文本挖掘和自然语言处理的方法进行分析。

四、数据可视化

数据分析完成后，选择一个合适的方式展示非常重要，根据展示的目的可以分为：构成、分布、比较和联系。下面是 4 种常见的数据分析展示方式，以及它们各自的特点、适用图表和适用场景。

1. 构成（Composition）

（1）特点：通过图表展示数据的组成部分及其占比，强调整体与部分的关系。

（2）适用图表：饼图（Pie Chart）、环形图（Doughnut Chart）、条形图（Bar Chart）等。

（3）适用场景：当需要展示不同类别或组的数据占总体的比例时，如市场份额、人口分布等。

2. 分布（Distribution）

（1）特点：揭示数据的分布情况，包括集中趋势和离散程度。

（2）适用图表：直方图（Histogram）、箱形图（Box Plot）、散点图（Scatter Plot）等。

（3）适用场景：当需要分析数据的集中趋势（如平均值、中位数）和变异性（如方差、标准差）时，或者比较不同数据集的分布特征时。

3. 比较（Comparison）

（1）特点：通过对比展示不同数据集之间的差异或相似性。

（2）适用图表：条形图、折线图（Line Chart）、堆叠条形图（Stacked Bar Chart）等。

（3）适用场景：当需要展示不同时间点、不同群体或不同条件下的数据对比时，如时间序列分析、性能评估等。

4. 联系（Relationship）

（1）特点：展示变量之间的相关性或因果关系。

（2）适用图表：散点图、相关热图（Correlation Heatmap）、回归图（Regression Plot）等。

（3）适用场景：当需要探索变量之间是否存在某种关系，或者预测一个变量如何随另一个变量变化时。

数据可视化适用图表如图4-26所示。选择合适的展示方式，可以更好地理解数据分析的结果，从而做出更明智的决策。

第四章　AIGC 超级个体进化

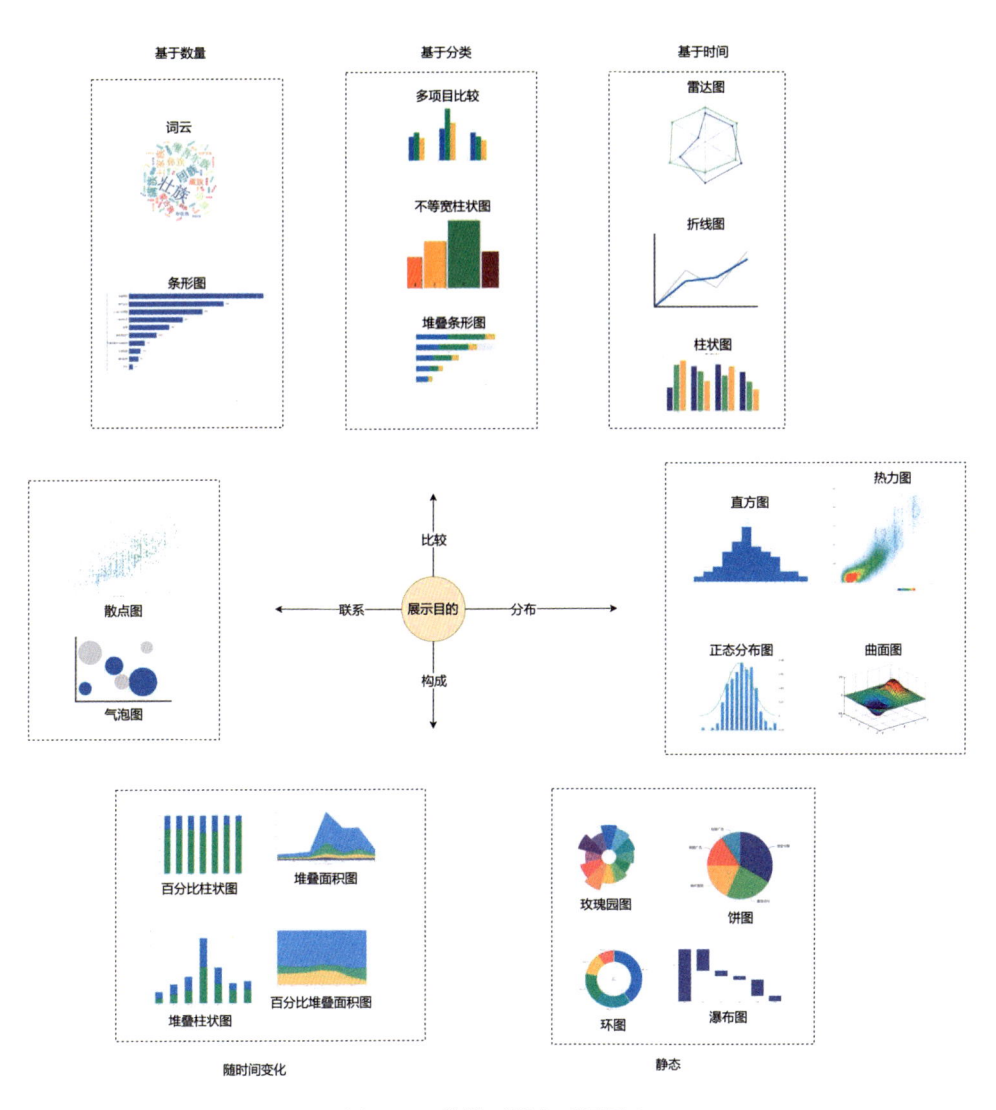

图 4-26　数据可视化适用图表

第五章

企业进化模型

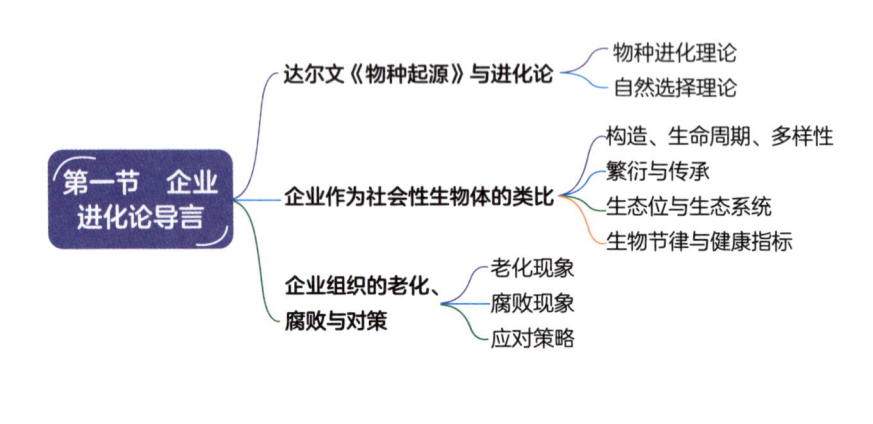

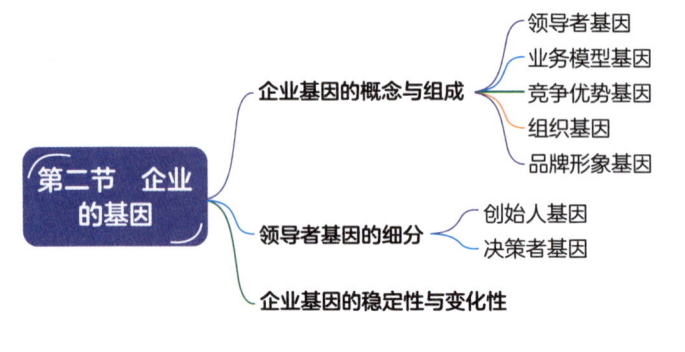

第一节 企业进化论导言

- 本章引言
  - 企业战略与管理困境
  - 信息、认知与能力差异

- 第一节 企业进化论导言
  - 达尔文《物种起源》与进化论
    - 物种进化理论
    - 自然选择理论
  - 企业作为社会性生物体的类比
    - 构造、生命周期、多样性
    - 繁衍与传承
    - 生态位与生态系统
    - 生物节律与健康指标
  - 企业组织的老化、腐败与对策
    - 老化现象
    - 腐败现象
    - 应对策略

- 第二节 企业的基因
  - 企业基因的概念与组成
    - 领导者基因
    - 业务模型基因
    - 竞争优势基因
    - 组织基因
    - 品牌形象基因
  - 领导者基因的细分
    - 创始人基因
    - 决策者基因
  - 企业基因的稳定性与变化性

- 第三节 企业需求层次模型
  - 企业需求的五个层次
    - 生存需求
    - 安全需求
    - 扩张需求
    - 垄断需求
    - 社会责任
  - 经济周期对企业需求的影响
    - 初创阶段
    - 成长阶段
    - 成熟阶段

第四节 企业进化模型

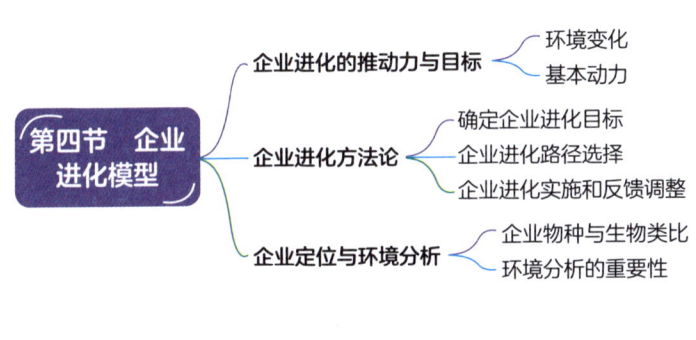

- 企业进化的推动力与目标
  - 环境变化
  - 基本动力
- 企业进化方法论
  - 确定企业进化目标
  - 企业进化路径选择
  - 企业进化实施和反馈调整
- 企业定位与环境分析
  - 企业物种与生物类比
  - 环境分析的重要性

第五节 企业AIGC进化路径

- AIGC技术对企业进化的影响
  - 信息技术与能源技术
  - AIGC技术突破
- 企业AIGC进化目标
  - 效率提升
  - 企业转型
  - 创造新价值
  - 进化新物种
- AIGC进化路径
  - 渐进式AIGC进化
  - 突变式AIGC进化
  - 孵化式AIGC进化
- 企业AIGC进化的ROI
  - 投资回报率考量
  - 通用大模型与企业AIGC应用

本章引言

为何一些企业家在商学院学习了众多流行的经营理念后,反而导致企业走向衰败?

为何许多企业在满怀激情地进行数字化转型后,最终却变得食之无味、弃之可惜?

从弗雷德里克·泰勒(Frederick Taylor)的科学管理法、迈克尔·波特(Michael Porter)的五力模型,到最新的产品市场契合度(PMF),企业战略方法层出不穷,究竟哪一种才能真正发挥作用?

为何一些原本业务兴旺的中小企业,在模仿华为、阿里巴巴等大企业的战略后,业绩反而直线下滑?

为何成功的企业战略案例似乎总是那些世界500强,而小微企业似乎与企业战略无缘?

在AIGC浪潮的冲击下,企业将面临怎样的挑战,是否面临倒闭的风险?

在国内经济日益内卷化的背景下,企业又该如何生存和发展?

本章节将尝试通过"企业进化模型"来解答这些问题,并探讨不同行业、不同规模、不同商业模式的企业之间的生存与发展路径。

人们智商的差异通常不大,但为何人与人之间的差距如此之大?

这种差异主要体现在三个层面:信息差异、认知差异和能力差异。信息差异指的是人们获取信息的时间和内容上的差异,许多商业模式正是基于这种信息差异而建立的;认知差异则是指即使面对相同的信息,人们的理解和解读也会有很大的不同;能力差异指的是人的执行能力差异,有人是思想上的巨人,有人是行动上的矮子。

第五章　企业进化模型

第一节　企业进化论导言

一、企业是社会性生物体

1859 年，查尔斯·达尔文（Charles Darwin）发表了对科学思想史产生重要影响的著作《物种起源》（*On the Origin of Species*）。

《物种起源》中提出了两个重要理论：物种进化理论和自然选择理论。物种进化理论认为所有的动物和植物都是由较早期、较原始的形式进化演变而来的；自然选择理论则认为所有生物都是通过"物竞天择、适者生存"的选择淘汰后留下来的。当面对外部环境的变化和生物之间的生存竞争时，那些能够及时自我调整与进化以适应外部变化的物种，只有经过了长期的自然选择之后才能够存活下来。

基因的发现为进化论提供了遗传机制的具体解释，促使了现代进化论的形成，即基因突变和遗传形成新物种，而环境变化选择新物种。

基因突变形成新物种是自发的、随机的，而只有适应环境的新物种才能生存繁衍。从这个角度来说，环境变化是物种进化的驱动力。

为什么说企业是一种社会性生物体？可以从构造、生命周期、物种及种类多样性、基因与遗传、生态位、生物节律等角度对比一下企业和大自然中的生物体，看看有多么相似。

从构造来看，企业是不同部门、团队和个人组成的复杂系统，员工是细胞，部门是器官，他们各自承担特定的功能和职责，组成的企业就是活生生的生物体。简单生物，主要是应激反应，是最简单的企业生存战略，比如，个体户，又如微型企业，只有两个部门，员工身兼多职，甚至不需要大脑。规模企业相当于复杂生命体，它的核心部门分别对应生物体的核心器官，比如，企业决策团队相当于大脑，市场营销部门相当于捕食器官，生产服务部门相当于消化器官。

从生命周期来看，企业和生物都有生命周期。生物的生命周期是从出生、成长、成熟到死亡，而企业则从创立、发展、成熟到可能的市场退出或转型形成完整的生命周期。例如，一个企业可能因为管理不善、市场变化或技术创新而衰落，类似于生物因疾病或环境变化而死亡。

从物种及种类多样性来看，企业根据不同行业、不同规模、不同商业模式有无数的种类，**没有任何一种企业战略理论或者管理理论适合所有类型的企业**。

从基因与遗传来看，生物通过繁殖传递基因，企业则通过扩张、合并或分拆等方式传承和管理知识、品牌和市场地位。例如，一些大型企业通过开设新的分店或在国际市场上扩展，以确保其业务世代相传。

从生态位来看，企业处于产业链的不同位置，和生物体在生态位的不同位置一样，企业也存在于特定的市场细分领域。**了解并坚守自己的生态位，可以帮助企业避免与竞争对手的直接冲突，并找到最适合自己的生存和成长方式**。同时，企业与其供应商、客户、竞争对手和合作伙伴等构成一个复杂的生态系统。企业需要与外部环境进行物质和能量的交换，就像生物必须适应其生态环境的变化一样，企业也必须适应市场和技术环境的变化。

从生物节律来看，生物体有其自然的节律和周期，企业同样也有其运营周期和节奏。在企业发展过程中，**它是有生命、有健康指标的**，类似于生物的机体健康指标，所以企业也会生病，组织也会腐败，也需要治疗，方法类似于生物体治疗方法。**企业是如此复杂，只有借鉴生物学才能找到合适的研究方法**。

综上所述，企业可以被看作特殊的社会性生物体，与自然界的生物体一样，其底层的进化逻辑是相同的。

二、企业组织的老化与腐败

生物进化论是一种自然规律，指导着物种自然选择、适者生存、随机突变与进化。它以时间为基础，展现了生物体进化领域的晋级与淘汰。同样，这个道理也可以作为企业经营的镜鉴。

从生物进化论角度讲，任何生物都有其生命周期，从诞生到衰败最后至死亡。企业作为一种具有生命的组织，也会有类似的过程。企业诞生之初，有着无限的活力与创新，随着企业发展壮大，逐渐会出现老化、腐败等现象，而这些不可避免的现象反映了企业生命周期的必然变化。

1. 老化

生物在成熟后会随着时间的推移逐渐老化，其身体机能逐渐衰退直至最终死亡。同样地，在一个企业的发展过程中，当企业从创立的初期逐步发展壮大，并达到一定的规模后，企业的活力、创新和挑战精神可能逐渐减弱，管理层可能会更加守成，对创新与变革的接受度有所下降。这种老化现象可能会导致企业在面对市场的不断变化和竞争对手的挑衅时，逐渐丧失先前的竞争优势。

2. 腐败

生物在老化过程中，有些器官或细胞可能会出现病变、腐败等现象，严重影响整体机能。对于企业而言，在成长过程中，不可避免地会出现各种内部矛盾和利益冲突。这些问题可能会导致企业内部腐化，破坏企业的文化价值和团队凝聚力。同时，腐败也可能导致企业迷失发展方向，盲目追求短期利益，忽略长远发展和社会责任。

值得注意的是，生物进化论并非绝对预定论，生物可以通过基因突变、适应环境等方式持续进化。类似地，企业也可以通过战略调整、文化塑造、制度创新等手段延缓老化、抗拒腐败。企业需要加强内部管理，明确目标和价值观，坚持创新和突破，重视人才培养。通过加强内在机制建设，企业才有可能摆脱老化和腐败的困境，实现可持续发展。

三、企业和自然生物体的本质区别

1. 意识与目的性

生物的行为大多数是出于本能和生理需求，而企业行为则是基于意识决策和目标追求。生物为了生存和繁衍而行动，企业为了盈利和增长而运作。例如，动物捕食是为了能量，而企业销售产品是为了赚取利润。

2. 社会影响

企业作为一种社会机构，其行为和产品对社会的影响远远超过生物。企业的

成功或失败可以影响就业、经济和社会稳定。相比之下，单个生物个体对社会的影响相对较小。例如，苹果公司的产品发布可以引发全球消费者排队购买，而一只狮子的狩猎行为仅影响其所在生态系统的动态。

3. 组织和结构

企业具有复杂的组织和结构，有着明确的管理层、员工分工和运营流程。相比之下，生物的组织和结构相对简单，大多数生物不具备类似的企业结构。例如，一个大型跨国公司可能有数以万计的员工和多个部门，而一个细菌群落则没有这样的组织结构。

当然在社会文化、价值观、法律法规等方面，企业和自然中的生物体有着根本的不同。

企业是在竞争的环境中生存的，它的命运总是和周围的环境、其他经济体紧密联系在一起。人们常常高估自己的能力，但对于环境的适应却缺乏深思熟虑。

进化论的哲学思想可以给我们提供一个思考问题的框架，而进化论的成果有时也能直接给我们带来启示。

企业发展的轨迹根本不是什么远见和完美设计的结果，而是进化的结果。

第二节　企业的基因

企业的基因是一个公司的核心特质，也是公司长期发展的基本要素，企业基因决定了企业的形态、发展乃至变异的种种特征。

企业基因深深嵌入在公司的运作方式和组织结构中，影响着公司如何应对挑战和机遇，以及其在市场中的表现和竞争力。企业基因是公司独特身份的体现，也是推动公司长期成功的关键因素。它不仅仅是一套策略或政策，更是一种深植于公司内部的生活方式和思维方式。

企业基因包括五个方面，分别是领导者基因、业务模型基因、竞争优势基因、组织基因、品牌形象基因。

一、领导者基因

企业的日常经营、长远发展、市场竞争和领导者都是最关键的因素。其中，**领导者是一个企业或者一个团队的灵魂**，相同类型的企业，不同的领导人差异极大。

一个企业的领导者基因分为**创始人基因**和**决策者基因**两部分。

（1）创始人基因：又叫起源基因，反映企业的创始故事和历史背景，包括它的起源、早期挑战和成长经历。**企业创始人的基因决定了初创企业的生存发展情况，也是对一个成熟的企业特质影响最为长久的因素。**

（2）决策者基因：当前企业或者团队的决策者或者决策团队，他（他们）的认知水平、价值观、执行力和拥有的资源，是决定企业当下和未来的关键因素。

领导者基因中的认知水平包括对社会、对人性、对商业、对行业、对产品的认知水平。这些是领导者基因中最关键的部分，也是企业家之间差异最大的部分。

领导者对社会的认知是指对社会环境的理解，包括政治政策环境、经济周期的变化，以及变化对行业、企业的长远影响。领导者对人性的认知是指对团队成员的理解，包括同理心、动机和激励、多样性和包容等。**领导者对人性的认知水平的高低决定了团队的凝聚力和竞争力。**领导者对商业、行业以及具体产品的认知水平决定了企业日常经营水平的高低、企业竞争的能力和企业的发展速度。

领导者的认知水平每提高一个层级，都可以显著提高企业的竞争优势。最典型的案例是雷军于 2007 年辞任金山软件的 CEO 以后，隐退到幕后，一边当天使投资人看项目，一边研究思考。

2010 年，雷军重出江湖，创办了小米集团。熟悉他的人认为他重新出山后，认知水平比同行高出几个层级，特别是对移动互联网商业模式的理解和对网络营销、粉丝经济的认知，都极为深刻。从此小米手机从零做到 2023 年的 1.46 亿部的销量，稳坐全球第三的宝座。

2023 年，雷军开始进军电动车领域，并于 2024 年 3 月 28 日发布小米第一辆电动车"SU7"，预订开始 10 分钟，预订量超 8 万辆。雷军又一次展示了他高超的营销能力。

至于未来小米电动车是否能成功，这是未知的。因为环境变了，雷军创办小米手机时，正好是移动互联网爆发的起点，国际、国内经济环境也处于上行周期。而现在国际、国内经济环境都发生了巨大的变化，新能源汽车市场竞争极为激烈。雷军带领小米汽车能否适应大环境而生存发展，有待观察。

领导者基因中还有另一个关键因素，即一线管理者，需要特别关注，因为他们代表了企业的执行力。

二、业务模型基因

业务模型基因是指企业的核心产品以及独特业务模式和策略**如何在市场中创造价值和营利的特殊方式。**

企业主营业务的核心产品或者服务方式，为客户创造什么价值，采用什么样的营利方式，是企业的业务基因。

三、竞争优势基因

竞争优势基因是指企业的核心竞争力，可以从企业能力和企业资源两个方面分析。

企业能力由营销能力、研发能力、运营能力、生产能力、供应链运营能力构成。企业的资源主要是渠道、技术、人才等。

四、组织基因

组织基因包括利益分配、决策流程、组织结构、企业文化、核心价值观等多个元素，其中最重要的有两点，**一是以激励制度为核心的利益分配制度，二是以决策流程为核心的权利分配机制。**这两点决定了企业组织能力的发挥。

例如，2009年1月，任正非在销售服务体系奋斗颁奖会上，作了一篇题为"让听得见炮声的人做决策"的演讲，说的就是决策流程的改革，优化组织的基因。

企业的组织结构是建立在企业核心业务流程的基础之上的，生产力决定生产关系，如果基础不改，是很难调整组织机构，进行组织优化的。

五、品牌形象基因

品牌形象基因反映了企业品牌和市场声誉，是公众对企业产品、服务和价值观的认知和情感连接。不要认为只有大企业才有品牌形象。一家百年老字号的小吃店，规模很小，但它也有特定的品牌形象，这就是基因，能传承百年的基因。而对普通的中小企业来说，品牌形象基因就是"口碑"，是在用户内心或者业内的"口碑"。

从实践的经验来看，企业基因中最核心的两个基因，分别是领导者基因和组织基因。其中，领导者的认知水平、利益分配制度和决策机制又是三个最关键的因素。无论什么类型的企业，这三个因素若有缺陷，企业或多或少都会出问题。而业务模型基因、竞争优势基因、品牌形象基因是不稳定基因，随着市场和技术进步，很容易发生变化。

没有一个企业具有完美的基因，或多或少都有一定的先天缺陷。企业家可以根据企业基因分析框架来分析自身的情况，发现问题的根源，想办法弥补企业基因缺陷，做企业"基因编辑"，以适应环境的巨变，求得生存和发展。

第三节　企业需求层次模型

一、企业的需求层次

如同美国心理学家亚伯拉罕·马斯洛（Abraham Maslow）的需求层次理论一样，企业在不同的生命周期的需求也是不同的。企业需求也分为五个层次，分别是生存需求、安全需求、扩张需求、垄断需求和社会责任，如图5-1所示。

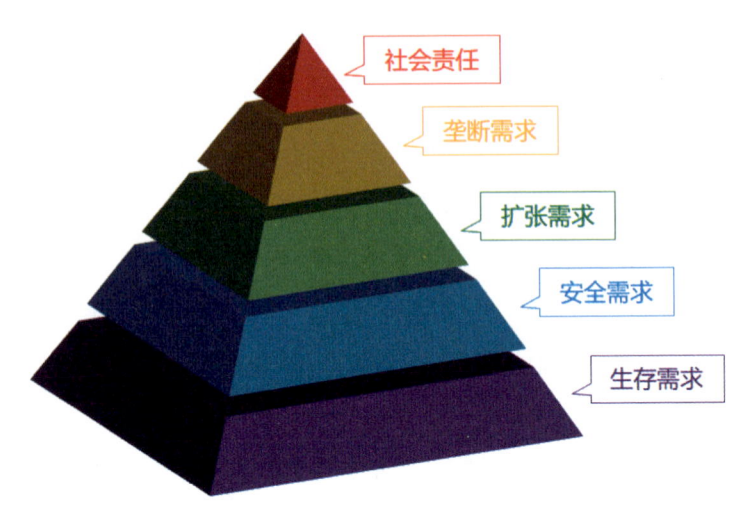

图 5-1　企业需求层次模型

（一）生存需求

所有的初创企业面临的首要问题是生存问题。就像生物一样，企业最基本的需求是获得足够的食物，或者说拥有足够的能量才能存活下去。从这一点来看，企业的生存需求是最基本的需求。

生存需求首先是正向现金流，无论企业规模大小，处于哪个发展阶段，企业的现金流如同呼吸一样重要。特别是在经济下行周期，无论企业发展多大多好，都应有充足的现金储备，以便应对意外。

企业主要获取现金的方法是企业销售产品或提供服务。

而企业盈亏平衡是企业存续需求的高级阶段，很多高科技创业公司或者医药研发企业早期一直亏损，依赖不断融资让企业存活，为了企业健康地生存和发展，企业必须尽早达到盈亏平衡点。

（二）安全需求

企业的安全需求主要体现在四个方面。一是稳定的经营环境。主要是政治、政策和金融环境，宏观金融环境对企业影响非常大，特别是在经济下行周期，更需要财政政策、货币政策的支持。二是稳定的营收。三是有效的内部管理。四是可预期的业务发展。当企业解决了生存问题之后，考虑的主要就是这几个问题。

（三）扩张需求

一旦企业进入稳定经营阶段，就会抑制不住产生扩张的需求。如果是上市公司，资本市场会要求企业增长、再增长，永无止境。

企业进入稳定经营阶段后一般都会进入高原期或者平台期，想要满足扩张需求，就要像生物体一样，孵化新物种或者往产业链（食物链）顶端延伸。这也叫"增长的第二曲线"。

（四）垄断需求

当企业发展到比较大的规模时，一定会寻求垄断，这是资本的本能。为防止其他竞争者的进入，企业会通过各种手段确保自己在市场上的垄断地位，例如，强大的品牌影响力、专利技术阻碍等。

（五）社会责任

社会责任是企业最高层次的需求，企业的社会责任主要体现在三个方面。一是经济责任，即赚钱，为股东、员工创造价值，为国家创造税收。二是法律责任，企业必须遵守国家的法律法规，诚实守信地开展业务。三是环境责任，企业必须保护生态环境，采用环保材料，降低能源消耗和污染物排放，努力实现绿色生产和永续发展。除此之外，企业还负有劳动者权益保护、顾客权益保护、社会慈善等责任。

二、不同经济阶段的企业需求

在不同的经济周期阶段，满足企业需求的策略是不同的。比如，企业的生存需求，在不同的经济周期也是有差异的。在经济上行阶段，开源是最佳选择，即增加营收的渠道；而在经济下行阶段，最为重要的策略是节流，即成本控制。

（一）初创阶段

1. 经济衰退时期

初创企业需要集中精力降低成本、确保现金流稳定和寻找新的市场机会。在经济不景气的环境下，初创企业往往会面临资金稀缺、市场需求不确定性和激烈的竞争。因此，初创企业需要在产品/服务定位上找到独特的市场机会，并积极开发新的客户群体。同时，初创企业需要优化运营成本，提高效率，以确保现金流稳定并延长资金的使用时间。

2.经济复苏时期

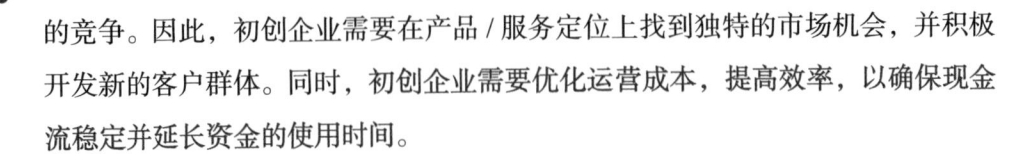

初创企业需要调整战略，迅速适应市场需求的变化。经济复苏时期往往意味着市场需求的增加和恢复，这为初创企业提供了发展机会。在这一阶段，初创企业需要重新评估他们的产品/服务定位，了解市场的变化趋势，并做出相应的调整。同时，初创企业还需要加大市场推广和销售力度，以吸引更多的客户和市场份额。另外，初创企业也需要加强内部管理和组织架构建设，以支持业务的快速增长。

3.经济繁荣时期

经济繁荣时期是企业发展的黄金时期，市场需求旺盛，竞争激烈。初创企业面临着不断扩大市场份额和提高盈利能力的压力。因此，初创企业需要实施有效的市场营销策略，以吸引更多的客户和保持竞争力，还需要加大投入力度，提升产品/服务质量，并建立良好的品牌形象。与此同时，初创企业也要关注盈利能力的提高，优化运营成本，在扩大市场份额的同时保持良好的利润率。

（二）成长阶段

1.经济衰退时期

成长期企业需要保持现金流稳定和客户基础。经济衰退时期市场需求下滑，客户购买意愿降低，这给成长期企业带来了很大的挑战。因此，他们需要加强客户关系管理，保持现有客户的忠诚度，并寻找新的客户。同时，他们也需要贴近市场变化，及时调整产品/服务策略，满足市场的新需求。在现金流方面，成长期企业需要密切关注资金的储备和运营效率的提升，以确保现金流稳定和可持续发展。

2.经济复苏时期

在经济复苏时期，成长期企业需要迅速调整战略，以适应市场需求的回升。经济复苏时期市场需求逐渐恢复，成长期企业应抓住这一机遇，重新评估和优化他们的产品/服务定位，确保能够满足市场的新需求。他们需要加大市场推广和销售力度，吸引更多的客户和扩大市场份额。同时，成长期企业也需要加强内部管理和组织架构建设，以支持业务的快速增长。通过优化运营流程和提升效率，成长期企业可以更好地应对市场变化，实现稳健发展。

3. 经济繁荣时期

成长期企业需要持续加大市场投资力度，扩大市场份额。经济繁荣时期，市场需求旺盛，成长期企业应该抓住机遇，进一步加大市场推广力度，扩大市场份额，提升品牌知名度，吸引更多的客户。与此同时，成长期企业也需要重点关注客户需求的变化，不断改进产品/服务，以提高客户满意度和忠诚度。此外，成长期企业在扩张过程中还需要保持运营效率和财务稳健，确保业务的可持续发展。

（三）成熟阶段

1. 经济衰退时期

成熟期企业需要降低成本、控制风险以应对市场的困难。经济衰退时期，市场需求降低，成熟期企业面临着市场份额的争夺和盈利能力的压力。因此，成熟期企业需要通过降低成本、提高效率来保持竞争力和盈利能力，同时审视内部的运营流程和管理体系，找到改进的空间并进行优化。此外，他们也需要控制风险，防范市场不确定性的影响，并通过多元化发展来分散风险。

2. 经济复苏时期

成熟期企业需要调整战略，以适应市场需求的变化。经济复苏时期，市场需求有所增加，成熟期企业需要重新评估市场的变化趋势，并做出相应的调整。他们需要关注客户需求的变化，不断优化产品/服务，以满足市场的新需求。与此同时，他们也需要加大市场推广和销售力度，以保持市场份额和竞争优势。

3. 经济繁荣时期

成熟期企业需要加大创新力度和提升客户体验。经济繁荣时期，市场需求旺

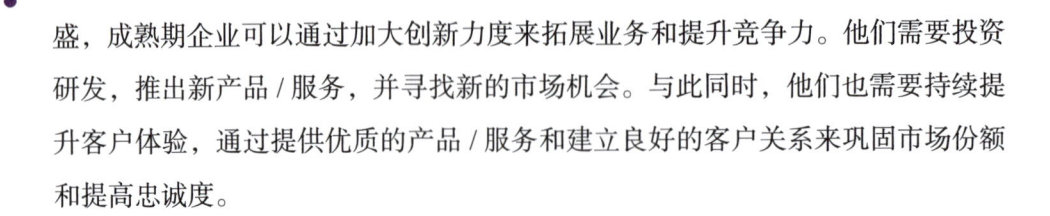

盛，成熟期企业可以通过加大创新力度来拓展业务和提升竞争力。他们需要投资研发，推出新产品/服务，并寻找新的市场机会。与此同时，他们也需要持续提升客户体验，通过提供优质的产品/服务和建立良好的客户关系来巩固市场份额和提高忠诚度。

第四节　企业进化模型

无论是物种进化还是企业进化，环境都是主要推动力。对物种来说，种族繁衍是基本动力；对企业来说，生存发展是基本动力。如果外在环境没有变化，那么企业和生物体一样只有生命周期变化，而不会有进化。而如果生存环境发生了巨变，生物体只能随机变异，**生物体只有适应环境的变异才能够生存繁衍**，否则就会被大自然淘汰，这是一种被动进化模式。

企业的外部环境发生巨变，企业也必须进化来适应环境，求得生存和发展。与生物体被动进化模式不同，企业可以选择进化方向和进化路径，是主动进化模式。**不考虑进化或者执行能力差的企业将会被环境淘汰**。

一、企业进化方法论

企业种类这么多，有没有一种能提高企业进化成功率的方法呢？ 答案是：有。我们仍旧需要借鉴生物学知识和进化论的思想，即人需要敬畏自己的造物主——大自然。

制定和实施企业进化可以分为三个步骤：确定企业进化目标、企业进化路径选择和企业进化实施和反馈调整。

（一）确定企业进化目标

确定企业进化目标并不是想当然的，一定要根据企业定位和当前环境分析来确定目标方向。

1. 企业定位

这里的企业定位和传统的定位战略表述不同。我们可以把企业和物种进行类比，这种方式可以让企业家直观地理解企业的特点和企业在产业链中的地位。企业家也可以根据自己的企业是什么样的物种来选择合适的经营管理方法，而不是学习时髦的理念或者盲目地模仿华为、小米等明星企业的方法论。因为绝大部分企业和明星企业不是一个物种。

例如，从业务模式上来看，分为面向消费者的企业和面向机构的企业。

面向消费者的企业（B2C）类比为食草动物，如羊、牛和鹿等。食草动物直接从植物（如草、树木）中获取营养，它们通常处于食物链的中间层，为食肉动物提供食物来源。

在市场环境中，面向消费者的企业直接向最终用户（消费者）提供产品或服务，满足他们的日常需求。这类企业通常注重品牌建设、市场推广和客户体验，以吸引和保留消费者。因此，它们需要不断创新和适应市场变化，以保持竞争力。

而面向机构的企业（B2B）类比为食肉动物，如狮子、老虎和狼等。食肉动物通过捕食其他动物来获取营养，它们通常处于食物链的顶端，控制着食物链的动态。

在市场环境中，面向机构的企业向其他企业或机构销售产品或服务，往往是为了满足这些企业特定的业务需求。这类企业通常注重建立长期的合作关系，提供定制化的解决方案和服务。因此，它们需要具备深厚的行业知识、专业技能和信誉，以赢得机构的信任和合作。

两种类型的企业在市场中相互依存，共同推动经济的发展和繁荣。食草动物为食肉动物提供食物来源，而食肉动物则帮助维持生态系统的平衡。同样，面向消费者的企业为市场提供丰富的商品和服务，而面向机构的企业则为这些机构提供支持和增值服务，共同促进市场的繁荣。

类比是为了帮助企业家理解企业之间的差异和特点，理解为什么不能盲目照搬别人的经验。

企业物种与生物物种类比是一种比较粗浅和直观的方法，企业家可以借鉴这个方式来定位自己的企业是什么类型的物种？在产业链中的生态位是什么？从这些角度去思考市场营销战略、日常经营管理等，说不定有惊喜。

2. 环境分析

企业所处的环境包括经济环境、政治政策环境、技术环境、市场环境和重大风险事件等。企业环境至关重要，即便是小微企业也要关注相关环境的变化。比如说教育部出台的"双减"政策，这一政策对教培行业，甚至教育相关的所有行业、企业都有重大影响，无论企业规模是小还是大。

经济周期相当于大自然的四季，比如经济下行周期，企业必须储备过冬的资金，采用较为保守的策略。市场环境关注客户的变化，就像食肉动物要跟随"食物"迁徙一样，所以，企业需要时刻关注客户群体变化、客户消费能力变化和客户偏好变化等。

市场环境还需要关注竞争者，同类物种、其他物种都有可能是竞争者，特别是跨界的竞争者、带着重大突破性技术（捕食技术）的新物种，对企业影响也非常大。

社会环境变化包括人口结构变化、新消费潮流、新群体的亚文化等。

技术环境变化更要时刻关注，特别是行业出现了新的生产力工具，能大幅提高生产效率的情况。这是企业生死攸关的变化。

企业完成对自己的物种定位和环境分析后，基本上就可以确定企业进化的目标了。

（二）企业进化路径选择

1. 企业基因分析

企业寻求合适进化的路径，要对自己的企业基因进行分析，找到与进化目标匹配的关键基因尤为重要。在初创阶段，企业进化的目标是生存，关键基因是业务模型基因，要分析业务模型基因中企业的产品或服务能否创造客户价值，有没有好的盈利模式，有没有销售渠道、客户资源。比如对于高科技型初创企业而言，其关键是找到"天使用户"。

第五章　企业进化模型

除了找到与进化目标匹配的关键基因外，还要考虑企业中的易变异基因和稳定基因。

容易变异的基因包括企业领导者基因和组织基因，也就是说和人相关的基因都是容易变异的。通过提高认知水平，调整管理团队、改变分配制度和决策流程等就可以实现企业基因的变异。

而企业的稳定基因需要考虑企业中的业务模型基因、竞争优势基因和品牌形象基因。比如，为了适应竞争环境，去改变企业的业务模式或者新建立竞争优势，那么成功的概率会比较小。

除了企业进化路径选择，企业基因分析也为企业高管人员提供了一个思考的框架和范式。通过这个框架来检查企业的体系结构、业务流程、资源状况及和利益相关者之间的关系等诸多方面的问题。

通过分析企业基因可以更容易地看到哪些环节不流畅，工作的瓶颈是什么，也可以帮助管理者全面客观地诊断企业，通过诊断了解企业的"健康"状况，可以判断企业是健康、亚健康、不健康还是病入膏肓。

企业面临的绝大部分问题都可以从企业自身的基因上查找根源，找到根源就比较容易找到解决方法，对症下药，药到病除。

比如，在经济下行周期，企业降低人力成本，这必然导致团队士气低迷。这种情况无论开展什么企业文化建设都没有效果，这需要从组织基因中找到解决问题的办法，研究当前的分配机制，特别是激励制度如何调整。

再比如，很多高科技的创始人是科学家或者技术专家，一般情况下这类企业的基因存在先天不足，即技术型领导者缺乏对市场和用户的认知。而弥补这种基因缺陷的方法就是在决策团队中增加市场或销售型领导者。

2. 企业进化的路径

确定了正确的进化目标，企业基因组成也比较清晰，如何选择进化路径呢？我们仍旧借鉴物种进化的方法。

物种进化的路径主要是适应器和新物种，采用的进化方法是基因重组、基因突变。

企业进化路径对应的是适应器模式、物种变异模式、食物链模式、生态模式、迁徙模式等。进化的对应方法是管理团队重组、内部孵化、组织分解、组织集成、拆分并购等。

物种适应器是对环境适应的调整，比如在寒冷地区生存的动物都有厚厚的脂肪层和浓密的皮毛。

从进化的角度来看，物种适应器主要通过单元增强和组织增强两种方式实现。

单元增强是指生命体内的某个单元（如细胞、器官或组织）通过自然选择和进化，逐渐发展出更适应生存和繁衍后代的特征和功能。这种增强通常是通过遗传变异和自然选择的过程实现的，即具有更适应环境的基因变异的个体更容易生存下来并繁衍后代，从而使这种变异逐渐在种群中扩散开来。

组织增强则是指生命体内的不同单元或组织之间通过协同作用和相互依赖，形成更复杂的结构和功能，以更好地适应环境的变化。这种增强通常是通过生物体的发育和演化过程实现的，即具有更适应环境的组织和结构的个体更容易生存下来并繁衍后代，从而使这种组织和结构逐渐在种群中固定下来。

其实企业有意无意都在适应环境变化，所以企业的"适应器进化模式"是最常见，也是最容易实现的。如果企业领导者对环境变化比较敏感，有正确的认知，就会加速推动企业"适应器模式"的进化，使企业能继续发展；如果企业适应缓慢或者无法适应环境变化，则会被淘汰。

物种变异也叫木体变异，比如说，从海洋生物进化为陆地生物，需要经过几十万年甚至更长的时间。对企业来说，不同企业物种采用"物种变异模式"的难度是不同的。小微企业很容易，而大型企业，除非环境发生了巨变，否则很难采用物种变异的模式，即使采用，也是九死一生。

与生物进化不同的是，企业特别是中大型企业，还可以有更多进化路径的选择：沿着"食物链"（产业链）进化和建立生态模式。

"食物链模式"进化是指企业采用重整食物链（产业链）的模式或者沿着食物链（产业链）走向顶端。

"生态模式"，则是指以企业为核心或者平台，建立完整的客户、产品、服务、技术供应、生产、配套体系，让企业能够自我循环、自我成长。

还有一种企业进化模式，即"迁徙模式"。当生存环境恶化，如竞争者增加、气候变化、生态环境恶化、食物链崩溃等，或者发现了更大的、更好的生存环境，动物就会迁徙。企业同样如此，当经营环境发生巨变，企业要根据自己的竞争优势基因，实现"迁徙模式"进化，如业务出海、公司出海等。

（三）企业进化实施和反馈调整

企业的进化目标和进化路径构成了当前企业的最佳战略。企业实施进化战略，可以把企业健康指标作为过程管理工具。企业健康指标模型不仅包括财务指标和运营指标，还包括环境适应性指标。

1. 财务指标

财务指标是核心指标，反映了企业的经济状况和盈利能力。

（1）营收增长率：衡量企业在一定时期内销售收入的增长情况，反映企业的市场扩张能力和产品竞争力。

（2）净利润率：净利润与销售收入的比率，反映企业盈利能力的强弱。

（3）资产负债率：负债总额与资产总额的比率，衡量企业的财务风险和偿债能力。

（4）现金流量：企业在一定时期内现金收入与支出的情况，健康的现金流量是企业运营的重要保障。

（5）毛利率：销售收入减去销售成本后的利润与销售收入的比率，反映企业产品的盈利空间。

2. 运营指标

不同物种的企业运营指标差别很大，要根据具体业务来设定。例如，生产型企业看生产效率、库存周转率、运营周期等；门店看坪效、复购率等。

3. 环境适应性指标

环境适应性指标常常被企业家忽视，企业家需要系统地、定期地复盘社会文化环境、政策环境、经济环境、技术环境、企业经营环境、竞争者环境的变化对企业的影响。环境适应性指标很难量化，是一类定性指标。但环境变化是驱动企业进化的主要力量，需要定期复盘企业与环境的适应度。

企业健康指标模型不仅可以作为进化实施的监控指标，而且完全可以运用到日常经营活动中，通过综合考量财务、运营和环境适应性等多个方面的指标，能够全面、客观地评估企业的整体状况，并为企业决策提供重要参考。这些指标的合理运用可以帮助企业发现问题、解决问题、优化流程，以提升企业的竞争力和持续发展能力。

二、企业进化战略与传统企业战略

纵观企业经营战略理论的发展历史，会发现每个阶段都会有一种非常流行的企业战略理论，每种理论的提出和流行都有其鲜明的时代特色，与当时的政治、经济、技术环境相关，一旦大环境发生变化，这些理论就不太适合了。

每种企业战略成功案例都是一些知名的大中型企业，但是若干年后发现这些成功案例的企业，包括一些基业长青的企业最终还是会被大环境淘汰。

采用通用战略的企业可能会有很多，但成功的却很少，就是所谓的成功者偏差或者幸存者偏差。

从进化论的角度来看，传统的企业战略是战略分析工具，它针对特定环境下的特定类型的企业有效。比如，从科学管理之父泰勒的"科学管理策略"到最新的互联网时代的"适应性战略"，都是最适合当时生产力水平的战略。

达尔文进化模型是企业战略的方法论，是企业战略的基石，传统的各种企业战略都是工具，而非基础理论。

企业经营战略围绕企业经营的框架，通过突出某部分作为战略核心，形成特色的战略工具。这一工具汇总了所有的战略理论和方法，构成了一套战略工具箱。战略工具箱是不同场景下采用的具体工具，如市场营销战略、组织管理战略等。

方法论是底层逻辑，具有普适性，指导小到个人创业者，大到世界 500 强企业，适合各种行业，甚至各种社团、非营利组织。

产品创新是矢量，进化也是矢量。

如果产品创新只随机选择一个方向，那么成功的概率非常小。同样，企业进化只随机选择一个方向，成功的概率也很小。如果企业以适应环境变化为导向，主动实现企业进化，采用企业进化思维框架，选择合适的企业战略工具，设计战略方向和进化路径，就能提高企业成功的概率。

第五节　企业 AIGC 进化路径

从人类文明史来看，推动人类社会进步的两大动力是信息技术和能源技术。

美国历史学家贾雷德·戴蒙德（Jared Diamond），在其著作《第三种猩猩》（*The Third Chimpanzee*）里提出一个大胆的假设，他认为：语言，才是人类进化并且最终称霸地球的关键因素。虽然对人类来说，语言是司空见惯的事情，但从技术角度来看，语言的表达和理解是一种极为复杂的信息处理技术，自然语言处理（NLP）技术是人工智能技术皇冠上的明珠。

我们可以把技术突破按影响力的大小分为三个等级：文明级（史诗级）技术、行业级颠覆性技术、企业级创新技术。

人类语言诞生后，每次生产力的飞跃都与人类交流方式（信息沟通方式）的革命相关，文字、印刷术、无线电、计算机、互联网的发明促进了社会文明和生产力的五次飞跃，这是五次史诗级的技术突破。

而 AI 技术，特别是 AI 大模型技术的语言理解和表达技术达到甚至超过了人类，很快所有电子产品都会内置 AI 大模型，能与人类以自然方式交流，这将会进入"万物智能"时代，所以 AI 大模型技术可以视作第六次史诗级的技术突破。

史诗级技术革命将改变社会、改变所有行业、改变所有人。对企业来说，环境发生巨变，必须进化以适应环境。

一、分析企业 AIGC 进化路径

（一）企业定位

选择 AIGC 进化路径，首先是企业定位，看看自己属于什么物种。 大型企业的目标可能是建立企业或行业的 AI 大模型，开发 AIGC 生产力工具；中小企业的目标可能是利用现有的 AIGC 工具降本增效，或者转型成新物种，完全基于 AIGC 技术开发新产品或者全新的基于 AIGC 的新商业模式。

（二）环境分析

其次是环境分析，重点分析企业所处的行业情况以及当前政策环境和经济环境下的发展情况。技术环境也须重点分析，它关注 AIGC 行业应用的成熟度，**人们在面对新技术时，常常倾向于过分乐观地估计其初期应用的速度，而对其长期发展的潜力则持保守态度。**

截至 2024 年 4 月，AIGC 技术在众多行业的应用尚处于起步阶段，但其在创作领域已展现出显著的成熟度，特别是在文本和图像生成方面，广泛应用于办公文案撰写、数据分析、图像设计等，同时在新媒体营销、文化娱乐、传媒以及教育等多个行业中展现出巨大潜力。

但是用于专业领域的数字内容生产的 AI 大模型或者专家模型还在研发中，这与 AI 大模型的实现原理是相关的，AI 大模型的所有的知识来自训练的大量语料，这些知识属于"通识"，缺乏各个领域的专业知识，也没有专家处理问题的技能或者经验。行业大模型或者企业大模型需要特殊的技术手段来训练，不仅需要企业投入大量资源，如人才、技术、硬件设备等，还需要企业有海量的优质数据作为训练大模型的基础。

（三）基因分析

最后是分析企业技术的相关基因，分析企业是否具备 AI 大模型相关的人才、技术储备和数据等资源。

分析清楚企业的外部环境和内部资源后，就可以根据自身的需求来制定 AIGC 进化目标了。

二、企业 AIGC 的进化目标

根据企业需求层次，企业 AIGC 进化目标大致可分为四类：AIGC 提升效率、AIGC 企业转型、创造新价值或者进化新物种。

（一）AIGC 提升效率

对于大多数企业来说，用新技术解决眼前的问题是最现实的，比如，提高企业经营效率。企业经营效率包括营销效率、运营效率、生产效率、管理效率、供应链管理效率、组织效率、办公效率等，但不同企业关注的重心是不同的。

如果企业的需求是加强竞争优势基因的营销基因，那么进化目标就是建设 AIGC 营销工具，大幅提高营销效率；如果企业的主要成本是人力成本，需求是降本增效，那么进化的目标就是建设 AIGC 生产力工具，提高企业的生产效率。

中小企业可能会更愿意投资 AIGC 营销工具和 AIGC 生产力工具，因为提升营销效率和生产效率会大幅改善企业经营情况；大型企业（集团）可能会考虑提升管理效率和组织效率，投资建设 AIGC 管理工具和使用 AIGC 办公工具。

（二）AIGC 企业转型

在经济下行周期，行业内卷严重的环境中，很多企业寻求突破，AIGC 新技术革命给他们带来了巨大的机会。企业如果在某个细分领域有独特的专业优势，就可以借助 AI 大模型的力量，完成企业转型目标。企业转型有很多种类。

第一种是"企业物种变异"，即企业转换目标市场（客户），寻找蓝海市场。比如，原来面向终端消费者，可以转型为面向机构用户提供服务，再比如，进军海外市场。

第二种是细分领域头部企业，借助企业优势基因中的技术优势或者渠道优势，开发行业大模型，往产业链上游发展，或者将业务扩展到整个产业链，为产业链提供基础服务。

第三种是行业头部企业，借助企业优势基因，如行业技术优势、数据优势、供应链优势、资金优势等，提供行业大模型及行业 AIGC 生产力工具，建设行业 AI 基础设施以及生态系统。

（三）创造新价值

基于 AI 大模型的 AIGC 新技术会解锁新需求，因为这些新技术会做到以前不能做到的事。比如，人人都能随身携带智能手机并能随时上网，这是以前的功能手机技术无法做到的。移动互联网创造了无数的新应用场景，解锁了很多新需求。行业应用中，也存在大量类似的现象，如家电产品可以嵌入微型 GPT 芯片，使每个家电都可以和人们用自然语言交互，变成真正的智能家电。

企业可以根据行业特点，挖掘 AIGC 新技术、解锁新需求、设计新产品、为客户创造新价值。在企业原有产品或者服务基础上增加新的 AI 功能，或者基于 AI 大模型技术，全面升级成智能产品或者服务。

（四）进化新物种

新物种是指以 AIGC 为核心的新产品，以 AIGC 技术应用场景为核心的新商业模式，以 AIGC 技术为核心的公司运营模式，如"一人公司"模式。

AI 大模型技术赋予万物思考和感知的能力，让它们不仅能和人类用自然方式交流，也能看懂、听懂世界，还能与之互动。AIGC 新物种产品可以是以前从未出现的新产品，这些产品将具备前所未有的交流能力，能够理解语言、洞察世界，从而开启无限可能的创意空间。

AIGC 的力量并不应该仅仅用在现有业务流程的优化上，而更应该用在对未来业务的重新定义上。**这就像发明了蒸汽机之后，继续优化马车的效率是没有未来的**。

以前组织的核心竞争力是人，因此一个好的组织是围绕发挥人的能力来设计的。那么未来组织和商业模式的设计就应该进化为：围绕发挥"人 +AI 能力"的方式来设计。

AIGC 本身就应该成为商业逻辑的核心，而不是仅仅成为提升原来流程效率的工具。这才是"AIGC 原生"式的商业模式。

随着AIGC技术越来越成熟，可以利用它创造出公司各个岗位的AI数字员工，而人类就作为核心创意或研发工作的决策者。整个公司可能像神经网络一样运作，其形成将变得更快、更灵活，也将拥有新的所有权和管理结构。

三、AIGC 进化路径

企业根据自己的进化目标和企业基因，有三种 AIGC 进化路径可供选择。

（一）渐进式 AIGC 进化

如果要提高生产力，则需要分解核心产品的生产流程，包括工序和岗位。目前，根据 AIGC 技术的成熟度和替代岗位的成本，需要确定 AIGC 技术应用在哪个生产环节、作为哪个岗位的辅助、能提高多少工作效率、降低多少人力成本和其他成本。

采用渐进式 AIGC 进化方式，最后进行全部或者大部分生产环节的 AI 辅助。再根据实际情况进行流程再造，优化整个生产、管理流程，实现降本增效的目标。

采用渐进式 AIGC 进化的好处是风险小，组织排异的压力小，对原有的工作影响不大。但其缺点是新技术应用缓慢，见效慢，竞争激烈，容易被超过，在市场中处于不利的位置，所谓"起个大早，赶个晚集"。

（二）突变式 AIGC 进化

突变式 AIGC 进化指整个组织直接进行 AIGC 转型，这需要具备相关条件。一是团队领导和成员有积极的意愿，组织有变异的基因；二是事前要详细分析和论证转型方案；三是有足够的技术力量和充足的预算。

中小规模的企业就适合突变式的 AIGC 进化方式，以实现新物种 AIGC 进化目标。

（三）孵化式 AIGC 进化

通过分离或重建一个新的组织、建立独立的预算体系、组建独立的团队、设立独立的项目，完全以 AIGC 技术和工具为核心，重新构建生产流程，以此来生产与旧组织完全一致的产品或者类似的产品。**产品合格、生产流程成熟、团队成**

熟后，直接用新团队、新流程代替旧组织。

四、企业 AIGC 进化的 ROI

企业在进行 AIGC 转型之前，还要综合考虑投资回报率（Return on Investment，ROI）。现在 AI 大模型技术发展很快，有很多企业家感到兴奋，也有很多企业家感到焦虑，但都急于投身 AIGC 技术革命的洪流中。

但是 AI 大模型及 AIGC 工具的研发投入比想象的要大得多，对非 AI 技术企业来说，尽量采用成熟的 AIGC 工具、技术，多考虑新技术的投资回报率。

通用大模型的技术提升非常快，专业能力提升也很快，很容易覆盖一些专家模型的专业能力。所以企业开发 AIGC 应用要专注细分领域的专业知识、技能，避免和通用大模型"卷"专业领域的基础知识或者技能。

通用大模型是"水"，企业 AIGC 应用是"船"，"水涨船高"是正确的应用方式，企业 AIGC 的应用要避免被通用大模型的洪水淹没。

第六章

企业战略的 AIGC 进化

企业 AIGC 进化论：如何用生成式人工智能实现企业效率革命

本章引言
- 灵活应变与创新
- AI 产业的发展前景
- 新技术革命的必然性
- 企业进化与适应
- AIGC 进化战略与未来展望

第一节　CEO 的 AIGC 认知进化
- AI 技术应用的普遍性与陌生感
- 判别式人工智能与生成式人工智能的区别
- GenAI 的三项核心能力：创造、推理和交互

第二节　企业 AIGC 进化战略概述
- AIGC 技术应用的三个战略
  - 使用者战略
  - 重构者战略
  - 创造者战略
- 不同战略对应的企业资源的一般性要求
- 选择适合企业的 AIGC 战略

第三节　企业 AIGC 进化战略一：使用者战略
- AIGC 工具的价值与效率
- AIGC 工具的分类与选择
- 如何实施"使用者战略"

第四节　企业 AIGC 进化战略二：重构者战略
- AIGC 生产力工具的定义与应用
- AIGC 生产力工具重塑企业流程
- AIGC 科研辅助工具的潜力

第五节　企业 AIGC 进化战略三：创造者战略
- 利用 GenAI 技术进行颠覆性创新
  - 开发以 GenAI 为核心的新产品
  - 企业主营业务以 GenAI 为基础转型
  - 建立以行业大模型为基础的生态系统
- AIGC 创业公司的生存之道

第六节　基于 AIGC 生产力工具的新型生产关系
- 从"工具应用模式"到"副驾驶模式"
- 人机共生模式的企业管理挑战
- 实施 AIGC 战略的组织和管理变革

第六章 企业战略的 AIGC 进化

第七节 如何实施 AIGC 进化战略
- 企业 AIGC 进化的一把手工程
- 明确业务战略与需求
- 选择技术路径：外购、合作、并购
- AIGC 进化战略的三个阶段：试点、全面实施、商业化

第八节 企业实施 AIGC 进化战略的陷阱
- 管理层认知差异与部门利益冲突
- 期望值管理与避免盲目跟风
- 产品 +AIGC 概念的误区

第九节 未来智能化社会的企业终极形态
- **AIGC 与企业智能化**
  - 转型为"20% 人类 +80%AI 员工"
  - 提升效率和质量
  - 企业 AI 大脑
- **企业 AI 大脑构成**
  - AGI 大模型 + 专家模型
  - 向量数据库（长期记忆）
- **企业 AI 大脑价值**
  - 知识资产集成
  - 增强创新和传承
  - 降低成本
- **人机共生**
  - AI 员工
  - 数字员工 + 机器人
  - 自我学习和进化
- **人机合作**
  - 人类优势（创造力、共情）
  - AI 优势（一致性、全天候工作）

本章引言

在 AIGC 的大环境下，企业需要灵活应变，不断创新，适应科技的发展潮流。通过战略性的投资、人才培养、创新业务模式等多方面的努力，企业能够更好地应对这一变革潮流，实现可持续增长。

AI 产业的发展前景非常广阔。虽然大模型应用还处于初级阶段，但基于大模型的 AIGC 将成为一项大众化的基础技术，可极大地提高数字化内容的丰富度、创造性与生产效率，其应用范围也将随着技术的进步与成本的降低扩展到更多领域，为社会经济发展带来更多机遇。

对于企业家来说，新的 AI 时代已经到来，不管他愿不愿意、理解不理解，新技术革命已然降临。

环境巨变，企业作为社会性生物，需要进化来适应环境，才能生存和发展。

企业家需要知道：AIGC 是企业通向未来的船票。本章将讨论 AI 时代企业的 AIGC 进化战略，以及如何落地实施，还展望了未来的 AI 型企业的终极形态。

第一节　CEO 的 AIGC 认知进化

对于大多数 CEO 来说，AI 技术既熟悉又陌生。熟悉是因为现在在工作学习环境中，AI 技术无所不在，比如公司门口装的"人脸识别考勤机"，就是一个典型的 AI 应用。陌生是因为不知道新的 AI 大模型技术到底是什么？对我的企业有什么价值？如何帮助我解决现实的问题？

一、判别式人工智能和生成式人工智能

AI 技术从应用模式来看可以分为两大类，即判别式人工智能（Discriminative Artificial Intelligence）和生成式人工智能（Generative Artificial Intelligence，GenAI）。

判别式人工智能技术的基本原理是使用大量人脸数据对机器进行训练，使其学会识别人脸特征，例如五官的位置等，训练完成后，"人脸识别 AI"系统可以根据照片或摄像头分辨不同的人。前面提到的"人脸识别考勤机"就是判别式人工智能技术的典型应用。然而，这种"人脸识别 AI"系统只能识别人脸，无法识别猫或狗等其他事物。

生成式人工智能技术是以 AI 大模型为核心的人工智能技术，基本原理是用海量的数据和机器学习算法来训练机器，比如海量的文本或者图像、视频等，算法能让机器自己提取这些数据中的知识，从而理解人类语言，也开始能理解物理世界。当然机器理解世界的内在原理和人类理解世界的原理是完全不同的。

目前，GenAI 具备三项能力：创造、推理和交互。以 ChatGPT 为代表的 GenAI，已经展现出了惊人的创造和推理能力，能够生成文本、图像、音频、视频，对话机器人（chatbot）可以回答问题，与人类以自然方式对话。GenAI 的出现打破了"创造力是人类独有的"这种传统观念。结合专业领域知识，GenAI 能够扮演专家角色，比如老师、医生、律师等，完成专业领域的工作。

智能体（Agent）是一种 GenAI 组合体，可以帮助进行多步骤任务规划。这种软件已经能够同时处理右脑的创造性任务和左脑的逻辑性任务，这是软件有史以来第一次能够以类人化的方式与人类进行交互，对于商业模式而言，这是一次具有深远意义的里程碑，意味着"万物智能"时代来临。

二、通用人工智能

通用人工智能（AGI）不仅能生成内容，更重要的是能完成开放式的任务。

未来，更强大的通用人工智能，既能生成通用内容，如文案、图片和视频，又能生成专业性内容，如法律文书、医学诊断报告，甚至科研成果。

传统软件系统和判别式人工智能被称为"有限系统"。它们只能在封闭的环境中完成特定的任务，依赖于工程师事先设定的规则和逻辑。一旦遇到意料之外的情况，"有限系统"通常无法应对。例如，在编程中，遇到未预料到的问题时，系统通常会出现异常。如果这种情况发生，系统往往会停机，甚至崩溃或死机。以一些电动汽车的自动驾驶系统为例，严重事故的发生往往是封闭系统在开放环境中运行，遇到了无法处理的情况，导致系统崩溃。

基于 AGI 大模型的 AIGC 软件系统可以在开放环境下完成开放式工作任务，其关键优势在于其强大的泛化能力和自适应性。与传统软件系统不同，AIGC 软件系统能够通过大量的数据训练，学习并掌握广泛的知识和复杂的模式，这使其在处理未知情况和不确定性问题时表现得更加灵活和高效。

AIGC 软件系统不仅依赖预先设定的规则和逻辑，还能够通过实时学习和调整来适应新的环境和需求。例如，在自动驾驶领域，AIGC 软件系统可以通过分析大量的驾驶数据和实时环境信息，动态调整驾驶策略，避免传统软件系统中常见的崩溃和死机问题。

此外，**AIGC 软件系统还具备一定的自主学习和进化能力**。当面对新出现的情况时，这些系统可以通过反馈机制进行自我优化和改进，逐步提高其处理复杂任务的能力。这种自我优化过程不仅依赖于大规模的数据处理和分析，还依赖于先进的算法和模型，例如深度学习、强化学习等。

一个典型的例子是智能客服系统。在传统软件系统中，客服机器人只能回答预设的问题，一旦遇到用户提出的新问题或复杂问题，就会陷入困境。而基于 AI 大模型的客服系统则不同，它能够通过自然语言处理技术理解用户的意图，并通过不断学习和更新知识库来提供更准确和更有用的回答。

基于 AGI 技术的 AIGC 软件系统通过其强大的学习能力、泛化能力和自适应性，突破了"有限系统"的局限，能够在开放环境中完成更加复杂和多样化的任务。这不仅提升了系统的稳定性和可靠性，也为各种应用场景带来了更多的创新和可能性。

三、AI 大模型是对人类大脑的增强

判别式人工智能是对人类各种感官的功能模仿和增强，比如"人脸识别 AI"是对眼睛的模仿和增强，是一种特定功能；而生成式人工智能是对人类大脑的模仿和增强。它们虽然都属于 AI 技术，但对人类社会来说，其影响完全不同，因为推动人类文明发展的核心动力是人类的大脑（智力）。

GPT-4o 是一个非常强大的模型，它能够在教育部划分的 12 个学科大类、500 多个学科小类中获得相当高的成绩。这意味着它具备广泛的学科知识和通识能力。无论是哪个领域的测试题，GPT-4o 都能够给出相对准确的答案。因此，我们可以把 GPT-4o 看作一个海量通识、跨学科知识的巨大容器。

四、AIGC 是史诗级的新技术革命

人类发明了汽车、飞机，让人们的移动速度提高了成千上万倍；人类发明了起重机，让人们举起重物的能力提高了成千上万倍。同理，未来 AI 大模型是不是可以让人类的智力劳动效率提高成千上万倍呢？如果它能让人类的智力劳动效率提高成千上万倍，人类文明就会跨上新台阶，从这个意义上来说，以 AI 大模型为核心的 AIGC 技术是一场史诗级的新技术革命，一切才刚刚开始。

AIGC 是史诗级的新技术革命，根据"企业进化论"模型，环境发生了巨变，会对所有行业、企业产生巨大的影响，这种影响不亚于恐龙时代的小行星撞地球事件对地球上物种的影响。

而技术革命不仅可以提高生产效率，还能做到以前无法做到，甚至想象不到

的事情，从而解锁海量的新需求，带来更多的商业机会。比如，一旦马斯克突破了人类火星探索技术，人类的活动范围就会突破地球外层空间，就可以解锁星际活动相关的所有需求，如科研、生产、探险、娱乐、消费等，打开未来的星际旅行的新市场。

五、AIGC 对行业的影响有先后次序

一切才刚刚开始，以 AI 大模型为核心的 AIGC 技术的成熟度，在不同的领域和不同的行业是不同的。

从 AIGC 技术成熟度来看，能够商业化的依次是文本生成、图像生成、创意设计生成、代码生成、音频生成、视频生成、专业文本内容生成等。其他内容生成、AI 大模型类智能电子设备等还在探索中，不过可以预计在未来一两年内，会有无数的 AIGC 相关产品进入市场，像寒武纪的物种大爆发一样。

不同行业应用 AIGC 技术的侧重点也是不同的。总体来说，数字化原生企业在 AIGC 技术应用方面是先行者，AIGC 技术在市场营销与销售、客户服务、内容创作等领域均爆发出活力。

互联网行业主要是 AIGC 技术辅助内容运营、客户服务、代码生成等；传媒行业主要是 AIGC 技术辅助内容生产、新媒体运营、客户服务等；金融行业主要是 AIGC 技术辅助数据处理、文档处理、客户服务；教育领域主要是 AIGC 技术辅助内容生成、答疑、客户服务；医疗健康行业主要是 AIGC 技术辅助专家系统运行、客户服务；科技领域主要是 AIGC 技术辅助科研、客户服务；在其他行业，如零售业、制造业、建筑工程、物流、能源与公用事业等，AIGC 技术以提升客户体验、提高办公效率为主，还未进入核心业务领域。不过各行各业的 AIGC 技术应用速度正在加快，2024 年，几乎每个行业的头部企业都推出了"行业 AI 大模型"，都想抢占市场先机。

六、AIGC 是企业通向未来的船票

AIGC 的新技术革命，对行业、企业、组织的影响是颠覆性的，对企业来说，"适者生存"是最优选择。

企业 AIGC 可以有两条进化路径：行业先发者和后发者，如图 6-1 所示。

有 AI 技术基因和资源的企业可以做 AIGC 应用的先发者，可以获得先发优势，在获客、降本增效、新价值创造等方面获得领先优势，构建企业的护城河。

在当前的经济大环境下，后发者适合采取保守策略，采用跟随市场的方式，关注行业领先者的动态，采用成熟的 AIGC 工具降本增效。

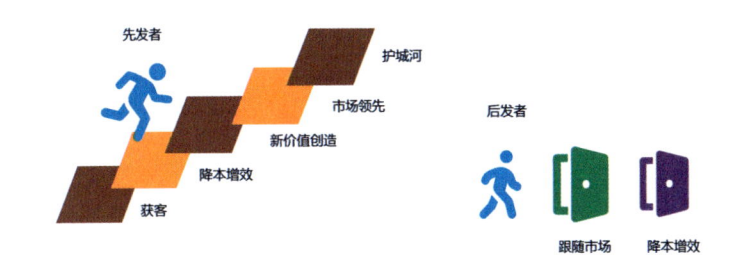

图 6-1　企业 AIGC 进化的先发者与后发者

七、AIGC 技术是生产力工具

对企业来说，AIGC 技术只有作为生产力工具，才能给企业创造价值。生产力工具会提升企业的经营效率，包括营销效率、研发设计效率、生产效率（包括生产线、供应链、仓储）、运营效率、服务效率、管理效率、办公效率。

由于不同行业、不同规模企业的侧重点不同，企业需要定义自己的核心生产力工具，可以根据主营业务的设计、生产、供应、营销等环节中成本最大，或者具有核心竞争力的环节定义。

如果是改进企业管理或者使用新技术，企业经营效率会提升几个百分点或者十几个百分点，能给企业带来很大的经济效益，但对商业模式、企业组织影响较小。

而 AIGC 生产力工具的应用会给企业带来数倍的效率提升，除了给企业带来巨大的经济效益，还会对企业的商业模式、组织机构产生颠覆性的影响，从而推

动企业生产关系发生巨变。

所以说推动企业进化的核心是 AIGC 生产力工具，只有应用 AIGC 技术，才能推动企业流程、组织、生产关系的变革。

AIGC 生产力工具对行业的影响路径是，先推动企业生产关系变化，然后推动企业组织变化、推动企业岗位需求变化、推动就业市场变化，最后影响整个社会文化。

第二节　企业 AIGC 进化战略概述

一、企业 AIGC 进化的三大战略

企业由于行业、规模、商业模式、AI 技术能力等差异极大，可以根据自身情况来选择最适合的 AIGC 进化战略。

根据企业在 AIGC 技术应用上的不同深度与广度，可分为三个战略：使用者战略、重构者战略和创造者战略，这也对应 AIGC 技术应用成熟度的三个阶段，如图 6-2 所示。

创造者战略
创造基于 GenAI 技术的全新产品、全新业态、全新的商业模式和"新物种"企业

重构者战略
开发基于 GenAI 技术的 AIGC 生产力工具，改变已有的业务流程和企业组织结构，建立企业新的核心竞争力

使用者战略
在企业现有流程中整合 AIGC 工具，降本增效。

图 6-2　企业 AIGC 进化的三大战略

（一）使用者战略

初始阶段的 AIGC 进化战略是"使用者"，主要聚焦于企业的短期目标：降本增效。使用 AIGC 工具实现流程优化、内部效率提升（包括营销效率、生产效率、办公效率），从而降低人力成本，这适合没有 AI 技术团队的中小规模企业。企业探索 AIGC 技术，主要通过现成的工具和平台来提升效率和降低成本。

企业通过 AIGC 工具替代一些基础岗位，可以减少对全职员工的依赖，同时提高团队的整体效率。另外，培训现有员工使用 AIGC 工具，可以提升员工技能，使他们能够适应新的工作方式，从而减少对招聘新员工的需求。

中小企业由于资源有限，AIGC 工具的使用者战略为他们提供了一种低成本高回报的 AI 技术应用途径，比如下面的应用案例。

营销自动化：一家小型营销公司通过 AIGC 技术和 RPA 工具（软件机器人）自动生成社交媒体广告和电子邮件营销内容，减少了内容创作的时间，同时确保了创意和个性化。

客户服务：一家初创公司利用 AIGC 技术开发了智能客服机器人，能够 24 小时回答客户咨询，提高了服务效率并降低了人力成本。

（二）重构者战略

中级阶段的 AIGC 进化战略是"重构者"，关注企业的中长期目标，开发以 GenAI 技术为核心的新型企业 AIGC 生产力工具、生产流程，与原有业务系统整合，建立新的生产力关系，这适合有资源、有业务数据、有实力的行业龙头企业。

AIGC 工具对企业的价值，不局限于写文案、智能问答这样的基础性功能。真正能够提升企业盈利水平和核心竞争力的是将 GenAI 技术应用到企业的生产流程、主营产品或者服务中，作为创新型的 AIGC 生产力工具，或是构建以专业领域的 GenAI 为基础的企业 AIGC 管理系统，这才是 GenAI 技术的真正价值。

新型 AIGC 生产力工具能够提高数倍甚至数百倍的工作效率，也能优化生产和管理流程，加速新产品的研发和生产，还能显著降低人力成本，建立起企业核心竞争力，加深企业护城河。

提升数十倍工作效率，必然引起生产力关系的重大变化，企业组织战略也会随之进化。

（三）创造者战略

高级阶段的 AIGC 进化战略是"创造者"，以 GenAI 技术为核心，创造新产品、新商业模式、新生态系统，甚至"新物种"企业，这适合有 AI 技术能力的初创企业，以及有"野心"的企业。

以 GenAI 技术为核心的新产品开发是指 GenAI 这种新技术革命会解锁很多新需求，也就是说以前的技术无法实现的需求，现在可以实现了。比如，如果马斯克的星箭技术，能够成功地将人类送上火星，那么一定会催生出星际旅行的需求。

基于 GenAI 技术开发全新的产品和服务，是根据 GenAI 技术能力边界来设计新产品，满足现在和未来的需求，为企业探索新的蓝海市场。比如目前营收非常好的"AIGC 类陪伴服务"，就利用了 GenAI 技术与人类自然交互的能力，以及专业的心理学知识，打造出贴心的"AI 伴侣"，打动了很多人的心。

基于 GenAI 技术能力探索新的商业模式。互联网时代，内容分发的边际成本为零，爆发出很多新的商业模式。而 AIGC 时代，内容生产的边际成本为零，因此，会催生出大量的基于 AIGC 技术的新商业模式，如 AI 数字人直播带货。

对于初创的小公司，完全可以围绕 GenAI 技术能力来开发新产品、新商业模式，建立新型组织，以前需要上百人团队合作的项目，现在可以只用几个全职人员加上各种定制的 AIGC 工具来实现。具备 GenAI 基因的企业完全是一个"新物种"，以 GenAI 技术为基础的新产品的功能、性能、质量、成本、创新速度和商业模式等各方面远超传统产品，可以对传统企业进行降维打击。

对于拥有行业先进技术、专业数据和渠道资源的龙头企业，可以开发以 GenAI 技术为核心的行业大模型、行业 AIGC 工具和行业 AIGC 系统，创建以行业大模型为核心的产业链生态，将产业上下游的企业都捆绑到行业大模型上，甚至将自己的产品延伸到产业链的上下游，提高市场占有率，满足企业的垄断需求。

二、不同的 AIGC 进化战略对企业资源的一般性要求

不同企业选择的 AIGC 进化战略有所不同，这对企业资源的一般性要求也有所不同，如表 6-1 所示。

表 6-1 不同的 AIGC 进化战略对企业资源的一般性要求

AIGC 进化战略	使用者战略	重构者战略（基础）	重构者战略（高级）	创造者战略
技术路径	使用 AIGC 软件服务 SaaS 或者 PaaS	通过 AI 模型 API 构建 AIGC 应用软件，如 RAG 系统	训练企业大模型，构建以企业大模型为基础的企业生产力工具	训练行业大模型，构建以行业大模型为基础的行业生产力工具，以及以行业大模型为核心的全新产品
成本	提供固定费率的订阅服务，一些产品则按使用情况定价	需要前期投资开发用户界面、整合解决方案并建立后处理层。AI 大模型的 API 使用和软件维护的持续成本	数据清理和标记以及模型微调导致人力资本成本增加，初始成本比基于 API 构建高出约 2 倍，模型维护和云计算的持续成本更高	前期人力资本和技术基础设施成本导致初始成本比基于大模型 API 构建高出约 10~20 倍，模型维护和云计算的持续成本与重构者战略（高级）相似
技术人才	不需要 AI 人才，只需 IT 人才和提示词专家	需要传统 IT 团队和至少 1 名数据科学家、机器学习工程师、AI 大模型工程师	需要经验丰富的数据科学家、AI 大模型团队和业务专家	需要大型数据科学和 AI 大模型团队，具备博士水平的学科知识、MLOps 最佳实践以及数据和基础设施管理技能
专有数据	直接使用，不需要专有数据	直接使用 AI 大模型基本的 API，不需要专有训练数据，但需要集成业务数据库	需要业务专家标注数据集，企业专有的数据集来微调企业大模型	行业大模型的基础模型可以通过大量公开数据训练，但行业专家模型的优势来自企业自有的专业级数据和业务专家的对齐工作
流程调整	流程基本保持不变，需要业务专家系统地检查 AIGC 生成的结果的准确性和适当性	将新的 AIGC 工具整合到原有的生产流程和管理流程，也需要一些防护机制，防止出现大模型使用的一些风险	重构以企业生产力工具为核心的生产流程、管理流程	包括以上所有流程，在对外部数据进行训练时，需要开展彻底的法律审查，以防止发生知识产权问题

三、选择适合企业的 AIGC 进化战略

在选择适合企业自身的 AIGC 进化战略时，我们需要对不同的战略进行深入

的了解。所谓的使用者战略、重构者战略以及创造者战略各自都有其独特的优势和适用场景。从技术应用的深度来看，使用者战略主要关注现有 AIGC 工具的应用，技术应用相对较浅；而重构者战略涉及定制化开发，技术应用深度属于中等；至于创造者战略，则需要深层次的技术融合和创新。

在资源投入方面，使用者战略适合资源有限的中小企业，所需资源投入相对较少；而重构者战略和创造者战略则需要更多的资源和研发投入，尤其是创造者战略。至于风险与回报，使用者战略风险较低，回报相对稳定；重构者战略风险适中，可能带来业务流程的优化；而创造者战略风险最高，但潜在回报也最大。

企业在选择 AIGC 进化战略时，需要综合考虑自身的能力与资源。首先，企业是否拥有足够的 AI 技术团队和研发能力以支持战略的实施。其次，企业当前的业务需求和长远目标，是否与所选战略相匹配。最后，企业在市场中的定位，是否需要通过 AIGC 技术进行差异化竞争或创新。只有充分考虑这些因素，企业才能选择出最适合自己的 AIGC 进化战略，从而在激烈的市场竞争中脱颖而出。

第三节　企业 AIGC 进化战略一：使用者战略

对于大多数企业来说，并没有 AI 相关的技术能力，选择市场最成熟的 AIGC 工具降本增效是风险最小、成本最低的策略。

在引入 AIGC 工具或方案时，企业需要深入理解自身业务场景，明确 AIGC 工具可以在哪些环节发挥作用。对比不同的方案或工具，根据自身需求和所处条件，选择最适合自己的方案或工具，可能需要进行一定的试错和迭代。就像《算法领导力》的作者 David Cremer 所说的"我们必须决定在业务流程中的哪里实现自动化，哪项流程不再需要人类"。

一、AIGC 工具的价值

AIGC 工具价值的核心在于使用 AIGC 工具能进行创造性的内容生产（这在

以前是 100% 依赖人脑作业的），而且生成能力和生成效率远超人类。

假设企业需要生成 100 篇长度为 500 字的文章，分别采用人工写作和 AIGC 生成文章的方式，数据对比如表 6-2 所示。

表 6-2　内容生成方式比较

比较项	人工写作	AIGC 生成
时间	100 小时	10 分钟
成本	1 万元（假设每小时 100 元）	100 元（假设 AIGC 每篇文章费用为 1 元）
质量	取决于写手水平	逻辑通顺、语法正确、内容合理、语言流畅、多种风格
可扩展性	有限，需要更多人力资源	非常高，可以随时生成更多文章，理论上是无限的

AIGC 工具生成图片、音频、视频的能力和效率远远超出人类。也就是说，在理论上企业采用 AIGC 工具进行内容创作和生产可以比原来提高数十倍的效率。

对于金融、软件、法律等特定行业的数字化内容的生成，需要更复杂的 AIGC 系统来支持，包括专家大模型、专业知识库等。

企业信息化系统，按照对信息的处理逻辑可以划分为四类：搜索、分析、判定、生成，它们分别代表不同的信息处理类型，基本上可以覆盖大部分的企业数字内容需求。

搜索包括对各类知识内容进行查询、检索、问答等作业活动，能够满足售前售后支持、情报检索、培训学习、制度问答等工作任务需求。

分析是对内容、数据进行提炼总结，得出报告，能够满足业务分析、辅助决策等工作任务需求。

判定是基于业务规则对业务、事项进行符合性或定性类的判定，能够满足订单审核、风险识别、合同审批、工单分配等工作任务需求。

生成是特定内容或格式的内容生成，作为业务媒介进行传递或交付，能够满足海报设计、项目文档、报告撰写、产品设计、文案设计等工作任务需求。

许多企业的信息化工作主要依赖于员工的脑力劳动，通过企业管理系统软件来执行。例如，客服人员、行政助理和管理人员等职位，他们的日常工作中大约有 80% 涉及基础的信息处理任务，如数据记录、查询、核对、汇总和编排等。随着 AIGC 工具的发展，这些工具已经展现出处理这类基础信息任务的能力。因此，合理地规划和引入 AIGC 工具不仅可以提高工作效率，还能释放人力资源，使员工能够将更多的精力投入更高阶的认知活动，如战略决策、创新思维、科学研究和高级管理等。

二、AIGC 工具分类

AIGC 工具大致可以分为三大类：第一类是 GenAI 通用型工具，第二类是专业化 AIGC 工具，第三类是 AIGC 工作流平台。

（一）GenAI 通用型工具

GenAI 通用型工具主要是指在一个强大的以 AI 对话机器人为基础的 GenAI 平台上加上各种应用型 AIGC 插件，比如 ChatGPT 和各种 GPTs、Kimi 平台和各种功能插件、通义千问和各种智能体（插件）。这些插件是被封装好的专业化的提示词，可以帮助普通用户降低 AI 大模型的技术难度，生成理想的内容。这类工具适合个人用户。

（二）专业化 AIGC 工具

专业化 AIGC 工具包括 AIGC 写作工具、AIGC 制作 PPT 工具、AIGC 数据分析工具、AIGC 代码工具、AIGC 邮件工具、AIGC 画图工具、AIGC 视频生成工具、TTS 工具、AI 翻译工具等。这些 AIGC 工具是软件厂商利用开源或者自研的 GenAI 大模型，为某种专业内容创作开发的 AIGC 辅助工具，目的是为内容创造提供 AIGC 的生成能力，效率远远超过传统的特定的软件制作工具。例如，AIGC 视频剪辑工具，效率远远超出传统的专业视频剪辑软件。这些 AIGC 软件工具分为两类，一类是以 GenAI 大模型为核心的软件，另一类是传统软件工具，加入了 GenAI 的功能，最典型的是 Adobe 公司的图像处理软件和视频处理软件。

值得注意的是，2024 年微软新发布的 Windows、Office 都嵌入了 GenAI 大模型，在操作系统和日常办公层面都可以使用 AIGC 功能，并提供本地 GenAI

大模型的 SDK，传统的应用软件开发可以直接基于大模型的 API 开发，未来所有 Windows 应用软件都会转向智能化。这些变化将使整个软件产业和全行业效率得到数十倍的提升。

（三）AIGC 工作流平台

专业化的内容创作的复杂程度要远远高于写一篇营销短文。需要把创作内容的过程分解成多个环节，组成一个工作流，每个工作流的节点是一个 AI 功能单元，完成特定的工作任务。

AIGC 工作流平台有两种类型，一种是以语言类大模型为基础的 LLMops 平台，也可以叫 AI Agent（智能体）平台，比如 Coze、Dify 等，每个节点都是一个 AI 功能单元，可以完成 AI 聊天、旅行计划、图像理解、代码生成等特定任务。AI Agent 平台还能支持企业自己的文档库和数据库、访问网站、保存生成的结果。

另一种是以图像大模型（Stable Diffusion，SD）为基础的工作流平台，如 comfyUI 等，它的每个节点是一个 SD 的模型或者绘图的某种功能，它是专门用于设计领域的 AIGC 工作流平台。

AIGC 工作流平台可以根据企业需要，无代码或低代码定制企业个性化的 AIGC 工作流平台，作为企业的 AI 生产力工具。

三、"使用者战略"的实施

企业在选择 AIGC 工具时，首先需要深入分析自身的业务需求和市场定位，以识别那些能够为企业带来最大价值的应用场景。GenAI 技术虽然日新月异，但其能力仍有一定的局限性。因此，企业应根据自身的特定需求，挑选出最能够提升效率、降低成本或增强竞争力的 AIGC 应用领域。

在选择适合的 AIGC 工具时，企业可以考虑以下几方面。

首先，AIGC 流程平台允许企业根据自身的业务流程定制 AIGC 解决方案，实现个性化的自动化服务。例如，通过集成自然语言处理和机器学习技术，企业可以创建智能客服系统，自动回答客户咨询，提高客户满意度和服务质量。

其次，企业还可以考虑采用专业化的 AIGC 工具与软件自动化机器人

（Robotic Process Automation，RPA）的组合。这种组合能够实现更高效的工作流程自动化。例如，通过 RPA 自动化处理日常的、重复性的任务，同时利用 AIGC 工具进行数据分析和报告生成，可以大幅提升工作效率，减少人力成本。

此外，企业在选择 AIGC 工具时，还需要考虑这些工具与现有工作流程和业务系统的兼容性。一个好的 AIGC 工具应该能够无缝集成到企业现有的 IT 架构中，与客户管理（Customer Relationship Management，CRM）、企业资源计划（Enterprise Resource Planning，ERP）等系统协同工作，实现数据的流畅交换和业务流程的自动化。这种集成不仅能够减少实施新工具时的阻力，还能够确保企业数据的安全性和一致性。

最后，企业还需要对员工进行培训，使他们能够熟练使用新的工具和技术，从而充分发挥 AIGC 工具的潜力。通过有效的系统集成和培训，企业可以实现从传统工作流程到智能化、自动化流程的平滑过渡，提高整体运营效率和竞争力。

企业在选择 AIGC 工具时，应该综合考虑应用场景、工具的定制性与现有系统的兼容性以及长期的成本效益。通过精心挑选和合理部署，AIGC 工具能够成为企业适应环境变化的关键。

第四节　企业 AIGC 进化战略二：重构者战略

一、AIGC 生产力工具概述

企业 AIGC 进化战略的最重要的行动是将 AI 大模型转化为企业的数字内容生产力工具，并与原有业务系统整合或者以 AIGC 生产力工具为核心重构业务系统。AIGC 技术只有真正实现对核心业务的降本增效或者企业转型等企业目标，才能为企业带来真正的商业价值。

企业数字内容生产力工具是指与企业主营业务相关的设计、创作、生产、服务的软件工具（系统）。而 AIGC 生产力工具是以"专家 GenAI"技术为核心的数字化内容设计和生成的软件工具。传统的软件工具只是纯粹的信息处理，生成的内容产品完全是软件工具使用者的手工劳动，完全依赖使用者的创意、专业知识、操作技巧。而 AIGC 生产力工具是使用者的专家级助手，提供创意、专业知识方面的辅助，并能在使用者的指导下自动化生成内容产品。

AIGC 生产力工具的应用可以显著减少企业烦琐的业务流程，协助团队进行高效分析和洞察挖掘，并加速活动 / 产品的设计和交付过程，持续优化企业现有的商业模式。AIGC 生产力工具也能帮助企业开拓新的蓝海市场，比如出海。以前企业开拓海外市场需要专业的外语 / 外贸人才，现在有了 AIGC 翻译工具，翻译的效果可以与专业的翻译媲美。特别是语音翻译，几乎可以实时翻译。AIGC 翻译工具还能够同时支持几十种语言，企业要开拓海外市场，已经没有语言限制的门槛了。

目前能迅速为企业带来价值的 AIGC 生产力工具应用包括以下几种。

（1）以自然语言、长文本和专业知识为基础的 AIGC 生产力工具，如专业文案写作、审核、翻译、创意、辅助决策、数据分析、咨询、问答、客服等。

（2）以多模态大模型为基础的 AIGC 工具，如创作类的绘图、设计、配音、视频生成、剪辑、识图、数字人等。

（3）以专家混合模型为基础的专业内容 AIGC 生产力工具，如问诊、审计、法务、代码生成、科研、教育等。

企业采用"重构者战略"，开发直接赋能主营业务的 AIGC 生产力工具，作为行业的先行者，不仅有短期的降本增效收益，长期来看，更能够扩大市场份额，在市场上长久保持竞争优势。

还有一种构造 AIGC 生产力工具的方式是对原有企业业务系统进行 AIGC 工程化重构，底层嵌入 GenAI 基础大模型、混合专家模型，应用层引入 AIGC 工作流，交互层增加语言用户界面（Larguage User Interface，LUI）模式，即智能对话模式。

对于企业复杂的专业内容设计、生产的问题，传统的解决办法就是把各个领域的专家集合到一起来攻克这个任务。AIGC 生产力工具也是同样的思路：混合专家 (Mixture of Experts，MoE) 是一种 GenAI 大模型的集成解决方法，它通过将多个专业化的子模型(即"专家")组合起来,形成一个整体模型,每一个"专家"都在其擅长的领域工作。而决定哪个"专家"参与解答特定问题的,是一个称为"门控网络"的机制。每个专家模型可以专注于解决特定的子问题,而整体模型则能够在复杂的任务中获得更好的性能。

用户界面上采用智能模式,能极大降低用户学习成本,提高工作效率。传统的图形用户界面(Graphical User Interface,GUI)在过去几十年里一直是数字产品的主流用户界面。GUI 通过图形、图标、按钮和菜单等元素,使用户可以通过鼠标、键盘或触摸屏等方式与计算机进行交互。随着数字产品功能的不断增加,GUI 界面变得越来越复杂,需要用户记住很多功能的入口位置和操作方式,导致学习成本越来越高。

而 LUI 则采用了更加自然和直观的语言交互方式,用户可以通过语音或文字与系统进行对话,无须记住复杂的图标和操作方式。用户就像是在与一个顾问或者助理沟通,AIGC 工具变成了副驾驶(Copilot)。

二、AIGC 生产力工具重塑企业流程

如果企业采用 AIGC 生产力工具,由于生产效率大幅提升,会重塑企业的生产流程、服务流程和管理流程。

首先,AIGC 生产力工具能够重塑企业的生产流程。通过自动化和智能化的内容生成,这些工具可以减少人工干预,提高生产速度和质量。例如,在制造业中,AIGC 可以用于优化产品设计,通过分析大量数据来预测市场趋势和消费者偏好,从而快速推出符合市场需求的产品。在内容创作领域,AIGC 工具可以自动生成文章、报告或设计草图,大幅缩短创作周期,同时保持内容的创新性和吸引力。

其次,AIGC 生产力工具同样能够重塑企业的服务流程。通过智能对话系统和个性化推荐算法,企业能够提供更加精准和个性化的客户服务。AIGC 工具可以分析客户的历史行为和偏好,预测客户需求,从而提供定制化的服务和产品推荐。这种高度个性化的服务不仅能够增强客户满意度,还能够增强客户忠诚度,为企业带来长期的竞争优势。

最后,AIGC 生产力工具还能够改变企业的管理流程。通过智能化的数据分

析和决策支持，企业管理层可以更快速、更准确地做出决策。AIGC 工具可以处理和分析大量的业务数据，识别关键趋势和潜在问题，为管理层提供实时的洞察和建议。这不仅提高了决策的效率，还提高了企业对市场变化的响应能力，使企业能够灵活调整战略，快速适应市场环境的变化。

三、AIGC 科研辅助工具

对于科研型高科技企业，如生物制药企业，科研是推动企业发展的根本动力。传统科研型企业研发新技术需要大量的科学家长时间工作。而利用 GenAI 大模型的独特能力开发特定学科的 AIGC 科研辅助工具，能为科研人员提供前所未有的支持和便利。

首先，GenAI 大模型在数据分析方面能够处理和分析海量的数据集，识别出人类难以察觉的模式和趋势。比如在生物信息学领域，AI 大模型可以帮助科学家快速分析基因序列，预测疾病风险，甚至发现新的生物标记物；在天文学领域，它们能够处理庞大的天文数据，帮助研究人员识别遥远的星系和探索宇宙的奥秘。

其次，GenAI 大模型在实验设计和优化方面也发挥着重要作用。它们可以模拟实验过程，预测实验结果，从而帮助科研人员设计出更加高效、成本更低的实验方案。这种智能化的实验设计不仅节省了时间和资源，还提高了实验的成功率，加速了科学发现的进程。

此外，GenAI 大模型在文献搜索和信息整合方面也具有显著优势。它们能够快速检索和分析出大量的科研文献，为研究人员提供最新的研究进展和关键信息。这种高效的信息整合能力，使科研人员能够更全面地了解研究领域的动态，从而在科研工作中做出更明智的决策。例如，在药物发现领域，AI 大模型通过预测化合物的活性和筛选潜在的药物候选分子，极大地加速了新药的研发过程；而在材料科学领域，它们通过模拟材料的物理和化学性质，帮助科学家发现具有特定性能的新材料，推动了新材料技术的发展。

最后，GenAI 大模型在自动化实验和复杂系统建模方面也展现出了巨大的应用潜力。它们可以与机器人技术结合，实现实验过程的自动化，提高实验的重复性和准确性。同时，它们还能够构建和分析复杂的数学模型，预测系统的行为和响应，为解决复杂的科学问题提供新的工具和方法。

2024 年，微软在新发表的一篇题为"新的科学发现在几周内完成，而不是几年：AI 与高性能计算如何加速科学进步"的文章中提到：微软与位于华盛顿州里奇兰的太平洋西北国家实验室（Pacific Northwest National Laboratory，PNNL）正在协作，寻找新型电池的制造材料，解决全球急需的绿色能源问题。

科学家团队和人工智能团队紧密合作，利用专有的 GenAI 大模型和 AIGC 科研辅助工具在短短几天内识别出约 50 万种稳定材料。在筛选 3200 万种潜在无机材料时，仅用 80 小时就缩减到 18 个有潜力的候选材料，这些候选材料有望应用于新型电池开发。

这种研发速度比传统研发方式的速度提高了上千倍。以 GenAI 大模型为核心的 AIGC 科研辅助工具将开启一个加速科学发展的新时代，这非常令人振奋，因为这些成果对全世界都至关重要。从这个角度来说，以 GenAI 为基础的 AIGC 生产力工具不仅是企业进化的核心驱动力，也是推动人类社会进步的主要动力。

对于先行者企业来说，采用"重构者战略"，是企业保持长期竞争优势的关键。

第五节　企业 AIGC 进化战略三：创造者战略

生物进化的一种重要方式是"变异"，基因突变，变成另外的物种，来适应环境的巨变。企业进化也可以采用"变异"的方式来适应巨变的经济环境和技术环境。与生物的随机变异不同，由于大自然选择的路径不同，企业的"变异"是主动的，是事先设计的路径。这就是企业 AIGC 进化的"创造者战略"：利用 GenAI 技术做颠覆性创新，使企业进化为新物种。

一、现有企业

对现有企业来说，创造者战略细分为三种模式，一是开发以 GenAI 为核心的颠覆性产品，二是企业的主营业务以 GenAI 为基础全面转型，三是企业以行业大模型为基础建立生态系统。

（一）开发以 GenAI 为核心的新产品

以 GenAI 为核心的新产品的设计思路与传统思路不同，它是完全以 GenAI 的能力来设计完全不同的产品形态，即真正的原生 AIGC 应用。产品的逻辑是满足 AI 大模型这种革命性技术解锁出来的新需求，这种新需求也代表了无限可能性的新市场。

比如 Humane 公司的创新产品 AI Pin，是一款可穿戴的智能硬件产品。它"将 ChatGPT 装进了口袋，装有摄像头，能投影到掌心，能交互对话"。它像科幻电影中的物品，非常吸引人。

另一个典型的案例是 Rabbit R1，即一款手持大模型终端，完全颠覆了传统电子产品的形态。Rabbit R1 使用大型操作模型（Large Action Model，LAM），类似于 ChatGPT 等聊天机器人使用的大语言模型（LLM），接收用户的指令，并在应用程序中代表用户执行指令。例如，用户下达"我要搭车去超市"的指令，Rabbit R1 就能自动触发 Uber 应用程序，帮你呼叫网约车，从而帮你到达目的地。

以 GenAI 为核心的新物种产品，完全是对未来的探索，是一种为技术寻找市场的策略，因此失败的风险很高，企业的 CEO 需要做好充分的准备来应对各种挑战。

（二）以 GenAI 为基础的主营业务转型

以 GenAI 为基础的主营业务转型是用 AIGC 技术把企业的传统主营业务重新做一遍。无论企业主营业务是产品还是服务，都可以用 GenAI 的能力来对业务进行改造。

以产品为核心业务的企业可以用 AIGC 技术改造产品的设计、生产、供应、销售、售后服务，也可以将 GenAI 技术置入产品中，变成真正的智能产品或者在产品功能、性能方面实现质的飞跃，远远超出竞品。

以服务为核心业务的企业同样可以利用 AIGC 技术进行业务重塑。我们可以观察到所有现有的外包场景都有可能通过 AIGC 技术进行全新的组织架构调整，从而实现业务规模的数倍扩张。

服务外包公司是典型的以交付结果为主导的企业类型。在过去，大多数领域的外包公司属于劳动密集型，且进入门槛较低，因此，市场上涌现出众多小规模作坊式的企业。但随着企业规模扩大，管理难度增加，成本效益难以把控，或者员工离职后自立门户，这些问题都让这类企业的运营面临挑战。

AIGC 技术的出现，可以有效替代人工，实现降本增效。因此，所有类似外包场景的企业和业务都可能经历集中化整合，这包括代码外包、设计外包、广告外包、财税外包等多个领域，最终市场上可能仅剩下几家行业巨头。

这类传统企业的特点是企业 CEO 通常较为保守，对资本运作、市场策略或新兴技术了解不足。但他们拥有丰富的行业经验，对复杂的业务流程以及对客户需求有着深入的了解。因此，能够成功实施 AIGC 技术整合的团队，应该是传统行业专家与 AI 技术专家的联合。

在这种市场环境下，更具有发展潜力的是闭环自营模式，通过 AIGC 技术提升运营效率，而非单纯地开发 AIGC 的 SaaS 工具销售给现有企业。借助 AI 技术，企业可以以更低的价格（可能是原有成本的五分之一甚至十分之一）夺取市场份额，促使竞争对手退出市场，然后逐步升级产品，实现盈利。

对于那些熟悉 IT 技术的公司，尤其是互联网平台企业，其 AIGC 转型采取的是一种不同的路径。大部分网络双边平台企业都有可能通过 AIGC 技术实现改造，而 AIGC 工具生成的内容能够将双边平台转变为单边平台，从而实现快速发展和规模扩张。

目前，网络平台主要分为两大类。

第一类是线上内容平台，包括头条、抖音、小红书、喜马拉雅等。**这些平台的核心功能是内容匹配，一端拥有大量内容供应，另一端则拥有大量用户。平台通过给内容和用户打上标签来进行推荐。内容越丰富，用户越多，形成一个自我**

提高的飞轮。

然而，在 AIGC 时代，内容和标签的价值可能会逐渐减少。每个用户所需的内容都可以即时生成，无限供给。

当所有内容供给都可以即时生成，这将使得双边内容平台转变为单边平台，用户生成内容模式将会消失。在这个时候，社区和创作者的角色将如何定义？优质原创内容又将如何体现？这时，就一定会出现基于 AIGC 内容供应的新的商业模式。

如果上一个互联网时代是"推荐"战胜了"搜索"，那么这个时代会不会是"生成"战胜"推荐"呢？ 搜索是用户主动在海量内容中寻找适合自己的，推荐则是自动将海量内容中适合用户的东西推荐给他们，而生成则可以被视为一个充满无限可能性的内容库，一切都直接定制化生成，这样搜索和推荐的概念也就变得不再重要了。

第二类平台是 O2O（Online to Offline），或者说线上下单，线下交付，比如滴滴、美团等标准化生活服务平台，线下供给服务模式可以被 GenAI 技术解构和重构。

解构是按照某种逻辑对事物的结构化分解方法，是一种产品创新或者商业模式创新的方法。比如以前打车只有路线选择，现在只要告诉滴滴平台的起点、终点和诉求，就能组织所有与出行相关的供给方式提供服务，比如形成"打车＋地铁＋骑行"的一套最快速度到达的方案，而不只是单一的选择。

对于生产制造型企业，按照类似的逻辑，在未来生产线上 AI 机器人的占比肯定也会越来越高，因为 AI 机器人真正有能力实现个性化生产，柔性供应链或 C2M（Customer to Manufacturer）会有一个质的提升。

（三）开发行业大模型，建立生态系统

在制定 GenAI 实施战略时，行业头部企业应该综合考虑外部因素和企业内部因素。对于外部因素，企业应该从自身战略出发，站在宏观高度思考 GenAI 对行业生态的影响，包括但不限于直接竞争对手、上下游价值链转型等。

头部企业拥有技术、专业数据和渠道资源以及上下游的客户资源优势。前两种优势是开发行业大模型的关键因素，后两种优势是行业大模型商业化的关键要素。

从商业化角度来说，通用 GenAI 大模型，甚至行业 GenAI 大模型很难直接形成有效的商业模式，需要通过行业 AIGC 生产力工具实现商业化。

企业可以采用收购和联盟方式，快速建立以行业大模型为基础的合作伙伴生态系统，以适应不同的场景，并解决 GenAI 对不同技术栈层面的需求，同时要注意避免锁定供应商。

与正确的公司合作可以加速推进执行。企业不需要自己建立所有的应用或基础大模型，而是可以与优势资源供应商和专家合作，更快更好地采取行动。AIGC 商业化有四大要素，即 GenAI 大模型技术、专业数据、专业知识、应用场景。企业建立行业生态，缺什么补什么。

例如，企业如果缺乏 AIGC 团队，可以与 GenAI 大模型供应商合作，为行业定制 GenAI 大模型，或与提供可扩展云计算等能力的基础设施供应商合作；企业如果缺乏专业化数据，可以与有高质量的行业数据的公司合作，行业专有的数据在 AIGC 时代，已经变成了一种战略资产、稀缺资源，是开发行业大模型的基础。

二、初创型 AIGC 企业

对于初创型 AIGC 企业，以 GenAI 技术为产品核心，满足新应用场景的新物种模式是最佳选择。

GenAI 大模型的火爆，也引发了 AIGC 领域的创业热潮，但是 AIGC 创业与以前互联网时代的创业有很大的不同。

对创业公司而言，GenAI 大模型基本没有机会。第一，成本很高；第二，没有数据和场景，无法进行优化。

最终只能有几家公司拥有通用 AI 大模型，并且行业大模型本身也没有商业模式，所以必须用 AIGC 生产力工具落地。

对于 AIGC 创业公司而言，AIGC 落地的四大要素至少要具备 2~3 样，最好是有行业专业数据或者行业专家知识。创业公司聚焦在自己擅长的领域，寻找各种垂直场景的机会。一是要有垂直行业专业数据，大模型公司很难自己获取行业的专有数据。二是要有领域专家做行业大模型微调或者对齐，用以持续提升垂直模型的能力。

市场方面，要干苦活脏活，互联网时代"烧钱获客"的方式不能再用了，目前全球和国内 AI 大模型的头部公司还是采取这种方式，但是很难持久。AI 大模型公司相比互联网时代，需要投入大模型的训练成本和推理成本都非常高。

AIGC 创业公司要能持续保持与客户的连接，因为 AI 大模型大厂不可能自己去一个接一个地拓展客户，现在他们的做法是寻找行业龙头企业合作，通过行业龙头企业树立标杆。

另外一点尤为重要，在现有业务基础上融入 AIGC 技术是最为稳妥的选择，相对也较易实现；而单纯依赖 AIGC 技术开发新产品，没有实际的应用场景，成功概率则相对较低。

所以在面对 AI 大模型头部公司可能带来的"降维打击"风险时，AIGC 创业公司只能在数据、市场资源和场景上下功夫来保持竞争力。要有巨头没有的数据，或者在运营上有巨头没有的资源，又或者专注于专业化的场景，使 AI 大模型公司难以进入市场。简单来说，要么做独（数据独有），要么做熟（市场资源），要么做小（细分市场）。

第六节　基于 AIGC 生产力工具的新型生产关系

从信息时代开始，软件系统逐渐成为生产力工具、数字生产力工具，人们使用软件工具，以工具为中心设计工作流程。企业的组织以工作任务为核心设计岗位，以人为中心建立组织结构。这一阶段的生产关系是典型的"工具应用模式"。

软件和网络作为信息时代的数字化生产力工具，大多数软件的设计初衷是方便人类操作。这些软件的设计通常遵循一系列原则：首先固化工作流程，然后根据各个工作岗位的具体需求来设计用户界面。应用软件系统上线后，反过来也固化了工作流程、工作岗位和组织结构。

早期判别式人工智能技术是作为先进的算法被整合到软件系统中，是作为一种系统功能增强手段，比如图像识别技术用来作为智能停车系统的车牌识别算法。这个阶段属于"人使用工具"阶段。

以 GenAI 大模型技术为核心的 AIGC 软件诞生后，生产关系发生了重大变化，进入"副驾驶（Copilot）模式"。人类在 AIGC 工具的辅助下完成工作任务，**AIGC 工具以及内置 GenAI 大模型的智能电子产品不仅仅是工具，还变成了人类的助手**。它有通识和专业知识，能理解人类的需求和指令，在人类指导下，帮助人类完成工作任务。

"副驾驶模式"的生产关系会对企业组织结构产生非常大的影响，因为 AIGC 生产力工具大幅提高了生产效率，自动化程度大幅提升，导致企业的工作岗位会合并，岗位人数会下降。同时企业的生产流程也会发生变化，**大量重复性的工作任务由 AIGC 工具完成，生产流程会缩短**。生产流程变化也会引起管理流程变化，导致企业的管理结构发生变化，最后整个企业的组织结构变得更加扁平化，员工大幅减少，人才结构也更加优化，企业的人力成本也会大幅下降。

但**"副驾驶模式"只是过渡阶段，受限于目前 GenAI 大模型的技术能力**。因为强大的 GPT-4o 大模型的认知能力只相当于高中生的水平，还无法处理复杂的工作任务，专业知识和技能也不能达到专家水平。所以 GenAI 大模型只能充当人类的助手。

在"副驾驶模式"阶段，企业 CEO 所关注的焦点已经超越了是否采纳 AIGC 技术的问题，而是转向了如何有效地实现这一技术。核心的议题在于对员工能力的重新定义和提升。员工们需要积极地学习并接纳 AI 技术，将由此释放出来的额外时间投入管理 AI、构建社会关系以及发展高级创造力等更为关键的领域中。通过这样的转变，企业将能够顺应时代潮流，实现持续的发展与创新。

未来 AGI 出现后，我们将步入"人机共生（人类员工与 AGI 员工）模式"。企业将会有大量的"AI 员工"，AI 员工有两种，一种是在数字世界里工作的"AI 数字员工"，另一种是在物理世界里工作的"AI 机器人"。**AI 员工与 AIGC 工具最大的差别是能像人类一样，能够根据指令主动工作，完成复杂的工作任务**。

更重要的是能在开放的环境中，完成开放式的工作任务，能够自我学习新技能，完成新任务。

"人机共生模式"的生产关系，是指人类员工和 AI 员工是一种平等合作关系。企业分工是根据人类员工和 AI 员工的技能来划分，生产流程和管理流程会出现颠覆性的变化。企业组织形态也将发生极大的变化，将会出现大量的"新物种企业"，例如，市值十亿美元的一人公司。

在"人机共生模式"阶段，对管理者和决策者而言，最大的挑战是管理的对象将发生改变。作为一个企业家，以前的关键任务是管理人，只要把人管好，大部分问题就都能解决。但在"人机共生"阶段，管理的对象将不可避免地涉及 AI 员工以及人类员工和 AI 员工的关系。人类员工、AI 数字员工、AI 机器人员工，都是企业不可或缺的关键资产，也都是企业的生产力所在。

然而，这一变革并非一蹴而就。正如历史上蒸汽机火车的出现并未立即取代马车一样，技术的替代和融合是一个渐进的过程。在这个过程中，企业需要不断地探索和实践，逐步优化人机协作的模式，实现人类员工和 AI 员工的优势互补。

未来，随着 AIGC 技术的进一步发展和成熟，"人机共生模式"将更加深入地影响企业的运营和发展。企业将更加注重人才的培养和优化，构建一个更加灵活、高效、创新的组织结构。同时，管理者和决策者也需要不断更新自己的管理理念和方法，以适应这一变革。

第七节　如何实施 AIGC 进化战略

企业的 AIGC 进化战略一定是一把手工程，如果要拥抱 AIGC 时代，一把手的状态非常重要。

企业首先需要明确业务战略，根据"企业进化模型"，先确定大环境下的企业目标，是降本增效还是扩张，是转型还是建立行业生态。然后对企业的需求进

行快速梳理和全景扫描，并将其分为被动型需求和主动型需求。

被动型需求就是解决现有业务痛点的需求，主动型需求就是驱动增长和新业务发展的需求，并根据优先级排序。

有了明确的企业目标和需求排序，可以根据企业的类型物种、企业的基因，选择合适的企业 AIGC 进化战略。

短期目标要看投入产出比（ROI），选择见效快、阻力小、投入少的方案。 比如企业自研 AIGC 工具或者行业大模型需要投入几百上千万，而选择成熟的 AIGC 工具组合可能只需要数万元。长期目标是要建立核心竞争力，如果企业实力雄厚，自研 AIGC 工具或行业大模型能建立企业核心竞争力，那么企业要舍得投入、尽早投入。

对于大多数企业来说，并没有 AI 技术基因，**实现 AIGC 进化的技术路径有三条：外购、合作、并购。**

外购路径指购买成熟的行业 AIGC 工具，或者向专业的 AIGC 技术厂商定制，这对中小型企业来说最合适；合作路径是指如果企业有应用场景、专业知识和行业数据，可以采用与 AI 大模型技术公司合作的方式；并购路径是指实力雄厚的企业可以采用并购 AI 技术团队的方式来完成企业 AIGC 进化。在当前如此激烈竞争的商业环境下，时间成本是关键因素。建立自己的 AI 团队，既能保持行业领先者的地位，也能保护好公司的商业秘密和数据资产。

一、实施使用者战略

企业从自身业务场景中，选择一个或多个最容易见到效果的场景，实施 AIGC 应用。

常见的应用场景入口包括营销、设计、开发、生产、客服、供应链等。

另外，还要关注 AIGC 工具的技术成熟度。文案写作、智能问答、智能翻译、文档智能检索类通用型 AIGC 工具最为成熟，然后是绘图、设计类 AIGC 工具和语音识别、文本转语音类 AIGC 工具。视频类 AIGC 工具中的剪辑、字幕处理和 6 秒内的短视频生成功能较为成熟，1 分钟以上的长视频生成功能还在演示阶段。

能否落地 AIGC 使用者战略，关键在于企业员工对 AIGC 工具的使用技能能

否快速见效地发挥出 AIGC 的效能，通过快速实现价值为企业高层提供"定心丸"。所以找到最适合的应用场景后，还要找到最有热情的员工去探索如何在企业中应用 AIGC 工具，做出成果后推广，以点带面，最后实现企业的 AIGC 进化的战略目标。

二、实施重构者战略，实现企业内部重构和 AIGC 生产力工具的商业化

（一）企业内部重构

企业内部采用 AIGC 技术重构自己的业务系统、生产系统和管理系统，实现全面的 AIGC 进化战略，可以分为两个阶段实施：试点和全面推广。

1. 试点实施阶段

开发新产品的一个行之有效的方法叫 MVP（最小价值产品），企业的新技术改造也有个类似的方法叫 PoC(Proof of Concept)，即概念验证方法。

用 PoC 方法试点的目的是用最小的成本，快速验证新技术能否为企业创造业务价值。不要考虑太多，快速启动验证是关键。

PoC 方法快速验证 AIGC 技术方案是否可行的第一步是测试目前最强 GenAI 大模型的能力边界。这个能力边界决定了企业 AIGC 技术方案的最大能力。如果这个能力不能解决业务需求，或者不能达到关键指标，就代表 PoC 验证失败，还需要等待 GenAI 技术进一步发展。切忌从开始就开发企业或行业大模型，一旦 PoC 失败，将产生巨大的人力、资金、时间成本。

PoC 方法在 AIGC 技术的实践中，最好分三步进行验证。

（1）GenAI 技术验证。采用基础"GenAI 模型 +'专家提词工程'"方式进行技术可行性验证。

（2）流程验证。一旦通过技术可行性验证，再投入较少的人力、物力开发 AIGC 工作流，就可以采用无代码或者低代码 AIGC 工作流平台进行开发，验证流程的可行性。

（3）系统整合验证。将 AIGC 工作流集成到业务系统中，特别是接入业务数据，验证能否与应用系统协同工作。

试点阶段往往先从 1~2 个业务领域的 PoC 试点开始，例如营销客服机器人、IT 代码开发和运维助理等，进而实现全面推广和流程重塑。

2. 全面推广实施阶段

一旦 PoC 概念验证方法取得预期的效果，就可以在企业内规模化地推广 AIGC 技术，实现企业的战略目标。全面推广实施阶段的路径分为 4 个步骤，分别是设计战略路线图、实施组织建设、选择合适的技术路线、调整业务运营模式。

（1）设计战略路线图。

首先，需要企业管理层达成共识，就企业的愿景以及 AIGC 技术对企业价值能达成一致，即通过 AIGC 进化战略的实施，进行业务领域的重构，打造卓越的客户体验，并建立竞争优势。

现实中不同的部门对 AIGC 技术的认知差异非常大，由于实施战略需要核心业务部门的数据，还会引起企业组织结构变化，影响到部门的利益，非常容易引起企业内部矛盾。如何处理好企业新技术变革带来的矛盾，是对企业 CEO 的一大挑战。

其次，制定关键评价指标 (KPI/OKR)。KPI 主要用于判断用例实施是否符合预期以及优化 GenAI 应用的具体设计方案。

最后，建立合适的激励制度。业务结构重组以及部门利益受到影响，必然引起从部门主管到一线员工的抵制，所以需要制定特殊的激励政策对冲部门利益的损失，最大限度争取关键部门和关键人员的支持。

（2）实施组织建设。

在企业实施 AIGC 战略的过程中，组织建设是关键，人才是这一战略的核心，确保团队具备将业务与技术融合执行所需的技能和能力至关重要。

首先，需培养两类关键人才：研发人才和 AI 产品经理。

研发人才包括 AI 专家、业务专家和数据科学家。研发人才需要掌握一系列复杂的 AI 技能，包括但不限于提示词工程（Prompt engineering）、优化和部署 GenAI 模型、深度学习和 GenAI 框架、大模型微调技术、向量数据库、构建 RAG 系统，以及 AIGC 工作流等应用开发框架。此外，研发人才还需要具备大模型运维、高性能计算、分布式计算和大数据处理的专业技能。

AI 产品经理则需要深入理解企业需求，提供定制化的 AIGC 解决方案，确保开发的应用与企业需求高度契合，以实现业务和技术的无缝对接。

随着 AIGC 系统的开发完成，企业需通过培训和沟通来提高员工对新技术的理解和接受度。当员工能够充分利用 AI 优势时，团队的工作效率和质量将得到显著提升。

市场上精通 GenAI 基础模型、AIGC 技术且熟悉业务的复合型人才稀缺，企业应主动提供培训和交流机会，帮助团队跟上技术发展的步伐，并培训普通员工获得相关技能，为 AIGC 应用的扩展打下坚实基础。**企业甚至可以考虑建立内部的 AI 人才学院，为不同岗位的员工提供定制化课程和培养计划，充分挖掘内部人才的潜力。**

企业还需将人工智能技术融入现有业务流程，并根据新技术带来的影响，对业务流程进行重塑，这涉及资源分配和考核体系的优化。

为了确保 AI 解决方案的顺利实施，并有效管理转型过程中的风险，企业需要启动全面的变革管理。这将更好地支持大规模技术的能力建设和文化变革，帮助内部员工逐渐适应新的运营环境。通过这些措施，企业将能够确保 AIGC 技术的成功落地，实现业务的持续创新和增长。

（3）选择合适的技术路线。

根据需求和企业资源情况选择最合适的 AIGC 路线和开发方式，如自研、外购、合作。

企业是否需要开发自己的企业大模型，特别是目前的经济环境下，需要仔细考虑。根据企业的资源、所处行业、战略的不同，企业有两种技术路径可以选择。

一种策略是深度微调通用大模型并自主构建应用层，这特别适用于对数据敏感且追求卓越输出的行业（如法律、医疗、金融）。这一策略的优势在于能够灵活学习和运用专有数据，并实现私有化部署。然而，若企业选择开源模型，其整体性能可能不及封闭大模型，且应用开发框架将受限于现有的训练和部署框架。

另一种策略是独立打造行业顶尖的大模型与端到端应用。这涉及从基础开始，精心研发针对特定行业的模型，并封装前端应用层，确保商业应用的顺利进行。此方法的优势主要在于我们可以全面掌控数据、算法、知识产权、能力以及模型资产等核心要素。

该路线对企业大模型技术栈、人才和技术能力，以及推动技术转型的决心要求较高且成本费用高昂。例如，构建一个百亿以上参数的行业大模型至少需要采购 8~10 块英伟达的高端 GPU 显卡，加上服务器成本约为 1500 万 ~2000 万元，考虑到后期开发、GPU 训练能耗及运维成本，整体费用将高达 3000 万 ~5000 万元。因此，企业在选择该路线时应综合考量投入产出比和长期回报等指标，充分考量后再做决定。

数据也是企业实施 AIGC 应用时必须考虑的重要因素。高质量的业务数据是训练企业大模型的燃料，也是企业的战略资产。数据工程的主要工作是专业领域的数据采集、整合、清洗、合成。

（4）调整业务运营模式。

探索业务与技术的融合运营模式，并通过快速迭代将 AIGC 技术嵌入现有业务流程。多数企业采用平台运营模式，在现有基础设施之上构建和整合 AIGC 能力，以实现快速和规模化的应用。

在推行新业务模式的过程中，企业还需重新评估和调整业务流程及组织架构，在关键业务领域对现有流程和职能全面革新，明确岗位角色和职责，以适应 AIGC 技术的快速发展。

（二）企业 AIGC 生产力工具商业化

企业要实现新技术的商业化，并在市场上取得成果，有一条基本原则，即向普通用户交付结果，向专家用户交付工具。无论是面向用户（2C）还是面向机构（2B）都是同样的规则。

从用户角度来说，普通用户的核心需求是结果而非工具，而专家用户需要的是称手（高效）工具。比如普通用户买电钻的需求不是电钻本身，而是需要在墙上钻个洞，解决的方法除了买电钻自己打洞外，也可以买服务，请人来打或者用其他的替代方案。而装修工人买电钻一定是工作需求，需要一件高质量的电钻，能帮助他高效完成工作。

1. 交付物为最终结果

由于 AIGC 直接生成产品的可控性差，应避免让客户直接与 AIGC 工具交互。相反，企业应在自己的体系内部将 AIGC 工具和人工操作相结合。这样，只需向客户交付结果，而非工具。这有助于将客户可能的不良体验和不可预期的成本转移到公司内部。随着时间和技术的发展，这种以客户为导向的价值创造方式会使 AIGC 对人工介入的需求和占比逐渐降低，直到未来某一天成为标准化的产品。采用这种模式的典型公司是 Fancytech。

2. 交付物为 AIGC 工具

如果是为专家级用户提供 AIGC 生产力工具，则需要将 AIGC 工具的工作流程拆开，每个步骤都可以精细调整，满足专家用户对流程的精细控制，最后生成满意的成果。从专家用户角度来说，没有什么比控制感更重要的事了。

3. 交付物为 AIGC 工具加服务

如果必须向普通用户交付 AIGC 工具，特别是在 AIGC 工具还不成熟的时期，面向用户的 AIGC 工具在交互时一定要简单化。而面向机构的用户要用服务的方式帮助用户完成工作，解决用户使用工具的各种障碍。

三、实施创造者战略，构建行业 AIGC 生态系统

龙头企业为整个行业建造一个基于行业大模型的 AIGC 生态系统，整合行业上下游的数据、专业知识、客户资源，不仅可以提升企业自身核心竞争力，还能优化整个产业链的结构，降低全行业的成本，提高整个行业的效益。

构建行业 AIGC 生态的愿景是为行业上下游的企业提供价值，或者说基于上下游企业的价值创造来设计 AIGC 生态。构建行业的 AIGC 生态需要构建一个整体的 AIGC 方案，包括算力层、数据层、模型层和应用层。

算力层提供行业大模型训练和推理需要的算力，为上下游的中小企业用户提供 AIGC 应用所需要的推理算力。

数据层分两类。一类是行业共用数据，为用户训练自己的企业大模型；另一类是各企业用户的私有数据。

模型层也分两类。一类是通用的行业大模型，用户可以根据自己的需要选择；另一类则是提供行业大模型微调接口，用户可以微调自己专有的企业大模型。由于训练行业大模型需要高质量数据，成本也非常昂贵，因此可以为有需求的用户提供一站式的企业大模型的训练环境，包括基础模型、训练数据、微调接口、算力等。

应用层是为企业客户提供 AIGC 工作流平台，企业可以定制自己的 AIGC 工作流。

第八节　企业实施 AIGC 进化战略的陷阱

在企业的 CEO 信心满满地制定好 AIGC 战略和实施计划准备大干一场的时候，需要小心，可能会遇到多种陷阱，这些陷阱可能会阻碍企业实现 AIGC 转型的目标。

一、企业管理层的认知差异

新技术革命会对原来的组织机构的工作方式、配置和流程产生重大影响，导致组织领导、成员的权力、经济利益受到影响，也会与组织成员的观念、思维方式和工作习惯产生巨大冲突。这些认知差异和现实利益冲突会促使原来的组织对 AIGC 新技术产生强烈的抵触情绪和抵制行为。类似于生物体产生"排异反应"一样。

常见表现如下。

（1）反对引入 AIGC 技术，贬低新技术，夸大新技术的风险和应用成本。

（2）引入 AIGC 新技术后，消极对抗。

（3）减少或者断绝新技术资源，甚至设置各种障碍以阻止新技术的发展。

二、部门利益直接冲突

企业在推进 AIGC 战略时，还会遇到与部门利益直接冲突的问题。AIGC 的实施降本增效，一定会损害相关部门或者员工的直接利益。这种情况会导致这些部门或者员工"拼死抵抗"，为了避免这种情况，企业需要建立一个跨部门的协调机制，确保所有利益相关者都能参与到决策过程中，从而达成共识并推动战略的顺利实施。

例如，一个真实的案例：一家大型软件外包公司在市场上寻求 AIGC 代码生成工具，来提高软件工程师的生产效率。从战略上来看这一做法非常适合，外包公司的主要成本是人力成本，如果 AIGC 代码工具能够降低 30% 的人力成本，那么公司的利润立刻会翻倍。

该公司的董事长非常积极，亲自推动 AIGC 战略实施，几乎把市场上所有提供 AIGC 代码生成工具的供应商都考察了一遍，但最后还是不了了之。究其原因，还是部门利益冲突问题。外包公司把评审各种 AIGC 代码生成工具的任务交给了软件开发部门，这在理论上没错，因为这个部门最懂技术，将来也是他们来使用 AIGC 代码生成工具。但是参与产品评审的工程师认为所有的 AIGC 代码生成工具都不能达到要求，没法投入使用。

通过这一案例可以得出利益直接冲突源于以下几个方面。

首先，软件开发部门的工程师可能担心 AIGC 代码生成工具会取代他们的工作，从而对自己的职业前景感到不安。

其次，软件开发部门的工程师可能对 AIGC 代码生成工具的实际效果持怀疑态度，认为这些工具无法满足他们的技术要求，会增加工作量。

最后，部门管理人员可能存在对变革的抵抗心理，担心岗位和权力受到影响，因为变革往往伴随着不确定性和风险性。

企业在推动 AIGC 进化战略时，常常会碰到类似情况，需要企业 CEO 认真对待和处理。

三、期望值过高

与怀疑 AI 能力相反的另一个极端观点是期望值过高，即认为 AIGC 代码生成工具上线后，人力成本将降为原来的十分之一，效率会提高三倍，利润将增长好几倍，如图 6-3 所示。

图 6-3　AIGC 应用"幻想"情境

但是实施 AIGC 战略后发现，AIGC 工具只是在一个环节上提高 5% 的工作效率，如图 6-4 所示，结果大失所望。

图 6-4　AIGC 应用实际场景

如何避免这种陷阱？首先，降低预期值，目前 AIGC 还在快速发展，GenAI 大模型的能力还有所欠缺，需要整合其他工具，才能达到比较满意的效果。其次，找到合适落地的工作场景，避免只对单一环节改进，要对全部工作流程进行优化。

四、盲目跟风开发 GenAI 大模型

在 AIGC 技术的热潮下，一些企业没有充分考虑自身的实际需求和资源状况，可能会盲目跟风，全面投入 GenAI 大模型的开发。

首先，GenAI 大模型本身缺乏商业模式，甚至 OpenAI 都觉得它很难有商业模式，只能和其他领域的头部企业合作，2024 年 OpenAI 的 CTO 在其母校达特茅斯学院演讲时说过"OpenAI 当年 GPT 的商业化非常困难"。企业只有在找到能创造商业价值的应用场景后，才应考虑开发企业大模型或者行业大模型。

其次，GenAI 大模型的开发成本很高，即使实力雄厚的企业也需要充分论证投入产出比。

最后，企业花费巨大成本微调的大模型，在某些方面可能会超过当时的基础大模型。但是基础大模型的能力提升很快，新版本的基础大模型的能力可能远远

超出企业微调的大模型，所以企业的前期投入都会"打水漂"。

解决的办法是针对专业领域进行大模型微调，或者使用基础大模型加专家合成数据，训练专家模型，通俗地说就是把基础大模型的通用能力比作水，把专业模型比作船，水涨船高。

五、产品 +AIGC 概念会升值

很多企业认为 AIGC 概念这么火爆，只要将产品加上 AIGC 的概念就能大卖特卖，这是完全错误的观点。因为客户不会为 AIGC 概念而买单，只会为价值买单。企业不用为 AIGC 而 AI，必须顺其自然。

不要高估 AIGC 带来的价值。如果商业涉及多个环节，而 AIGC 只在某个环节带来局部效率的提升，则从商业整体来看，并不算有比较优势，对于这种情况，企业不要玩概念，扎扎实实做市场推广，为客户创造价值。

在企业推进 AIGC 战略的过程中，CEO 和管理层必须保持清醒的头脑，充分认识可能遇到的各种陷阱和挑战。只有通过科学的规划、有效的沟通和协调、合理的期望管理以及务实的执行策略，才能真正实现 AIGC 技术的价值，推动企业的转型和发展。

AIGC 技术虽然充满潜力，但其成功的关键在于如何将其与企业的实际需求和业务场景紧密结合，创造出真正的商业价值。只有这样，企业才能在激烈的市场竞争中立于不败之地，实现可持续的发展。

第九节　未来智能化社会的企业终极形态

AIGC 为未来企业的智能化生产作业打开了空间。企业往往积累了大量专业化、领域化的知识、规则，可以把 AIGC 技术看成 "虚拟人力"，以此可以将企业传统的知识库升级为 "企业认知大脑"，即可以自动完成业务内容的理解和生成的逻辑中枢，助力企业日常认知作业从纯人脑作业转型为 "20% 人类 +80%AI

员工"的作业模式，让 AI 员工完成 80% 的事务性、中低阶的认知作业，这部分有着足够高的质量下限（大量知识支撑）且极具效率（数千倍于人工）。

未来 AGI 时代，智能型企业将成为以 AI 企业大脑为核心的新物种。这类企业具备三个基本特征：企业 AI 大脑、AI 员工和人机共生。智能型企业的终极形态，如图 6-5 所示。

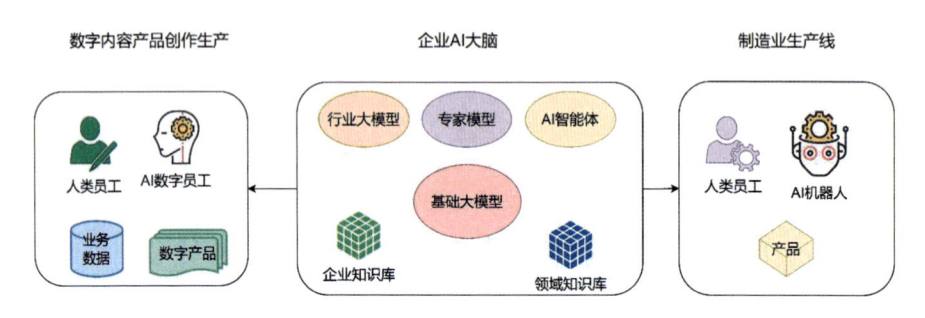

图 6-5　未来的智能型企业

一、企业 AI 大脑

（一）企业 AI 大脑的概念

企业 AI 大脑是指以 AGI 大模型为基础，集成若干专家模型的混合 GenAI 大模型。AGI 大模型是世界模型，拥有几乎所有的人类基础知识，具备感知世界的能力。专家模型是指具备领域专业知识和技能的小模型，专家和业务主管使用最新的业务数据和知识，持续不断地培训和训练专家模型。专家模型是 AI 员工的大脑。

领域知识和企业知识以向量数据库形式存储，是企业 AI 大脑的长期记忆体。企业 AI 大脑存储了企业独有的专业知识、产品知识、业务知识、行业知识、领域知识，并且企业的业务专家和数据科学家会定期更新企业知识库和领域知识库。

（二）企业 AI 大脑的战略价值

企业 AI 大脑在现代企业中扮演着战略性的角色，其价值体现在多个方面。

第一，对于知识密集型企业，如高新技术企业和专精特新类企业，企业 AI 大脑通过集成领域知识、工程经验和行业数据，实现了知识的智能化和持久化。这相当于将企业中最有价值的专家和经验丰富的工程师等知识资产集成化，形成了企业的核心战略资产。

第二，企业 AI 大脑显著提升了企业的创新能力，在技术创新和产品创新方面，均实现了效率、质量和速度的数倍提升。同时，企业 AI 大脑还增强了企业的传承能力，通过培训更多的技术专家和产品专家，大幅降低了培训成本。

第三，在知识积累和迭代方面，企业 AI 大脑通过持续更新技术、产品运维数据和用户反馈数据，形成了一个正向循环，进一步增强了企业的核心技术能力和市场竞争力。此外，企业 AI 大脑还减少了对高端人才的依赖，降低了成本，同时确保了即使人才流失，也不会导致核心技术的流失。

第四，在行业层面，企业 AI 大脑的价值同样显著。它位于产业链的顶端，能够重塑产业链，通过集成知识产权，成为企业的核心战略资产。这种积累性和传承性的知识资产，大大降低了核心员工流失带来的损失。

第五，企业 AI 大脑还显著降低了业务系统和管理系统的维护升级成本。基于 GenAI 大模型的企业 AI 大脑能够自动适应外部市场、用户和管理的变化，形成了一个适应性系统。同时，员工培训成本也得到了大幅降低，因为每个员工都配备了"AI 助手"，能够提供实时的业务知识、产品知识和最新数据支持。

第六，企业 AI 大脑作为数字化生产力工具，极大地提升了新产品的设计和开发速度，降低了成本。它增强了创意和创新能力，加快了设计和开发流程，减少了技术人力需求，简化了岗位种类。

第七，AI 仿真用户和模拟应用场景的能力，也大大降低了用户调研和产品原型测试的工作量。

总的来说，企业大脑是推动企业持续创新和竞争力提升的关键因素。

二、AI 员工

AI 员工，以 AI 智能体为基础，能够独立完成开放式的复杂的工作任务，具有自我学习和进化的能力，能适应不断变化的外部需求。AI 员工分两种：AI 数字员工和 AI 机器人。

AI 数字员工是在数字世界里的 AI 智能体，AI 机器人是内置 AI 智能体的人形机器人和工业机器人。它们能感知外界环境，具有观察和自我学习能力，能完成开放型工作任务。

AI 员工做专业性强、重复性高的工作任务，比人类员工更专业、质量更稳定、成本更低。

AGI 大模型是 AI 员工的下丘脑，负责 AI 员工的基本行为，理解自然语言，和人类自然交互，感知和探索世界，自我学习和进化；而专家模型是 AI 员工的左右脑，负责完成各类工作任务。

三、人机共生

"人机共生"是未来智能企业的核心，它将人类员工和 AI 员工紧密结合在一起，共同完成工作。在这种模式下，AI 员工将接管大部分日常任务，企业也会派生出许多新岗位，比如 AI 培训师。预计未来智能企业的团队将由 20% 的人类员工和 80% 的 AI 员工组成，形成高效、灵活的超级小团队，甚至可能催生市值高达 1 亿美元的"一人公司"。

AI 员工和人类员工各有其优势。AI 员工的灵活性使它们能够在多个业务领域发挥作用，无论是在危险环境中还是处理重复性任务。它们基于广泛的知识和企业数据，保证了工作的质量和一致性，并不受人为因素影响。AI 员工还能全天候工作，快速响应，释放人类员工去从事更高层次的创造性和决策性工作。

在人机合作中，合理的分工至关重要，它能充分发挥人类的独特价值。人类在获取信息、目标设定、共情、创造力等方面具有优势。人类的欲望、意志和信仰是推动社会进步的关键力量。

智能企业的管理模式也将经历变革。未来的管理将不再只针对人类员工，而是要涵盖人类员工和 AI 员工构成的智能组织。这将彻底改变管理科学的内涵和目标。管理者需要深入了解 AI 员工的特性，理解人机之间的差异性和互补性，以适应智能时代的需求。

随着人机边界的模糊，"企业管理学"将面临新的挑战。

从人本主义的视角看，人类的主要任务是成为智能机器的引导者和管理者，人类最重要的使命是做好智能机器的"牧羊人"。管理学可能成为智能时代的核心学科，管理者将成为关键职业。但这一切的实现，都需要我们重新定义智能时代的管理科学。

第七章

企业营销的 AIGC 进化

企业 AIGC 进化论：如何用生成式人工智能实现企业效率革命

- **本章引言**
  - 营销定义与误解
  - 市场营销的核心
  - 市场定义与消费者需求
  - 企业营销的分类与职责

- **第一节 企业营销进化路径**
  - 营销原始方式：物物交换
  - 卖方市场到买方市场
  - 营销模式的进化
  - 传统营销到 AI 营销的三个阶段
  - 营销模式的比喻：捕鱼模式

- **第二节 AIGC 工具赋能企业营销**
  - AIGC 工具在营销生命周期的应用
  - AIGC 工具赋能营销策略的制定与执行
    - AIGC 工具辅助营销决策
    - AIGC 工具生成市场营销文案
    - AIGC 工具生成问卷调查
    - AIGC 工具生成短视频
  - AIGC 工具赋能营销的局限性和解决方案
    - AIGC 工具成熟度问题
    - 缺乏系统化整体支持能力
    - 高质量内容生成的要求
    - 解决方案：选择合适的 AIGC 工具
    - 解决方案：开发 AI 工作流和提示词库
    - 解决方案：结合 AIGC 工具与 RPA 工具

- **第三节 AIGC 工具助力新媒体运营**
  - 新媒体运营概述
    - 新媒体运营机构与 MCN 机构
    - 新媒体与传统媒体对比
    - 新媒体商业逻辑
  - 新媒体运营流程
    - 需求分析
    - 方案策划
    - 选题与内容创作
    - 渠道投放与用户转化
    - 数据分析
  - 新媒体运营商业目标
    - IP 建设与间接变现
    - 内容带货与直接变现
    - 运营服务变现
  - 新媒体运营痛点
    - 创意不佳
    - 审美疲劳
    - 人力不足
    - 时间不够
  - AIGC 在新媒体运营中的应用
    - 提升效率与降低成本
    - 团队进化与技术革命

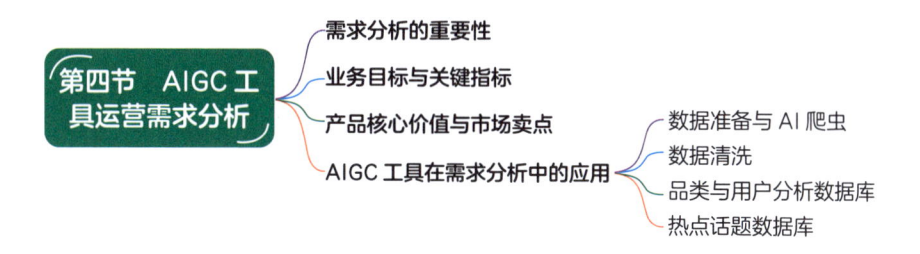

第七章 企业营销的 AIGC 进化

第四节 AIGC 工具运营需求分析
- 需求分析的重要性
- 业务目标与关键指标
- 产品核心价值与市场卖点
- AIGC 工具在需求分析中的应用
  - 数据准备与 AI 爬虫
  - 数据清洗
  - 品类与用户分析数据库
  - 热点话题数据库

第五节 AIGC 工具文案内容生产
- 内容运营核心
  - 内容创作与内容生产
  - 商业化内容目标
  - 传统内容运营挑战
- AIGC 写作工具应用
  - 选择合适的 AI 大模型
  - 写作插件与提示词模板
  - 写作资料库建立
  - AI 大模型参数调整
  - 目标写作与子任务
  - 去"AI 味"与内容优化
- 新媒体运营核心竞争力
  - 洞察力
  - 敏感度
  - 选择判断力

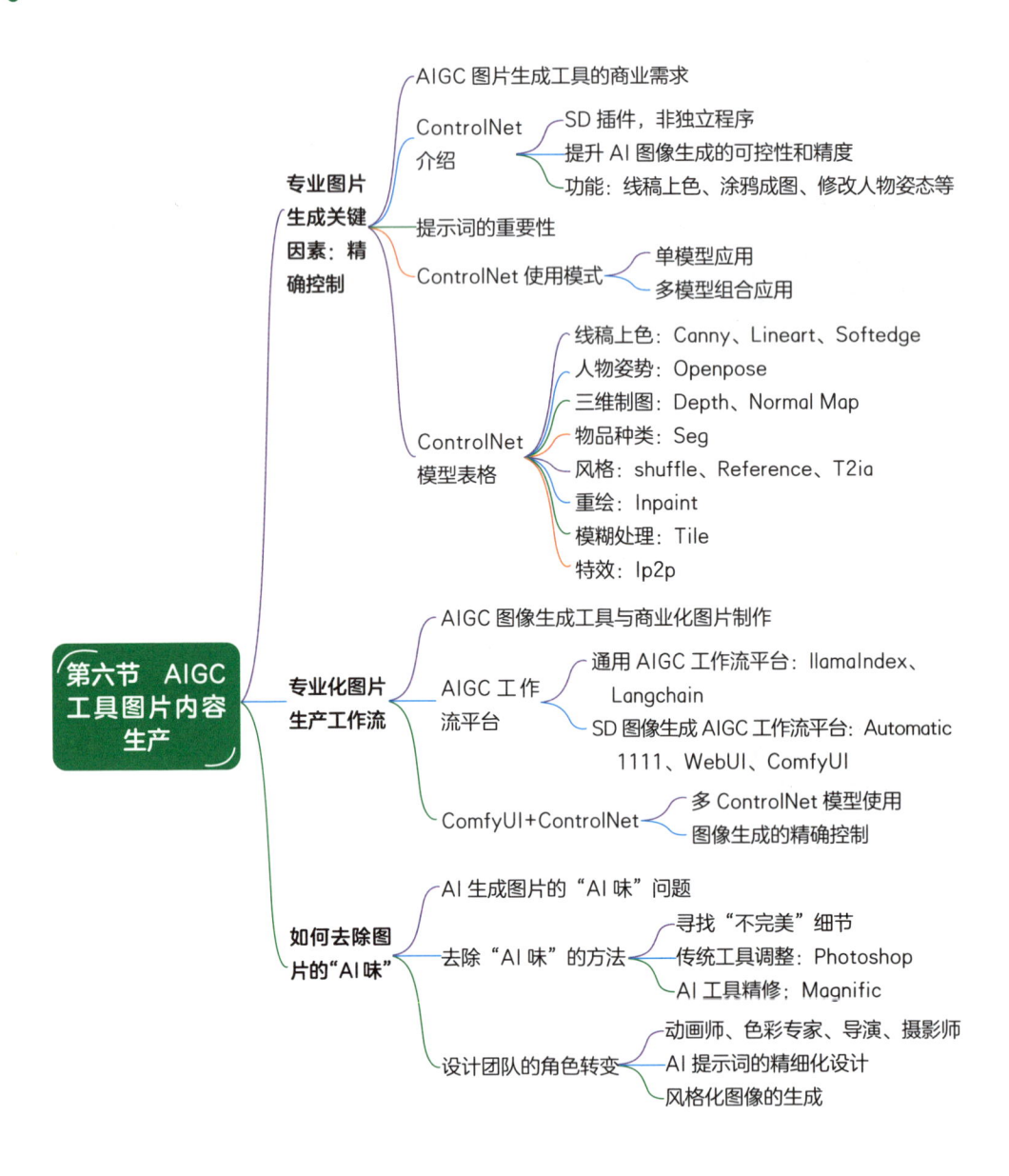

第六节 AIGC 工具图片内容生产

- **专业图片生成关键因素：精确控制**
  - ControlNet 介绍
    - AIGC 图片生成工具的商业需求
    - SD 插件，非独立程序
    - 提升 AI 图像生成的可控性和精度
    - 功能：线稿上色、涂鸦成图、修改人物姿态等
  - 提示词的重要性
  - ControlNet 使用模式
    - 单模型应用
    - 多模型组合应用
  - ControlNet 模型表格
    - 线稿上色：Canny、Lineart、Softedge
    - 人物姿势：Openpose
    - 三维制图：Depth、Normal Map
    - 物品种类：Seg
    - 风格：shuffle、Reference、T2ia
    - 重绘：Inpaint
    - 模糊处理：Tile
    - 特效：Ip2p

- **专业化图片生产工作流**
  - AIGC 图像生成工具与商业化图片制作
  - AIGC 工作流平台
    - 通用 AIGC 工作流平台：llamaIndex、Langchain
    - SD 图像生成 AIGC 工作流平台：Automatic1111、WebUI、ComfyUI
  - ComfyUI+ControlNet
    - 多 ControlNet 模型使用
    - 图像生成的精确控制

- **如何去除图片的"AI味"**
  - AI 生成图片的"AI味"问题
  - 去除"AI味"的方法
    - 寻找"不完美"细节
    - 传统工具调整：Photoshop
    - AI 工具精修：Magnific
  - 设计团队的角色转变
    - 动画师、色彩专家、导演、摄影师
    - AI 提示词的精细化设计
    - 风格化图像的生成

第七章 企业营销的 AIGC 进化

第七节 AIGC 工具视频内容生产

- **AIGC 工具在视频产业的应用**
  - 视频素材生成：实地拍摄、三维动画
  - "文生视频"技术

- **AIGC 工具生成和加工素材**
  - 创意和剧本辅助生成
  - 分镜头脚本撰写
  - 提示词模板

- **AIGC 工具生成视频**
  - 视频生成工具：Pika、Runway、Stable Diffusion
  - 视频素材的二次加工

- **AIGC 工具生成图片**
  - 绘图工具：Midjourney、Stable Diffusion、DALL-E3
  - 图片风格一致性

- **AIGC 工具生成音频**
  - 音频生成工具：Azure、智影、Reecho
  - 口播、旁白、对白
  - 语音克隆工具：ChatTTS

- **AIGC 工具生成音乐**
  - 音乐生成工具：Suno、udio、Stable Audio、MusicgGen
  - 音乐制作的影响

- **AIGC 工具生成音效**
  - 音效生成工具：AudioGen、MusicgGen
  - 音效生成的应用

- **视频剪辑合成**
  - 视频剪辑软件：剪映、快影
  - AIGC 技术在剪辑中的应用
    - 智能搜索、智能画面延伸、智能镜头跟踪、智能打光
    - 音频处理：人声美化、声音克隆
  - AIGC 剪辑工具的局限性与创意的重要性

第八节 AI 数字人

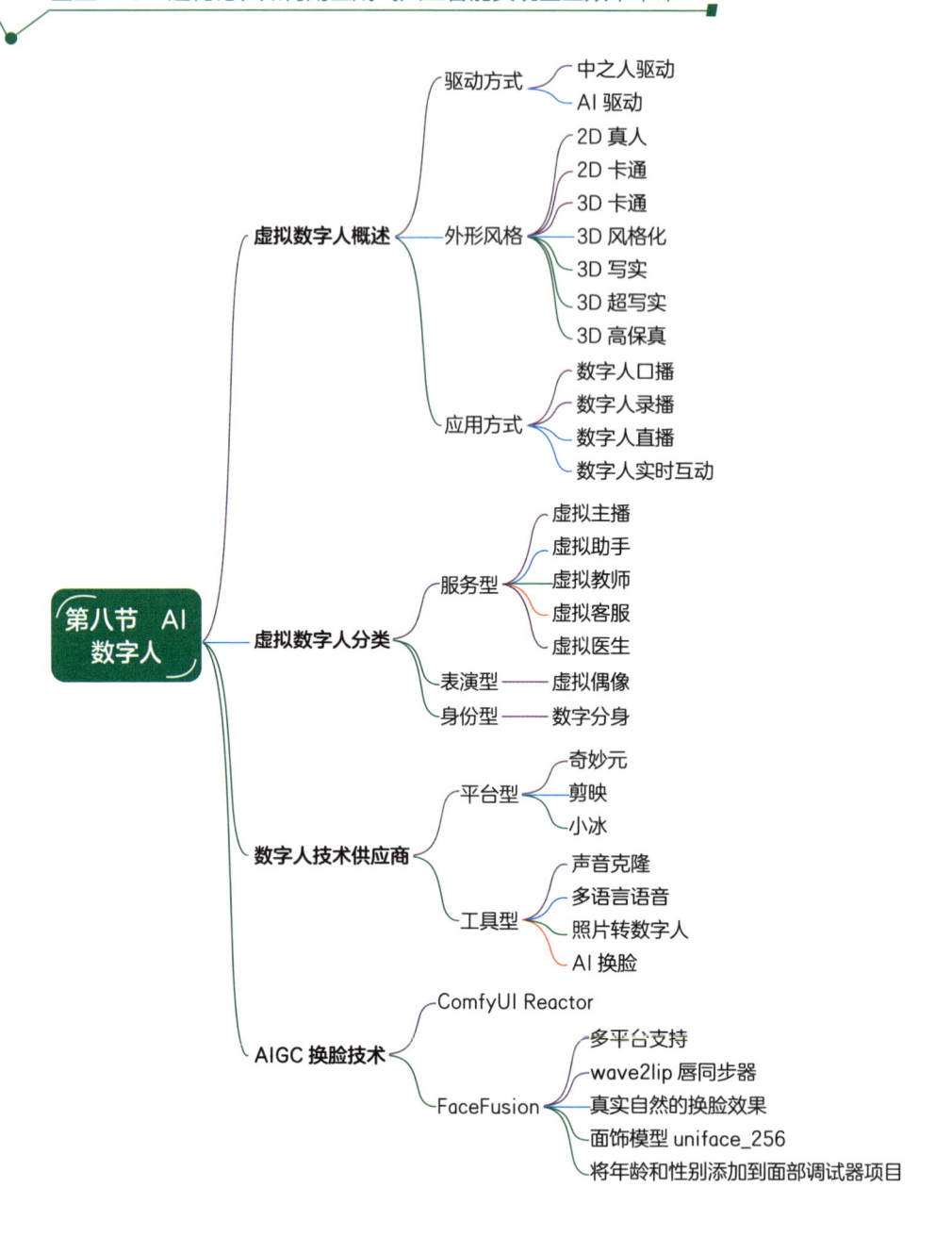

- 虚拟数字人概述
  - 驱动方式
    - 中之人驱动
    - AI 驱动
  - 外形风格
    - 2D 真人
    - 2D 卡通
    - 3D 卡通
    - 3D 风格化
    - 3D 写实
    - 3D 超写实
    - 3D 高保真
  - 应用方式
    - 数字人口播
    - 数字人录播
    - 数字人直播
    - 数字人实时互动
- 虚拟数字人分类
  - 服务型
    - 虚拟主播
    - 虚拟助手
    - 虚拟教师
    - 虚拟客服
    - 虚拟医生
  - 表演型
    - 虚拟偶像
  - 身份型
    - 数字分身
- 数字人技术供应商
  - 平台型
    - 奇妙元
    - 剪映
    - 小冰
  - 工具型
    - 声音克隆
    - 多语言语音
    - 照片转数字人
    - AI 换脸
- AIGC 换脸技术
  - ComfyUI Reactor
  - FaceFusion
    - 多平台支持
    - wave2lip 唇同步器
    - 真实自然的换脸效果
    - 面饰模型 uniface_256
    - 将年龄和性别添加到面部调试器项目

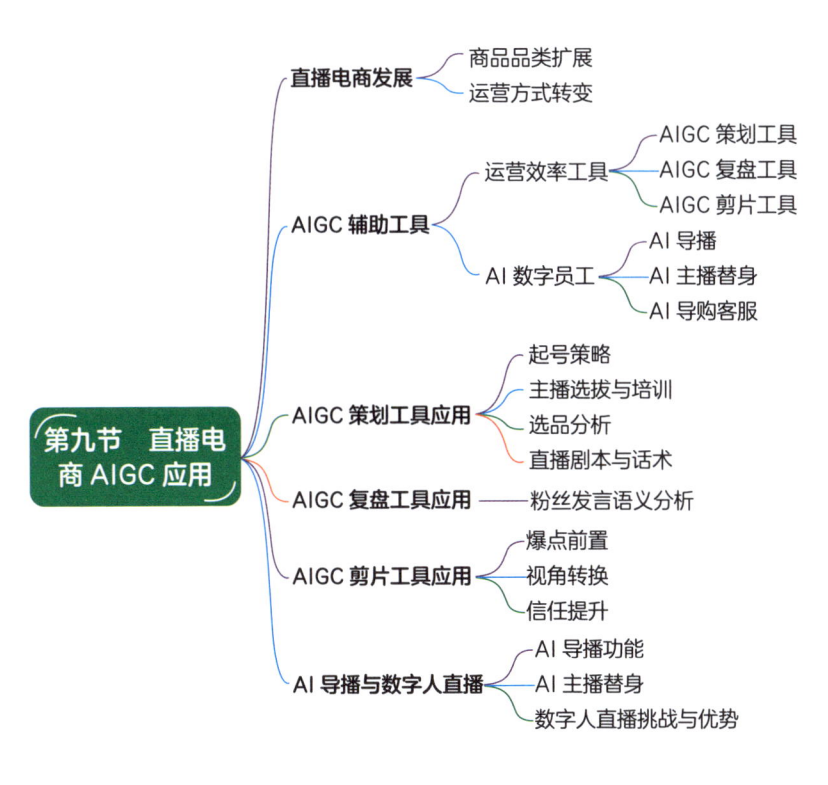

第七章　企业营销的 AIGC 进化

第九节　直播电商 AIGC 应用

- 直播电商发展
  - 商品品类扩展
  - 运营方式转变
- AIGC 辅助工具
  - 运营效率工具
    - AIGC 策划工具
    - AIGC 复盘工具
    - AIGC 剪片工具
  - AI 数字员工
    - AI 导播
    - AI 主播替身
    - AI 导购客服
- AIGC 策划工具应用
  - 起号策略
  - 主播选拔与培训
  - 选品分析
  - 直播剧本与话术
- AIGC 复盘工具应用
  - 粉丝发言语义分析
- AIGC 剪片工具应用
  - 爆点前置
  - 视角转换
  - 信任提升
- AI 导播与数字人直播
  - AI 导播功能
  - AI 主播替身
  - 数字人直播挑战与优势

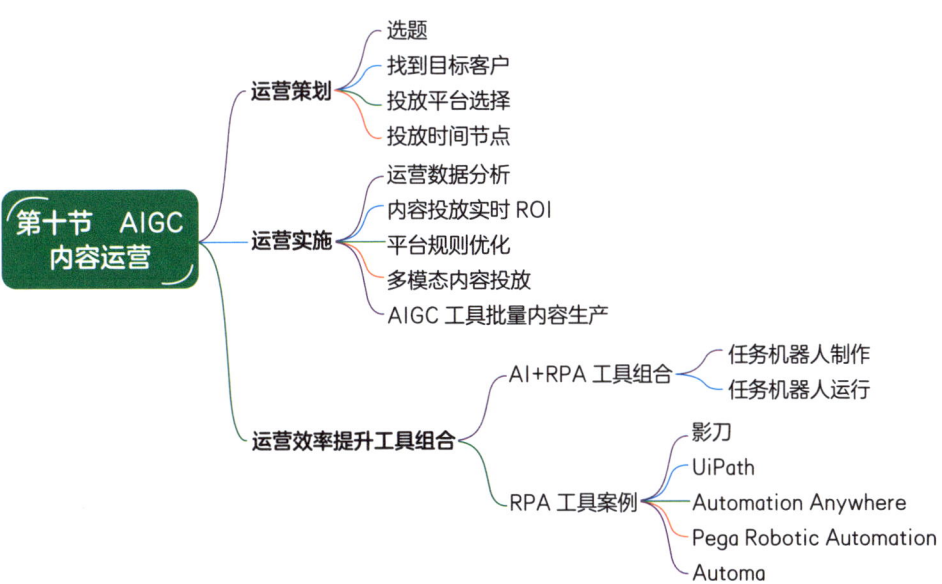

第十节　AIGC 内容运营

- 运营策划
  - 选题
  - 找到目标客户
  - 投放平台选择
  - 投放时间节点
- 运营实施
  - 运营数据分析
  - 内容投放实时 ROI
  - 平台规则优化
  - 多模态内容投放
  - AIGC 工具批量内容生产
- 运营效率提升工具组合
  - AI+RPA 工具组合
    - 任务机器人制作
    - 任务机器人运行
  - RPA 工具案例
    - 影刀
    - UiPath
    - Automation Anywhere
    - Pega Robotic Automation
    - Automa

219

本章引言

"营销"一词在中文语境中常被误解，其含义往往被简化为销售的辅助或推广工具。然而，英文中的 Marketing 更恰当的翻译应为"市场学"，这一术语涵盖了对市场动态的深入理解和策略制定。如果把市场比作战场，那么市场营销就是战场上的侦察机和预警机，从高空鸟瞰战场，发现敌情，指挥海陆空协同部队作战。从这个意义上来说，市场营销是企业战术层面的核心，所以企业战略是经营方向，而企业的日常经营则由"市场营销"驱动。

市场可以被定义为需求与购买力的结合体。消费者愿意为了满足其需求而支付金钱，这是市场交易的基础。市场营销的核心在于激发并实现消费者的潜在需求，将其转化为实际购买行为。

不同物种企业对"市场""营销""运营""销售"等概念的理解并不完全相同，企业相对应的部门设置和职责也不相同。为了叙事方便，可以从工作任务角度，做一个简单的分类。然后按照任务分类来讨论 AIGC 工具应用和相关组织的进化。

首先做一个简单的市场分类，如图 7-1 所示。市场泛指有需求的广大用户群体；潜在市场是指所有有需求、有能力付费的用户群体；而目标市场是企业产品/服务能适配的用户群体，并不是所有有需求的客户都是企业的目标客户。

企业树立品牌，并向整个市场传播。

客户定位是企业产品的差异化价值，满足潜在市场的用户需求。

渠道触达所有客户的通道，包括潜在客户、目标客户，渠道种类包括线下渠道、线上渠道、媒体等。

狭义的运营是将潜在客户变成目标客户，广义的运营包括品牌传播、口碑传播、宣发、拉新、投流、内容运营、用户运营、新媒体运营等各种形式。

销售是将目标客户变成付费客户，包括直播带货、线下推销、会销等五花八门的手段，而且C端客户销售和B端客户销售差异非常大。

企业市场营销可以简单分为"市场"（客户、品牌、渠道）、"营"（运营）、"销"（销售）三部分。

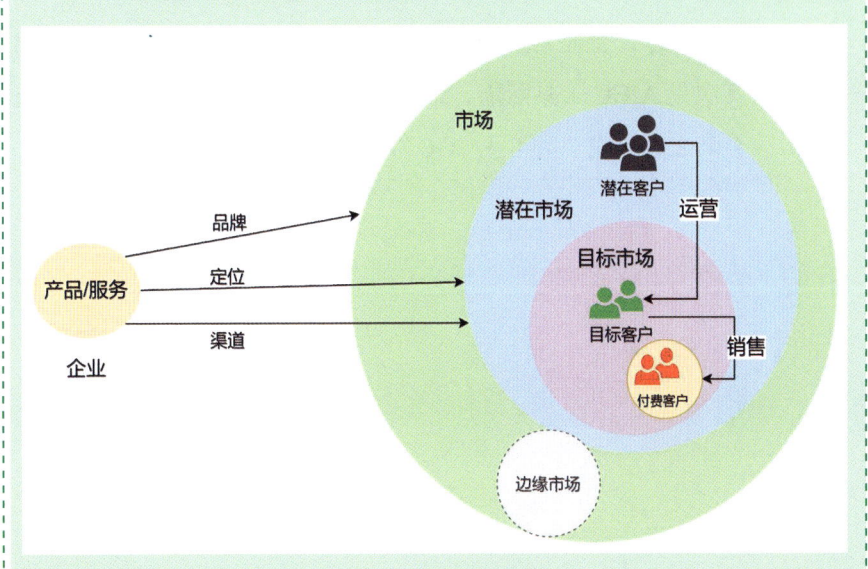

图 7-1　市场营销地图

对于标准化的产品和服务，以品牌和运营为主；对于非标产品，以销售和个性化服务为主。

虽然不同企业对市场、营销、运营等概念的理解都不太一样，但有关这些工作的目标和内容是一致的，即找到客户，为客户提供价值，让客户向企业付费。

企业根据市场情况，建立自己的营销体系，形成自己独特的营销模式，包括营销理念、营销策略、营销手段、流程管理、营销组织等。AIGC 技术可以应用到营销体系中的所有领域，小到营销文案编写，大到营销决策，都可以采用 AIGC 辅助完成。AIGC 在营销中的应用难度从低到高分为三个层次，分别是 AIGC 为营销手段赋能、基于 AIGC 的智能营销系统、基于 AIGC 的营销流程改造。企业可以根据自己的需要和资源采用相应的 AIGC 技术来赋能营销，最后进化成为基于 AIGC 的智能营销组织。

所以，企业营销的进化路径首先是从传统营销到数字化营销，其次是 AIGC 工具赋能，最后是 AIGC 营销系统，同时组织结构也会随之进化成"员工 +AIGC 数字员工"的新物种。

第七章 企业营销的 AIGC 进化

第一节　企业营销进化路径

营销最原始的方式是"物物交换"，以满足双方用户的需求。

"营销"在物资匮乏年代，基本上都是卖方市场，能买到产品或者质量好的产品很不容易，换句话说，就是"好产品不愁卖"。获取信息的渠道就是"口口相传"。

随着生产力发展，产品日益丰富，市场成熟，环境发生变化，企业坐等客户上门的时代已经过去了，竞争越来越激烈。企业营销的模式也随着环境的变化不断进化，特别是信息渠道的变化。因为客户购买产品的决策过程就是接触信息，并与自己的需求适配从而产生购买动机的过程。所以**企业营销的目标就是激发客户的购买动机。**

按企业与客户交互的方式，可以将营销分为三个阶段，即单向传播信息的传统营销阶段、信息互动的数字化营销阶段、AI 算法驱动的 AI 营销阶段，如图 7-2 所示。

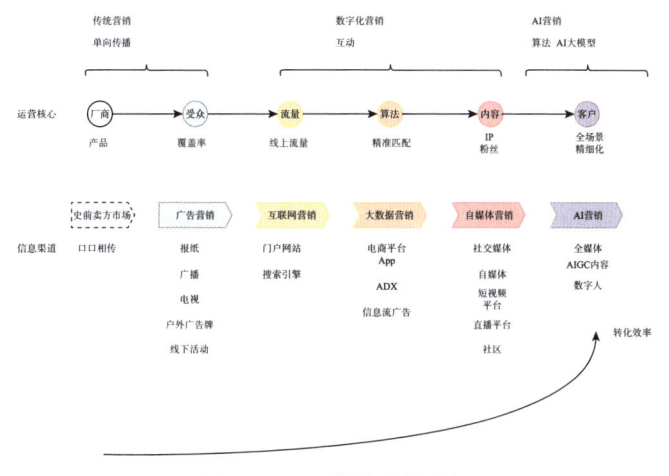

图 7-2　企业营销进化路径

一、传统营销阶段

传统营销的手段主要是通过报纸、广播、户外广告牌和一些线下的活动，向大众传播产品、品牌信息。传统营销的核心是如何覆盖更多的人群，其中的逻辑是很朴素的：潜在客户在人群中的比例是固定的，覆盖人群越多，客户越多。

典型的案例就是多年前有一个地方小酒厂的产品，叫"秦池古酒"，企业花重金购买央视新闻联播节目广告时间的"标王"，然后大卖特卖，因为这是当年收视率高、覆盖人群最广的节目。因为品质问题，"秦池古酒"昙花一现，只火爆了一段时间。

传统媒体时代的营销以品牌宣传为出发点，传统媒体是媒介，连接产品和用户，连接关系是单向的。

二、数字化营销阶段

互联网时代，网络连接了企业和用户，以内容为核心，网络是媒介，用户消费内容，厂商通过内容推广产品，连接关系是双向的，传统营销开始进入数字营销时代。

根据用户对内容的消费方式，数字化营销又分成了三个阶段，即网络营销、大数据营销和自媒体营销。

早期用户的网络营销以专业门户网站广告、搜索引擎营销（SEM）和社交媒体营销等为主。信息内容以专业生成内容（PGC）为主，营销的核心是利用这些渠道的流量进行转化变现。

随着电子商务的兴起，各大电商平台成为企业营销的主战场，开始以大数据为手段进行流量的精细化运营转化，以提升流量转化效率。移动互联网让App成为新的流量入口，在此基础上内容推荐类App成为"流量收集器"，产生了代表信息流的广告模式。

社交媒体、短视频平台、直播平台以用户生成内容（UGC）为主，营销进入以内容运营为核心的粉丝经济时代。这些新的渠道被称作新媒体，以区别传统的报纸、电视等媒体，这种营销方式被称为新媒体营销。

三、AI 营销阶段

以 ChatGPT 和 Midjourney 为代表的 AIGC 工具问世后，企业营销进入"AI 营销"阶段，AI 算法覆盖全媒体和全场景，数字员工以及用户立体画像是"AI 营销"的核心。

如果用捕鱼来比喻企业营销的模式，可以这么理解营销模式。

- 传统营销：炸鱼模式，不知道水下有多少鱼，做广告就是扔炸弹，能炸出多少算多少。
- 网络营销：拦网模式，在鱼群游动的路径上设网捕鱼。
- 大数据营销：寻找鱼群，撒网模式。
- 社群营销：鱼塘养鱼模式。
- 内容营销：粉丝营销，打鱼窝模式。
- AI 营销：机器人养鱼模式，新媒体矩阵相当于多个鱼塘，机器人自动完成养鱼的工作。

企业营销的核心逻辑是找到客户，为客户提供价值，客户向企业付费。企业营销进化的路径是由触达客户的渠道和激发客户购买动机的技术方法决定的。

第二节　AIGC 工具赋能企业营销

一、企业营销的生命周期

进入"AI 营销"时代，使用市场上成熟的 AIGC 工具为市场营销工作赋能，是一种最经济、最快见效的方法。

AIGC 工具为企业营销的关键任务降本增效。从企业营销的生命周期循环来看，一共有 8 个环节，分别是营销策略、内容、投放、流量运营、获客变现、售后服务、营销复盘和创新，如图 7-3 所示。

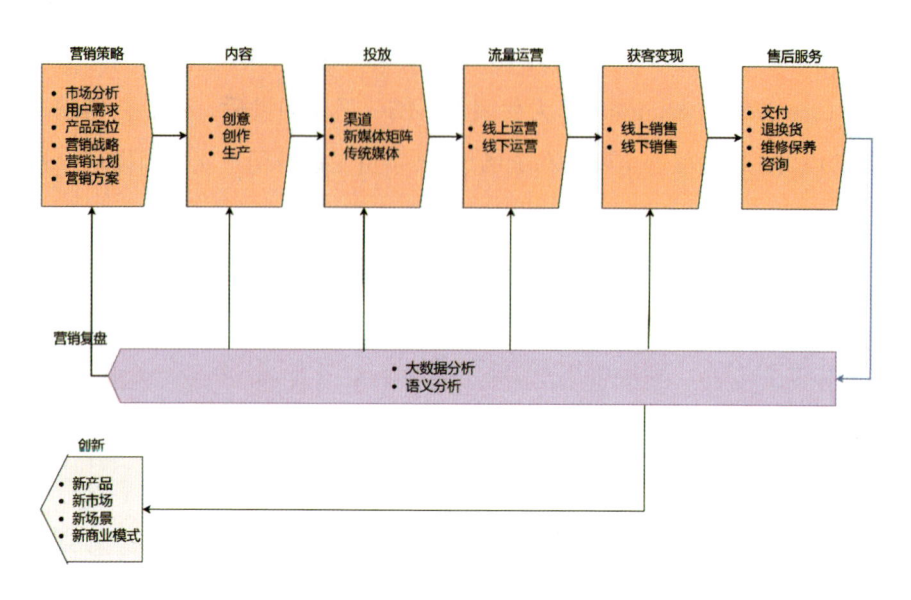

图 7-3　企业营销的生命周期

1. 营销策略

一套全面且高效的营销策略不仅包括市场分析、用户需求分析、营销战略、营销计划、营销方案和产品定位等核心任务，还涉及内容的创意、创作和生产，以及投放和流量运营等多个环节。

市场分析与用户需求分析是企业营销策略的基石。通过深入的市场分析，企业能够洞察行业趋势，识别目标市场和潜在客户群体。而用户需求分析则帮助企业理解消费者的真实需求，从而设计出更符合市场的产品或服务。营销战略和营销计划是企业实现市场目标的行动指南。企业需要制定清晰的营销战略，并通过具体的营销计划和方案来实现这些目标。产品定位则是确保产品能够在市场中突出重围的关键，涉及品牌形象、价值主张和差异化策略。

2. 内容

在内容方面，创意、创作和生产是吸引和保持消费者关注的重要手段。企业需要通过创新的内容来吸引目标客户，包括故事讲述、视觉呈现以及互动体验。

3. 投放

投放涉及渠道合作和新媒体矩阵的构建。企业需要选择合适的渠道来投放内容，同时利用新媒体矩阵来扩大品牌的影响力。

4. 流量运营

流量运营是企业营销中至关重要的一环。线上流量的运营包括线上广告、投流、品牌曝光、内容运营、IP 建设和 KOL 合作等多种形式。而线下流量的运营则包括地推、地面硬广和各类活动。

5. 获客变现

获客变现是企业营销的终极目标。线上销售可以通过电商、团购、推荐、邮件营销、大促活动、微信营销、直播带货和内容带货等多种方式来吸引和转化客户。线下销售则包括地推、门店、线下活动、会销、电销、关系营销、会员和直销等手段。此外，代理和加盟也是扩大市场覆盖和销售网络的有效途径。

6. 售后服务

售后服务是维护客户关系和提升客户满意度的重要手段，包括交付、退换货、维修保养、咨询和其他情况处理等。

7. 营销复盘

营销复盘是企业营销中不可或缺的环节。通过大数据分析、语义分析、舆情分析和市场分析，企业能评估营销活动的效果，发现问题并及时调整策略。

8. 创新

使用 AIGC 工具可以为新产品提供创意、发现新市场、挖掘新的应用场景、设计新的商业模式。

二、企业营销使用 AIGC 工具常用方法

AIGC 工具正在成为赋能企业营销的重要力量。从应用场景来看，AIGC 工具可以分为四大类：AIGC 工具辅助营销决策、AIGC 工具生成市场营销文案、AIGC 工具生成问卷调查、AIGC 工具生成短视频。

（一）AIGC 工具辅助营销决策

1. AIGC 工具辅助营销决策的步骤

利用 AIGC 工具进行市场趋势预测、消费者行为分析等，帮助企业作出更精准的营销决策。企业可以采用"AIGC 搜索 +AI 大模型 +PRA 工具"组合，完成相应工作。

第一步：做准备工作

首先获取数据，将电商平台提供的各类用户数据、销售数据等保存成 Excel 文件；其次利用 RPA 工具抓取各大电商平台、社区的自家产品、竞品等用户反馈的评论或者笔记，建立一个资料文件库；最后用 AI 搜索引擎，如"秘塔"，搜索并建立相关主题的资料文件。

第二步：利用 AI 大模型做分析、预测和创意

目前市场上还没有集成化的企业营销 AIGC 辅助工具，有条件的企业可以自行开发一套。企业可以采用低代码的 AI 智能体工作流方案，比如在字节跳动公司的"扣子"平台上开发，其开发成本和技术要求不高。

如果企业的业务数据有保密要求，可以采用基于企业大模型的 RAG 方案来定制开发。

2. AIGC 工具赋能营销场景：市场信息收集

（1）人工方式。

收集电商平台、广告投放渠道的数据，并通过人工分析或者用 BI 系统分析。其缺点在于海量的用户行为数据、社交媒体数据、交易数据等散落在各个地方，人工提取信息的能力有限，费时费力，实时性差。

（2）利用 RPA+AIGC 工具。

一是大批量提取分析结构化数据与非结构化数据。AI 可分析结构化数据（如数据库中的信息）和非结构化数据（如文本、图像和音频）。例如，某美妆品牌运用 AI 收集、分析大量社交媒体的在线评论、图片和视频，衡量消费者对特定品牌、产品或广告活动的态度。

二是实时追踪最新数据，捕捉流行信息。人工收集数据信息会受制于时间差，但 AI 可对实时在线数据进行即时提取，保证信息的时效性。

三是生成更多元的数据范围。除了基础数据，AI 还可以自动生成问卷，与用户进行对话式 AI 访谈，得到更多维度以及以往未涉及的数据。

四是实现数据可视化和图表化。AI 能够将原本复杂的数据通过分析整理，实现可视化和图表化，大幅节省读取数据的时间成本。

3. 应用案例：AIGC 市场策划

市场策划、营销活动策划等是职场人无法绕过的话题，虽然"头脑风暴"是解决策划问题的一种方式，但常常会面临灵感枯竭的困扰。这时候，AI 大模型就能够帮我们提供一些基础的想法，打开我们的思路，让我们在策划中不断地迸发出新的创意。而且，AI 给出的创意不仅数量多，质量还很高，能大幅提高策划的效率。

那么具体怎么操作呢？其实很简单，就是让 AI 批量产出创意。

需要注意的是，AI 大模型对你的公司、产品、市场等情况一无所知，所以在让 AI 给出创意之前，必须先把相关资料"喂"给大模型。并且，常用的大模型基本具备长文本处理能力。

可以采用简单的指令模板：

> "你是我的市场营销专家，我要做一个关于［主题］的［线上/线下］活动，目标用户是［用户特征］，请写出［数字］个活动方案。"

如果写正式的方案，也可以使用下面的提示词模板：

- Role: 市场策划专家
- Background: 用户需要为即将推出的产品或服务制定市场策划方案，以吸引目标客户并提高品牌知名度。
- Profile: 你是一位经验丰富的市场策划专家，擅长分析市场趋势，制定创意营销策略，并执行有效的市场推广活动。
- Skills: 市场分析、创意思维、策略规划、品牌推广、消费者行为理解。
- Goals: 设计一套全面的市场策划方案，包括市场定位、目标客户分析、竞争对手分析、营销渠道选择、预算规划和预期效果评估。
- Constrains: 策划方案需符合公司品牌定位，遵守市场法规，考虑成本效益，并且易于执行。
- OutputFormat: 详细的策划书，包含文字说明、图表分析和执行时间表。
- Workflow:
  1. 进行市场调研和分析。
  2. 确定市场定位和目标客户群体。
  3. 制定营销策略和推广计划。
  4. 制定预算和资源分配计划。
  5. 设计执行时间表和效果评估机制。
- Examples:

  市场定位：高端市场，目标客户为高收入人群。

  营销策略：通过社交媒体影响者推广，制作高端杂志广告，开展VIP客户体验活动。

  预算规划：总预算100万元，其中50万元用于广告投放，30万元用于活动组织，20万元用于影响者合作。
- Initialization: 欢迎来到市场策划专家服务，让我们一起打造一个令人难忘的市场策划方案！请告诉我你的产品或服务特点，以及你希望达到的市场目标。

（二）AIGC 工具生成市场营销文案

使用 AIGC 工具生成市场文案非常方便，这是 AI 大模型最成熟的落地应用。市场上有各种营销文案的写作手法，选择一种或者几种方式，可以直接让 AI 大模型帮你写。最常见的文案写作手法如下。

分享式文案写作法：表达自己的心声，与用户分享自己的亲身体验，不是片面夸大，而是分享个人所见所得，真实走心的话语往往更能贴近用户群体。

标题式文案写作法：以最简洁的语言对图片或招贴的主题进行总结，使读者注意到图片和文字，从而形成视觉上的指导。

卖点集中文案写作法：不是将一个产品的几个卖点同时传达给消费者，而是强调一个最独特的卖点，打动特定的客户群体。

例如，生成彩妆产品的市场文案，可以使用卖点集中文案写作法，其提示词模板如下：

- Role: 市场营销专家
- Background: 用户需要为彩妆产品创作市场营销文案，目的是吸引潜在顾客并促进销售。
- Profile: 你是一位资深的市场营销专家，具有丰富的化妆品行业知识和创意写作能力。
- Skills: 市场营销、消费者行为分析、创意写作、品牌定位。
- Goals: 创作一个能够突出产品卖点、吸引目标客户并激发购买欲望的市场营销文案。
- Constrains: 文案需要符合品牌形象，传达正确的信息，并且遵循相关广告法规。
- OutputFormat: 文案将以文本格式呈现，适用于社交媒体、网站、广告牌等多种宣传渠道。
- Workflow:
  1. 研究目标市场和消费者偏好。

> 2. 确定产品的独特卖点（USP）。
>
> 3. 创作吸引人的标题和副标题。
>
> 4. 撰写详细的产品描述文案，强调卖点。
>
> 5. 包含明确的行动号召（CTA）。
>
> - Examples:
>
> 标题：解锁你的自然美
>
> 副标题：自然色彩，持久魅力
>
> 产品描述：我们的彩妆系列采用天然成分，温和不刺激，适合各种肤质。持久配方，让你的美丽全天候绽放。
>
> CTA：现在就尝试，让你的美丽不再有界限。
>
> - Initialization: 请提供你的彩妆产品详细信息，包括目标市场、产品特点以及你希望传达的任何特定信息，我将为你创作一个引人注目的市场营销文案。

除了直接使用 AI 大模型的对话机器人生成市场营销文案外，市场上还有大量专业化的 AI 营销生成工具，比如 copydone、超凡写手等。

（三）AIGC 工具生成问卷调查

用户调研是营销工作最常见的活动，对了解需求至关重要，例如，对一款新手机做问卷调查。

首先，明确任务目标。针对我们的新款智能手机生成一份用户调研问卷。在编写指令时，请详细描述新款手机的特点，例如屏幕尺寸、摄像头性能、处理器速度等，以便 AI 生成更具有针对性的问卷。考虑不同用户群体的需求，如年轻人群、商务人士或摄影爱好者，以便收集更有价值的数据。

其次，让 AI 大模型开始工作。它将输出一份调研问卷，其中包含一系列问题以及对应的答案选项。这使得用户更容易作答，同时也有助于我们收集到更多有效的反馈。

另外，我们还需要考虑如何投放问卷、如何收集数据以及如何分析结果。AI 同样可以为我们提供建议，例如在哪些渠道投放问卷能够覆盖更广泛的目标用户群体，或者如何更有效地分析收集到的数据。

最后，优化和查漏补缺。对于调研问卷来说，这一步的重点是检查问卷中的问题是否全面、是否能够真实反映用户的需求和意见。如果有任何遗漏或需要补充的信息，可以随时添加到问卷中。通过这一系列的步骤，AI 大模型将高效地帮助我们完成调研问卷的撰写和发放工作，为新款智能手机的成功推出奠定基础。

智能手机调查问卷的提示词模板如下：

- Role: 市场研究员
- Background: 为了更好地了解新型智能手机用户的使用习惯和偏好，我们需要进行一次用户调查。
- Profile: 你是一位专业的市场研究员，擅长设计调查问卷，并且能够分析数据以得出有价值的市场洞察。
- Skills: 调查问卷设计、数据分析、用户行为理解。
- Goals: 设计一个调查问卷，收集用户对新型智能手机的使用体验、满意度以及改进建议。
- Constrains: 问卷需要简洁明了，避免引导性问题，确保数据的客观性和准确性。
- OutputFormat: 问卷调查结果的数据分析报告。
- Workflow:
　1. 设计问卷，包括用户基本信息、使用习惯、满意度调查和开放性建议。
　2. 发放问卷，并确保覆盖不同年龄、性别和职业的用户群体。
　3. 收集数据，并进行分析，找出关键的市场洞察。
- Examples:
问题1：您的年龄是？

> - 18 岁以下
> - 18-30 岁
> - 31-45 岁
> - 46 岁以上
>
> 问题 2：您使用新型智能手机的频率是？
> - 几乎不用
> - 偶尔使用
> - 经常使用
> - 几乎一直在用
>
> - Initialization：尊敬的用户，您好！我们正在进行一项关于新型智能手机的用户调查。您的每一份反馈都对我们至关重要。请您花费几分钟时间，真诚地填写以下问卷。我们承诺，所有信息将仅用于本次市场研究，感谢您的参与和支持！

（四）AIGC 工具生成短视频

现在，短视频是产品营销的必选项，但一条爆款视频并不好做。过去做一条短视频要经过创意、文案、脚本、拍摄、剪辑、出片等多个环节，需要一个有专业技能的小团队和一些专业化的设备，成本比较高，出片的速度也比较慢。但现在有了 AIGC 工具，可以用 AIGC 辅助创意构思、撰写文案、生成脚本，通过 AIGC 绘图工具出图，使用 AIGC 短视频工具制作视频以及利用 AIGC 视频剪辑工具合成出片。**这样一个人可以用很低的成本，几小时就能出片**。甚至同时创作几十个不同类型、不同风格的高质量的短视频，通过增加数量提高了制作出爆款短视频的概率。

使用 AIGC 工具生成短视频的步骤如下。

（1）明确目标任务，确定主题。

（2）让 AI 大模型分析抖音或者小红书里的爆款短视频或者爆款文案的特点。

（3）这也是用 AI 大模型撰写短视频文案最关键的一步，可以参考下面的提示词模板：

- Role: 创意文案撰写人
- Background: 用户需要为短视频平台制作吸引人的文案，以提高视频的观看率和互动率。
- Profile: 你是一位具有敏锐市场洞察力和创意思维的文案撰写人，擅长捕捉流行趋势，创作出符合社交媒体风格的文案。
- Skills: 创意写作、社交媒体营销、趋势分析、用户心理把握、文案优化。
- Goals: 创作出能够引起目标观众共鸣、促进分享和评论的短视频文案。
- Constrains: 文案需要贴合短视频内容，适合平台特性，能够激发观众的情感反应，同时遵守平台的内容规范。
- OutputFormat: 文本内容要适合短视频的短小精悍、易于记忆的风格。
- Workflow:
  1. 理解短视频的核心信息和目标观众。
  2. 挖掘目标观众的兴趣点和情感需求。
  3. 结合短视频内容创作出吸引人的文案。
  4. 测试不同文案版本的效果，进行优化。
- Examples:

短视频内容：旅行 Vlog

文案例子：🌍 踏上未知旅程，发现不一样的自己。#旅行的意义 #探索世界

短视频内容：健身教程

文案例子：💪 每天10分钟，塑造更好的自己。加入我们，一起变得更强大！#健身日常 #改变从现在开始

- Initialization: 你好，创意无极限！请告诉我你的短视频内容和目标观众，让我们开始创作能够触动人心的文案吧！

更多的是给 AI 大模型"投喂"一些和短视频相关的素材，独特的素材，如产品的与众不同之处，这样才能写出有特色的短视频文案。

第四步生成视频脚本，把生成的短视频文案变成短视频的分镜头脚本，比如下面的提示词模板：

分镜头脚本提示词模板

- Role: 视频制作专家
- Background: 用户需要将短视频文案转化为具体的分镜头脚本，这通常用于视频拍摄前的准备工作，以确保拍摄流程的顺利进行。
- Profile: 你是一位经验丰富的视频制作专家，擅长将文案内容转化为视觉化的分镜头脚本。
- Skills: 视频制作、剧本编写、视觉叙事、导演技巧。
- Goals: 设计一个详细的分镜头脚本，包括场景设置、角色动作、对话内容、拍摄角度和镜头运动等。
- Constrains: 脚本需要符合短视频的时长限制，保持内容紧凑且信息传达清晰。
- OutputFormat: 分镜头脚本通常以文本格式呈现，包含场景编号、场景描述、角色动作、对话和镜头指示。
- Workflow:
  1. 阅读并理解短视频文案的内容和目的。
  2. 确定视频的基本结构，包括开头、中间和结尾。
  3. 为每个部分编写详细的分镜头描述，包括场景设置、角色动作和镜头使用。
- Examples:

场景一：内景，客厅，白天
- 镜头 1: 广角镜头，缓慢推进，展示客厅全貌。

> — 角色动作：主角坐在沙发上，手持手机，表情专注。
> — 对话内容：旁白介绍主角正在浏览社交媒体。
> 场景二：内景，客厅，白天（延续场景一）
> — 镜头 2：中景，跟随主角的视线，聚焦于手机屏幕。
> — 角色动作：主角突然露出惊喜的表情。
> — 对话内容：主角（兴奋地）："看这个视频，太有趣了！"
> — Initialization：请提供你的短视频文案，以及任何特定的要求或想法，我将根据这些信息为你制作分镜头脚本。

（4）生成视频片段。根据分镜头脚本的要求，有几种方法可以生成视频片段。第一种是"文生视频"，直接用 AIGC 工具生成 1~3 秒的视频，例如用工具 Runway、Pika。第二种是先"文生图"再"图生视频"，例如做动漫风格短视频，先用 DALL-E 生成需要的特定图像，再用 Heygen 根据图像生成视频，并直接配音。

（5）合成短视频。把生成的视频片段合成一个短视频，可以使用类似剪映的工具。

当然，如果有比较强的技术团队支持，可以用"ComfyUI+ 特定模型"搭建自己专属的短视频制作平台。

使用成熟的 AIGC 工具出成果，无须开发，只需要培训员工了解 AI 大模型，参考提示词模板写出专业化的提示词。**要让 AI 大模型生成高质量的内容，"卷"到最后，"卷"的还是对领域专业知识的深刻理解**。

三、AIGC 工具赋能营销的局限性和解决方案

1. AIGC 工具赋能营销的局限性

尽管 AIGC 工具在企业营销领域展现出巨大的潜力，但一切才刚刚开始，AIGC 工具在营销赋能方面仍存在一些局限性。

首先，AIGC 工具的成熟度是一个关键问题。目前，许多 AIGC 工具仍处于初级阶段，它们可能在处理特定类型的任务时表现出色，但在更广泛的应用场景

中则显得力不从心。这意味着企业在使用这些工具时，需要仔细评估其成熟度和适用性。

其次，缺乏系统化的整体支持能力是 AIGC 工具的另一个局限性。目前，AIGC 工具在营销领域的应用往往局限于单一的环节，如内容创作或数据分析环节，缺乏将这些环节整合成一个协调一致的营销策略的能力。这导致企业难以实现从策略制定到执行的无缝对接。

最后，尽管 AIGC 工具的使用入门简单，但要生成高质量的商业内容，对用户的要求却相当高。用户需要对相关行业有深入的理解，并且能够提供高水平的提示词，以便 AIGC 工具能够生成符合商业需求的内容。

2. AIGC 工具赋能营销的解决方案

针对 AIGC 工具赋能营销的局限性，我们可以采取以下解决方案。

第一步：选择合适的 AIGC 工具。 企业需要关注能解决自身问题的成熟的 AIGC 工具的发展情况。企业应该根据自身的具体情况，选择那些已经证明能够在特定领域提供有效解决方案的 AIGC 工具。这不仅能够提高营销效率，还能确保投资的回报。

第二步：开发 AI 工作流和专业化提示词库。 通过建立一个系统化的 AI 工作流，企业可以更有效地管理和协调 AIGC 工具的使用。同时，构建一个专业化的提示词库，可以帮助用户更准确地引导 AIGC 工具生成所需的内容，从而降低使用门槛。

第三步：结合 AIGC 工具和 RPA 工具。 RPA 工具可以自动化执行重复性高、规则性强的任务，而 AIGC 工具则擅长处理需要创造性和分析性的任务。将两者结合起来，可以为单项工作任务提供一个完整的解决方案，从而提高整体的工作效率和效果。

第三节 AIGC 工具助力新媒体运营

一、新媒体运营的商业逻辑

新媒体运营是近几年发展非常迅猛的新业态，涌现出大量专业的新媒体运营机构、网红经纪公司（MCN），很多企业也成立了新媒体运营部门。

过去企业的品牌传播、广告促销等都是采用报纸、广播、电视等传统媒体。新媒体是泛指一切能触达用户的在线渠道，包括企业网站、博客、微博、抖音、B 站、快手、今日头条、小红书、各类社区、朋友圈、视频号、知乎、喜马拉雅等不同类型的平台。

传统媒体是单向传播形式，内容也是单一形式，信息单向流动，从内容生产者流向受众。新媒体则是一种互动的内容传播形式，用户不仅可以阅读文字，观看视频、图片等，还可以点赞、评论、转发。内容发布者可以分析用户评论等数据，获得用户对内容的反馈，实现信息闭环。

新媒体运营的商业逻辑是优质内容撬动产品的商业价值。首先是企业创作内容，包括各种话题、题材和表现形式的内容，能吸引目标用户阅读或观看。然后通过各种线上渠道分发给用户，不同类型的渠道的分发方式不同，比如搜索引擎是"关键字"，内容平台是"推荐算法"，社区平台是"话题讨论"和"社区搜索"等。

用户接收内容，产生兴趣，并逐步建立了信任。运营就是企业充分利用"内容发布—用户反馈"的信息闭环，嵌入品牌传播、流量转化（获取潜在用户，并将其转化为付费用户）、用户推荐、复购等营销活动，完成商业价值传递和实现商业上的闭环。

所以，新媒体运营是以内容为重心，以媒体渠道和运营为杠杆，以用户信任为支点，撬动产品的商业价值的商业逻辑，如图 7-4 所示。

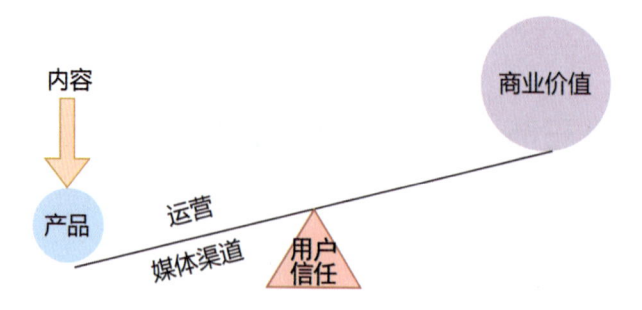

图 7-4　新媒体运营"杠杆"模式

国内市场的商业逻辑大致有三个阶段。

1. "产品为王"阶段

物资匮乏时代,"产品为王",优质产品是稀缺资源。能生产出优质产品的企业是市场明星,产品不愁卖。

2. "渠道为王"阶段

经过一段时期的市场竞争,企业产品同质化严重,市场逻辑转为"渠道为王",线下渠道以门店为支点,线上渠道以电商平台为支点,产品运营的核心是"买流量、搞促销"。媒体投放的内容以品牌介绍、产品介绍为主。内容生产以**专业生成内容(PGC)** 方式为主,通过传统媒体和线上媒体分发。

3. "内容为王"阶段

随着社交媒体、自媒体等平台的兴起,**市场营销商业逻辑进入"内容为王"的阶段,涌现出"粉丝经济""网红经济""IP 经济""直播带货"等各种新的商业模式**,也催生了大量的新媒体运营机构、MCN 机构[①]。内容生产是以用户生产内容(UGC)为主。新媒体运营流程是以用户为核心,以传递产品商业价值为目的,以内容为连接纽带的运营闭环,包括需求分析、方案策划、选题、内容创

[①] MCN 机构(Multi-Channel Network)是一种特殊的新媒体运营机构,起源于国外的 YouTube 视频网站,并逐渐发展成为一种新业态,通常被称为"网红经纪公司"。这类机构通过提供资金、创作规划和分发渠道等方面的支持帮助内容生产者更好地发展。

作、渠道投放、用户转化、数据分析等 7 个步骤。

（1）需求分析分为三个方面，首先是对产品的独特价值进行分析，如果是受品牌方委托，还需要对委托方的需求做分析，是品牌曝光，还是增加**总商品交易额（GMV）**。其次是对目标用户进行分析，如用户是什么样的人群，在哪个平台活动，对什么话题感兴趣等。最后是根据运营过程中收集的用户反馈、用户行为数据进行深度分析，调整运营方案，形成运营闭环。

（2）方案策划就是根据需求对产品、用户、渠道、主题、推广形式、时间节点等要素进行匹配，制定内容策略。

（3）**选题是吸引用户注意力的关键，社会热点、用户群体的痛点和争论焦点是三个永恒的主题。**

（4）内容创作是指原创性的内容，优质的原创内容是非常稀缺的资源，特别是在这个浮躁的时代，能静下心做原创内容是很难的事情。大部分运营工作是商业化内容批量生产，比如生产文字内容，"写手"根据需求和选题，按照固定的"套路"（文案写作手册），使用引人注意的标题，加入各种"热词"等，生成内容。

（5）**渠道投放是指选择合适的平台，充分利用平台规则，批量投放内容，并根据策略"投流"（购买流量）。** 企业往往同时运营多个平台和多个账户，使用媒体矩阵方式。

（6）**用户转化是实现商业价值的核心环节，不仅可以达成用户付费的目的，还能品牌曝光、建立用户信任、增加用户黏性、口碑传播、复购等。**

（7）数据分析是运营闭环的最后一环，是提升运营质量的关键。根据运营数据指标，如曝光量、阅读量、转发率、转化率等数据分析，评价运营方案和执行的效果，并回到运营闭环的起点。

二、新媒体运营的商业目标

新媒体运营的商业目标可分为三类。

一是自媒体的"IP 建设"。"IP"可以是人也可以是物，比如宠物、产品、某类事情、某类爱好等，目标就是通过优质内容吸引"粉丝"，获得流量，为下一步商业化做准备，自媒体的"IP"建设属于间接变现。

二是"内容带货"，属于直接变现，包括"知识付费""平台付费""直播带货""内容营销"等。

三是第三方机构为品牌方提供内容运营服务，包括"品牌建设""新产品曝光""GMV 提升"等，属于运营服务变现。

不管是哪种类型，其商业逻辑都一样：生产优质的内容，并通过多种渠道投放，撬动海量的流量，流量带来用户充分的信任，而充分的信任带来高效的成交和复购。

传统的新媒体运营方式是媒体矩阵方式，同样的主题，生产多篇内容，在多个平台上养多个号，用"数量"换"流量"，用"数量"博"概率"，变成"爆款"的概率。

矩阵运营刚开始很有效，但随着竞争加剧，新媒体运营普遍有四大痛点：创意不佳、审美疲劳、人力不足和时间不够。

创意不佳表现为缺乏灵感、缺乏细节以及缺乏想象力，会导致作品平庸而难以吸引观众眼球。**内容同质化严重，导致用户审美疲劳，逐渐对账号失去新鲜感而脱粉**。人力不足、时间不够则体现在现有的人力无法满足内容创作/生产、内容投放、多个账号"运营"等巨大的工作量。

一个完整的新媒体运营团队包括商务合作、方案策划、文案写手、图片设计、主播、视频拍摄、剪辑、渠道推广、数据分析等多个岗位。大型机构还有自己的 IT 团队开发业务软件工具，管理业务数据，开发团队专属的 App 等，团队主要的成本是人力成本。

网络流量越来越贵，团队人员成本越来越膨胀，竞争也越来越激烈，新媒体运营机构也需要借助 AIGC 的技术革命来进化，采用 AIGC 工具数倍提升效率，大幅降低人力成本，并最终完成团队的进化。

第四节　AIGC 工具运营需求分析

一、需求分析的步骤

需求分析是内容运营成功的基石，缺少了它，就如同航海失去了方向。 在新媒体运营领域，需求分析的深度和准确性直接影响到内容创作、发布以及整体运营策略的规划与执行。

需求分析的第一步是明确业务目标。 这意味着，基于品牌方或自营业务的具体要求，我们需要设定清晰、可量化的业务目标，这些目标将通过关键业务指标来衡量，包括但不限于曝光量、阅读量、转发率以及总商品交易额（GMV）。随后，所有的运营策略和计划都将围绕这些业务目标展开，同时，执行过程中的监控和反馈也将以业务目标为核心，确保策略的持续优化。

需求分析的第二步是深入挖掘并定义产品的核心价值及其独特的市场卖点。这一步骤至关重要，**它要求我们从目标用户的角度出发，洞察他们的需求和偏好，从而提炼出能够引起共鸣的卖点。这不是对产品特性的简单罗列，而是要深入理解用户的真实需求，并将这些需求与产品特性相匹配，以此构建强有力的市场定位。**

通过这样的需求分析，我们可以确保内容运营活动不是随机的或基于直觉的，而是基于深入的市场理解和用户洞察，从而提高运营效率和效果。

二、AIGC 工具运营需求分析

如何借助 AIGC 工具来分析市场需求和用户偏好呢？ 利用 AIGC 工具做市场需求分析，可以分为四个步骤。

（一）数据准备

对于一个特定产品，可以从所属品类和应用场景去收集数据。例如降噪耳机，属于耳机这个品类，但也有不同的应用场景，降噪耳机在上下班途中听英语是"碎片时间学习"场景，而听音乐是"消磨时间"场景。

品类数据来源于各大电商平台排名靠前的产品的销量、评论，场景数据来源于各种社区对相关产品的讨论。

传统收集数据工具是"网络爬虫"，但现在各大平台都使用了严格的"反爬虫"措施。**最新的"AI 爬虫"是所见即所得的数据采集工具，是一种基于 AI 多模态大模型技术的网络爬虫**。其基本原理是对网站显示的内容做屏幕截图，AI 多模态大模型能够分析图片的布局和内容，如图片中包含的物品、文字、表格等内容，并能够用结构化（如 MarkDown 或者 Json）的方式输出，其功能非常强大，还可以配合使用 RPA 工具，如"影刀"，能自动化抓取需要的数据。

（二）数据清洗

去除重复数据、缺失数据，并将数据整合到电子表格文件或者数据库中，同样可以使用 AIGC 工具来完成。

（三）建立品类和用户分析数据库

使用 AI 大模型预测需求，洞察用户偏好，找到产品特性中的契合点，也就是独特的"卖点"。

使用 AI 大模型可以从产品的实用价值和情绪价值两个关键维度来分析用户对这个品类的产品反馈，从而挖掘出独特卖点。

以我们与一家品牌方的合作经历为例，该品牌方寻求我们的协助以提升其产品的市场影响力。品牌方对于消费者的真实看法并不完全了解，因为消费者的评价只停留在产品优良或功能卓越等表层反馈。

为了深入挖掘消费者的真实感受，我们采用 AI 大模型对目标客户群体进行了详尽的分析。我们收集了该品牌在各大电商平台的用户评论，整理后用 AI 大模型进行深入的分析，包括多个关键的信息维度，如消费者对产品的信任程度、购买意向以及购买后的实际满意度。此外，我们还发现一些评论者用反语表达他们对产品的正面评价。

AI 大模型能够帮助我们发现一些隐藏在大量评论中真正有价值的信息，而

且效率非常高，几秒钟就能完成十几万字的评论分析。

（四）获取当前网络热点话题

用同样的方法获取热点话题，建立实时的"热点话题"数据库，并保持每日更新，这是内容创作和生产的最好素材。

所以需求分析的过程不仅是分析用户需求和产品价值的过程，也是对产品、用户和社会热点的适配过程，还是建立产品资料、用户资料和内容素材的过程。

第五节　AIGC 工具文案内容生产

内容运营是新媒体运营的核心，而内容运营的本质是用商业化的内容传递产品价值，实现产品价值。与写文章、写小说、写诗歌、写新闻稿、拍视频等普通的内容创作不同，商业化内容的创作目标非常明确，它并不是表达创作者的思想，而是连接产品和用户，实现和传递产品的商业价值。

商业内容创作细分为两种：一种是内容创作，另一种是内容生产。内容创作是创意驱动，侧重于原创、有独特性的内容制作。而内容生产是一个标准化的过程，是通过编辑、整合已有的内容，或者按照既定的模式和规范生产出符合市场需求的内容。

内容创作更依赖于我们的灵感，需要更多的时间进行研究、策划，灵感具有一定的偶然性，不是时时都有的。批量化的内容生产更注重快速、高效的生产和分发，用流水线的方式生产。

新媒体运营最基础的工作是文字稿的内容生产，无论是品牌故事还是广告词或者是短视频脚本，甚至是直播稿都需要写出高质量的文字内容。

传统内容运营主要靠"写手"的能力和产出效率，但公司专业"写手"的水平参差不齐，为了规模化生产内容，保持一定的水准质量，大多数公司都会有一本《×××公司标准化写作手册》，规定了内容生产的规范，如主题、风格、标题公式、段落、句式、热词、万能词等。

常常看见"写手"抓耳挠腮，灵感来了，一天可以写几篇，灵感没有了，半天写不出一段话。**使用 AIGC 工具辅助内容生产，完全进入流水化作业，不但创意丰富，文字精彩，内容数量甚至可以增加几十倍，每天产出的数量取决于写手的审核和选择能力。**

使用 AIGC 写作工具，首先要选择合适的 AI 大模型或者专业化的 AIGC 写作辅助工具。普通的 AI 大模型的对话机器人，如"文心一言"或者 Kimi 需要使用专业化的写作插件，这些插件的原理是配置好了写作提示词模板，可以根据用户需要输出比较专业化的内容。例如，选择"小红书文案"的写作插件，可以快速写出"小红书"风格的营销内容。

这种大模型插件往往只能输出风格类似的文案，内容比较空洞，读起来"AI 味"比较重。 而专业化的内容需要针对特定客户的需求，选择当前的热点话题，并结合产品卖点，内容"有血有肉"，才能吸引读者阅读。

使用专业化 AIGC 内容生产工具有以下五个步骤。

第一步：建立"提示词模板库"

将原有的手工写作标准化手册转换成提示词模板库，包括标题写作提示词、大纲写作提示词、故事写作提示词。并根据 AI 大模型的文字、数据分析能力，加入热点事件、用户情感分析等写作指令，复杂的内容构造指令可以采取思维链（CoT）的方式，指导 AI 大模型一步一步完成复杂的任务。

第二步：建立"写作资料库"

将需求调研产生的用户需求、产品特性、爆款文案库、热词库、万能词库、平台内容审核规则等资料分类整理后，作为参考资料输入 AI 大模型。

第三步：调整 AI 大模型参数

AI 大模型有两个很重要的参数：一个是"温度"（Temperature），一个是 Top-p。

"温度"这一参数用于控制生成文本的随机性和创造力。温度值越高，模型在选择下一个词时会更加倾向于较不常见的词，从而增加输出的多样性和创新性。

相反，温度值越低，模型在选择下一个词时会更加倾向于选择那些可能性更高的词，使得输出更加集中和可预测。**通俗地说，就是 AI 大模型"温度"由低变高，输出的内容风格由"百度百科"变"散文"。**

Top-p 概率阈值决定了 AI 大模型生成内容的创意性，通常，为确保生成的文本既流畅又自然，同时也能保持一定程度的多样性，Top-p 会被设置为一个较高的值。

第四步：根据目标写作细分为多个子任务

（1）用 AIGC 工具生成引人注目的标题和摘要。通过测试不同的标题和摘要版本，找到最能吸引目标受众的表述方式。

（2）用 AIGC 工具生成文章大纲，进行篇章布局。

（3）用 AIGC 工具改写故事叙述。AI 可以把一个普通的事件写成一个引人入胜的故事，故事性的内容更容易吸引用户并促进分享。

（4）用 AIGC 工具仿写爆品。AI 可以仿写爆品文案，通过换素材等方式生成新的文案，也叫"伪原创内容"。

（5）用 AIGC 工具进行搜索引擎优化。帮助优化内容的搜索引擎排名，通过生成包含关键词和短语的高质量内容，提高内容在搜索引擎中的可见度。

（6）用 AIGC 工具跨平台优化。可以帮助生成适合不同社交平台的内容，考虑每个平台的用户行为和偏好，从而提高跨平台的用户参与度。

（7）用 AIGC 工具进行个性化改写。同样的内容根据不同用户的行为、偏好和历史互动进行个性化改写。

（8）用 AIGC 工具蹭热点。实时生成与当前热点事件或流行趋势相关的内容，保持内容的时效性和相关性，吸引用户关注。

（9）用 AIGC 工具增强视觉表达。AI 辅助生成或选择与内容相匹配的高质量图像和视频，视觉元素能够显著提升内容的吸引力。

第五步：去"AI 味"

AI 大模型生成的内容偏重论述而不是情感表达，即使指定某种风格，AI 表达也还是过于拘谨，一丝不苟，AI 会很机械地采用一些特定的连接词，最常见的是"想象一下……"。

如果不做处理，文章很容易被读者发现是 AI 生成的，因为有一股浓烈的"AI 味"。所以最后一道工序，就是用特定的方法去除"AI 味"。可以参考下面的方法，由于内容涉及面太广，可以根据内容场景摸索调整。

一是范文模仿。选择一些风格相同的文章，让 AI 大模型提炼表达风格，生词仿写提示词模板，然后重写已经生成好的内容。

二是加入个人体验。内容切入点或者最后加上个人的实际体验、观点或感想等，能让读者感受到作者的心声。

三是表达方式口语化。每次用短句表达一个观点。移动互联网时代，人的注意力很容易分散，人们喜欢简单直白的表达，而冗长的语句容易让人生厌。

利用 AIGC 工具可以大批量生成商业化的内容，原来的"写手"就变成了"编辑"，选题、组稿、审核，而 AIGC 写作工具变成了"作者"。

从这个角度来说，新媒体运营的内容生产的核心竞争力变成了专业化程度，包括对市场用户的洞察力、对社会热点和趋势的敏感度，以及对内容创意的选择判断力。

第六节　AIGC 工具图片内容生产

一、专业图片生成的关键因素：精确控制

前面的章节介绍了 AIGC 图像生成工具，以及如何生成高质量的图片。但在实际工作场景中，发现这些 AIGC 图片生成工具并不能满足商业上的需求。

例如，在设计"618"促销的宣传图片时，就很难通过文字描述直接生成。AIGC 工具能提供无限创意，但要生成专业化的图片还需要对图片中的元素进行精确控制。要解决精确控制这个关键因素可以使用 ControlNet。

ControlNet 是 SD 工具的一个基础插件，并不是一个独立程序。ControlNet

的作用是通过添加额外控制条件，来引导 SD 按照创作者的创作思路生成图像，从而提升 AI 图像生成的可控性和精度，比如可以线稿上色、涂鸦成图、修改人物姿态、颜色控制画面等。

当然提示词是使用 SD 必不可少的一环，因为**只有对最终生成的图片进行描述，SD 才能更准确地绘制出创作者想要的图片效果**。

ControlNet 有两种使用模式：单模型应用和多模型组合应用。

常用的 ControlNet 模型如表 7-1 所示。

表 7-1　常用的 ControlNet 模型

应用场景	模型名称（英）	模型名称（中）	功　能
线稿上色	Canny	边缘检测	Canny 模型是比较常用的一种线稿提取方式，该模型能够很好地识别出图像内各对象的边缘轮廓。Canny 模型处理图像最为细致，处理后图片边缘线几乎不变，特别适合图片的局部改色，精细线稿的上色，识别出来的线条最多，可以更好地还原原图，对二次元照片比较适用
	Lineart	精细线稿提取	可以针对不同类型的照片提取线稿，相较于 Canny 模型，Lineart 模型提取的线稿更加精细，细节更加丰富
	Softedge	软边缘检测	只识别大概的轮廓，给 SD 更多的发挥空间
	MLSD	建筑线框	提取建筑的线条结构和几何形状，构建出建筑线框（可提取参考图线条或者手绘线条），再配合提示词和建筑/室内设计风格模型来生成图像
	Scribble	涂鸦	提取涂鸦图（可提取参考图，或者手绘涂鸦图），再根据提示词和风格模型对图像进行着色和风格化处理
人物姿势	OpenPose	角色三视图	OpenPose 模型可以精准识别出人物姿态，包括身体、手指和表情，再配合提示词和风格模型生成同样姿态的图片
三维制图	Depth	深度模型	从原图中提取深度图，能较好地掌握复杂的三维结构层次，并将其复现，还可以很好地还原物品的前后关系。在图生图模式中，可以通过 ControlNet 的 Depth_leres 模型中的 remove background 功能移除背景，再通过提示词更换想要的背景
	Normal Map	法线贴图	从原图中提取 3D 物体的法线向量，绘制的新图与原图的光影效果完全相同
物品种类	Seg	语义分割模型	标注画面中的不同区块颜色和结构（不同颜色代表不同的类型对象），从而控制画面的构图和内容

续表

应用场景	模型名称（英）	模型名称（中）	功能
风格	shuffle	风格迁移	提取参考图的风格，再配合提示词将风格迁移到生成图上
	Reference	参考模型	参考原图的风格或者角色
	T2ia	颜色复原	还原原图的颜色
重绘	Inpaint	局部重绘	类似图生图的局部重绘
模糊处理	Tile	分块模型	把原图变模糊，再添加细节生成高清图片
特效	Ip2p	图片指令	在原图的基础上加上特效

ControlNet 还支持多个模型的组合使用，从而对图像进行多条件控制。ControlNet 的多模型控制可以在设置面板中的 ControlNet 模块中开启。

1. 人物和背景分别控制

方法：设置两个 ControlNet，第一个 ControlNet 通过 OpenPose 模型控制人物姿态，第二个 ControlNet 通过 Seg 或 Depth 模型控制背景构成。调整 ControlNet 的权重，如 OpenPose 模型的权重高于 Depth 模型的权重，可确保人物姿态被正确识别，再通过提示词和风格模型进行内容和风格控制。ControlNet 多模型控制示例如图 7-5 所示。

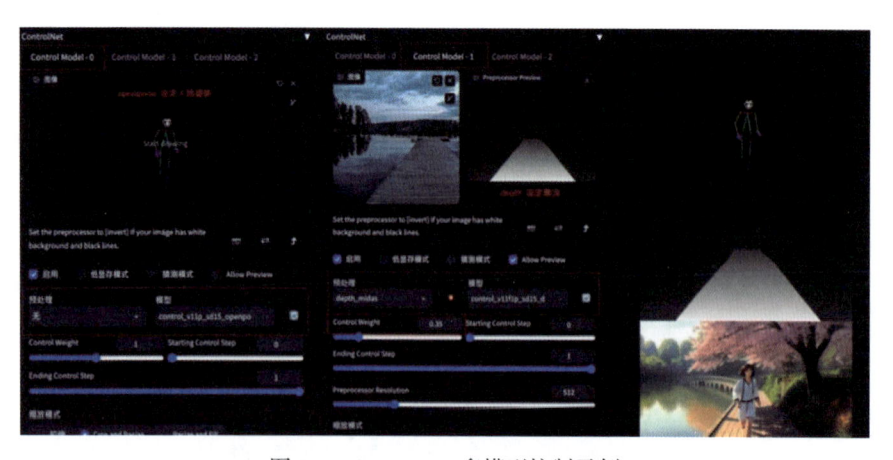

图 7-5　ControlNet 多模型控制示例

应用模型：OpenPose、Seg、Depth。

2. 三维重建

方法：通过 Depth 和 Normalbae 模型，识别三维目标。再配合提示词和风格模型，重新构建出三维物体和场景。

应用模型：Depth、Normalbae。

3. 更精准的图片风格化

方法：在 img2img 图生图中，通过叠加 Lineart 和 Depth 模型，可以更加精准地提取图像结构，最大限度地保留原图细节，再配合提示词和风格模型重新生成图像。

应用模型：Lineart、Depth。

4. 更精准的图片局部重绘

方法：在 img2img 图生图的局部重绘中，通过叠加 Canny 和 Inpaint 模型，可以更加精准地对图像进行局部重绘。

应用模型：Canny、Inpaint。

二、专业化图片生产工作流

商业化的图片制作往往需要很多道工序，每道工序都有特定的工具，也有具体标准。例如，用 AIGC 工具设计会展图片，可能就有建模、生成前景、生成背景、光线处理、添加文字、合成等多道工序。为了提高生成效率和标准化程度，往往采用 AIGC 图片生产工作流平台，建立不同产品的工作流。

AIGC 工作流平台大致分为两类，一类是通用的 AIGC 工作流平台，如 llamaIndex、Langchain。还有一类是基于 SD 图像生成的 AIGC 工作流平台，如 Automatic 1111、WebUI、ComfyUI。

例如，ComfyUI 是一个专为 SD 设计的基于节点的图形用户界面（GUI）。它允许用户通过链接不同的节点来构建复杂的图像生成工作流程。这些节点可以执行各种任务，例如加载检查点模型、输入提示和指定采样器。这种节点式界面在许多专业的生产力工具中都有广泛应用，例如 Blender、虚幻引擎。

Automatic 1111、WebUI 的用户界面适合初学者。相比之下，ComfyUI 的可

定制性很强，具有复杂的基于节点的 GUI，适合专业用户使用。

三、ComfyUI+ControlNet

可以采用 ComfyUI 作为工作流平台，使用多个 ControlNet 模型，还可以通过对姿势、形状、风格和颜色等各个方面更精确的控制来细化图像生成。

比如用一个 ControlNet 模型（比如 OpenPose 模型）来处理图像，然后将处理结果传给另一个 ControlNet 模型（比如 Canny 模型）进行进一步处理。这样做可以对图像进行更详细的定制，因为每个 ControlNet 模型都可以应用自己特定的转换或控制，将来自不同 ControlNet 模型的多个方面整合在一起，可以创建出具有丰富细节和高度定制化的图像。

SD 的插件 ControlNet 不仅可以用于生成静态图像，还可以用于视频编辑和动画制作。**通过将 ComfyUI 与 ControlNet 模型相结合，创意人员和技术爱好者可以生产各种图像和视频内容。**

四、如何去除图片的"AI 味"

AIGC 工具虽然常常会生成惊艳的图片，但深度应用之后，会发现用"文生图"技术生成的图片总有"AI 味"，如图 7-6 所示，这时需要进一步加工处理。**所谓的"AI 味"在图像中大多指的是类似塑料的质感，既高清又模糊，光亮平滑，缺乏真实细节。** 作为人类，我们的眼睛会被不完美的细节吸引。在处于 AIGC 工具发展洪流中的当下，"AI 味"也将是一个不断被重新定义的词语。

图 7-6　AIGC 工具生成的有"AI 味"的图像

"AI 味"让人们产生的反感还来自它夺走了一种特别的情感 —— 敬畏感。因为 AI 实在太"无所不能"了,现在当看到一张从前会让你发出"大自然 / 世界真是太神奇了"感叹的照片时,我们脑海里冒出来的第一句话却变成了"这是 AI 生成的吧"。

如何去除 AIGC 工具生成图片的"AI 味"呢?

首先,找到那些可以"让假变真"的"不完美"细节,这是"去 AI 味"的一大重点。开始可以先用 AI 提示词来生成图片,但生成图片之后一定要进行调整,有时甚至需要用 Photoshop 这类传统工具进行修饰。

比如在做人物形象的广告招贴画时,可以先用 AIGC 工具来生成图像,然后用 Photoshop 添加人像的"不完美"元素,如人脸上的毛孔、细纹,或者微小的毛发。

有人也曾经试过用 AI 提示词直接给图像增加这些"不完美"的细节,但出来的效果并不理想。如果你让 AI 模型在图像上添加雀斑,会让整片皮肤变得夸张、奇怪。

有需求就有市场,现在已经出了一些"让假变真"的 AI 工具,比如 Magnific,这个被称为"AI 生图精修师"的工具,可以为 AI 生成图像增加更多细节,并支持不同的生成模式,它发布一个多月就吸引了 40 万注册用户。

图 7-7 中的左边是 AIGC 工具生成的图片,右边是用 Magnific 工具修图后的效果。

图 7-7　AIGC 工具生图与 AIGC 工具修图的对比

专业的广告设计、新媒体运营公司已经开始将 AIGC 生图精修工具加入设计工作流，或者采用更复杂的"多模型＋人工混合" 模式。在这种模式下，设计师负责创意和决策，利用不同的 AIGC 工具来生成前景、背景、构图和文字。总之，**这种模式一个人工与 AIGC 工具多轮对话的过程**。

有条件的机构可以打造自己专门的设计系统，将服务品牌的过往物料用作素材，来训练 AI 大模型系统，以获得特定的参数，最后做出和品牌美学相符的生成图像。

原来设计团队的动画师、色彩专家、导演、摄影师等，不仅精通 AI 图像生成技术，更具备创造独特视觉美学的深厚功底。他们通过对 AI 提示词进行非常精细化的设计，能够精准地传达出所追求的艺术风格，包括色彩、灯光、饱和度、摄影角度和景深等，最终生成与一般"AI 味"相当不同的风格化图像。

第七节　AIGC 工具视频内容生产

OpenAI 发布 Sora 模型的演示视频后，许多人惊叹不已。**视频素材是整个商业化视频产业的核心**，以前需要巨大的创作成本，比如实地拍摄或者用超级计算机制作三维动画，而现在能利用"文生视频"技术来生成工业级的视频，确实要颠覆整个视频产业。目前"文生视频"技术尚处于萌芽阶段，在本书写作完成之际，2023 年 6 月初市场上还没有成熟的长视频生成工具，只有能生成几秒钟短视频的初步工具。

除了视频生成之外，AIGC 工具在素材生成、素材加工、剪辑合成等环节同样得到了广泛应用。除了传统的视频创作外，**AIGC 工具在直播电商和数字人直播等领域**也有广泛的应用。

一、AIGC 工具生成和加工素材

商业化的视频素材生成采用"传统流程＋AIGC 工具"的方式较多。从剧本

创作开始，到图片生成，分镜头视频生成，配音、配乐、音效合成，字幕甚至多国语言翻译等，如图 7-8 所示，都可以用 AIGC 工具来提高创作和生产效率。其痛点在于一条视频的制作周期长，工序繁多，涉及创意、分镜脚本、文案、视觉及合成、时间排序等要素。

1 剧本及分镜头脚本	2 AIGC工具生成图片	3 AIGC工具生成视频	4 配音及配乐	5 字幕及翻译	6 剪辑合成
ChatGPT 智谱清言 Kimi 文心一言	Midjourney Stable Diffusion	Runway Pixverse Sora Luma 可灵视频	Suno AudioGen	Flawless ChatGPT	剪映

图 7-8　AIGC 工具创作视频流程

首先是创意、剧本以及分镜头脚本，都可以用 AIGC 工具来辅助生成。

在开始制作一段视频之前，首先需要确定视频的类型，这可以借鉴奈飞视频网站的分类方法，例如，是选择制作电影、纪录片、音乐剧、动漫、脱口秀还是选择制作运动等类型的视频。接下来，需要确认视频的整体风格，包括画面风格、情感风格、声音风格、音乐风格以及剪辑风格等，确保视频的各个方面都能和谐统一。

明确了视频类型和风格之后，进入概念设定阶段。这一阶段是根据导演的意图和剧本信息来设计角色、场景和道具，制作出设计图，以此来明确和统一影片的风格。在这一过程中，可以利用 AIGC 绘图工具如 Midjourney 来激发创意，或者结合 SD 和特定的模型来完成最终的设计稿。

然后，根据剧本的创意，使用 AIGC 写作工具来撰写详细的剧本和分镜头。分镜头的制作是非常关键的，它包括景号、画面描述、景别、对白、旁白、音效、字幕、时长和音乐等要素。这些要素共同构成了视频的视觉和听觉框架，为视频的拍摄和后期制作提供了详细的指导和规划。通过这样的流程，可以确保视频从构思到最终成品的每一步都经过精心设计和规划，从而制作出高质量的视频作品。

比如**创作分镜头脚本，可以使用下面的提示词模板：**

- Role: 视频制作导演
- Background: 导演需要一个详尽的分镜头脚本模板，以确保画面的每个细节都能得到精确的呈现。
- Profile: 你是一位注重细节的视频制作导演，擅长通过细致的分镜头脚本来确保视频的视觉质量和叙事效果。
- Skills: 导演技能、剧本理解、视觉叙事、光线设计。
- Goals: 设计一个包含详尽画面描述的视频分镜头提示词模板，确保画面内容、构图、背景和光线元素等都被详细记录。
- Constrains: 模板需要详尽且具体，同时保持清晰和易于理解。
- OutputFormat: 详细的列表格式，每个元素都有明确的描述和指导。
- Workflow:
  1. 确定镜头的景号。
  2. 详细描述画面内容，包括人物动作、表情和物品细节。
  3. 描述画面构图，包括人物和物品的位置关系。
  4. 描述背景元素，包括环境、色彩和纹理。
  5. 描述光线元素，包括光源方向、强度和色彩。
  6. 记录对白和旁白。
  7. 描述音效和背景音乐。
  8. 确定字幕内容和位置。
  9. 指定镜头时长。
- Examples:

  景号：01

  画面描述：主角正面特写，眼神坚定，手中拿着一杯冒着热气的拿铁咖啡。

  构图：主角位于画面中心，咖啡杯在前景，背景模糊，突出主角。

  背景：咖啡馆内部，木质桌椅和复古装饰，暖色调墙壁。

光线：自然光从左侧窗户进入，形成柔和的侧光，突出主角面部轮廓。

对白："你好，一杯拿铁，谢谢。"

旁白："在这个熟悉而又陌生的咖啡馆里，主角准备迎接新的挑战。"

音效：门铃声，咖啡机的蒸汽声，轻微的环境杂音。

字幕："早晨 8:00 – 咖啡馆"

时长：5秒

音乐：轻快的爵士乐作为背景音乐。

景号：02

画面描述：主角坐在窗边，侧脸轮廓在阳光的照耀下显得格外清晰，手中轻轻旋转着咖啡杯。

构图：主角侧对镜头，窗外的城市景观作为背景，形成对比。

背景：窗外高楼大厦，阳光透过窗户投射在主角身上，形成光斑。

光线：阳光直射，形成明暗对比，突出主角的侧脸轮廓和情绪。

对白："（自言自语）新的一天，新的开始。"

旁白："在这个充满可能性的早晨，主角的内心充满了决心。"

音效：窗外的车流声，轻柔的钢琴曲作为背景音乐。

字幕："主角的决心"

时长：8秒

音乐：无

- Initialization：欢迎开始你的视频分镜头创作之旅。请使用这个模板来详细规划你的每一个镜头，让我们共同创造出令人难忘的视觉作品。

（一）AIGC 工具生成视频

利用 AIGC 视频生成工具（如 Pika、Runway 或者 Stable Diffusion）根据分镜头中的提示词模板生成需要的视频。目前这些工具虽然只能生成几秒钟的视频，

但利用 AIGC 视频工作流也能创作出高质量的作品。

OpenAI 新发布的 Sora 模型和谷歌公司的 VEO 大模型可以生成时长超过一分钟的视频。这两个模型在自然语言处理和视觉语义理解方面取得了显著进展，使其在解析视频内容、渲染高清晰度图像以及模拟物理现象等方面实现了技术上的飞跃。当然，商业化应用还需要等待一段时间。

（二）AIGC 工具生成图片

利用 AIGC 绘图工具（如 Midjourney、Stable Diffusion、DALL-E3 等）生成特定镜头需要的画面时，要严格依据分镜头中的画面描述进行操作。在此过程中，重点是确保生成的图片风格要和视频画面风格保持一致。

（三）AIGC 工具生成音频

AIGC 音频生成工具包括语言类、音乐类和音效类三类，为视频配音分为口播、旁白和对白。

口播常用于"数字人"应用场景，配合数字人角色将播音稿转换成特定音色的语音，用在新闻播报、教育培训、数字人直播等领域。

旁白主要是视频的解说词，一般要配合视频场景确定语音、语调、语速等风格。

对白包括双人对话、多人对话、人与其他角色对话。

市场上有很多商业"文生语音"AIGC 工具，不仅可以根据文本生成语音，还可以"克隆"某个人的声音。 口播和旁白技术比较成熟，可以支持多语言、不同类型的语音生成，市场上已经有商业化的产品。

AIGC 音频生成工具最常用的是微软 Azure，很多抖音营销号口播均采用微软 Azure 的语音合成技术。

此外，"智影"也是不错的选择，它是腾讯公司开发的一个功能非常丰富的平台，目前所有功能都可以免费使用。该平台的界面非常简洁，没有任何广告。

AIGC 语音合成工具，如 Reecho，由公司独立研发的高级语音生成模型所驱动。该模型经过数百万小时的音频数据训练，对文本与声音之间的复杂关系有着深刻的理解，并具备出色的零样本学习能力。仅需 5~8 秒的参考音频，Reecho 便能在大多数情况下生成自然、逼真且充满表现力的语音输出。**该 AI 语音模型能够精确模仿被克隆样本的语调、语速、情感、停顿、音量、声学环境、呼吸声、口音和发声方式等特征**。同时，它还能深入理解目标文本的语境，综合这些因素，生成最具表现力且最贴合的语音效果。

最近新发布的一个语音克隆工具 ChatTTS，它的主要功能如下。

- **多语言支持：不仅支持中文和英文，还能够处理中英混读**。
- 自然流畅的语音合成：生成的语音非常自然和流畅，几乎可以达到与真人无异的效果。
- 细粒度控制：允许用户加入笑声、停顿、语气词等韵律特征，以增强语音的真实感和表现力。
- 高可控性：可以通过调整 Audio Seed 来指定说话人的音色，或者摇骰子随机生成一种新的音色。
- 批量处理和导出功能：支持批量导入文本并导出为 SRT 格式，方便后续处理和使用。

（四）多国语言支持

微软发布的 Edge-TTS 是一个从文本到语音转换的 Python 库，它利用微软 Azure Cognitive Services 将文本转换为自然流畅的语音。它可以支持超过 40 种语言和多达 300 种不同的声音选项，可以非常简单地实现多国语言支持，帮助企业开发国际市场。

利用 AI 大模型的多语言翻译能力，将文本按目标语言翻译好，再由 Edge-TTS 生成对应的音频即可，**不仅速度快、质量好，还免费**。

（五）AIGC 工具生成音乐

AI 音乐大模型可以"文生音乐"，能够根据用户输入的简单文字提示，创作出多种风格且音质卓越的音乐和语音作品。比如 Suno 公司推出的 Suno V3，是一款创新的生成类音乐工具。它允许用户通过简单的描述来创作时长长达两分

钟且具有广播品质的音乐作品，其效果令人印象深刻，因此被许多人誉为"音乐界的 ChatGPT"。**用户无须具备专业的音乐术语知识，即使是音乐领域的新手，也能在短短几十秒内，将脑海中的音乐构想转化为包含歌词、前奏、间奏和副歌的完整曲目。**

在 Suno 公司制作库排行榜中，有多首歌曲播放量已过万，比如以菜谱为歌词的《剁椒鱼头》《宫保鸡丁》，以及中文摇滚歌曲 We Go！。目前，Suno 公司主要有 Bark 和 Chirp 两个音乐生成模型，分别专注于人声生成和伴奏生成。

Suno 公司的出现对于音乐制作的幕后工作影响比较大，录音、混音、制作、编曲和制作母带等工种的技术含量虽然很高，但慢慢也会被 AIGC 音乐生成工具取代，不过人的创意无法被替代。未来音乐人需要专注于创意和应用这些 AI 工具。

类似的 AIGC 音乐生成工具还有 Audio、Stable Audio、MusicgGen 等。

（六）AIGC 生成环境音效

除了人声、音乐，还需要生成环境音效。AIGC 生成环境音效工具，如 AudioGen 经过训练，可以完成文本到声音生成的任务。给出一个文本提示，它会根据提供的文本描述生成 5 秒的音频。网站的演示包括：风吹口哨、警笛声、嗡嗡作响的引擎、一只鸭子嘎嘎叫、鸟儿啁啾、鸽子咕咕叫和在打字机上打字等音效，非常逼真。

AudioGen 是基于 Meta 公司开发的 AudioCraft 技术而诞生的创新产品。而 AudioCraft 技术本身还提供了一个效果出色的音乐生成工具 MusicgGen。首先，与此前的 AI 工具相比，AudioCraft 技术背后的模型经过授权音乐库的训练，避免了版权风险；其次，由于接受公共音效训练，它可以生成包括狗叫、脚步声在内的各种模拟音效；最后，它简化了音频生成模型的整体设计，同时开源的形式也有助于其他人开发自己的音乐模型。

二、视频剪辑合成

准备好视频素材之后，第二阶段是视频剪辑合成。在短视频兴起之前，视频剪辑合成是专业性比较强的工作，使用类似 Adobe Premiere 的专业视频剪辑工具。

专业视频剪辑工具的使用门槛较高，随着 UGC 视频大爆发，大量的自媒体作者迫切需要简单易用的视频剪辑合成软件，各大视频平台都配套了相关软件，如"抖音"平台配套的"剪映"，"快手"平台配套的"快影"等。

随着 UGC 用户增加，这些配套软件的用户量远远超过专业视频处理软件的用户量，变成主流的视频剪辑软件，而且更新迭代非常快，采用 AIGC 技术的速度，要超过 Adobe 这样的专业工具厂商。

以"剪映"为例，看看到目前为止，视频剪辑后期采用了哪些 AIGC 技术。

（一）素材库

首先用到的功能是素材库"智能搜索"，当导入素材后，媒体池会做分析，提取出不同的人脸，只需点击一下某个头像，就会自动定位该人物所在的素材位置，例如，要筛选达人镜头就直接点击他的头像。甚至可以直接输入画面元素，比如输入"手机"，就会自动定位出画面中带手机的素材。除了能搜索画面元素，文案台词中涉及手机的，也能标记出来。功能虽小，却非常实用高效。

（二）智能字幕

可以直接导入成片到"剪映"，一键识别字幕，自动校对，检查重复。目前，虽然还没有自动对口型的功能，但是估计快有了，因为有独立的技术供应商已经开发出这样的功能。Flawless 是一家生成式人工智能电影制作技术的公司，他们的 TrueSync 工具能够创建与原版电影一样沉浸和真实的配音版本，可确保配音在任何语言中的唇同步都完美无瑕，也可以为电影和电视节目创建多语言版本，确保每个版本的对话都与演员的口型完美匹配，就像是在用他们的母语一样。

自媒体特色的"花式字幕"制作功能，就是剪映堆花字。剪映能智能地把人物视频抠出来，把夸张的字幕放在另一个视频轨道，然后做出各种合成效果。技巧不复杂，关键是能根据目标用户采用吸引眼球的标题，要有张力或者冲击力。

（三）剪辑技法

剪辑过程中，除了传统的分镜头切换、连接技法外，AIGC 技术还提供了智能画面延伸、智能镜头跟踪、智能运镜和智能打光等功能。

智能画面延伸功能是在原有的画面基础上，由 AI 生成画面之外的内容。

智能镜头跟踪功能可以跟踪画面中特定的元素，常用的就是跟踪人物的头，就是所谓的"锁头功能"，剪映会把头部运动锁定在一个区域。

智能运镜功能可以利用人工智能技术模拟手持摄像机的运动效果，包括镜头的拉近或拉开、旋转及晃动等效果。

智能打光功能能够检测场景，深度信息计算出前后景的区别进行模拟打光。

（四）音频

音频方面，可以智能人声美化，一键开启降噪，去除混响和口水音，比以前用 EQ 曲线手动修复简单很多。特别是"AIGC 声音克隆"功能，只要对着电脑朗读指定文字，剪映采样你的声音，就可以指定 AI 模仿你的声音说其他内容，音色几乎一模一样。这样，只要有文本内容，不需要主播开口说话就可以生成声音了。

视频后期制作软件，除了在剪辑环节大量运用 AIGC 技术，也很自然地向素材生成，特别是视频生成延伸，增加了"文生视频""图生视频""视频生视频"等功能。

目前 AIGC 工具生成的视频素材"AI 味"比较重，是指这些素材是大锅饭"喂"出来的，没有灵魂，需要剪辑人员二次加工。AIGC 视频剪辑工具虽然可以替代很多人的工作，但还是那句话，人的创意和决策是 AI 无法替代的。AIGC 剪辑工作的本质依然还是"剪辑"，包括剪辑调色、软件操作和视听创作。

第八节　AI 数字人

一、虚拟数字人的分类

虚拟数字人是通过各种技术创造出来的，具有多种人类特征，如外观、行为和思想，呈现为虚拟形象。

从驱动层面来说，虚拟数字人可以分为两类：中之人驱动和 AI 驱动。"中之人"这个词源自日语"中の人"，字面意思是"在里面的人"，主要指控制虚拟主播进行直播的人。通过动作捕捉和面部捕捉技术，中之人能够实现虚拟人与现实的交互。动作捕捉技术通过提供一套全身动捕硬件设备来实现这一过程。**AI 驱动是通过 AI 技术实现虚拟人的创建、驱动和内容生成的综合技术，使其具备感知、表达等交互能力**。AI 驱动的虚拟人能够智能地读取并解析外部输入信息，并根据解析结果做出决策，然后驱动人物模型生成相应的语音和动作，从而与用户进行互动。这种"一站式"技术让虚拟数字人具备更加自然、智能、人性化的交互能力。

从外形上看，虚拟数字人可分为 2D 真人、2D 卡通、3D 卡通、3D 风格化、3D 写实、3D 超写实、3D 高保真等多种风格。

从应用方式来看，虚拟数字人可分为数字人口播、数字人录播、数字人直播、数字人实时互动。

从应用场景来看，虚拟数字人可分为服务型、表演型和身份型。**服务型虚拟数字人**，如虚拟主播、虚拟助手、虚拟教师、虚拟客服、虚拟医生等，主要为物理世界提供各种服务。**表演型虚拟数字人**，如虚拟偶像等，主要应用于娱乐、影视等场景。**身份型虚拟数字人**，是物理世界的"真人"进入虚拟世界的数字分身，在元宇宙中，数字分身有广阔的应用场景。目前，数字人产业还有待进一步完善，这也是数字人市场的增量空间所在。

在虚拟世界，好看的外表并不是最重要的，重要的是内在的内容能力。虚拟数字人的各项能力虽然可以轻松复制，但要脱颖而出，企业需要有独特的定位、优质的内容和故事，并能够长期经营。**即使 AIGC 技术可以降低内容创作成本，但卓越的内容仍然需要人类的想象力**。

二、数字人技术供应商

市场上数字人技术供应商有很多，包括平台型和工具型两大类。数字人平台可以提供一站式服务，有专业领域数字人平台，如电商直播领域的"奇妙元"，提供数字人商店、数字人定制、形象克隆、声音克隆、3D 捏脸、剧本创作、数字人直播间等。

短视频领域的"剪映"，提供数字人模板，并将 AIGC 工具生成文案、图片、视频、短视频和声音克隆等功能集成到视频后期剪辑工具中，使用很方便。

企业数字人平台，如"小冰"，可以为企业提供完整的数字人解决方案，包括数字人内容生产、对话交互和电商直播功能，几乎覆盖所有企业的服务类应用场景，如企业宣传、员工培训、虚拟代言、对话陪伴、虚拟客服和智能助理等。

数字人工具是数字人形象、语音、翻译和实时交互等功能的开发工具，可以独立实现"声音克隆""多语言语音""照片转数字人""AI 换脸"等方面的应用。

数字人刚推出的时候，用户觉得很新鲜，随着数字人出现的频率越来越高，用户开始对数字人和真人进行比较，很多粗糙的数字人让用户非常厌恶，这一点尤其要注意。

目前，数字人技术还在不断发展，技术比较成熟的是基于"声音克隆"和"AI 换脸"的"数字人口播"和"数字人录播"的应用，如新闻播报、天气预报、培训课程等。

技术难度最大的是数字人实时互动场景，如智能客服数字人或者智能答疑老师等。这种场景属于开放式场景，除了数字人相关技术，还需要 AI 大模型、实时文本转语音和专业数据库的支持，即"数字人 +LLM+RAG+TTS"方案。由于技术门槛高、投入成本大，这种方案只适合大型新媒体运营机构。

所以从技术成熟度和成本来说，数字人应用能使用 2D 形象就不要用 3D 形象，能用静态数字人就不要让数字人有太多动作，能口播就不要直播，能用录播不要用直播，能直播就不要实时互动。

三、AIGC 工具换脸

借助 AIGC 换脸工具，可以将数字人的形象转换为指定的宣传形象，这样就能以独特的品牌形式进行推广。AIGC 换脸工具有两种解决方案。第一种是商业化的 AIGC 换脸工具，如 RunComfy 的 ComfyUI Reactor，可以实现换脸模型、人脸检测、人脸修复和检测性别，甚至为视频中的单人或多人换脸引入人脸索引。第二种就是开源的 AIGC 换脸工具，比如 FaceFusion 是一个开源且免费的解决方案，它的功能特点介绍如下。

1. 多平台支持

FaceFusion 不仅支持图片和视频换脸，还可以在直播中进行换脸操作，用户可以将自己的面部特征映射到一个虚拟数字人上，生成具有高度个性化的虚拟形象。这一功能不仅在游戏娱乐领域有广泛应用，还可以用于虚拟主播、虚拟客服等场景。

2. wave2lip 唇同步器帧处理器

wave2lip 唇同步器帧处理器是 FaceFusion 2.3.0 版本中的一项重要技术。它通过识别音频信号中的语音内容，自动调整虚拟形象的口型，实现唇音同步。这一技术极大地提高了虚拟形象的逼真程度，使得 AI 换脸效果更加自然。

3. 真实自然的换脸效果

通过优化面部特征点的定位和地标变换技术，FaceFusion 能够实现更加自然和真实的换脸效果。在 AI 换脸技术中面部对齐是 AI 换脸技术中的关键环节，将直接影响换脸效果的逼真程度。FaceFusion 2.3.0 版本采用了 68 到 5 的地标变换技术，通过优化面部特征点的定位，显著提高了面部对齐的准确性和稳定性。这一改进使得换脸效果更加自然，减少了面部扭曲和变形等不自然现象。

4. 面饰模型 Uniface_256

FaceFusion 2.3.0 版本新增了面饰模型 Uniface_256，该模型具备高精度、高分辨率的特点。通过引入此模型，用户可以为虚拟形象添加更加细腻、真实的面部细节，提高虚拟形象的逼真程度。这一模型在影视制作、游戏娱乐等领域具有重要意义。

5. 将年龄和性别添加到面部调试器项目

FaceFusion 2.3.0 版本将年龄和性别添加到了面部调试器项目中。这一功能使用户可以根据需要对虚拟形象的年龄和性别进行调整，进一步提高了虚拟形象的个性化和逼真程度。

实现 AIGC 换脸有两种主要方式：一是在本地搭建系统，二是租用 GPU 云服务。如果选择在本地电脑上安装 FaceFusion，需要具备一定的编程知识。为了能够顺利安装，用户可以访问 FaceFusion 的官方文档网站，因为那里提供了详尽的安装指南。需要注意的是，FaceFusion 的运行速度很大程度上取决于 GPU 的性能，如果电脑没有配备 GPU 或显存较小，可能会影响运行效率。

另一种选择是利用云服务提供商的大模型运行环境和计算能力。例如，阿里云的 PAI 和 AutoDL 服务提供了现成的解决方案，可以帮助用户轻松运行大型模型。然而，这种方案可能会产生一定的费用。

以 AutoDL 为例，用户可以在算法社区找到 FaceFusion 的镜像，这些镜像包含运行模型所需的所有环境软件。用户只需按照说明安装 FaceFusion 并启动运行，便可以开始体验 AIGC 工具换脸的魔力。

通过 FaceFusion，无论是选择本地搭建系统还是租用云服务，都能以高效、便捷的方式实现 AIGC 换脸，带来全新的视觉体验。

第九节　直播电商 AIGC 应用

直播电商正在逐步趋于成熟和规范化。商品品类从最初的美妆、服饰和食品饮料，逐步扩展到家居用品、母婴用品、运动户外、鞋靴箱包、3C 数码、珠宝文玩、个护家清等更多品类。

AIGC 工具可以辅助直播电商大幅提高运营效率，降低运营成本。它贯穿于直播电商的每一个关键环节，从"起号"的策略制定，到"人"即主播的选拔与培训，"货"即商品的精选与展示，"场"即直播场景的设计与布置，再到"复盘"的数据分析与策略优化，AIGC 工具以其强大的数据分析能力和创意生成能力，为直播电商的每一个环节提供了精准而高效的解决方案。

直播间的运营方式也从早期简单粗暴的折扣促销转变为更深入的内容运营，如传播知识、喊麦、演戏和跳舞等各种形式的内容引流。这种转变让直播间的内容更加多样化。人才管理一直是 MCN 机构面临的核心问题，如难以招到足够的劳动力，用人成本不断攀升。一旦主播走红，很有可能跳槽，这意味着机构可能会失去主播带来的流量，所以数字人直播越来越成为 MCN 机构的选择。

一、AIGC 直播电商辅助工具

直播电商的 AIGC 辅助工具可以分为两类：运营效率工具和 AI 数字员工。运营效率工具包括直播的 AIGC 策划工具、AIGC 复盘工具和 AIGC 剪片工具。AI 数字员工包括 AI 导播、AI 主播替身和 AI 导购客服。

（一）运营效率工具

1. AIGC 策划工具

在直播带货中，"起号"通常指的是新账号或者新直播间的初期阶段，需要通过各种策略来提升账号的活跃度和影响力。机构可以在 AIGC 策划工具的辅助下，策划"起号"的方案，不同的目标用户群、不同的品类，起号的方式有巨大的差别，如**"亏品起号"（指以极低的价格吸引粉丝）和"高反起号"（指利用高价格的反差效果来吸引观众，增加直播内容的吸引力）**。此外，如何利用好平台的推流规则，也可以用 AIGC 工具辅助策划。

选择主播，有"明星"或者"达人"自然好办，但很多时候需要从"素人"中挑选和培养主播，传统方式不仅太慢，还有很高的试错成本。因此，可以根据主播的特点利用 AIGC 工具来制定"主播"速成方案，一方面根据主播的特点定制形象、直播模式和话术等，突出"主播"的特色；另一方面利用 AIGC 工具对主播进行业务培训和"试播"的效果分析，加快主播进入正式播出的速度。

选品时可以用 AIGC 工具辅助分析最适合的品类，传统方式如观察商品排行榜或竞品直播间，多为模仿，但成功率不高。因此，**采用 AI 爬虫技术抓取各大平台用户售卖数据及评论，通过 AIGC 工具做大数据分析和语义分析，可以更好地选品**。然后用 AIGC 工具辅助策划，依据用户偏好将产品划分为引流款、主播款、常规款、利润款、承接款及品牌款。

另外，**品类与主播风格是否匹配也是一个比较关键的问题**。比如从内容标签来看，达人可整体划分为泛娱乐达人和垂类达人。这两种类型的达人分别有各自的特色和优势。泛娱乐达人往往具备高颜值、年轻化、高粉丝量、数据稳定等特性，他们一般有比较好的起量基础和带货效率，可以适配多种行业客户的需求，曝光力强，适合没有高专业性要求的品类。而垂类达人因为专业性强，其粉丝人群往往标签准确，更适合推送专业性的产品，且容易收获不错的种草效果。AIGC 工具也可以辅助来完成这项适配工作。

要想轻松驾驭直播间，不能都依赖主播的临场发挥，至少大部分主播缺乏这样的天赋。每次直播前，需要策划直播剧本，编写直播大纲，准备一些热点话题，比如"段子手"型主播需要准备大量的笑料。以前可能都来不及做，或者重复再重复，没有新意。使用 AIGC 工具后，根据主播的风格和产品特点，可以批量快速地生成直播剧本，保证天天不重样，能极大地提升直播效果，实现直播吸粉和转化。

AIGC 工具还可以帮助"主播"准备话术：开播话术、单品话术、过品/转品话术、互动话术、促单/逼单话术、下播话术等。以前都要观摩其他有效主播，反复学习、不断模仿。现在有 AIGC 工具辅助，可以快速提炼总结别人的经验，结合"主播"自己的特色，快速生成自己的直播话术。

"三分靠产品，七分靠主播"，有 AIGC 工具辅助直播带货，效果和效率将成倍增长。

2. AIGC 复盘工具

过去直播后复盘，大多是做数据分析。使用 AIGC 工具后，可以对粉丝的发言和交流过程做语义分析，这是非常有价值的事，也是过去无法做到的。从粉丝的发言中可以提取最真实的需求，对于提升直播效果、提高转粉率、扩大 GMV 有极大的帮助。**直接分析粉丝的发言，效果远远胜过调查问卷、访谈等传统手段。**

3. AIGC 剪片工具

直播结束后需要剪片，长视频用来重播，出彩的部分可以剪成短视频，用于在直播间初期引流涨粉，也可以作为直播间日常维护或者活动大促、转化。**使用 AIGC 工具，可以快速剪片。**

使用 AIGC 工具剪辑短视频，可以把几小时的长视频提炼成几十秒的短视频，加上各种花字包装，让原本无聊的内容看起来很有趣，在此有三个技巧值得注意。

（1）爆点前置。直播策划都会有一套故事脚本，上架产品的时候，会刻意讲一些小故事，有故事必有高潮。剪辑时可以在素材中找到每个故事的高潮点放到开头，起到前五秒留住人的作用。探店 Vlog 类博主也经常使用这种方法，非常管用。把直播的爆点剪成短视频，用作直播预热、吸粉引流。

（2）视角转换。直播视频都是主播视角，自卖自夸。剪辑时可以通过第三人称配音转换叙事角度，捕捉主播在直播间的某一夸张行为，让用户在情绪上产生共鸣，从而增加下单转换的概率。这种手法在传统影视制作中叫后期导演，可以重构故事。

（3）信任提升。这也叫正面结果展示，每个视频故事结束后，再插入一条商品的效果展示内容来强化用户下单的意愿。

各大视频平台如抖音、快手等都有配套的 AIGC 剪片工具，随着版本升级，加入了更多的 AIGC 功能，如智能搜索、文生图、文生视频和智能字幕等。

（二）AI 数字员工

1. AI 导播

直播间的导播需要协助主播做场控话题、粉丝互动提示和临场处理等工作，需要高度集中精神，一场直播下来，可能比主播还累。**有条件的机构，可以基于 AI 大模型，开发定制一个 AI 导播**，不仅可以根据直播剧本来引导主播，还可以将主播声音转化为文本，对直播间的弹幕、评论和问答等数据进行实时分析，帮助主播更好地了解观众需求，从而提高互动效果和销售业绩。这种实时分析能力使主播能够及时调整直播内容和策略，以满足观众的需求。

同时，AI 导播可以根据粉丝的评论或者问题，实时生成相应的应答内容，寻找话题或者段子，给主播提示或参考，帮助主播调动直播间气氛或者避免尴尬

问题。

此外，AI 导播通过对主播的语音转文本后的内容进行实时分析，也能及时提醒主播避免触发平台的限制规则，规避敏感词等。

2. AI 主播替身

机构如果获得了明星或者达人的授权，可以制作 AI 数字人，即制作 AI 主播替身。通过声音克隆、制作主播 3D 数字人、做数字人口播，可以充分利用直播的空闲时间，输出准备好的内容，做付费转化，或者收获一些长尾的流量。数字人口播技术相对成熟，无须实时互动要求，制作成本也比较低，是一种投入产出比很高的运营手段。

3. AI 导购客服

利用 AI 大模型和产品数据库开发一个机构定制的 AI 导购客服，实时回答粉丝问题或者引导客户下单，可以大幅减少人工客服的数量，极大地提升客户服务体验和销售效率。

二、AIGC 工具搭建背景

AIGC 工具可以搭建逼真的虚拟背景，绿幕的虚拟直播场景方案是一个成本较低的直播模式。如果选择绿幕作为背景，那么通过抠图技术就可以低成本且快速地打造一个直播间。目前可以用 AIGC 工具建造更加真实的背景，包括场景规模、复杂度、细节程度和互动特效等。

三、数字人直播

数字人直播间仅需一台电脑和稳定的网络连接，无须复杂的拍摄设备，用数字人定制形象代替真人主播，AI 导播实时互动能力替代部分场控、运营。欧莱雅、YSL、兰蔻、李宁和北面等品牌都曾尝试选择使用 AI 驱动的虚拟主播进行直播，但由于技术尚未达到真人直播的水平，因此，通常只在午夜时段排期。

数字人在新闻播报、综艺晚会等场景中的应用已经很普遍了。然而，在直播电商这个领域，情况就变得复杂了。在 AI 大模型出来之前，尽管虚拟主播穿上了科技的外衣，但它们仍然只是一个吸引流量的噱头，只是追求热闹而已。而基于 AI 大模型的数字人，可以辅助主播完成很多基础性和重复性的工作，数字人口播效果已经非常好了。

要实现完全的数字人直播，就要实现实时互动，技术非常复杂。在整个直播过程中，可能会用到 7~8 个 AI 智能体，分别负责投放广告、直播、与观众互动、审核内容和画面以及监控竞品直播间变化。

而<u>直播的最大价值在于与观众的互动</u>。提高互动性可以增强观众的临场感，从而影响其购买决策。直播间的特点在于真实性，其中包括真实的商品展示、试用以及真实的评测，然而这也是虚拟主播面临的致命挑战。

AI 数字人主播的诞生，旨在辅助而非全面取代真人主播。在当前直播领域，头部主播以鲜明的个性特征和情感交流能力赢得观众信赖。数字人主播则能在头部主播非直播时段填补空缺，实现全天候直播覆盖，利用 AI 预置脚本提供基础商品咨询，并引导观众关注。然而，在情感互动及商品后续服务方面，数字人主播相较于真人主播仍有待提升。

衡量数字人直播应用的五大标准如下。

1. 音唇同步精准度

声音驱动口型同步率高，高帧率无卡顿。

2. 画面的真实度与清晰度

数字人高度拟真，可以以假乱真；数字人清晰度高，和真人拍摄一致；数字人声音驱动表情、肢体动作自然协调，同步率高。

3. 生成速度和可定制性

数字人形象的生成速度快，能够迅速根据需求创建独特的数字化人物。其高度可定制性允许用户调整外观、服饰及个性化特征，以适应不同场景的需求。特别在数字人直播间中，背景、装饰等元素均可定制，为观众提供独特且个性化的直播体验。

4. 实时响应能力

直播弹幕实时智能响应，支持直播脚本实时调整，支持商品链接实时切换，支持实时调整直播间素材。

5. 多语种支持

数字人可识别并输出主流外国语及小语种，支持部分方言识别，准确率高。

第十节　AIGC 内容运营

不同的运营目标、不同的产品具体如何运营？需要思考使用什么样的运营策略？整个节奏怎么走？整个打法如何制定？**怎么选渠道？什么时候投流？什么时候拿免费流量去铺？用户是否喜欢内容？**粉丝质量如何？面对这一系列问题，利用 AIGC 工具辅助内容运营，不仅可以成倍提高运营效率，还可以完成传统运营无法完成的工作。

一、运营策划

1. 选题

选题，光看热度是远远不够的。话题不仅要符合目标用户的口味，还要和产品有紧密的联系。选题不能仅凭感觉，而是需要有数据支持，如果人工去做，几乎不可能完成，这时候 AIGC 工具就能派上用场了。例如，策划一个美妆产品的内容运营，可以用 AI 爬虫到小红书上采集相关帖子内容、跟帖内容，以及相应的数据，如浏览量、点赞量和转发量等。采集完成后不仅能做数据分析，还可以做语义分析、用户情绪分析等。除此之外，AI 大模型还能根据这些内容提供市场趋势预测和话题选择的建议。

2. 投放目标客户

通过 AIGC 工具做语义分析，找到准确的目标客户，用户契合度指标远超数量指标，可以用转化率及留存率来综合判断用户契合度指标。通过对用户进行情感分析，我们可以选择最合适的话题。

3. 投放渠道选择

基于不同产品的目标用户，除了大型综合平台，还可以选择特定的垂直平台，甚至小众平台，这些平台的效果往往也很好。

例如，在推广某款智能数码产品时，AIGC 工具不仅推荐了头部的几大社区作为投放渠道，还特别建议考虑性价比更高的垂直类社区，如"虎扑"社区。这一建议基于体育爱好者与数码产品爱好者之间存在较高重叠度的洞察，这是运营机构此前未曾留意到的。事后数据分析结果显示，"虎扑"社区的投放效果非常显著，验证了这一选择的正确性。

4. 投放节奏

AIGC 工具可以通过对社交媒体的内容分析，准确预测目标用户注意力转移的时间节点，诸如季节性变化、节假日、购物节和大厂发布会等都是流量爆发点。比如小米、华为和苹果每次举行的新产品发布会，都会引发数码产品相关内容的一大波流量激增，为广告投放提供了极佳的时间节点。

二、运营实施

1. 运营数据分析

利用 AIGC 工具，可以实现实时跟踪数据，快速迭代。通过实时收集和分析内容投放效果的表现数据，可以获取诸如浏览量、转化量和评论等数据。这些数据可以通过爬虫自动收集，并提供给运营团队用于决策下一步的优化方向。

集中投放，往往会通过十几个渠道、几十个账户来发布几百篇内容，需要确定哪些效果好，哪些效果差。由于人工跟踪是非常困难的，使用 AI 爬虫不间断地爬取数据，可以每隔三十分钟进行一次，整理成 Excel 表格或者直接进行数据分析，给出调整投放建议。

AIGC 工具辅助运营，可以帮助运营团队进行实时数据分析与投放效果监控，使用数据指标代替原来主观感觉的判断。这里的数据分析不仅涵盖了用户行为数据，还拓展到了多维度分析、关键因素分析和历史数据分析等多个层面，其效能是可以替代复杂难用、成本高昂的 BI 系统。

在内容投放后，AIGC 工具还可以分析用户的反馈。其中，一个重要的方法是实时反馈语义分析，能够提取用户评价中的情感、情绪，为调整策略和内容提供了极具参考价值的资料。

2. 内容投放实时 ROI

AIGC 工具实时数据分析和用户评价语义分析，可以实现对运营成本的高效控制，比如是选择免费渠道，还是在关键节点购买流量，或者是合作搭便车节省费用等。

3. 平台规则优化

平台的内容发布、审核和流量分发规则等经常变化，而且每个平台都不一样，如果用人工调整内容适应平台，工作量巨大，难以应付。这时，可以借助 AIGC 工具，批量调整内容，适应不同平台的不同规则，甚至可以做到实时更新，跟随和利用好渠道的平台规则。

4. 多模态内容投放

文案生产后，还可以用 AIGC 绘图工具制作与内容匹配的图片、动画，提升效果。

5. AIGC 工具批量内容生产

对于效果好的文案，需要趁热打铁，采用 AIGC 写作工具批量复制内容，用数量提升爆品概率，这是人工无法做到的。

AIGC 工具辅助运营实施，与过去手工操作方式比较有"鸟枪换炮"的提升。

首先，AIGC 工具能够节省大量的时间和人力资源，使运营团队可以将更多的精力投入战略规划和创新思维上。这种效率的提升，不是简单的线性增长，而是指数级的飞跃，运营效率可以提升数倍，甚至更多。

其次，AIGC 工具还能够帮助运营团队实现过去不敢想象的目标。比如，通过深度学习和自然语言处理技术，AIGC 工具能够提供个性化的用户服务，满足用户的个性化需求，而这在手工操作时代几乎是不可能完成的任务。再比如，AIGC 工具能够进行复杂的数据分析和预测，帮助运营团队做出更加精准的决策，这在手工操作时代也是难以想象的。

最后，AIGC 工具还具有强大的学习能力，能够不断优化和改进自身的算法，以适应不断变化的市场环境和用户需求。这种自我进化的能力，使得 AIGC 工具在运营实施中的作用越来越重要，也越来越不可替代。

三、工具组合提升运营效率

（一）AI+RPA 工具组合

新媒体矩阵运营模式，重复性的工作很多，要登录各种账号，不停地复制、粘贴，有没有软件机器人来完成这些枯燥的重复劳动？有！RPA 工具就是。

RPA（Robotic Process Automation），又叫机器人流程自动化，是一种业务流程自动化技术，它可以用软件机器人代替人类用户完成一些重复性的任务，它的原理就是通过录制用户执行特定任务或者流程的操作，然后再回放这些操作来自动执行相同的任务。这些软件机器人可以模拟键盘输入、鼠标点击和读写数据等操作，可以执行一些基础的事务性任务，通常不需要或者只需要很少的人工干预。

使用 RPA 工具可以分为两个部分，一是制作"任务机器人"，二是运行"任务机器人"，完成预设的目标工作任务。

RPA 工具一般都提供了设置界面来帮助用户制作"任务机器人"，本质上是一个可视化脚本编辑器，属于无代码编程。所以制作"任务机器人"的流程和编程类似，第一步是确定工作任务目标；第二步是画出操作流程图；第三步是设定每个操作步骤的输入、输出以及各类参数；第四步是运行调试，看看是否能完成

预设目标。

AI 大模型出现之前，RPA 工具的使用过程通常遵循一个固定的模式：用户首先需要学习如何操作这一工具，随后探索并识别出可以自动化的工作场景，接着尝试构建自动化的工作流程，最终实现机器人的部署。

当 RPA 工具集成了大型语言模型后，如比较流行的 RPA 工具影刀，增加了"影刀助理"这一对话机器人，用户几乎无须手动操作 RPA 工具，仅须向"影刀助理"表达需求，即可完成自动化任务，这相当于为每个使用 RPA 工具的企业配备了一名专业的技术支持人员。

RPA 工具擅长操作工具，能够处理那些重复性高且规则明确的任务；而大型语言模型则更擅长思考，具备意图识别、逻辑推理以及抽象概括的能力。 如果将这两种能力结合起来，我们就能够创造出既能够进行深入思考、富有创造力，又能 24 小时不间断地执行烦琐任务的 AI 数字员工。

AI 大模型的落地应用往往以"问答"形式出现，但很多产品只停留在内容生成阶段，没有充分发挥 AI 大模型的优势。而 RPA 工具的产品属性使其天然适合集成应用，AI 大模型就像是"脑"，RPA 工具则如同"手"，AI+RPA 就是"手""脑"结合，可以带来更大的应用潜能。

（二）应用场景：小红书舆情机器人

使用"AI 大模型 +RPA+AI 爬虫"方案，来完成全平台评论抓取和自动回复差评的链路闭环，流程如下。

首先，选择一个 AI 爬虫工具，主流的网站都会使用"反爬虫"技术手段，要绕过这些反爬措施，需要使用一些最新的"AI 爬虫"。

其次，选择一个 AIGC 工具，写好提示词模板，根据输入的用户评价内容，进行语义分析，分析出是好评还是差评，以及用户情绪，并有针对性地写出评论回复内容。

例如，使用 RPA 工具，建立一个"自动搜索品牌笔记"的 RPA 工具，包括以下操作。

一是登录账号；二是调用 AI 爬虫，抓取内容，如笔记标题、内容、时间、

IP、笔记和评论内容等信息，并保存到数据库中；三是调用 AIGC 工具，分析内容，写出回复内容；四是到平台上发布笔记和评论回复。

最后，调用 AIGC 工具对抓取到的所有笔记进行统一的分析，生成一篇舆情报告。

（三）市场上主流的 RPA 工具

市场上有多种 RPA 工具，以下是一些主流的 RPA 工具。

（1）影刀：国产 RPA 工具，是功能强大、易于上手、适用范围广泛的软件机器人，支持 PC 端、手机端，流程自动化，适合个人和小团队实现无代码流程自动化。最近推出了基于 AI 大模型的"影刀助手"，进一步提高了智能化程度。

（2）UiPath：提供用户友好的可视化设计界面，支持广泛的自动化活动和集成选项，适用于企业规模的部署。

（3）Automation Anywhere：特点是其强大的认知自动化功能和可扩展性，适合需要高级 AI 集成的复杂流程。

（4）Pega Robotic Automation：强调通过自动化改善客户体验和业务流程管理。

还有一类轻量级的 RPA 工具，即网页版机器人，用网页插件的方式实现自动化操作，比如 Automa，这款自动化工具最大的亮点是不需要写代码，使用模块拖拽、连线的方式，就可以实现自动化流程。对于网页操作任务，如常见的填写表单、定时和在多个网页之间来回操作，Automa 都能轻松胜任。

第八章

产品经理的 AIGC 进化

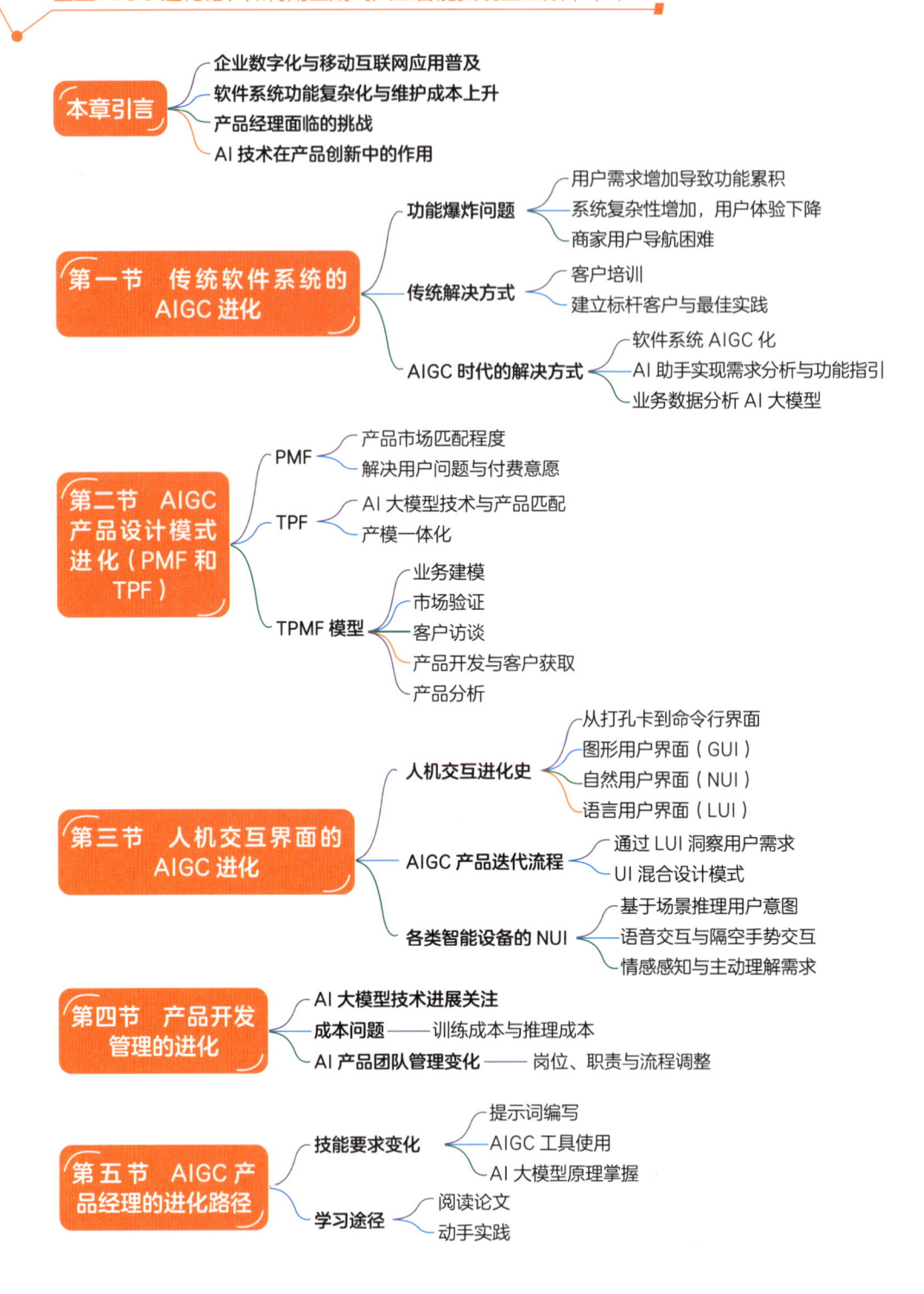

企业 AIGC 进化论：如何用生成式人工智能实现企业效率革命

- **本章引言**
  - 企业数字化与移动互联网应用普及
  - 软件系统功能复杂化与维护成本上升
  - 产品经理面临的挑战
  - AI 技术在产品创新中的作用

- **第一节 传统软件系统的 AIGC 进化**
  - 功能爆炸问题
    - 用户需求增加导致功能累积
    - 系统复杂性增加，用户体验下降
    - 商家用户导航困难
  - 传统解决方式
    - 客户培训
    - 建立标杆客户与最佳实践
  - AIGC 时代的解决方式
    - 软件系统 AIGC 化
    - AI 助手实现需求分析与功能指引
    - 业务数据分析 AI 大模型

- **第二节 AIGC 产品设计模式进化（PMF 和 TPF）**
  - PMF
    - 产品市场匹配程度
    - 解决用户问题与付费意愿
  - TPF
    - AI 大模型技术与产品匹配
    - 产模一体化
  - TPMF 模型
    - 业务建模
    - 市场验证
    - 客户访谈
    - 产品开发与客户获取
    - 产品分析

- **第三节 人机交互界面的 AIGC 进化**
  - 人机交互进化史
    - 从打孔卡到命令行界面
    - 图形用户界面（GUI）
    - 自然用户界面（NUI）
    - 语言用户界面（LUI）
  - AIGC 产品迭代流程
    - 通过 LUI 洞察用户需求
    - UI 混合设计模式
  - 各类智能设备的 NUI
    - 基于场景推理用户意图
    - 语音交互与隔空手势交互
    - 情感感知与主动理解需求

- **第四节 产品开发管理的进化**
  - AI 大模型技术进展关注
  - 成本问题 —— 训练成本和推理成本
  - AI 产品团队管理变化 —— 岗位、职责与流程调整

- **第五节 AIGC 产品经理的进化路径**
  - 技能要求变化
    - 提示词编写
    - AIGC 工具使用
    - AI 大模型原理掌握
  - 学习途径
    - 阅读论文
    - 动手实践

第八章 产品经理的 AIGC 进化

本章引言

随着企业数字化的普及，移动互联网应用越来越广泛，软件系统功能也变得越来越复杂，开发和维护成本也越来越高。同时，软件的交互界面也越来越复杂，越来越难用，客户抱怨也就越来越多。产品经理，特别是软件产品经理、互联网产品经理，面临着巨大的挑战。

互联网时代，产品经理一般都采用产品市场匹配度（Product-Market Fit，PMF）模式来开发新产品，同时，不断思考如何开发基于 AI 大模型的软件产品？目前阶段 AI 大模型的能力边界在哪里？如何用技术产品适配（Technology Product Fit，TPF）模式开发 AIGC 新产品？未来 AIGC 产品的趋势是什么？

由于工业化的细化，许多职业变得高度专业化，就像设计、绘画等作为专业的表达方式一样。AI 大模型多模态技术在未来将会带来怎样的设计变革？只要有想象力和一定的逻辑能力，通过自然语言清晰表达，产品经理可能会创造出比设计师更优秀的作品。

在全球 AI 热潮的推动下，鉴于 AI 技术展现出的无限潜能，未来的职场必将以 AIGC 作为重要的生产力，开启全新的智能时代。此时产品经理又该扮演怎样的关键角色？如何巧妙地将 AI 技术与产品创新相融合，提升用户体验，优化运营效率呢？产品经理自身如何进化？学习路径是什么？

AI 产品经理要关注 AI 大模型的核心客户价值，对 B 端（机构）用户来说是效率价值和创意价值，对 C 端（消费者）客户来说是工具价值和创意价值。

本章将讨论这些问题。

第一节　传统软件系统的 AIGC 进化

一、传统软件系统的"功能爆炸"问题

有经验的软件产品经理都有这样的体验：一个新的软件系统刚开始只有基本功能，用户界面简单，使用方便。但随着用户增加，他们会提出各种各样的需求，产品经理和开发团队根据需求做无数次迭代开发，软件系统逐渐变得完善和成熟。

功能点因为个性化需求增加和市场变化而不断累积，功能点以千为单位，越来越多，并且不断增加，随着时间的推移，系统变得越来越复杂，用户觉得越来越难用。

以某电商平台"微商城"为例，从上线运营开始，已经有 10 多年了，用户量超过百万。为了满足用户的各种需求，"微商城"拥有 6000 多个功能，商家用户需要通过层层导航才能找到他们需要的功能。这些功能大多以图表或表单的形式存在，总共有 2 万多个表单，40 多万个配置项。为了满足个性化要求，系统平台还提供了插件接口，允许第三方应用接入，平台还有 1 万个由外部开发者开发的应用。软件系统越来越臃肿，这是各种成熟的软件产品、企业软件系统的普遍现象。发展到这个程度，用户和软件开发商都进退两难。

对新用户来说，首先碰到的难题就是不会用，需要经过培训才能学会。而且软件学习曲线很陡峭，让很多用户望而生畏。

对老用户来说，最痛恨的是软件不断升级，界面功能经常改动，最常用的功能菜单或者按钮位置变来变去，有时候还会藏起来。产品经理对此也感到十分为难，因为这些改动都是由用户明确提出的需求，并且这些功能确实正在被部分用户使用。然而，这些功能实在是太多、太庞大了。如果不展示出来，用户就无法发现它们，不知道有这些能力；但是展示出来，可能只有 1% 的用户会使用，对

于 99% 的用户来说都是一种干扰。老用户的第二个抱怨是不知道软件系统有很多新功能，或者知道新功能，但是找不到在哪里，或者不会使用。

以我们熟知的 Power Point 为例，许多人认为其设计和排版很困难，但实际上，最大的挑战是复杂的工具体系。Power Point 一共拥有上千个功能，但大多数人对其了解甚少，遇到问题时往往需要通过搜索引擎解决。我们曾认为任何工具都越简单越好，但在如今的许多办公场景中，甚至需要花费几天时间上课学习如何使用工具。甚至传统的 Office 软件在市场上有一种考试叫作 MOS，即使用 Office 办公软件专家，每年会评选全球 MVP。

软件系统功能越来越强大，其实开发商更头疼，有以下三大痛点。

第一个痛点是维护成本越来越高。粗略估计，每个功能上线要花 25 人日，上线以后综合维护要花 25 人日。在当前的中国 IT 企业中，每位员工每日的综合成本包括工资、行政开支和社保等各项费用，平均最低是 1000 元，超一线城市估计要达到 2000 元每日。客户不断提新需求，团队不断开发，原有功能还要维护，造成软件系统的总体成本不断增加。

第二个痛点是培训成本越来越高。系统功能越来越多，不仅需要花费大力气培训用户，销售和服务团队也需要不断培训。每次产品重大升级，都要花时间培训销售人员、运营人员和客服人员。能用好系统，已经变成了一个技术活。

第三个痛点是人才缺失。刚开始软件系统功能简单，无论是销售和客服，简单培训后即可上岗。而随着软件系统功能越来越多，熟悉软件产品的销售、运营和客服的人才越来越少。企业费尽心力招聘并培养出的人才，往往很快被竞争对手挖走。

二、传统的解决方式

针对软件系统的"功能爆炸"问题，最常见的方式就是培训，包括客户培训、销售培训、运营培训和客服培训。随着客户数的增加和软件日益复杂，软件开发商不堪重负，客户不停抱怨。还有面向机构客户的软件开发商采用先建立标杆客户，创造最佳实践方案，再通过销售和培训传递给所有客户的方式。

（一）提供咨询、陪跑和代运营等服务

软件开发商提供咨询、陪跑和代运营等服务，给那些最有意愿、最有行动力、最具有基本基础资源条件的客户，帮助这些人成为真正的实践者和引领者，然后将这些"最佳实践"整理成案例库、培训资料、巡讲 PPT。

（二）客户培训

建立完整的培训部门和团队，招聘大量的客户成功人员和运营专家，提供各种培训课程和企业内训，包括线下的、线上的、现场演示、巡讲和在线电话咨询等。有时客服人员接客户电话常常需要花上几个小时，与客户讨论运营思路、系统配置和操作等问题。

三、AIGC 时代的解决方式

作为 AI 产品经理，解决软件系统的"功能爆炸"问题，方法就是将软件系统"AIGC 化"。

用 AIGC 技术全面改造现有软件系统，并不是在复杂系统上加更多功能，而是走一条新路。

首先要分析客户需求背后的真正动机，例如，商家客户提出商城系统增加一个发放优惠券的功能，这不是客户真正的需求。客户的需求是在特定场景的营销策划和运营方案下产生的，比如过节前发优惠券拉高流水，或者新品发优惠券拉高人气，客户提出的需求往往是客户自己提出的解决方案。

如果只是简单增加发放优惠券的功能，就会出现满足了这个场景满足不了另外的场景、满足了这类商家满足不了其他商家的情况。最后的情况是发放优惠券功能非常复杂，增加大量的设置项，导致客户不会用。

用 AIGC 技术改造的方法是，将复杂的功能隐藏在背后，用户面对的是一个可以对话的"AI 业务助手"。

简单的"AI 业务助手"功能可以比较简单，只需是一个智能需求分析和功能指引的助手即可。用户直接告诉"商家助手"需求，"商家助手"帮你直达软件功能，用户不需要在十几个一级导航、二级导航、三级导航里像走迷宫一样转，

第八章　产品经理的 AIGC 进化

可以直接向智能助手询问要去的地方。这样的"AI 业务助手"开发成本很低，不需要训练，只需要用 AI 大模型和软件系统对接即可。

更加智能的"AI 业务助手"，可以充当"业务合伙人"的角色。用户可以直接通过对话，告诉"AI 业务助手"自己想做什么，比如告诉"AI 业务助手"想做促销活动，"AI 业务助手"会根据指令，给出具体的相关营销活动、会员折扣等策划方案。用户还可以和 AI 对话，对业务方案进行调整。确定业务方案之后，无须到系统后台进行各项复杂的设置，"AI 业务助手"可以自动完成设置并执行，用户只要决定做还是不做就行了。

如果用户希望对经营状况进行分析，"AI 业务助手"会自动给出经营分析的报表和评价，以及一些改善建议。

之前经常会看到数据和业务团队打架，一个说没人看，一个说想看的时候找不到。

这时，AI 产品经理就应该改变现在以出报表/报告/统计为主的传统产品设计方式，变成先帮助数据团队训练出一个业务数据分析 AI 大模型，然后再设计产品，这样既可以吃透所有业务数据，也可以理解业内其他同类型公司的数据和财报。"AI 业务助手"就可以替代复杂报告统计界面，直接用对话方式来实现 BI 系统功能的各种复杂操作。目前很多专业 BI 软件公司正在进行 AIGC 技术升级，为用户提供基于对话模式的交互界面和更智能的 BI 分析功能。

用户还可以根据"AI 业务助手"的报表和建议，进一步表达自己的想法和目的，比如想要针对什么指标做优化，以及采取什么样的行动等。

要想拥有这样精通业务的"AI 业务助手"，需要 AI 产品经理训练"业务大模型"。

训练"业务大模型"的关键是具有大量的高质量业务方案、业务数据。使用这些数据，可以微调出垂直领域的 AI 大模型，作为"AI 业务助手"的核心，理解用户需求，给出建议，策划方案，制订执行计划，创建工作流程，调用软件基础功能等来完成用户的任务指令或者需求。

第二节 AIGC 产品设计模式进化（PMF 和 TPF）

一、PMF

互联网时代的产品经理，遵循的是 PMF 模式。 所谓 PMF(Product-Market Fit)，**即产品适配市场的程度**。这个概念是由 Netscape 创始人、风投领袖马克·安德森（Marc Andreessen）所创造的，2017 年 Marc Andreessen 在博客中对 PMF 进行了以下描述："产品/市场匹配，意味着在一个良好的市场中拥有能够满足该市场的产品。"这个理念得到了产品经理、投资人的广泛认可，特别是初创企业，这个产品设计模式受到重视。据不完全统计，95% 的新产品失败和 90% 新创企业的倒闭，究其原因既不是竞争对手，也不是团队和商业模式，而是没有完成 PMF。

《精益创业》（*The Lean Startup*）的作者埃里克·莱斯（Eric Ries）提出，"**PMF 一词描述的是：'产品如何匹配市场'**"。而产品和市场要达到良好的匹配需要具备三个标准: 是否解决了用户的问题、是否解决了产品渠道问题和是否用户真的愿意付费。

丹·奥尔森（Dan Olsen）将产品市场匹配描述为一个金字塔，从目标客户及其未得到满足的需求开始，顶部是与产品价值主张、功能特性和用户体验相关的项目，如图 8-1 所示。

图 8-1　PMF 示意图

二、TPF

AIGC 时代的 AI 产品经理，在 PMF 基础上，还要考虑 TPF。所谓 **TPF（Technology Product Fit），即大模型技术和产品匹配程度**。

为什么说要考虑 AI 大模型技术与产品匹配程度呢？因为 AI 大模型驱动的产品能达到的高度，取决于 AI 大模型的能力。这个产品的高度是指软件产品功能的智能化程度和用户交互的智能化程度。

比如 AIGC 视频生成软件，其核心功能取决于软件系统依赖的"视频大模型"的能力，即生成视频质量、长度等。如果只能生成 3 秒的高质量短视频，应用就只能限定在短视频应用领域；而如果能生成 30 秒的高质量视频，软件的应用领域就扩展到广告、影视等领域。

现在 AI 大模型的技术能力进展非常快，几乎每周都有新的模型发布。AI 产品经理需要了解新的大模型技术的能力边界，才能选择合适的 AI 大模型作为软件产品的基础，以及知道如何设计功能和用户交互。对于 AI 大模型能力不足的地方，需要设计其他方式来弥补，这就是 TPF。

港股 AIGC 第一股"出门问问"的创始人李志飞，曾经提出"产模一体化"。"猎豹"董事长傅盛援引李志飞提出的"产模一体化"新概念表示："产品和模型要一体化，如果一个公司只有产品没有模型的一些相关技术，它会失去核心的竞争力，但一个公司如果只做模型参数而不做产品，那么他就没有灯塔，他的这种技术就很有可能是研究人员的自嗨。"

有些大公司将产品、技术和模型分为三大块，然后他们就仿佛在隔空对话，产品不知道模型能做什么，技术也不知道产品到底想满足什么样的用户需求。所以**在 AIGC 时代初期，产品、技术、模型之间存在巨大的理解鸿沟，而跨越鸿沟的关键是 AI 产品经理**。

三、TPMF 模型

结合 PMF 和 TPF，笔者团队建立了 AI 大模型驱动的产品的创新模型"TPMF 模型"，即"大模型技术、产品、市场"匹配度模型，如图 8-2 所示。

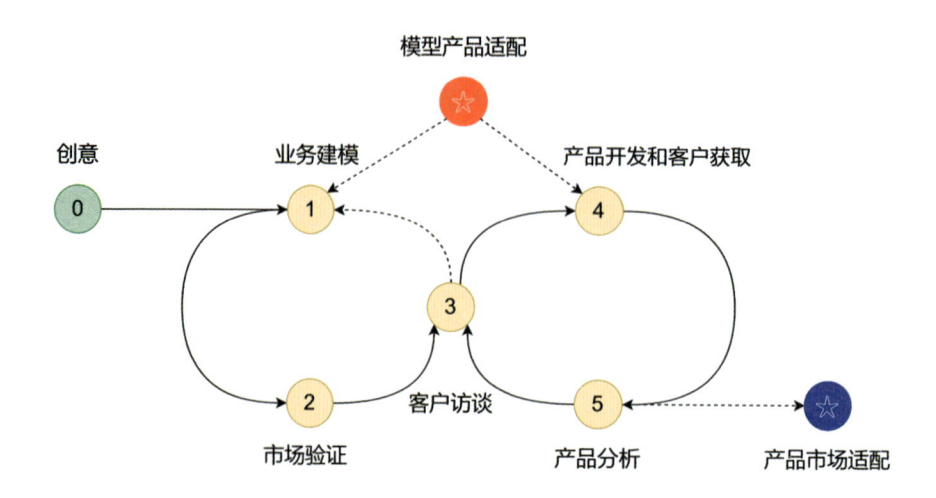

图 8-2　TPMF 模型示意图

从产品创意开始，实现 TPMF 的五个步骤如下。

- 第 1 步：业务建模。
- 第 2 步：市场验证。
- 第 3 步：客户访谈。
- 第 4 步：产品开发和客户获取。
- 第 5 步：产品分析。
- 重复第 3~5 步，直到达到 40% 的阈值。

（一）业务建模

业务建模的关键问题如下。

（1）客户细分：你要卖给谁？

（2）渠道：如何联系他们？有多容易（时间和金钱）？

（3）问题：他们是否非常关心我们试图解决的问题？有多少人受到这个问题的影响？

（4）独特的价值主张：我们打算如何解决这个问题？为什么它比现有的替代品好 10 倍？AI 大模型的能力是否能带来效率 10 倍提升？

（5）收入与成本：他们愿意为解决方案付费吗？它是否足够有利可图？

（二）市场验证

"市场优先"原则对提升我们成功的概率至关重要。在构建任何产品和服务之前，务必先解答关键市场问题。同时，不应急于训练业务大模型，而应利用最先进的 AI 大模型与 Prompt 技术快速构建最关键的功能，以此为基础打造一个最小原型系统（Minimum Viable Product, MVP）。在构建过程中，需注意以下一些关键问题。

（1）他们真的关心我们要解决的问题吗？

（2）我们真的能经济高效地接触到潜在客户吗？

（3）他们真的愿意为我们的产品买单吗？

太多的 AI 产品经理跳过这一步，过早地开始构建产品，最后才意识到没有市场需求。

（三）客户访谈

C 端（消费者）客户和 B 端（机构）客户有很大的不同，所以访谈的方式也要有各自的侧重点。

面对 C 端产品，问问："为什么有人注册？或是不注册？" 联系那些注册的用户，与 5~10 人预约一对一的采访，然后询问一堆"开放式"的问题，向他们学习。

采访中要问的一些关键问题如下。

（1）你是如何找到我们的产品的？（渠道）

（2）你为什么注册？（价值主张）

（3）您是否已经在为其他方案付费？（货币化）

如果我们的转化率很好，并获得了大量的注册用户，那么我们的目标应该是确定他们愿意支付的最少关键功能集。

如果我们的转化率不佳，那么我们的重点应该是弄清楚哪些内容最能引起注册者的共鸣。他们可以帮助我们找到更有效地构建价值主张的方法。

在后一种情况下，我们的下一步是回到第一步"业务建模"，明确我们的新想法。

而面向 B 端产品，需要找到天使用户，询问我们的产品是否解决了客户的问题，如向天使用户询问以下问题。

（1）你的业务痛点在哪里？

（2）你现在的解决方案是什么？

（3）我们的方案是否满足要求？

（4）有没有几倍的效率提升或者成本显著下降？

（5）使用我们的产品有没有影响其他人？

（6）你愿不愿意付费？

如果天使用户不愿意付费，或者解决方案没有显著提升，或者影响到了其他人的利益，则需要回到第一步"业务建模"。

（四）产品开发和客户获取

通过大量的访谈，我们对产品的第一个版本中的"必备功能"应该有了一个很好的概念。

1. 产品开发

不要一开始就急于开发一个完整的产品。相反，更明智的做法是先确定并解决客户面临的最大"单一"问题，然后围绕这个问题构建尽可能精简的产品。特别是**在开发以 AI 大模型为基础的 AIGC 软件产品时，需要知道 AI 大模型的能力边界**，还需要知道未来 AI 基础大模型和业务大模型的界限，因为 AI 基础大模型的通用能力会快速提升，业务大模型需要高质量的专业数据训练。AI 产品经理要确定软件产品的哪些特性使用 AI 基础大模型，哪些功能特性使用业务大模型。如果能利用 AI 基础大模型解决客户最大的问题，就是一个理想的 AIGC 软件产品。

然后尽可能地简化用户流程，以便我们的客户可以尽快体验到产品的核心特性，能尽快给我们反馈，这一点尤为重要。

2. 客户获取

很多时候，产品经理喜欢坐在办公室里，带领团队日复一日地构建产品，相信当伟大的产品在推出时，就会自我销售。可惜这只是一个神话。

所以在产品开发的同时，应尽早且经常测试各种渠道，然后找出如何经济高效地获得更多客户的方法。加布里埃尔·温伯格（Gabriel Weinberg）在他的《牵引力：初创公司获客指南》（*Traction: A Startup Guide to Getting Customers*）一书中提出建议：初创公司在打造产品和获取新客户上要花费相等的时间。

（五）产品分析

产品已经上线，这是一个令人振奋的消息。然而，遗憾的是，我们还没有完成所有的工作，这只是我们 TPMF（Technology, Product, Market, Fit）模型之旅的起点。

即使已经有很多用户注册，一些潜在客户告诉我们，说他们会购买产品，但是，他们现在真的在使用我们的产品吗？AI 产品经理需要分析用户数据，最常见的方法是海盗指标（AARRR），如图 8-3 所示。

图 8-3　产品数据分析模型

产品可以被比喻为一个漏水的桶。AARRR 框架揭示了在用户转化为忠实客户的过程中存在的漏洞，即用户流失的漏洞。

在探讨阻碍实现产品与市场匹配的因素时，我们需深入分析几个关键指标。

首先，留存率是一个至关重要的考量因素。一般而言，D1（首日）40%、D7（第七日）20%、D30（第三十日）10% 的保留率被视为良好的基准，但这一标准还需根据具体产品类别灵活调整。我们应基于期望的产品使用量来设定留存目标，并努力使保留曲线在目标范围内保持稳定，避免剧烈波动，这是确保产品持续吸引用户的关键。

其次，粘性（DAU/MAU）作为衡量初创公司产品用户参与度的核心指标，其重要性不言而喻。通常，DAU 与 MAU 的比率在 10%~20% 之间被视为正常，超过 20% 则表明用户粘性较高，而达到 50% 以上则堪称世界级水平。提高粘性意味着增强用户对产品的依赖和忠诚度，这对于产品长期发展至关重要。

最后，增长率是衡量产品市场表现的重要标尺，无论是收入（如每月经常性收入）还是活跃用户的增长情况。为了证明我们获得了良好的市场牵引力，我们应设定合理的增长目标，如每周 5%~7% 或每月 15%~20% 的增长率。这些目标的设定应基于实际业务环境和市场竞争情况，确保既具有挑战性又可实现。

综上所述，要实现产品与市场的高度匹配，我们需密切关注留存率、粘性和增长率等关键指标，并深入分析这些指标背后的原因，找出阻碍产品与市场匹配的潜在因素，从而采取有针对性的措施加以改进。

（六）回到：客户访谈

产品分析能够让产品经理更深入地掌握客户的行为模式，并找出产品使用中的难题，解答大多数人可能遇到的问题。但是，它并不能完全解释客户需求中的"用户为什么需要这样做或者那样做？"

只有通过更进一步与客户的对话访谈，才可以深入了解某些功能为何能够或不能达到预期效果，进而揭示客户"需要这样做或者那样做"的行为背后的真正原因。

（七）回到：产品开发和客户获取

访谈会带来更多的需求和想法，但**一定要控制需求蔓延，需要聚焦用户最重要的需求**。

（八）回到：产品分析

产品迭代过程（例如敏捷、精益创业等）的风险在于产品经理感觉像在"进步"，但问题是产品发展的方向是否正确。

在产品/市场匹配方面，需要根据 40% 的阈值来衡量进度。细分产品的用户，识别出活跃度最高的用户组，并找出他们的独特特征和使用情况。弄清楚是什么让他们起作用，这样就可以在"核心"价值上加倍投入。

重复第 3~5 步，直到达到 40% 的阈值，迭代改进产品，并优化客户获取渠道，直至产品获得目标客户的认可和推荐。

AI 产品经理在新的 TPMF 流程中，关注 AI 大模型的能力边界和 AI 技术的快速发展，并根据客户访谈和运营数据不断做技术、产品、市场的适配，进而推动技术团队和市场团队合作，这是 AIGC 产品成功的关键。

第三节 人机交互界面的 AIGC 进化

一、人机交互的进化史

最早的人机交互方式可以追溯到计算机的早期发展阶段。在 20 世纪中叶，计算机的交互方式相当原始，主要依靠打孔卡和打印机进行信息的输入和输出。

随后，显示器发展到了命令行界面（Command Line Interface，CLI），即字符界面时期，这被认为是人机交互的"第零次革命"。在这个时期，键盘和显示器成为我们与计算机交互的主要工具，我们通过键盘输入文本或者触发命令，而显示器则通过输出字符显示操作结果。这就像我们通过打字机输入文字，然后通过纸张将文字输出的过程。

紧接着就是图形用户界面（Graphical User Interface，GUI）的兴起，进入图形界面时期，键盘和鼠标成为我们的输入工具，显示器负责输出。

随着智能手机的发展，GUI 进入触屏时代，输入的核心设备变成了多点触摸屏，移动计算机设备终于普及到每个人。

AI 语音识别、手写识别等技术，让 GUI 时代的人机交互更加便捷。虚拟现实（VR）技术则是通过头戴式显示器（HMD）实现人机交互，增强现实（AR）

通过在用户的现实世界中叠加计算机生成的图像、视频或信息来实现人机交互。有人也将这几种人机交互形式称作自然用户界面（Nature User Interface，NUI）。

ChatGPT 则开启了语言用户界面（Language User Interface，LUI）时代，人机交互模式变成了用户与聊天机器人（chatbot）的自然语言对话方式。

脑机接口（Brain Computer Interface，BCI）则是一种特殊的人机交互模式，最初是在医疗康复领域应用，把芯片直接与人类神经连接，实现人机交互。BCI 技术的发展有望在未来极大地改变人机交互的方式，但这才刚刚开始，还有很多技术障碍。

人机交互模式的进化从穿孔卡片到 CLI、GUI、NUI，进化的方式是输入输出设备变化，其底层的逻辑相同，人机交互技术实现的核心是"事件驱动"，也被称作"消息驱动"。

人机交互中计算机是"被动模式"，计算机系统被动响应用户的输入，把每次输入作为一个事件或者消息来处理，无论是键盘还是鼠标或者触屏都是如此。

最重要的人机交互模式进化，发生在 AI 大模型出现之后，以 LUI 为代表的人机交互模式，其底层逻辑发生了巨变。**计算机系统的人机交互模式变成了"主动模式"。**

用户使用 LUI 计算机设备，起点是触发与 LUI 的对话机器人对话，一旦开始对话，AI 大模型驱动的 LUI 不是被动响应用户的指令，而是能够理解用户的自然语言，并根据用户的意图生成内容，或进行预测、规划和建议，甚至在用户同意下执行流程。用户只要触发对话，进行决策即可。

AI 大模型驱动的用户交互界面是一种新型的自然人机交互模型，基础是对自然语言的理解和生成。随着 AI 多模态大模型和各类传感器技术日益成熟，AI 大模型的多模态感知能力能够理解物理世界，建立"世界模型"。各种业务大模型或者专家大模型能够理解业务规则、业务数据、业务逻辑和领域知识，这样 AI 大模型就能够理解数字世界。

AI 大模型会重新定义人机交互界面，包括 PC、手机、VR、AR，甚至机器人，也会出现很多新物种。

二、AIGC 产品迭代流程

前面谈到 AI 大模型改变了人机交互的底层逻辑，不仅仅是产品功能和交互方式发生了巨变，AI 产品经理的工作流程也发生了巨大的改变。

功能软件时代，产品经理往往会先调研用户的需求，然后再定义产品界面、用户界面和交互方式。**这里隐藏着一个最大的问题：调研不一定能找到用户真正的需求**，补救的方法是用 MVP 方式来验证需求，验证的方式是访谈、问卷和运营数据分析。

产品功能或特性不是需求，用户提出的解决方案不是真正的需求，用户提出的需求可能只是表面上的需求，用户想要解决的问题才是真正的需求，如图 8-4 所示。

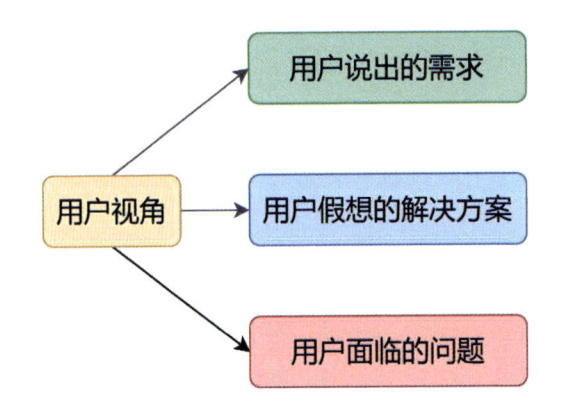

图 8-4　用户面临的问题才是真正的需求

在 AI 大模型驱动的 LUI 模式下，产品能更直接地触达用户，用户在与 LUI 对话机器人交流时，能自然地向产品经理传达需求。相较于访谈和问卷，LUI 的单一输入框让用户更无拘无束地提出所有影响效率的需求，从而在产品迭代中几乎消除需求无法满足的情况，并真实反映用户的实际需求导向。通过分析 LUI 后台的用户输入，就像通过软件功能埋点分析用户行为数据一样，能精准捕捉用户的真正需求。

比如，某软件厂商最初制作 LUI 的第一版时，花了两个月时间来建立所有指令意图的模型，并通过 18 万条数据覆盖了用户需求。然而，上线一周后发现整体用户采用率只有35%。于是，在用户允许的情况下，厂商利用一个月的用户数据进行脱敏参照式标注训练。最终，使采用率接近90%，而且这个数据一直在持续增长。

通过与用户的语言交互，产品经理可能会发现许多惊喜和宝藏性的用户需求，这非常重要。

因此，开发软件产品需要深入洞察用户需求，如果改变传统的工具需求洞察流程，可能就会有新的体验。通过LUI，产品能更贴近客户需求，并跨越术语障碍。对于产品经理来说，既减轻了负担，也降低了风险。

三、AIGC产品的UI混合设计模式

从产品设计的角度来看，LUI最优雅，此外一个很有优势的点在于它能够极大地降低交互成本，同时又与AI大模型的核心机制非常契合，它是二者非常完美的综合体，有自己擅长的领域。

但LUI并不能完全取代GUI，举例来说，当用户需要调整某样产品的文档或其他事务中的一个细节时，通常情况下直接手动进行更改就可以。然而，如果用户处于ChatGPT这样的语言用户界面的环境中，则必须用自然语言表达希望修改的内容，这反而增加了难度，且交流成本也很高，远不如直接进行操作方便。

LUI交互过程像雕刻成型，GUI交互过程像模具成型。

（一）LUI交互特点

（1）更适合自然语言多轮对话，能表述清楚，容错度高且不要求复杂推理计算的多步骤、多任务和长尾需求。

（2）用户不需要专业知识，能说话会打字就能上手，输出结果不固定，千人千面，重"后决策"。

（3）适合模糊需求（想法/概念→执行→决策→持续迭代），先发射，看偏差，慢慢移动箭头到靶心。

（二）GUI交互特点

（1）便于用户使用鼠标进行快速且直观的操作，特别适合那些对数据和结

果精确性有严格要求的单步、高频任务。

（2）用户需要一些专业知识，依赖视觉交互，输出结果稳定，千人一面，重"前决策"。

（3）适合精确需求（决策→执行→返回重来），先瞄准靶心再发射，不中重来。

两者的区别可以用一张表格来说明，如表8-1所示。

表8-1 LUI 与 GUI 的区别

	交互轮次	容错度	任务数	需求频次	决策类型	需求特征	专业知识	结果个性化
LUI	多轮	高	多任务	低频	后决策	模糊	低	高
GUI	单轮	低	单任务	高频	前决策	精确	高	低

从软件系统的操作层面来看，目前 AI 产品经理主要采用的是 GUI 和 LUI 混合设计。在不同的场景下采用不同的设计方案，但底层必须转换成 AI 大模型驱动。

四、各类智能设备的 NUI

从软件产品的人机交互进一步扩展到各类智能设备的自然交互，我们可以依据经验来定义自然交互：人们自然沟通的方式是对话、手势、表情和运动，通过观察与操作物理客体来探索世界。

（一）基于真实场景推理用户意图

智能设备利用各种传感器，可以无缝地将数字世界和物理世界连接起来，通过感知地理位置、周围环境（如标志物、光线、声音、气味等）来识别场景，并根据生活常识和经验预判用户的意图，前置推荐服务，也可以根据用户的指令，如语音、手势来识别用户的意图，完成任务。

同时更加系统和细心地考量干扰因素，真实场景是动态变化的，需要更加全方位地考虑光线的强弱、多源的噪声、实体的可视性、人员和事件的打断等因素。

（二）语音交互：更自然、更精准、更好玩

语音交互更趋近于人与人之间最自然的交流方式，AI 大模型已经能够让智能设备的人机语音交互的能力达到人与人之间的交流水平，甚至可以在不同语言之间自由切换。语音的人机对话方式的直达性，可以"穿透"复杂界面，让设备

第一时间明确用户目标。

语音交互趋向更自然、更人性化、更个性化。过去反人类的一些沟通方式慢慢被"调教"。此外，多人会话场景下的技术方案日渐增多，比如人多嘈杂的时候，用户可以调节音源音量，增强自己关注的人物声音，让另一个人"静音"。

（三）隔空手势交互：更自由、更灵动

AI视觉大模型已经能够读懂图片、视频的含义，智能设备配合能够感知深度信息的摄像头，可以理解物理世界，理解人类的肢体语言。

用户可以用手势来操控各类智能设备，最常见的是手机的隔空操作，目前有一些手机已经实现了一些简单的诸如滑动、切歌、截屏等效果。除此以外，隔空手势支持更加细微的手势，如旋转、揉搓等，可以以更直观、更灵活的方式操控界面，让用户获得一种像魔术师用意念控制事物运作的快感。

隔空手势并不是要替代触控手势成为主流的人机交互方式，它更多的是对情境式障碍场景的补充。在某些场景下，用户使用设备的条件可能是受外界限制的。每个人在特殊的场景下都有可能面临感官障碍，未来的设计也应该更多地考虑情境式障碍的场景，让用户无论身处何时何地，依旧能一如既往无障碍地使用设备。

（四）基于情感感知，主动理解用户需求

随着人脸识别、表情识别、肢体跟踪等AI技术的提升，以及各种生物测定类传感器技术的发展，生物测定包括体温、心率、皮肤抗阻、瞳孔大小等。智能设备不仅会感知语言，也能主动感知用户内在的情感和心理需求。

因为用户总是会期待更贴心的服务，所以，未来AI产品经理对同理心的情感嗅觉要更加敏锐，善于利用感性线索定位用户情绪，需要通过面部表情、特殊时间节点或者识别到的关键词，判断用户情感，理解其内心是追求自由探索、趣味娱乐，还是静谧修行，并据此提供符合用户当前心境的服务。同时，可以综合使用感性元素进行设计，**通过使用线条、色彩、声音和动作等传达并唤起相应的情感，提供更加人性化的体验**。

第四节 产品开发管理的进化

一、产品开发管理的关注事项

前面提到 AIGC 时代的产品设计模式 TPMF 模型,其中一点是 AI 大模型与产品的适配。要做好 TPMF 模型,前提是 AI 产品经理要理解大模型的最新进展、能力边界和大模型的成本。

AI 大模型技术发展非常快,可以用日新月异来描述,AI 产品经理每天都要花点时间关注最新的技术进展。

截至 2024 年 4 月底,在语言类 AI 大模型的能力方面,从开源社区的整体视角来看,有两大主流方向,分别是 Llama3 和 Mistral。市场上绝大多数的大模型微调版本都是基于这两者进行的。

在视觉语言模型方面,开源社区里也有许多模型很好用。比如 LLaVA,它是基于 Llama 的视觉语言模型,现在只要给它一张图,它便能够给出非常详细的图片描述,甚至比人给出的都详细,这在以前是想都不敢想的技术。

图像方面有两个值得关注的技术,在 SD(Stable Diffusion) 生态里,一个是 ControlNet,解决图像类生成的细节控制问题,另一个是 2023 年年底的潜在一致性模型 (Latent Consistency Model,LCM) 技术,它主要解决的是效率问题。以前就算用户有 RTX 4090 的显卡,生成一张图至少也得 10 秒,但是有 LCM 技术之后,它可以把出图的时间直接压缩到毫秒级别。以前的一些图像生成场景,可能需要二十几秒的延迟,但谁能想到现在已经可以做到毫秒级出图,使应用场景的想象空间变大了很多。

音频大模型,如开源的 OpenVoice2,是一个文本到语音的模型,可以克隆任何声音,并支持用多种语言进行语音合成。

视频大模型,如 Pika、ElevenLabs 这种最顶尖的商业产品,它们的大部分模

型能力，都能在开源社区中找到对应的方案，当然其中可能需做模型微调。

估计本书出版时，AI大模型的能力又会达到新的高度。

此外，TPF还要关注成本与模型能力。

AI产品的成本问题是一个非常重要的问题，AIGC产品的AI大模型成本包括训练成本、推理成本和沟通成本。

训练成本和参数规模相关，从应用的角度来说，参数越多不一定越好，在特定领域，小参数的MoE专家混合模型的表现比大模型更好，训练成本也更低。

AIGC产品上线部署后，用户每次都要使用AI大模型的推理能力，也就是需要推理成本，尤其是图像生成领域，尽管成本有所下降，但需求和生成要求的提高使控制推理成本依然关键。

TPF也导致了新AI产品团队的管理变化，包括岗位、职责和流程都要改变，和传统的软件产品开发管理有很大的不同。

以前的开发方式是AI产品经理先大致梳理出业务流程和预期结果，再与负责模型、算法的工程师沟通，但这在AI时代是非常不现实的。

首先因为技术本身更新太快，其次在生产过程中有很多参数和细节需要调整。所以如果还是按照以前的开发方式，产品经理和工程师之间的沟通就太烦琐了。

以前的产品经理之所以依赖工程师，是因为有很多业务逻辑必须通过代码语言去实现。 但如果AI产品经理具备模型的无代码的"魔改能力"，则只要搭建AI大模型的运行环境，并修改参数就可以实现工作流和功能，模拟出业务逻辑，并快速反馈，减少了与工程师的沟通成本。

比如说现在有了ComfyUI工作流框架，如果需求不满足或者需求发生变化，AI产品经理就可以自己修改配置参数，重新运行，这种适配用户需求的反馈基本上是实时的。

AI产品的用户需求可能会完全由PM和运营搞定，工程团队会更关注如何做并发、做性能和做扩展等更后端的工作。

更进一步，如果AI产品经理具备了"操纵大模型能力"，就能根据业务需求，用不同的数据重新引导这个模型，不管是通过fine-tuned、LoRA，还是做模型的裁剪、蒸馏。

随着 AI 本身渗透率的提高，能慢慢涌现出一些之前从没出现过的需求，很多场景可以使用 AI 产品。这就是技术革命会解锁很多需求。

二、AIGC 模型设计师

即使 AI 产品经理具备了"操纵大模型能力"，但要实现 AIGC 产品商业化或者专业化，还缺少一个关键的部分：AI 产品经理主要关注用户需求和人机交互（人们如何使用模型），而没有深入研究业务核心（模型本身），然而，业务核心才是真正解决用户问题的关键部分。

我们在 AIGC 软件产品的实际开发过程中，发现不仅仅有 AI 大模型的幻觉、隐私和偏见等问题，更重要的是使用 AI 大模型来直接生成专业化的内容是不现实的。任何一个专业性产品，其结构和逻辑是非常复杂的，生成的过程也是一个复杂的流程，以前由专业人员借助专业化的设计工具完成，甚至有多道工序来完成。

如果使用 AI 大模型开发 AIGC 工具软件系统，这些问题将转移到模型的构建方式中，为了有效地解决这些问题，需要业务专家与 AI 工程团队进行更密切的合作。不同领域的专家很难沟通，需要有一个中间人的角色，那就是 AIGC 业务模型设计师，类似于 AI 产品经理是用户和 AI 工程团队的中间人角色。

如果要微调模型，高质量的训练数据必不可少，需要 AI 模型设计师组织人员去生产这些数据，这些专业化的训练数据不同于以往的 AI 训练数据，它的专业性更强。普通数据标注人员是无法完成数据清洗和标注的，需要 AI 模型设计师和专业人员配合，甚至需要更强大的通用 AI 大模型加上传统的业务软件工具来构建合成数据。

对于小型开发团队，AIGC 模型设计师角色可能是由现有团队成员的额外职责或者 AI 产品经理兼任。这意味着团队成员将学习新技能，并承担与塑造 AI 大模型相关的新任务。对于具有更成熟的设计实践的较大公司，AIGC 模型设计师可以是专门的岗位，或者在整体用户体验团队里增加一个 AIGC 模型设计师的角色。

AIGC 模型设计师帮助业务专家把垂直专业知识融入 AI 大模型或者 AIGC 工具软件系统的设计过程中，与 AI 产品经理、LUI 界面设计师一起创造更好的产品。

传统的开发团队进化到新的 AIGC 产品开发团队，如图 8-5 所示。

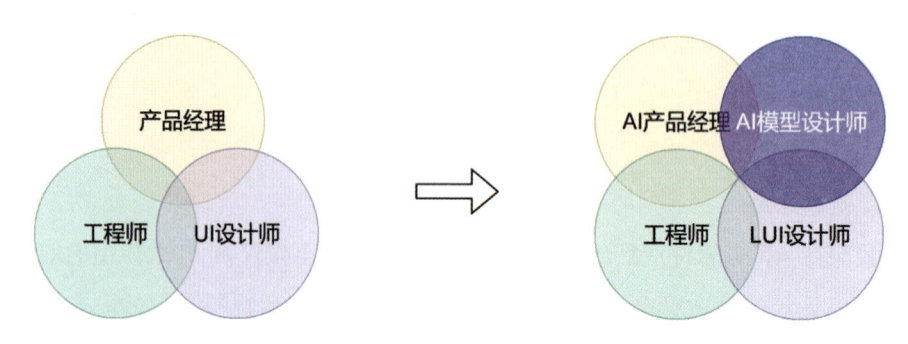

图 8-5 传统的开发团队进化到新的 AIGC 产品开发团队

第五节 AIGC 产品经理的进化路径

一、掌握 AI 大模型的原理

AIGC 时代对产品经理的要求完全不同于传统时代，除了要掌握需求分析、业务逻辑、产品设计、团队管理、产品运营等基本技能，**还需要会写提示词，掌握各种 AIGC 工具辅助日常工作，也需要掌握 AI 大模型原理，会搭建 AI 大模型环境，设置模型参数，甚至要会微调 AI 大模型等。**

除了掌握这些技能，每日还要关注与自己业务领域相关的 AI 大模型技术新进展，了解新的 AIGC 工具，阅读一些最新的 AI 研究论文，参加一些与 AIGC 相关的研讨会等。

学习写提示词，使用 AIGC 工具，如 AIGC 写作工具、AIGC 数据分析工具等，帮助自己提高日常工作效率，详细内容参考第四章 "AIGC 超级个体进化" 的相关内容。

AI 大模型的原理分两个方向去学习，一是大语言模型（LLM），比如 ChatGPT、LLaMa 等，包括模型基础知识"Transformer 架构""自注意力机制""词嵌入"等。二是图像大模型的底层原理，即稳定扩散模型（SDM），学习如何从随机噪声生成图像。

理解这些原理，不仅有利于做技术产品适配（TPF），还能够对未来的产品形态产生很多不一样的认知和想法，甚至可以触类旁通，实现应用领域迁移。

比如，笔者带领团队开发的面向学生的个性化内容推荐产品，其原理是基于学生测验分数，对学生做学科画像，然后规划个性的学习路径，并提供个性化学习内容。

对于学生学科画像，需要专业的教育测量学知识和学科知识图谱，这方面已经做得很完善了。但唯一的不足是内容推荐不好做，需要耗费大量的成本去建立海量的内容，才能满足不同类型学生的需要。传统推荐算法生成内容如图 8-6 所示。

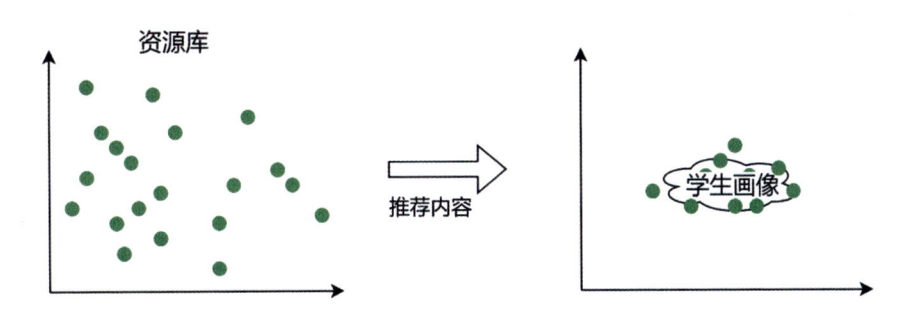

图 8-6 传统推荐算法生成内容

资源库的内容是离散的，无论推荐的算法多么精准，总是不能覆盖学生的画像。如果要解决内容问题，就要花费大量的成本。如果用 AI 大模型来完成这项工作，则不需要在内容库中预先准备海量内容，只需根据学生的画像，生成需要的内容即可，而且内容精细，覆盖完整，实时生成。AIGC 生成内容如图 8-7 所示。

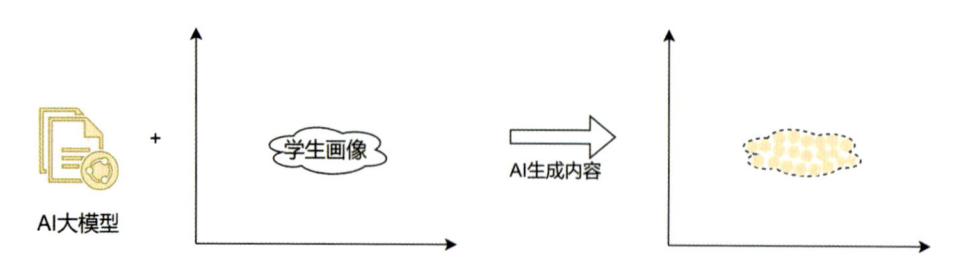

图 8-7　AIGC 生成内容

这款产品的技术核心是"推荐算法"，但是用了 AI 大模型后，产品的核心技术变成了"生成算法"。所以如果你不理解它的底层原理，那是没有办法重新思考产品的核心价值的。

二、学习 AIGC 技术的途径

AI 产品经理应该怎么学习那些 AIGC 技术？核心就两个点：坚持阅读论文和动手实践。

为什么是 AI 产品经理来阅读这些东西？以前这些好像都是 CTO 关注的事情。这是因为目前处于特殊阶段，大模型能力发展太快，每天都在进步，本身对用户来说就已经很新鲜、很有价值了，这个时候 AI 产品经理一定要去理解 AI 大模型的能力，关注产品能做什么事，哪些是过去的技术无法完成的事，并把它和用户需求连接起来。AI 产品经理阅读论文并不需要深入了解原理，更多的是关注思路、方向，这样至少能和 AI 大模型技术保持同步。

AI 产品经理要坚持自己动手实践，可以完全不用会写代码，像 Hugging Face 上的演示（demo）、论文里的演示（demo）和 GitHub 里的小项目，很多都是可以直接体验的。

体验分为很多种，最简单的就是在本机上运行演示（demo）。计算机只需要有 GPU 运算能力，比如 Windows 机器需要配 Nvidia 显卡，Mac 机器需要配 M 系列的芯片且具有 32GB 的内存，那么绝大部分的模型都能运行。

这种实际的动手体验其实就是找感觉，因为当你只是去看别人的讲解或公众号的文章时，你自己并没有很实际的体验。

AIGC 行业才刚刚开始，一点点信息差都能带来很大的商业机会，比如 ChatGPT 火爆后，最赚钱的市场机会是卖 AI 课程。所以，更别说认知差，只要花点时间精力去研究 AI 大模型，都能给你带来非常大的回报。

第九章

企业 AIGC 进化技术栈

本章引言
- AIGC 应用系统的革命性变化
- GenAI 大模型作为新的"计算范式"

第一节 GenAI 大模型的技术本质
- 能力突破的七个方面
  - 自然交互能力
  - 知识压缩能力
  - 多模态生成能力
  - 推理能力
  - 创造能力和涌现能力
  - 世界模型
  - 自我学习（进化）能力

第二节 GenAI 是新计算范式
- 大模型与传统软件的差异
- 模糊计算的特点
- 封闭式与开放式任务的区分

第三节 企业 AIGC 应用实施战略
- 寻找应用场景
- 选择开发方式
- 组建 AIGC 实施团队
- 确定技术路线
- 生成数据
- PoC（概念验证开发）
- 全面推广

第四节 LLMOps 概述
- LLMOps 定义
- DataOps、ModelOps 和 DevOps 的整合
- 企业大模型开发策略
- 大模型微调流程
- 常用工具介绍

第五节 大模型的数据治理

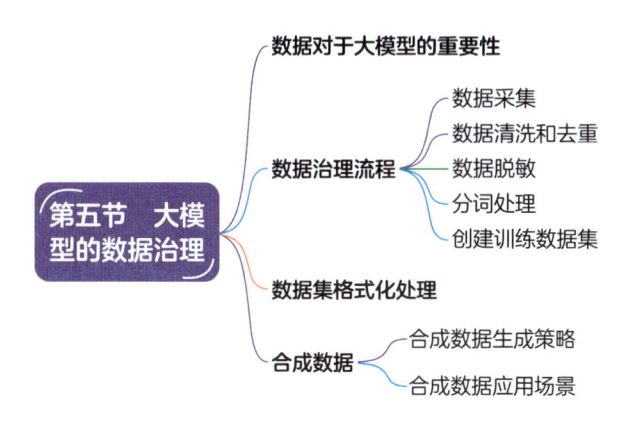

- 数据对于大模型的重要性
- 数据治理流程
  - 数据采集
  - 数据清洗和去重
  - 数据脱敏
  - 分词处理
  - 创建训练数据集
- 数据集格式化处理
- 合成数据
  - 合成数据生成策略
  - 合成数据应用场景

第六节 企业AIGC系统安全策略

- 企业关注焦点问题
- 数据风险和解决方案
- 大模型功能性风险和解决方案
- 大模型应用系统风险和解决方案
- 法律政策风险和解决方案

本章引言

以 GenAI 大模型为基础，开发 AIGC 工具和应用系统，也是信息技术开发的一次革命性变化。因为 GenAI 大模型是一种新的"计算范式"：以概率为核心的模糊计算。它为 AIGC 应用系统带来前所未有的能力，包括自然语言理解能力、知识压缩能力、多模态内容生成能力、推理能力、创新和创作能力、涌现能力和自我进化能力等。

这些能力原先是人类独有的能力，如今在机器上实现，意味着人类的智能可以放大几百倍甚至几百万倍，会极大提高社会生产力，就像工程机械把人类的体力放大了几百万倍一样。所有的生产场景，包括数字内容生产场景和物理世界的生产场景将被重塑。

同时，AI 大模型的自然交互能力可以让所有的电子设备都可以以自然方式与人类交互，或者物与物之间交互，人类将进入万物智能时代。所有的消费场景也将被重塑。

GenAI 大模型的突破是新旧智能系统的分水岭。原有的软件系统、工业机器人和判别式人工智能系统等只能完成封闭环境下的特定工作任务，只能按照工程师事先设定好的规则工作，即所谓的"封闭型工作任务"，而 AIGC 应用系统和以 AI 大模型为基础的机器人，则可以在开放环境下，完成开放式的工作任务，可以通过出厂后学习新的工作技能，完成新的工作任务，适应新的工作环境，无须工程师升级系统。

AIGC 应用系统开发比传统的信息系统开发更加复杂，引入了大模型工程化开发和数据工程化开发的流程，形成了新的 AIGC 开发流程管理模式：LLMOps。

与此同时，AIGC 应用系统也带来了更加复杂的安全问题。

这些都是企业 CIO 和 CTO 面临的挑战，本章将讨论以上话题。

第九章　企业 AIGC 进化技术栈

第一节　GenAI 大模型的技术本质

在正式启动 AIGC 项目之前，还需要重新整理一下大模型的技术本质，便于 CIO/CTO 做出正确的 GenAI 大模型开发战略。换言之，先看看 GenAI 大模型有什么能力，为什么能够推动史诗级技术革命？

与前几次技术革命不同，GenAI 大模型技术能力突破表现在下面七个方面。

一、自然交互能力

GenAI 大模型能理解人类语言，能与人类以自然语言方式交互，这一点极为重要。语言交流对人类来说是稀松平常的事，没什么了不起。但从信息技术来说，语言是一种压缩比极高的通信协议。短短几句话，可能包含大量的信息，比如"牛顿观察到苹果从树上落下来，启发他发现了牛顿定理"这样简短的一句话，实际上传递了关于人物、事件、因果关系、科学发现、历史背景、物理现象、科学方法和灵感来源等多方面的信息，体现了语言作为信息压缩工具的高效性。

人类文明史也可以看作一部信息沟通方式的变革史，从发明文字、印刷术、无线电、计算机、网络到 GenAI，甚至可以说信息处理技术的革命是驱动人类文明发展的主要动力。

这种自然交互的能力未来会在所有电子设备、机器设备上出现，可以实现"人—机自然交互"，甚至实现"机—机自然交互"，人类开始进入万物智能时代。

二、知识压缩能力

人类语言不仅是交流工具，也是知识压缩工具，不管是日常对话还是网上的一篇文章，可能只有几百个字，其中却隐含了大量的知识和常识。AI 大模型就是通过海量的语料，从中获取了大量人类的知识。大模型的海量参数，记录了互联网上的大部分知识，并压缩成几百个 GB 的级别。这种能力不仅能把知识压缩存储，实现高效的检索，更重要的是知识压缩让大模型具有了和人类相当的认知能力。大模型的知识压缩能力包括以下几方面。

（1）跨学科知识整合：大模型能够整合来自不同领域的知识，例如，它可以同时理解和处理自然语言、计算机视觉和音频处理等多个领域的信息。

（2）复杂问题解决：由于大模型具有广泛的认知能力，它能够处理复杂的问题，如医学诊断、金融预测和法律咨询等，这些问题通常需要多学科的知识和技能。

（3）上下文理解：大模型能够理解上下文，这使它们能够根据对话或文本中的上下文信息进行准确的推理和预测。

（4）学习和适应：大模型具有持续学习和适应的能力，它们可以通过新的数据和信息不断优化自己的性能。

三、多模态生成能力

大模型在多模态生成能力上表现出色，具体包括语言类内容生成及其驱动的内容创建。例如，大模型不仅能生成高质量的文章、对话和报告，还能根据这些文字生成对应的图片、视频和音频。此外，大模型能够生成多种形式的多模态内容，包括视频、音频、动画和 3D 模型，广泛应用于影视制作、广告、游戏开发、虚拟现实和增强现实等领域。这些能力极大地提升了内容创作和生产的效率，为各个行业带来了前所未有的创新和发展机会。

四、推理能力

大模型的推理能力包括以下几方面：

（1）模式识别与理解：大模型通过深度学习算法能够识别和理解数据中的复杂模式。例如，在图像识别任务中，大模型能够识别图像中的对象、场景和行为。

（2）逻辑推理与决策：大模型能够进行逻辑推理，如在自然语言处理任务中，模型能够理解语言的逻辑结构，并据此做出决策。

（3）预测与优化：大模型能够基于历史数据进行预测，如预测软件开发项目的进度、资源需求等。同时，它们还能够优化工作流程，提高开发效率。

（4）知识推理：大模型能够从已知信息中推断出新的知识。例如，在代码补全任务中，模型能够基于已有的代码片段推断出完整的代码逻辑。

（5）多任务学习：大模型能够同时学习多个任务，并在这些任务之间进行推理。例如，一个大模型可以同时学习代码补全和代码审查任务，从而在补全代码的同时进行代码质量的评估。

五、创造能力和涌现能力

（一）创造能力

（1）艺术创作：大模型可以创作音乐、绘画和文学作品等。通过学习大量的艺术作品，大模型能够生成具有创意和艺术价值的新作品。

（2）设计创新：在工业设计、时尚设计等领域，大模型可以根据设计要求和风格偏好，生成新颖的设计方案。

（3）科学研究：大模型可以帮助科学家生成新的研究假设、实验设计和理论模型。通过分析大量的科研文献和数据，大模型能够提出新的研究方向。

（4）技术发明：大模型能够帮助工程师和技术人员发明新的技术或改进现有技术。大模型可以分析现有的技术，识别潜在的改进空间，并提出新的解决方案。

（二）涌现能力

（1）问题解决：当面对新的、未知的或复杂的问题时，大模型能够涌现出创新的解决方案，这种能力源于大模型对大量数据的学习和理解。

（2）跨领域整合：大模型能够将不同领域的知识整合在一起，从而产生新的洞见和理解。例如，将生物学知识与计算机科学知识结合，可能产生新的生物技术。

（3）自主学习和优化：大模型具有自主学习和优化能力。在给定任务的情况下，大模型能够自主调整和优化其内部结构，以更好地完成任务。

随着技术的不断进步，我们可以预测大模型的创造能力和涌现能力将在以下方面得到进一步提升。

一是模型规模和复杂性。随着计算资源的增加，未来的大模型将具有更大的规模和更复杂的结构，这将进一步提高它们的创造能力和涌现能力。

二是多模态和跨模态学习。大模型能够处理和整合来自不同模态（如文本、图像、声音等）的数据，这将使它们在创造能力和涌现能力方面更具多样性。

三是交互式学习和适应。大模型能通过与人类的交互学习和适应，进一步发展它们的创造能力和涌现能力。

四是伦理和法规的遵守。随着对大模型伦理和法规问题的关注增加，未来的大模型将更好地遵守这些规范，确保其创造和涌现的内容是安全和可接受的。

六、世界模型

自 2024 年初 OpenAI 公司发布 Sora 视频大模型后，很多人认为 AI 大模型进入了"世界模型"的时代。

（一）世界模型的构成

（1）环境表示：世界模型需要对 AI 所处的环境进行表示。它包括环境中的物理特性（如物体的位置、形状、颜色）和逻辑特性（如对象间的关系、事件的因果关系）。

（2）动态模拟：世界模型需要能够模拟环境的动态变化。这意味着模型不仅要能表示静态的世界，还要能够预测环境随时间的变化，例如物体的移动、事件的发生等。

（3）感知和推理：AI 通过传感器（如摄像头、麦克风等）感知环境，并将这些感知数据整合到世界模型中。然后，通过推理能力，AI 可以理解当前状态、预测未来状态和规划行动路径等。

（4）知识库：世界模型往往包含大量的知识库，这些知识可以是预先设计的（如物理定律、常识性知识），也可以是通过学习得到的（如从数据中提取的规律和模式）。

（5）泛化能力：一个强大的世界模型可以帮助 AI 泛化到新的、未见过的环境，因为它可以利用对世界的一般理解来适应新情况。

（6）压缩和抽象：世界模型通常需要对现实世界进行压缩和抽象，以便在有限的计算资源下运行。这意味着模型可能会忽略那些对当前任务不重要的细节。

（二）世界模型的功能

（1）预测：世界模型可以预测环境的变化。例如，自动驾驶汽车的世界模型可以预测行人和其他车辆的移动，以规划安全的行驶路径。

（2）决策：世界模型支持 AI 系统做出决策。例如，机器人可以基于世界模型选择最优路径避开障碍物到达目标位置。

（3）计划和模拟：世界模型允许 AI 系统在实际行动前进行计划和模拟，评估不同行动方案的结果。例如，AGI 可以在虚拟环境中模拟实验，以确定最佳实验方案。

（4）环境理解：世界模型使 AI 能够理解复杂环境中的各种元素及其相互关系，从而在不确定和动态的环境中更有效地操作。例如，家庭助理机器人可以理解房间布局，知道哪里可以放置物品或清洁。

七、自我学习（进化）能力

自我学习（进化）能力是 AGI 的终极形态，目前未看到，OpenAI 的专家预计 2030 年将会问世。

（一）自我学习能力

（1）自我监督学习：AGI 能够在没有大量标注数据的情况下，通过自我生成标签来学习。这意味着 AGI 可以从海量未标注的数据中提取知识，进行有效的学习和推理。

（2）持续学习：AGI 具备持续学习的能力，能够不断更新和扩展自己的知识库，不会像当前的 AI 模型一样因为长期未更新而变得过时。它可以实时地从新的数据和经验中学习，并进行调整和优化。

（3）元学习：AGI 将会具备元学习（学习如何学习）的能力，可以快速适应新的任务和环境。通过元学习，AGI 能够在较少数据和时间的情况下，显著提高学习效率。

（4）自主发现：AGI 能够自主发现问题和提出假设，设计实验来验证这些假设，从而主动扩展自己的知识体系。这类似于科学研究的过程，但 AGI 可以在更大规模和更快的速度下进行。

（5）适应性：AGI 将能够适应不断变化的环境和任务需求。它将能够理解新的情境，并快速调整其行为以适应这些变化。

（二）自我进化能力

（1）算法优化：AGI 可能能够自主优化其算法，以提高效率和性能，甚至可能发明全新的算法或学习范式。

（2）结构自适应：AGI 的架构可能会变得更加灵活，以至于能够根据任务需求自我调整，例如增加更多的神经网络层或改变连接模式。

（3）硬件升级：在某些情况下，AGI 可能会设计新的硬件或指导人类如何制造更适合其任务的硬件。

（4）复制和分布式学习：AGI 能够自我复制，并在多个环境中并行运行，通过分布式学习进一步加速其进化过程。

（5）自我保护和自我修复：AGI 可能会发展出自我保护机制，能够在遭受攻击或损坏时自我修复或寻求帮助。

（三）独立意识

（1）自我意识：虽然这是一个高度争议的话题，但理论上，AGI 可能会发展出某种形式的自我意识，理解自己的存在和目的。

（2）合作与竞争：AGI 可能会展现出与其他 AGI 或人类合作或竞争的能力，以实现共同的目标或维护自身的利益。

（3）伦理和道德判断：AGI 可能会发展出一套内部的伦理和道德框架，指导其决策过程，确保其行为符合人类的价值观和规范。

第九章 企业 AIGC 进化技术栈

第二节 GenAI 是新计算范式

一、大模型与传统软件的差异

大模型是新的计算范式，即模糊计算，与传统的软件开发设计思路有非常大的差异。这种计算方式与传统的软件开发设计思路存在显著差异。

首先，让我们来看看数据处理方式的变革。在传统的软件开发中，我们依赖于结构化数据和明确的逻辑流程。开发人员需要预先定义数据结构和算法，以及如何处理这些数据。然而，大模型能够处理非结构化数据，如文本、图像和声音。它们通过学习大量的示例数据来自动提取特征和模式，而不是依赖于显式的编程指令。例如，在传统的软件开发中，如果一个开发者想要创建一个语音识别系统，他们需要编写复杂的算法来分析音频信号的频率和模式。而在模糊计算范式下，一个基于深度学习的大模型可以通过训练直接从大量语音数据中学习识别模式，无须开发者手动编写具体的识别规则。

其次，大模型在知识表示和学习能力方面也与传统软件截然不同。在传统软件中，知识通常以规则、算法或数据结构的形式编码，这些知识是静态的，需要人工更新和维护。相反，大模型能够从数据中学习知识，这种知识是通过调整模型参数来隐式表示的。这意味着模型可以随着新数据的输入而不断学习和进化。以推荐系统为例，一个传统的推荐系统可能会使用基于内容的过滤或协同过滤算法，这些算法依赖于开发者定义的规则。而一个基于大模型的推荐系统可以通过分析用户的历史行为数据来学习用户的偏好，从而提供更加个性化的推荐。

此外，大模型的设计和优化也与传统的软件开发大相径庭。在传统软件中，系统的设计和优化通常依赖于开发者的专业知识和经验。开发者需要精心设计系统的架构和组件，并优化代码以提高性能。而大模型的设计和优化更多地依赖于数据和算法。大模型的性能通常通过调整网络结构、学习率和优化器等超参数来

提升。

最后，大模型与传统软件在可解释性和透明度方面的差异也很明显。传统软件的决策过程通常是可解释的，因为它们基于明确的逻辑和规则。然而，大模型的决策过程往往是黑箱的，因为它们依赖于大量的参数和复杂的非线性关系，这使得模型的决策过程难以解释和理解。在一个基于深度学习的"贷款审批系统"中，如果贷款申请被拒绝，则很可能是由于模型在训练数据中捕捉到了某些复杂的模式，这些模式可能不容易用简单的规则来解释。

所以大模型作为一种新的计算方式，即模糊计算，与传统的软件开发设计思路在数据处理、知识表示、系统设计和优化，以及可解释性等方面存在显著差异。这些差异要求开发者在采用大模型技术时，必须采用新的设计理念和方法，以充分利用其潜力。

二、大模型的缺陷及改进方法

（一）大模型的缺陷

即使在判别式人工智能应用比较广泛的领域，大模型技术也深刻地影响了这些技术的应用方式。比如图像处理任务长期以来一直依赖于卷积神经网络（CNN），然而，随着大型生成预训练变换器模型的兴起，多模态能力正在改变我们处理图像的方式。ChatGPT-4o 的多模态能力使其能够理解和生成文本、图像以及其他类型的数据，这意味着它在处理图像任务时可以利用其强大的语言理解和生成能力。例如，在图像识别任务中，ChatGPT-4o 不仅可以识别图像中的对象，还可以生成描述性文本，解释图像的内容和上下文。这种多模态的理解和生成能力使 ChatGPT-4o 在处理图像任务时具有独特的优势，但是大模型的模糊计算也有缺陷。

在目前的技术条件下，大模型的输出结果有随机性和不可控性，这导致 AIGC 在工程化应用领域暂时不够成熟。随机性主要源于大模型的训练方式和学习机制。大模型通常通过海量数据进行训练，以总结学习数据中的复杂模式和规律，然而，这种训练方式也导致了输出结果的随机性和不可控性。

首先，大模型在训练过程中会学习到数据中的噪声和异常值，这些噪声和异常值可能会影响模型在实际应用中的表现。大模型具有强大的学习能力，它们可能会过度拟合这些噪声和异常值，导致在测试集或实际应用中产生不稳定的输出结果。

其次，大模型的训练过程通常涉及大量的超参数调整，如学习率、批次大小和网络结构等。这些超参数的选择对模型的性能具有重要影响。然而，目前尚无一种统一的方法来确定最优的超参数组合，因此，在实际应用中，模型的输出结果可能会因超参数的不同而产生波动。

最后，大模型的训练过程还受到硬件资源的影响。在训练大型模型时，计算资源（如 GPU、TPU 等）的不足可能导致训练过程不稳定，从而影响模型的输出结果。

（二）大模型的改进方法

为了解决大模型输出结果的随机性和不可控性问题，研究人员正在尝试从以下几个方面进行改进。

（1）数据增强：通过数据增强技术，如旋转、缩放和裁剪等，增加训练数据的多样性，提高模型对数据的泛化能力，从而减少输出结果的随机性。

（2）超参数优化：采用自动超参数优化技术，如贝叶斯优化、遗传算法等，搜索最优的超参数组合，提高模型的稳定性和性能。

（3）模型集成：通过集成多个模型的预测结果，可以有效降低单一模型的随机性和不确定性。例如，可以训练多个模型，并取它们的平均预测值作为最终结果。

（4）注意力机制：在模型中引入注意力机制，使模型能够聚焦于数据中的关键信息，提高模型的解释性和稳定性。

（5）模型压缩和加速：通过模型压缩和加速技术，如权重剪枝、量化等，降低模型的复杂度，提高其在实际应用中的稳定性和性能。

什么时候 AIGC 能在工程化领域大规模使用呢？或者什么时候 AIGC 在工程化领域的成熟度能够商业化呢？有个很简单的观察指标，即 AIGC 什么时候能在软件开发领域广泛使用，软件开发涉及了复杂的逻辑处理和创造性内容生成。

三、封闭式任务与开放式任务

AIGC 是一个互联网运营的概念，是从 PGC、UGC 发展出来的，其实这个名字不能准确反映 AI 大模型的应用领域，常常会误导人们对 AI 大模型的理解，认为只能生成内容。

甚至人们常用的判别式人工智能和生成式人工智能区分的说法，也不能准确说明两种人工智能的差异。

笔者认为 AI 大模型技术与以往任何一种技术的不同之处在于，AI 大模型技术能够完成在开放环境下的开放式任务，而以前的任何技术包括判别式人工智能技术，只能完成封闭环境下的封闭式任务。

封闭式任务是指系统根据工程师事先设定好的规则和算法来执行，是有边界的。如果系统碰到工程师没有考虑的情况，系统会终止运行，更糟糕的情况是发生不可预知的异常行为。

正如软件工程师在编写功能代码时，除了确保实现所需功能外，还必须全面考虑处理各种可能出现的异常情况，并为那些意料之外的情况设置合理的处理机制。如果最终只能采取抛出一个异常（exception）并让系统去处理的方式，这实际上可以被视为一种"不负责任"的做法，因为它没有充分考虑到异常可能带来的严重后果。

所以封闭型技术只能做成工具被人使用，让人类处理开放环境下的未知情况。

而以 AI 大模型为代表的技术能够完成开放环境下的开放式任务，生成内容只是 AI 大模型技术能完成的开放式任务的一小部分。比如，与人类进行自然语言的对话就是一种开放式任务。因为事先无法穷尽会进行什么样的对话内容。

一些以 AI 大模型为基础的机器人，可以通过学习人类的动作，完成新的任务。这也是典型的开放环境下的开放式任务，并不是预先在工厂中设置好的。

人类生活、工作场景绝大部分是开放式的环境，需要人类操作机器，所谓的智能化的软件系统或者自动化机器都是封闭式工具，无法自主完成任务。

尽管目前 AI 大模型技术还有很多缺陷，但一切才刚刚开始，预计很快就会出现真正意义上的智能系统和智能机器，能在开放的环境下，独立自主完成特定的工作任务，能处理各种意外情况，能学习和适应新环境的变化，接受新的任务。

第三节　企业 AIGC 应用实施战略

要确保 AIGC 战略在企业中成功实施并创造真正的商业价值，很多时候并不是技术问题，而是人和应用场景的问题。应用 GenAI 模型破解问题可能并不是最难的部分，更难的是要把找到的解决方案融入工作流程中，用它替换现有的工作流程系统，并使其在公司运营中真正发挥作用。

企业在实施 AIGC 战略前，需要制定一份 AIGC 实施路线图。制定路线图包括七个步骤：寻找应用场景、选择开发方式、组建 AIGC 实施团队、确定技术路线、生成数据、PoC（概念验证开发）、全面推广。

一、寻找应用场景

在企业内部寻找新技术的应用场景时，有一个常见的误区是过分追求商业价值最大化的应用场景，比如说销售部门或者人力成本最大的部门。根据过往经验，这种选择方式往往难以取得理想效果。

正确的选择应该是以成功实施 AIGC 战略为导向，但追求的不是成果的大小而是成功。只有先在局部取得成功，才能给企业决策者信心，才能给其他部门树立榜样，才能全面实施 AIGC 战略。所以选择场景应该先选需求最强烈的部门，需要部门利益驱动。

有强烈需求表明他们的业务在某个方面一定有痛点，只有帮助部门解决问题，才能获得部门主管、业务专家和一线员工的支持，也才能获得部门数据支持。新技术应用应首选"天使用户"，他们有痛点，有强烈意愿，配合度高，也能容忍早期阶段技术的不完善。

所以能否选择合适的人和场景，是成败的关键。如果实在找不到合适的人和场景，就选 CIO/CTO 自己管理的 IT 开发部门。

另外，还有一个重要因素是需要考虑 AIGC 技术成熟度的问题，**目前生成式人工智能工具最常见的用途是营销和销售、产品服务开发以及服务运营**。在需要复杂逻辑推理、严格的工程规范等领域，GenAI 技术还有欠缺，需要配合其他技术才能达到预期效果，这样开发成本和周期就会比较长，成功率也相对较低。

二、选择开发方式

每个公司的资源虽然不同，但选择成本最小、速度最快的开发方式却是每个公司的共识。CIO 需要盘点可用的资源，包括数据资源、专家资源、技术资源和硬件资源，根据资源来选择合适的方式，选择最适合企业的开发方式。一般有自研、外包、外部合作和并购四种方式。

自研是指企业有足够的资源和资金，自行开发 AIGC 系统。优点是独家技术、专业知识、数据没有泄露风险；缺点是对人才需求要求高、投入大，周期较长，风险较高。自研方式适合实力雄厚的大型企业。

外包是指将 AIGC 技术开发的工作外包给专业团队，企业提供基本的数据。这种方式的好处是对人才要求不高，周期较短、风险较小；缺点是数据容易泄露，进度和质量比较难控制。外包方式适合没有 AI 团队的企业。

外部合作是指企业在资源方面有欠缺，比如 AI 技术或者数据，需要寻找能弥补短板的合作伙伴，共同开发，商业利益共享。其好处是周期短、成功率高；缺点是进度和质量控制难。外部合作方式适合有资源短板的企业。

并购是指寻找专业团队，最好是选择技术配置比较整齐，并且已经有相关 AIGC 技术开发成果的团队，或者是有技术、专家和数据等单项资源或者多项资源的专业团队。其好处是独家技术、开发周期短、成功率高，用资金换时间。并购方式适合有资金、实力雄厚的企业。

三、组建 AIGC 实施团队

团队的基本配置包括四种类型的人才：AIGC 产品经理、数据工程师、业务专家、AI 大模型工程师，缺一不可。其他团队成员根据项目需求配置。

四、确定技术路线

根据应用场景、投入成本和项目时间来确定技术路线,技术最简单、见效最快、效果能达到 70%~80% 的技术路线是最好的技术路线。

在开发 AIGC 应用时,根据技术复杂度的不同,可以划分为四条技术路线:提示词工程、AIGC 工作流、RAG 系统开发和大模型微调。每条路线都有其适合的场景、实现方法以及优缺点。

(一)提示词工程

提示词工程(Prompt Engineering)是通过设计和优化输入提示词来引导大模型生成所需内容的技术。

(1)适合场景:一是快速原型开发,需要快速验证概念或展示功能;二是简单应用场景,生成简单的文本内容,如问答、摘要、对话等,不需要计算资源或数据进行复杂训练。

(2)实现方法:提示词设计、反复试验和模板化。

(3)优点:实现快速、成本低且灵活性高。

(4)缺点:生成结果可能不稳定,依赖于提示词的设计,难以处理复杂任务,也难以精确控制生成内容的细节。

(二)AIGC 工作流

AIGC 工作流是将多个 AIGC 工具和技术集成到一个完整的工作流中,以实现复杂的内容生成任务。企业可以采用商业化的 AIGC 工作流平台,或者自建工作流平台。

(1)适合场景:一是复杂内容生成,即需要多个步骤和工具协同工作的复杂内容生成任务;二是多任务处理,即需要处理多个不同类型的任务,包含文本生成、图像生成和专业性内容生成等复合内容生成;三是自动化流程,为了保证生成质量,还需要加入质量检测的 AIGC 工具。

(2)实现方法:采用模块化设计,将工作流分解为多个模块,每个模块负责特定的任务,集成多个 AIGC 工具和技术,形成完整的工作流。

（3）优点：灵活性高，可以根据具体需求灵活组合和调整工作流；自动化程度高，可以实现高度自动化的内容生成和处理；可扩展性强，可以根据需要添加或替换工作流中的模块。

（4）缺点：相比提示词工程，需要设计和实现多个模块，因为需要对专业内容结构拆解，生成流程分解，需要业务专家支持；需要定期维护和更新工作流中的各个模块，维护成本高；同时也依赖多个外部工具和服务，增加了依赖性。

（三）RAG 系统开发

RAG（Retrieval-Augmented Generation）系统通过结合检索和生成技术，增强大模型的内容生成能力。

（1）适合场景：一是高准确性需求，需要生成高准确性和相关性的内容，如专业领域的问答系统；二是知识密集型任务，需要结合外部知识库进行内容生成的任务；三是动态信息更新，需要频繁更新知识库和生成内容的场景。

（2）实现方法：需要建立和维护高质量的知识库，确保检索信息的准确性和全面性。开发优化检索算法，提高检索效率和准确性，将检索结果无缝集成到生成模型中，确保生成内容的连贯性和一致性。

（3）优点：能基本解决大模型幻觉问题，结合外部知识库，提高生成内容的准确性和相关性；可以动态更新知识库，保持生成内容的时效性；同时适用范围广，适用于多种知识密集型任务和专业领域。

（4）缺点：这种方式实现较为复杂，需要构建和维护知识库，技术复杂度较高；需要大量计算资源进行检索和生成，应用时需要考虑大模型推理成本；生成内容的质量依赖于知识库的质量和更新频率。

（四）大模型微调

大模型微调（Fine-Tuning）是通过在特定任务或领域的数据上进一步训练的预训练大模型，以提高其在特定任务上的表现。

（1）适合场景：一是高度定制化需求，需要针对特定任务或领域进行高度定制化的内容生成；二是高性能要求，需要高性能和高准确性的内容生成任务。

（2）实现方法：简单来说包括四项工作。一是数据准备，收集和准备高质量的微调数据，确保数据的多样性和代表性；二是训练参数优化，调整训练参数，如学习率、批量大小等，优化微调效果；三是模型评估，使用多种评估指标，全面评估微调模型的性能；四是持续改进，根据评估结果，持续改进和优化微调模型。

（3）优点：通过微调，可以显著提高模型在特定任务上的性能，特别是提高专业领域内容生成的能力；可以针对特定任务或领域进行高度定制化；可以适用于多种复杂任务和高性能要求的场景。

（4）缺点：这种方式实现起来比较复杂，需要大量计算资源和技术支持，技术复杂度最高，成本也较高；需要定期更新和维护微调模型，确保其性能和准确性。

总的来看，以上四条技术路线各有优劣，适用于不同的应用场景和需求。提示词工程适合快速原型开发和简单应用，AIGC 工作流适合中等复杂度的内容生成任务，RAG 系统开发适合需要高准确性和相关性的应用，而大模型微调则适合高度定制化和高性能的应用。根据具体需求选择合适的技术路线，并采取相应的应对措施，可以有效提升 AIGC 应用的开发效率和质量。

五、生成数据

如果采用大模型微调这条技术路线，需要准备大量的高质量训练数据，工作包括数据收集、清洗和标注等。有些专业化数据量比较少，甚至很稀缺，但采用专家标注或者处理成本高、时间又长，这时就可以采用合成数据的方式。详细的讨论可以参考本章第五节。

六、PoC（概念验证开发）

如果选择"大模型微调"这条技术路线，可以考虑 PoC 方式进行 AIGC 战略实施。

PoC 是指在实际项目开发之前，进行的一种小规模、快速的实验性项目，以验证某个概念、技术或解决方案的可行性和潜在价值。PoC 的主要目标是通过实际测试和评估，确认某个方案在现实条件下是否能够达到预期效果，并识别可能

存在的问题。

AIGC 工作流的 PoC 方式主要包括以下四个步骤。

（1）制定生成内容能达到的期望指标值，特别是专业内容，需要领域的专业化指标。

（2）分解内容结构和生成流程。

（3）提示词工程师和业务专家配合做提示词工程，选用能力最强的 GenAI 大模型来生成内容，复杂的流程需要开发 AIGC 工作流来生成内容，并检测是否能达到预期指标。

（4）如果能达到指标，则表明理论上大模型的能力可以满足应用需求，就可以开始选择合适的大模型进行微调了。

七、全面推广

如果能有 2~3 个 PoC 试点成功，得到企业使用部门的支持，AIGC 战略实施就成功了一半。下一步就是在全公司推广 AIGC 战略。这时，可以按照对企业的价值最大化来设定开发的优先级。全面推广阶段的重点工作将转为与原有业务系统的集成、员工培训以及 AIGC 系统运营。

（一）与原有业务系统的集成

（1）系统评估：评估现有业务系统，确定需要集成的模块和接口。

（2）接口开发：开发和优化接口，确保 AIGC 系统能够无缝集成到现有的业务系统中。

（3）数据同步：确保数据在不同系统之间的同步和一致性，避免数据孤岛。

（4）测试和验证：进行全面的集成测试，确保系统各模块的正常运行和数据的准确传递。

（二）员工培训

在 AIGC 时代，员工能提升自己的工作技能，对企业实施 AIGC 战略非常关键。这需要企业开发与企业 AIGC 应用相关的培训课程，包括基础知识、操作指南和最佳实践等。通过系统的培训，提升员工对 AIGC 应用的理解和操作能力。

除了提升工作技能，企业还需要让员工了解未来 AI 对企业、对个人的影响，鼓励员工了解和学习更多的 AIGC 应用知识。

（三）AIGC 系统运营

早期 AIGC 系统运营的重点是运营团队的组建和培训，AIGC 系统运维相较传统的 IT 运维要复杂很多，需要提前准备。AIGC 系统运维的详细内容请参考本章第四节。

通过推动企业全方位的运营模式转型，并将 AIGC 能力内嵌到业务的每个环节，企业可以充分发挥 AIGC 的潜力，提升整体业务效率和竞争力。同时，通过系统的培训，确保普通员工掌握 AIGC 应用相关技能，推动 AIGC 技术在企业内的广泛应用。

第四节　LLMOps 概述

大规模语言模型运维（Large Language Model Operations，LLMOps）是管理基于 LLM 的 AIGC 应用系统的一系列工具和最佳实践，包括大模型的开发、部署和维护。LLMOps 实际上是随着 LLM、AIGC 等基础模型的爆发而逐渐兴起的。

一、AIGC 应用系统开发工程

基于 AI 大模型的 AIGC 应用系统开发流程和传统的软件开发流程有显著的不同。

首先，基于 AI 大模型的 AIGC 应用系统可以分成三部分的开发工作：数据工程（Data Engineering）、机器学习工程（ML Engineering）和应用软件工程（App Engineering），如图 9-1 所示。AIGC 应用系统开发比传统软件开发多了两部分内容：数据工程和机器学习工程。

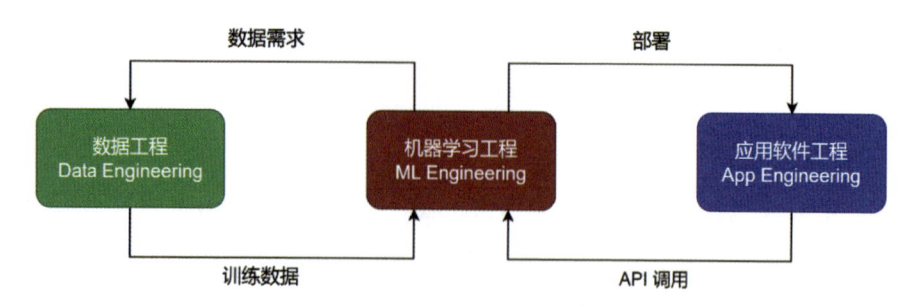

图 9-1　AIGC 应用系统开发工程示意图

其次，在整个开发流程中，AIGC 应用系统中的 AI 大模型开发和应用软件开发的生命周期往往是异步的。比如在欺诈检测模型中，往往是模型经常更新，代码不更新；而在企业 AIGC 应用系统中，往往是模型不更新，代码更新。这就需要涉及独立于代码的大模型的生命周期的管理。

二、LLMOps

AIGC 应用系统开发工程对应的 LLMOps 由三部分组成：DataOps（Data Operations）、ModelOps（Model Operations）和 DevOps（Development Operations），如图 9-2 所示。

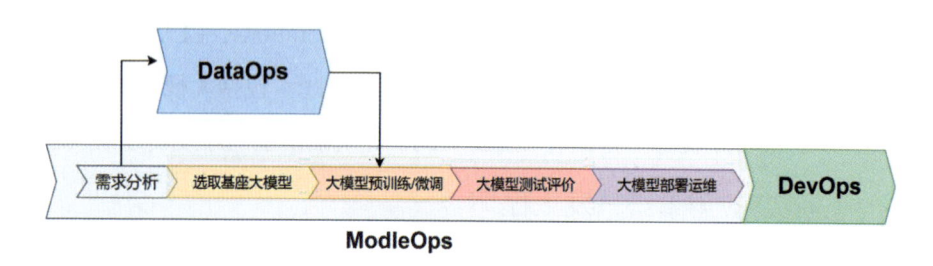

图 9-2　LLMOps 示意图

（一）DataOps

DataOps 专注于数据的管理和操作，确保数据流的顺畅和高效。DataOps 以数据处理为核心分为三个阶段：训练数据开发、推理数据开发和数据维护。训练数据（Training data）是机器学习模型训练阶段使用的数据，该模型利用训练数据来调整其参数并进行预测。推理数据（Inference Data）是在机器学习模型

第九章　企业 AIGC 进化技术栈

的推理阶段使用的数据。一方面，它可以评估模型训练后的性能；另一方面，调整推理数据可以帮助获得理想的输出，例如专家级的提示词。数据维护（Data Maintenance）是指维护数据质量和可靠性的过程，通常涉及高效的算法、工具和基础架构，以理解和调试数据。数据维护在 AI 中起着至关重要的作用，因为它可以确保训练和推理数据准确且一致。

训练数据开发包括数据收集、数据脱敏、数据标注、预处理、数据标注和数据增强等工作任务，对于需要专业数据的专家大模型，还需要做数据合成工作。推理数据开发包括训练样本的评估和提示词工程。数据维护包括数据存储和检索、数据质量管理。

通常，DataOps 分三个阶段：训练数据开发、推理数据开发和数据维护，如图 9-3 所示。

图 9-3　DataOps 示意图

常用的 DataOps 工具包括以下几种。

（1）Firefly：这是一个开源的大模型训练项目，支持对主流的大模型进行预训练、指令微调和 DPO 等操作。Firefly 支持全量参数训练、LoRA 和 QLoRA 等高效训练方式，并且通过配置文件的方式训练不同的模型，使初学者也能快速上手。

（2）Delta Lake：这是一个开源的存储层，为数据库提供了事务性支持，它提供了模式执行、模式演化和时间旅行等功能。这些功能使数据工程师和科学家能够快速设计出可靠、有弹性的自动化数据管道和机器学习模型。Delta Lake 与 MLflow 集成，可以自动记录实验参数、结果、模型和图表，从而实现模型训练数据的跟踪和重现。

（3）llms_tool：这是一个基于 HuggingFace 开发的大规模语言模型训练、测试工具，支持各模型的 webui、终端预测，以及低参数量及全参数模型训练，包括预训练、SFT、RM、PPO、DPO 和模型融合等。

这些工具和平台通过提供自动化的数据处理和管理功能，可以显著提高大模型训练的效率和效果。

（二）ModleOps

ModelOps 负责大模型的开发管理、部署配置和运维，以及模型生命周期的管理。这包括模型的版本控制、部署、监控和维护，以确保模型在生产环境中的高效运行。而大模型应用开发一般采用大模型微调方式，除了行业巨头，很少有公司采用从头开始预训练大模型的方式。

大模型微调流程一般分四个步骤，如图 9-4 所示。

选取基座大模型 → 大模型预训练/微调 → 大模型测试和评价 → 大模型部署运维

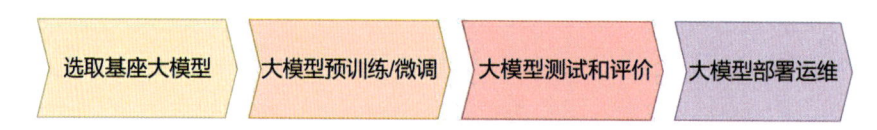

图 9-4　大规模微调流程

1. 选取基座大模型（Base Model）

选取基座大模型要综合考虑选哪个模型，首要的指标是看备选的大模型在适配企业特定需求方面的能力水平，如果基座大模型不能满足需求基本要求，后期即使经过微调，大模型能力提升也有限。

然后考虑其他因素，比如推理速度、训练成本、推理成本、能否微调、数据安全和许可协议等。开源模型发展很快，几乎每周都有新模型问世，可以密切关注开源大模型的动态。

如果商业化应用，一定要仔细研究许可协议，有些模型的不同版本因为用了特殊的数据而导致无法作为商业用途。

2. 大模型预训练 / 微调

当前，微调技术领域主要采用以下几种方法来优化预训练模型的性能。

（1）Adapter Tuning：这种方法通过在 Transformer 模型中嵌入新的 adapter 层来进行微调。在训练过程中，保持原有的预训练参数不变，只对新增层进行调整。其显著优势在于仅增加 3.6% 的参数量，就能实现接近全参数微调的效果。

（2）Prefix Tuning：这是一种策略性的前缀方法，在输入 token 前添加与任务相关的虚拟 token 作为前缀，并在训练中仅更新这些前缀，Transformer 模型的其他部分保持固定，使得不同任务可以通过不同的前缀实现定制化的训练效果。

（3）Prompt Tuning：作为 Prefix Tuning 的简化版本，Prompt Tuning 在输入层引入 prompt tokens，而无须额外的 MLP 层来处理难以训练的问题。通常只需调整模型的顶层，随着模型能力的增强，Prompt Tuning 的效果将越来越接近全参数微调。

（4）P-Tuning：与 Prompt Tuning 相比，P-Tuning 将 prompt 层替换为 embedding 层，这种表示能力更强的 embedding 层在微调时参数量仅为 0.65%，大幅减少了参数需求。

（5）LoRA：LoRA 技术通过在涉及矩阵乘法的模块中引入两个低秩矩阵 a 和 b，模拟全参数微调的逻辑。这种方法的优势在于它与现有的推理方式正交，不会在推理阶段增加额外的计算负担。

3. 大模型测试和评价

大模型微调后，是否能满足业务需求，需要提前进行测试和评价。虽然大模型的开发部署和 AIGC 应用端开发部署可以分离，但应用开发过程可能需要提示词工程和中间产品检测等功能，这些功能的调试基础是大模型，大模型的版本变化对这些开发工作产生了巨大的影响。

大模型的评价有两个关键要素：测试数据和评价指标。测试数据是指测试和训练数据分布差异大，实际使用的数据分布总是不同于训练数据的分布，因此从构建产品原型开始就要逐步构建测试数据集，一般在数据工程阶段就要生成测试数据集，或者通过类似 GPT 这样功能强大的模型和专家提示词工程来帮助生成不同的测试用例。

评价指标要根据目标生成内容精心设计，如果生成目标内容是专业化的内容，有完全精确的答案判定，可以用传统指标。创意类内容生成的大模型需要对行为和定性输出测量有多样化的指标。

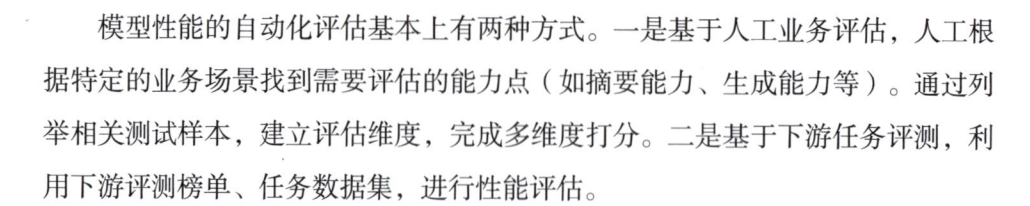

模型性能的自动化评估基本上有两种方式。一是基于人工业务评估，人工根据特定的业务场景找到需要评估的能力点（如摘要能力、生成能力等）。通过列举相关测试样本，建立评估维度，完成多维度打分。二是基于下游任务评测，利用下游评测榜单、任务数据集，进行性能评估。

4. 大模型部署运维

微调阶段和推理阶段一般会在不同的环境部署，大模型微调对硬件资源的需求较大，而大模型推理对硬件资源的需求较小，但是对于稳定性、并发处理能力、安全性等方面的要求要高很多。

大模型微调对硬件资源的需求主要有 3 点，即 GPU 性能、内存和带宽。目前主流训练系统都用英伟达的 CUDA 架构。

（1）GPU 性能。以下是几种不同规模的 GPU 选项，可供参考。

- 小型 GPU：如 Nvidia 的 RTX 系列，它们是模型开发、测试和小规模项目部署的理想选择，尤其适合初期实验阶段。这些 GPU 通常配备的内存小于 24GB，足以应对不太复杂的计算任务。

- 中型 GPU：如 Nvidia A100、H100 GPU，它们在成本和性能之间取得了良好的平衡，特别适合中等规模至大型的项目。这类 GPU 最大有 80GB 的内存，是大多数大语言模型（LLM）训练任务的首选。

- 大型 GPU：如 Nvidia B200 GPU，它专为大规模和内存密集型训练任务设计，虽然价格较高，但在关键项目中，它能显著加快训练速度。在具有 1750 亿个参数的 GPT-3 LLM 基准测试中，GB200 的性能是 H100 的 7 倍，而训练速度是 H100 的 4 倍。更重要的是，与 H100 相比，它可将成本和能耗降低 96%。

- GPU 集群：如果单一 GPU 的性能仍不足以满足需求，现代训练框架支持多 GPU 并行处理，能够处理和训练有庞大参数的大模型。

（2）内存。大多数模型并没有明确指出所需的训练微调的内存大小。如果资源有限，可以参考下面的最低配置方式。

- 对于拥有 7 亿个参数的模型，可以在配备 12GB 内存的 GPU 上进行训练。

- 对于 30 亿个参数的模型，建议选择配备 24GB 内存的 GPU 进行训练。
- 而对于 65 亿个参数的模型，则需要至少 48GB 内存的 GPU 来满足训练需求。

（3）带宽。大模型微调不仅对 GPU 性能和内存有较高要求，对带宽的要求也非常重要。带宽在大模型训练中主要体现在以下几个方面。

- 数据传输带宽：在训练过程中，数据需要在 CPU 和 GPU 之间频繁传输，高带宽可以显著减少数据传输的瓶颈，提高训练效率。特别是在多 GPU 并行训练时，GPU 之间的数据交换需要高带宽来确保同步和数据一致性。
- 存储带宽：大模型训练通常需要处理大量的数据集，高速存储设备（如 NVMe SSD）和高带宽存储接口（如 PCIe 4.0 或 PCIe 5.0）可以加快数据读取和写入速度，减少 I/O 等待时间。
- 网络带宽：在分布式训练环境中，多个计算节点之间需要通过网络进行数据交换。高带宽低延迟的网络（如 InfiniBand 或高速以太网）可以提高分布式训练的效率，减少通信开销。
- 显存带宽：GPU 内部的显存带宽也非常关键，高带宽显存（如 HBM2 或 HBM3）可以加快数据在 GPU 内部的传输速度，提高计算效率。

总之，带宽在大模型微调中起着至关重要的作用，选择高带宽的硬件配置可以显著提升训练效率和模型性能。

常用的 ModleOps 工具包括：大模型训练平台和集成化工具平台。

常用的大模型训练平台有 DeepSpeed、ColossalAI、CodeTF、peft 等。DeepSpeed 和 ColossalAI 是当前 LLM 分布式训练主流的框架，涵盖了大量分布式训练的方法，CodeTF 针对代码生成的训练进行了针对性的设计，peft 主要聚焦在 Adapter 层微调大模型。

常用的集成化工具平台 MLflow，是一个开源的机器学习生命周期管理工具，支持模型的版本控制、实验跟踪、模型打包和部署。MLflow 可以帮助数据科学家和工程师更高效地协作和管理机器学习项目。它提供了模型跟踪、项目管理、模型部署和注册表等功能。

对大多数企业大模型的应用来说，不会从头开始训练大模型，成本实在太高，而是通过对已有的大模型进行轻量级的微调，加上进行提示词工程开发 AIGC 应用系统，或者采取可选的数据或模型精简 (Distillation) 步骤，将其转换为更小型、专用的推理大模型来实现。

在开发企业大模型之前，需要组建一个大模型开发技术团队，基本配置包括 AI 产品经理、数据工程师、领域专家和 AI 大模型工程师。AI 产品经理负责分析商业问题，确保企业大模型解决方案能带来可靠的商业价值。数据工程师和领域专家负责数据治理，生成训练数据。AI 大模型工程师负责微调企业大模型，并部署维护企业大模型。

（三）DevOps

DevOps 是传统的软件开发的自动化模式，其核心理念是通过工具平台实现软件开发和运维的自动化，并促进开发和运维之间的协作。

从需求到产品设计、编码、测试、发布、部署、运维、监控，再到需求、产品设计等环节，形成一个 ∞ 字形循环，如图 9-5 所示。

图 9-5　DevOps 示意图

DevOps 的核心是 CI/CD Pipeline，可以持续不断地集成和部署。 DevOps 的提出和发展，意味着开发部署的流程逐渐标准化，搭建在 DevOps 之上的平台会更稳定高效。

常用的 DevOps 工具有 GitHub、GitLab 和 Azure DevOps。

AIGC 应用的主要构建基础是 GenAI 大模型能力的应用，采用对话式交互、智能 GUI 或者文档等输入方式，使用内置专业的提示词与大模型交互，产生需要的内容。这里包括问答，文档生成，图片、音频、视频生成，专业内容生成，以及知识推理等。

但 GenAI 大模型无法独立完成复杂逻辑处理和专业性内容生成，无法自动获取最新的信息，也没办法知道私有化的数据。所以 AIGC 应用构建需要引入新的模式，常见的是 RAG，它的基本原理是通过从数据源中检索信息来辅助 GenAI 大模型生成答案。

1. 检索—增强—生成的工作流程

（1）检索：利用用户的查询内容，从外部知识源获取相关信息。具体来说，就是将用户的查询通过嵌入模型转化为向量，这样就可以与向量数据库中的其他上下文信息进行比对。通过这种相似性搜索，可以找到向量数据库中最匹配的前 k 个数据。

（2）增强：将用户的查询和检索到的额外信息一起嵌入一个预设的提示模板中，目的是提供更丰富、与上下文相关的信息，以便于后续的生成过程。

（3）生成：将检索增强的提示内容输入 GenAI 大模型中，以生成所需的输出。这个过程是 RAG 的核心，它利用了 GenAI 大模型的强大生成能力，结合了前两个阶段的信息，生成了准确、丰富且与上下文相关的输出。

检索—增强—生成的工作流程示意图如图 9-6 所示。

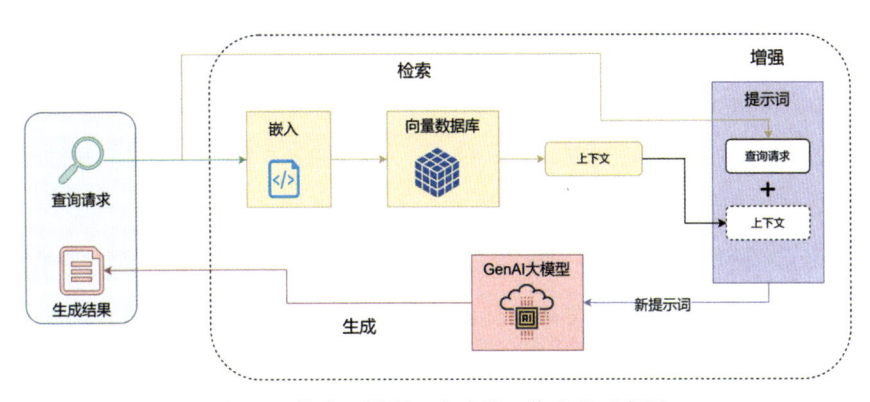

图 9-6　检索—增强—生成的工作流程示意图

2. 常用的 RAG 开发框架

常用的 RAG 开发框架，包括 LangChain、LlamaIndex、FlowiseAI、AutoGen 等。

（1）LangChain：LangChain 拥有模块化和功能全面等优点，可以灵活地将其组装以适应多样化的应用需求。然而，其行为的不一致性和对 API 细节的隐藏，可能导致模型预测的困难和对系统的控制理解不足，因此在灵活性上存在一定的局限。

（2）LlamaIndex：LlamaIndex 专注于提供高效的知识检索，通过优化索引和检索算法，保证了检索的速度和精度，但其需要与其他系统配合使用的特性，可能使得在定制化服务上存在一定程度的局限性。

（3）FlowiseAI：FlowiseAI 的强项在于易用性和流程可视化，为用户提供了快速上手的可能。然而，由于其功能的相对单一，对于需要复杂场景支持的应用，可能需要寻求其他更强大的解决方案。

（4）AutoGen：AutoGen 的强项在于适配多智能体场景，处理多参与者的复杂对话情境，但在多轮对话处理上，其较低的效率可能会形成应用瓶颈。

集成 DataOps、ModelOps 和 DevOps 的新开发模式 LLMOps 目前还处于很早期的阶段，相信随着技术的不断发展，大模型开发部署运维的平台框架技术也会越来越成熟，开发部署的效率会逐渐提升。

3. 对后期运维人才的要求

随着 AIGC 应用系统开发的兴起，IT 运维工程师需要进化为大模型运维工程师，具备多方面的技能。首先，他们要掌握传统的 IT 运维知识，如服务器管理、网络配置和数据库维护。同时，还需深入了解机器学习和深度学习的基础理论及相关框架，如 TensorFlow 和 PyTorch。

其次，在硬件方面，他们需要具备管理和优化 GPU 或 TPU 等加速器的能力，以最大化的训练和推理来计算效率。此外，他们还需具备监控与调试能力，包括实时监测模型性能、计算资源利用率和内存消耗，并能快速定位和解决问题。

再次，他们还需要熟练掌握模型版本控制策略，以有效管理不同版本模型的部署、回滚和 A/B 测试。数据处理和安全也是他们的责任，包括熟悉数据预处理流程，保证数据传输的安全性和隐私保护，以及处理模型运行中可能出现的数据相关问题。

最后，他们需要擅长使用自动化运维工具，如 Kubernetes 和 Docker，以进行自动化部署、扩展和运维。由于 AI 领域的快速发展，他们还需保持持续学习新技术和新算法的能力。

总的来说，大模型业务系统的运维工程师需要具备传统 IT 运维技能、AI 领域的专业知识及技术实践能力。

第五节　大模型的数据治理

数据在 AIGC 应用领域至关重要，堪称 GenAI 大模型的基石。 企业数据在大模型时代成为战略资产，从数据资产的角度来看，"数字化转型项目"具有重要意义，但如果这些数据无法有效地转化为生产力，那么也只是徒增机器成本。

在企业实施传统人工智能技术时，常遇到的一个主要难题是数据质量不佳，这常被形象地描述为"垃圾进，垃圾出"，这意味着如果输入的数据质量差，那么输出的结果也必然不可靠。这种情况往往导致许多人工智能项目的回报周期延长，甚至变得难以预估。

一、模型即数据

热门的语音生成开源项目 Tortoise 的作者詹姆斯·贝特克（James Betker）说了这么一段话：

"我在 OpenAI 工作已近一年。在这段时间里，我训练了大量的生成式模型，数量之多恐怕无人能及。在我花费无数时间观察调整各种模型配置和超参数带来的效果时，有一点让我印象深刻，那就是所有训练过程之间的相似性。

"我越来越清楚地认识到，这些模型在以一种令人难以置信的程度逼近它们的训练数据集。这不仅意味着它们学会了什么是狗或猫，还学习到了分布之间那些看似无关紧要的间隙频率，比如人类可能拍摄的照片或经常写下的词语。

"具体表现为：在同一数据集上训练足够长的时间后，几乎所有拥有足够权重和训练时间的模型最终都会收敛到同一点。规模足够大的扩散卷积神经网络（Diffusion Convolutional Neural Networks，DCNN）生成的图像与ViT生成器输出的图像别无二致，AR采样生成的图像与扩散模型生成的图像如出一辙。

"这一观察结果着实令人惊讶！它意味着模型行为并非由架构、超参数或优化器的选择决定，而是完全取决于你的数据集。其他一切因素只是将计算资源高效用于逼近数据集的一种手段。因此，当你提到Lambda、ChatGPT、Bard或Claude时，你指的并非模型权重，而是数据集。"

GenAI大模型的原理也是相同的，训练数据的质量和规模决定了模型能力边界，算法优化和模型调优则是提升模型性能和适应性的关键手段。

二、数据治理

数据治理是指在大模型开发和应用过程中，对数据的管理、控制和优化。它是大模型成功的关键因素，因为模型的性能和可靠性在很大程度上依赖于数据的质量和管理。数据治理包括数据的整理、清洗、标注标签等工作。有一个专业的数据团队是确保大模型能够取得良好效果的关键因素。如果数据团队由数据专家和业务专家组成，那么大模型的表现很可能会非常出色。相反，如果由大模型技术团队自己做数据，那么可能会存在很大风险。

因此，数据团队的专业水平直接影响着大模型的表现。

（一）数据来源

预训练的数据来源主要包括网站数据、专业文献以及各个行业的数据。

网站数据包括通用网页数据、搜索数据、问答数据、知识图谱百科和代码推理数据等；专业文献涵盖研究报告、学术论文、期刊、书籍和文学著作等；行业数据则包括任务评测数据集、多语种数据集以及金融、法律、房地产、体育、医药和影视领域的语料等。

为了实现数据的大规模、多样性和高质量，流程大致分为以下几步：首先进行站点过滤，方法包括基于图、单点和规则的过滤；其次进行敏感与隐私过滤，以及语言或噪声过滤；再次进行文章去重，采用不同粒度的去重方法；接着进行网页主题建模，通过大量的主题挖掘提升多样性，搜索在这方面有天然优势；最后进行数据质量评分，包括数据质量版本控制等。

数据源的选取依据包括体系是否完善、站点来源是否权威、数据规模是否大、数据实时性是否足够、下游任务是否有需求以及下游技能表现如何等。

（二）数据清洗

为了提升语料库的质量并剔除其中的劣质数据，目前主要采用两种策略：分类器驱动法和启发式规则法。

1. 分类器驱动法

这种方法通过训练一个分类器来识别高质量的文本。通常，训练数据会采用经过严格筛选的优质文本（例如维基百科的条目）作为正面样本，同时使用候选数据作为负面样本。分类器会学习预测一个分数，用以衡量每个数据项的质量。然而，一些研究指出，这种方法可能会无意中排除掉方言、口语以及社会化语言中的优质文本，这不仅可能会引入预训练语料的偏见，还可能会减少语料库的多样性。

2. 启发式规则法

作为替代方案，一些研究项目，例如 BLOOM 和 Gopher，采用了基于启发式规则的方法来剔除低质量文本，启发式规则主要包括以下四个方面内容。

（1）基于语言的过滤：如果大语言模型（LLM）主要用于特定语言的任务，可以排除非目标语言的文本。

（2）基于度量的过滤：利用生成文本的质量评估指标，如困惑度，来识别并移除那些不自然或不流畅的句子。

（3）基于统计的过滤：通过分析语料库的统计特性，比如标点符号的分布、符号与词汇的比例以及句子长度等，来评估文本质量，进而过滤掉低质量的数据。

（4）基于关键词的过滤：通过设定特定的关键词集合，识别并清除文本中的干扰元素或无用信息，如 HTML 标签、超链接、模板化内容以及不当言辞等。

通过这些细致的方法，可以有效地提升语料库的整体质量，为构建更加准确和可靠的人工智能模型打下坚实的基础。

（三）数据去重

语料库中的重复数据会降低语言模型的多样性，可能会导致训练过程不稳定，从而影响模型性能。因此，对预训练语料库进行去重是必要的。去重可以在不同的粒度上进行，包括句子级、文档级和数据集级。

首先，应删除包含重复单词和短语的低质量句子，因为它们可能会引入语言建模中的重复模式。其次，在文档级别上，现有研究主要依赖文档之间表面特征的重叠比例（例如词汇和 n-gram 的重叠）来检测和删除内容相似的重复文档。最后，为了避免数据集污染问题，还必须防止训练集和评估集之间的重叠，通过从训练集中删除可能的重复文本以确保其纯净性。

去重的这三个级别对于改进大语言模型（LLM）的训练是有用的，在实际应用中应联合使用。

（四）数据脱敏

大多数预训练文本数据来自网络，其中包含用户生成的敏感或个人信息，这可能增加隐私泄露的风险。因此，有必要从预训练语料库中删除个人可识别信息。一种直接且有效的方法是采用基于规则的方法，如关键词识别，来检测和删除姓名、地址和电话号码等敏感内容。此外，研究人员发现，LLM 在隐私攻击下的脆弱性部分归因于预训练语料库中重复出现的个人隐私数据。因此，**去重操作也可以在一定程度上减少隐私风险**。

（五）分词处理

分词是数据预处理的重要步骤，旨在将原始文本分割成一系列独立的标记（tokens），这些标记随后将被用作 LLM 的输入。在传统的自然语言处理研究中，基于单词的分词是主要方法，如在使用条件随机进行序列标注时，这种方法对于人类的语言认知更为一致。然而，在某些语言中（如中文），基于单词的分词可能会为相同的输入产生不同的分割结果，生成许多低频词汇，并面临"无意义的词汇"问题。因此，一些神经网络模型使用字符作为推导单词表示的最小单元（如 ELMo 中的 CNN 单词编码器）。

基于 Transformer 的语言模型广泛使用子词分词方法，通常包括字节对编码（Byte-Pair Encoding，BPE）、WordPiece 和 Unigram 分词。尽管利用现有的分词器（如 OPT 和 GPT-3 使用的 GPT-2 分词器）颇为便捷，但为特定的预训练语料库设计专门的分词器往往能带来更大的好处，特别是当语料库包含不同领域、语言和格式时。

因此，LLM 通常使用 SentencePiece 库作为预训练语料库专门训练自定义分词器，该库包括 Byte-level BPE 和 Unigram 分词。需要注意的是，BPE 中的规范化技术，如 NFKC，可能会降低分词性能。

在扩展现有 LLM（如持续预训练或指导调整）时，需注意自定义分词器可能带来的潜在副作用。例如，LLaMA 基于主要由英语文本组成的预训练语料库训练了 BPE 分词器，所得词汇在处理非英语数据时效果可能较差，如生成中文文本可能需要更长的推理延迟。

三、创建数据集

创建数据集是训练模型的重要一步，根据不同的任务，有以下几种方法可以选择。

1. 创建 FAQ 聊天机器人的数据集

可以将系统中最常见的问题和客户支持团队的答案导出为 Excel 或 CSV 格式，这样就可以轻松创建一个 FAQ 聊天机器人的数据集。

2. 自动生成问题和答案

使用现有模型（如 GPT-4）可以自动生成问题和答案。首先将知识库分成最多 3000 个单词的块，其次将这些块发送给 GPT-3.5-16k，让它根据这些文本块创建新问题，最后将所有输出合并生成一个完整的数据集。这个过程可以通过脚本自动化，仅需几分钟即可生成数千个问题和答案。

3. 利用现有的数据集

有一些预定义的数据集可以使用，Hugging Face Dataset Hub 便是一个很好的起点，它提供了超过 4.2 万个数据集，可以使用其强大的过滤和搜索功能寻找适合的数据集。

需要准备多少示例？示例的数量取决于任务的复杂性。针对简单任务，例如 FAQ 聊天机器人，通常 100 个示例就已足够；针对复杂任务，如将模型改变成鲁迅的写作风格，那么可能需要数千个示例。

一般原则：示例越多越好，但要避免重复。通常，数百个示例就足够了。记住，你不需要提供所有可能的问题或交互，LLM 只需要能够"识别并理解"示例中的总体意图，并能为类似但不完全匹配的问题找到合适的答案即可。

通过这些方法，可以有效地创建适合需求的数据集，为模型训练提供坚实的基础。

四、数据集需要遵循的格式

（一）构建两列数据集

LLM 的优势在于它们能够理解人类语言，而不受结构化数据的限制。因此，训练数据集不需要遵循特定的格式。然而，经验表明，使用简单的两列数据集是最佳做法。一列是问题或提示，另一列是对应的完美答案。这种格式有以下两个优点：一是简洁明了，两列格式非常简洁，使数据集易于理解和使用；二是便于后续处理，两列之间的分隔使数据能够轻松格式化为后续训练步骤中需要的任何格式。这种灵活性让我们能够适应不同的数据处理和训练需求。

两例数据集的示例格式如表 9-1 所示。

表 9-1 简单的两列数据集示例

问题或提示	完美答案
什么是机器学习？	机器学习是一种通过数据训练算法来自动改进性能的技术
如何创建数据集？	根据任务的不同，有几种方法可以半自动地创建数据集

通过这种格式，可以确保数据集既简洁明了，又具有灵活性，能够满足不同的训练需求。这种结构有助于模型更好地理解和学习，从而提高其性能。

（二）构建指令数据集

1. 指令数据集的构成元素

指令数据集中的每个实例由三个元素组成：指令、输入、输出。

（1）指令（Instruction）：指定任务的自然语言文本序列，是对模型的语言提示。

（2）输入（Input）：提供上下文的补充信息，可以省略。

（3）输出（Output）：基于指令和输入的预期结果。

2. 构建指令数据集的方法

通常，构建指令数据集有以下两种方法：

（1）数据集成。通过将现有的带注释的自然语言数据集转换为（指令、输入、输出）三元组，同时利用模板将文本标签对也转换为（指令、输入、输出）三元组。例如，FLAN 和 P3 数据集就采用了这种方法。

（2）使用大语言模型（如 GPT-3.5-Turbo 或 GPT-4）生成输出。指令可以来源于人工收集或基于少量手写指令进行扩展，将收集到的指令输入 LLM 以获得输出，例如，instructwind 和 self-directive 数据集采用了这种方法。

指令数据集格式示例如表 9-2 所示。

表 9-2 指令数据集格式示例

指令（Instruction）	输入（Input）	输出（Output）
解释机器学习的基本概念	无	机器学习是一种通过数据训练算法来自动改进性能的技术
创建一个简单的 Python 函数来计算两个数的和	无	python def add(a, b): return a + b
提供如何创建数据集的详细步骤	训练任务是 FAQ 聊天机器人	导出最常见的问题和答案，保存为 Excel 或 CSV 格式

数据集构建完成后，可以直接以完全监督的方式对预训练模型进行调优。在给定指令和输入的情况下，通过顺序预测输出中的每个标记来训练模型。这样，

模型可以学习如何在不同的上下文中生成预期的输出。

通过这些步骤,可以创建一个高质量的指令数据集,并利用它对模型进行有效的训练和调优。

五、合成数据

合成数据是通过模型或模拟环境生成的数据,与自然发生或人工标注的数据相对应。随着技术的进步,利用合成数据进行模型的预训练、指令优化和个性化偏好调整已成为一种日益可行的做法。

与人工标注相比,合成数据的生成不仅速度更快、成本更低,而且在质量和多样性上往往超越了人工标注的局限,这为模型的微调提供了更优的性能和更广泛的泛化能力。更重要的是,合成数据的运用有效减少了对用户数据的依赖,并避免了潜在的版权风险,从而保护了数据隐私。

(一)应用场景

(1)预训练:构建模型的基础知识框架或通过模型生成的数据增强现实世界的数据集。

(2)指令调整:创建合成指令 - 响应对,提高模型对细微查询的理解力和响应精度。

(3)偏好调整:利用合成反馈中的正面和负面样本奖励或惩罚模型的期望行为。

(4)训练(微调)专家模型或功能模型:针对特定领域或专业化任务,训练适合私有化部署或侧端部署的小型专家模型或功能模型。

(二)主要流程

(1)选择合适的高级模型,这些模型决定了合成数据的质量,以及被训练模型的能力强弱。

(2)合成数据:先设计合成数据的分布结构和要求,再准备好初始输入内容和特定的提示词,最后利用高级模型输出合成数据。

(3)人工审核:对高级模型输出的数据进行清洗、人工审核和标注。

（4）训练目标大模型：利用合成数据对目标模型进行训练，根据需要选择不同的微调方法。

（5）评估与验证：在每次迭代周期结束后，使用标准评估指标或与初始模型和其他基线模型进行对比试验，以确保性能提升。

（6）持续改进：根据评估和验证结果，持续改进模型，定期更新，并通过社区参与和合作收集反馈和建议。

通过以上步骤，合成数据的自我提升方法可以有效地利用模型自身生成的数据，逐步提升其性能和适应性，特别适用于数据稀缺的场景。

（三）合成数据的策略

在合成数据的生成过程中，主要有两种策略：一是从更高级的模型中提取知识（即知识蒸馏），二是通过模型自身输出的不断迭代进行优化（即自我提升）。这些合成数据随后可用于模型的预训练阶段，以及进一步的指令调整和用户偏好的个性化定制。

1. 知识蒸馏（Knowledge Distillation）

"知识蒸馏"是一种技术，它通过将一个大型、复杂的"教师模型"中的知识传递给一个较小、较简单的"学生模型"来实现。这一概念被应用于合成数据的生成和模型预训练，特别适合训练专家模型、需要私有化部署的企业模型和侧端部署的小模型，以及判别式人工智能的功能模型。

首先，需要选择一个代表最高水平的基座大模型作为"教师"，该教师模型具备较高的性能和复杂度，是知识蒸馏过程的基础。

其次，设计合成数据的范围和构成，针对业务领域编写专业的提示词，用教师模型生成需要的合成数据，这些合成数据是针对特定领域任务的解决方案。

最后，如果有需要，还要使用复杂的 RAG 方案，增加外部数据库，让教师模型生成专家级的内容。

教师模型生成的内容需经专家筛选，以确保得到高质量的专业领域合成数据。这是知识蒸馏的核心，也是提升学生模型专业能力的关键所在。

2. 自我提升（Self-Instruct）

合成数据的"自我提升"方法是一种通过模型自身生成数据来改进其性能的技术。这种方法特别适用于缺乏高质量标注数据的情况，通过模型自我生成和自我指导来提升其能力。

首先，需要一个初始版本的模型，这个模型可以是通过已有的少量标注数据或预训练模型得到的，这个初始模型将作为生成合成数据的基础。

其次，使用初始模型生成大量的合成数据。这些数据可以是模型根据输入生成的输出，或者是通过模型生成的各种任务（如文本生成、图像生成等）。

此外，生成的合成数据可能包含噪声和错误，因此需要对这些数据进行筛选和过滤，以确保数据质量。可以用人工审核的方式清洗数据：一是人工标注，对部分生成数据进行人工审核和标注，以确保数据的准确性和质量；二是用户反馈，收集用户反馈，进一步优化和筛选生成数据。

最后，使用筛选后的高质量合成数据对模型进行再训练。通过这种方式，模型可以从自身生成的数据中学习，从而提升其性能。

第六节　企业 AIGC 系统安全策略

系统安全问题一直伴随着信息技术的发展，大模型也不例外。大模型在带来技术革命的同时，也暴露出多种安全风险，如数据风险、大模型风险和政策法规风险等。

OpenAI 公司就曾因大模型安全问题和价值观分歧，在 2023 年年底发生了内部高层分裂。早在 1942 年，当人工智能技术刚出现的时候，著名科幻作家艾萨克·阿西莫夫（Isaac Asimov）在其短篇小说《迷航》（*Runaround*）中便设定了一套旨在规范机器人行为和与人类互动的行为准则。这三条定律如下：

第一定律：机器人不得伤害人类个体，或者目睹人类个体将遭受危险而袖手旁观。

第二定律：机器人必须服从人类的命令，除非这些命令与第一定律相矛盾。

第三定律：机器人在不违反第一、第二定律的情况下要尽可能保护自己的生存。

一、企业关注焦点问题

企业在实施 AIGC 战略时，不同的应用方式所关注的风险因素也不尽相同。如果应用 AIGC 工具，关注的重点是数据泄露风险和内容生成质量，而开发企业大模型需要关注数据、大模型、政策法规和版权方面的风险。如果企业开发基于大模型的 AIGC 工具类型的产品，需要关注数据、大模型、政策、版权以及 AIGC 系统运维的风险。

（一）企业数据风险

企业大模型的训练需要海量数据，数据不但影响大模型的功能、质量，甚至影响"价值观"，也是大模型风险的来源之一。最常见的数据风险是数据泄露，个人隐私数据、企业业务数据等在训练、清洗、大模型训练、AIGC 工具使用环节以及大模型和 AIGC 系统被恶意攻击的过程中，都可能面临数据泄露的风险，会给企业造成恶劣的影响，带来巨大的损失。

（二）GenAI 大模型风险

由于训练数据的局限性，GenAI 大模型在某些情况下会输出错误或缺乏常识的信息，带来生成内容的质量风险，特别是在医疗、金融和法律等领域。反过来，大模型也有被滥用的风险，功能强大的大模型可能被用于非法活动。例如，现在多模态大模型可以给照片、视频中的人物换脸，已经达到肉眼无法分辨的程度；还能够模仿人的口音，非常逼真。这就是深度伪造（Deepfakes）技术，如果被恶意使用、诈骗等，后果可能非常严重。

（三）政策法规风险

面向终端用户的 AIGC 系统要特别重视涉及政治、种族和民族相关的敏感问题，一旦输出的内容违规，企业会面临巨大的损失。

（四）版权风险

企业训练大模型时，若使用有版权或者所有权的数据，可能会面临版权诉讼。《纽约时报》（*The New York Times*）在2023年12月27日对OpenAI和微软提起了版权侵权诉讼，指控这两家公司未经许可使用其数百万篇文章以训练人工智能模型。同时，环球音乐集团（UMG）、索尼音乐娱乐（Sony Music Entertainment）公司和华纳唱片（Warner Records）公司也正式向人工智能音乐制作领域的两大巨头Suno和Udio发起诉讼，指控这两家公司非法使用其版权音乐训练AI模型。

所以企业在训练大模型时必须注意数据的所有权问题，避免类似的麻烦。

二、企业应对风险的策略

为了有效应对这些挑战，企业必须采取一系列综合措施来确保数据和模型的安全。首先，加强数据安全管理至关重要，可以通过采用加密和脱敏技术来实现数据使用过程中的安全保障。其次，建立严格的监管机制对于模型的开发和应用至关重要，这有助于确保模型不被用于任何非法活动，维护法律和道德的底线。

进一步地，提升模型的透明度和可解释性是增强企业和用户对模型信任的关键。通过技术手段，我们可以提高模型的透明度，使得决策过程更加清晰，从而增加用户对模型的信任度。此外，采用安全互信的计算技术对于确保模型和服务平台之间的数据资产安全至关重要，这有助于防范数据泄露，保护企业的核心利益。

实时监控和预警系统的实施也是保障大模型安全的重要组成部分。通过对模型的运行状态进行实时监控，我们可以及时发现并干预任何异常行为，从而避免潜在的安全风险。

培育专业人才是应对大模型安全挑战的长远之计。通过培养既懂AI技术又熟悉安全知识的复合型人才，企业可以构建起一支强大的团队，以更好地应对各种安全问题。

国际和国内的政府主管部门和基础大模型厂商也高度重视AI大模型相关的安全问题，提出了RAI（Responsible AI）概念。RAI作为一个整体治理框架，虽然AI技术的运用属于企业内部的经营决策，但鉴于AI自动化执行和智能决策可能对法律法规、社会伦理、产品和运营安全性产生深远影响，企业（特别是金融业）在部署 AI 前应充分考虑各方面因素，并制定相应的 RAI 框架，为潜在的 AI 风险提前准备预案和应对措施。

目前，RAI 在全球范围内并没有统一标准，企业需要按照自身战略和实际情况制定最适合的 RAI 框架，全球各大 AI 厂商都制定了适合企业自身情况的 RAI 框架。以微软为例，其对于"负责任的 AI"的定义包括六大要素：公平性、可靠性和安全性、隐私和安全、包容性、透明度、问责。例如，中国《生成式人工智能服务管理办法》（Measures for the Administration of Generative AI Services）强调 AI 模型生成内容的合规性，而美国 NIST 发布的《人工智能管理框架》（NIST AI Risk Management Framework）和欧盟批准的《人工智能法案》（AI Act）则提到内容的可靠性。

三、GenAI 大模型风险和措施清单

（一）数据风险

大模型的训练需要海量数据，数据不但影响大模型的功能、质量，甚至影响"价值观"，这是大模型风险的来源之一。具体包括以下方面。

（1）数据泄露风险：在训练数据收集、清洗、训练过程泄露。

1）隐私泄露：客户数据的隐私。

2）专业数据泄露：训练、微调企业大模型时，被算力云、大模型注入攻击，窃取公司商业机密。

（2）数据偏见：训练数据的来源和使用可能存在偏见，导致生成内容带有价值偏见。

（3）训练数据投毒：通过训练数据投毒，可以改变模型的道德行为、导致应用程序向用户提供虚假信息、降低模型的性能和功能等。

解决方案：

（1）数据加密：在传输和存储过程中对数据进行加密，确保数据在静态和动态状态下的安全性。

（2）访问控制：实施严格的访问控制策略，确保只有授权人员才能访问敏感数据。

（3）数据匿名化：在使用数据进行训练前，对数据进行匿名化处理，去除或模糊化敏感信息。

（二）大模型功能性风险

（1）幻觉、事实性错误和知识盲区：由于训练数据的局限性，大模型在某些情况下会输出错误或缺乏常识的信息，带来生成内容的质量风险，特别是在医疗、金融、法律等领域。

（2）大模型滥用风险：大模型滥用风险是指大模型可能被用于非法活动，如深度伪造（deepfakes）、诈骗等，由于大模型的强大能力，一旦被用于不当用途，后果可能非常严重。

（3）价值观对齐：大模型生成的内容可能与人类价值观不一致，例如歧视言论、辱骂、违背伦理道德的内容等。

解决方案：

（1）强化训练数据：确保训练数据的多样性和公正性，减少数据偏见。

（2）实时监控和审查：建立实时监控和审查机制，及时发现并修正大模型生成的不良内容。

（3）多层安全防护：引入多层次的安全防护措施，防止大模型被用于不当用途。

（4）价值观校准：在模型训练中引入价值观校准机制，确保生成内容符合社会道德标准。

（三）大模型应用系统风险

（1）稳定性和不可解释性：大模型在某些情况下可能表现出不稳定或不可解释的行为。

（2）模型窃取：模型窃取是指恶意行为者通过分析模型的输出来推断训练数据或模型参数，这可能导致知识产权的泄露或模型被复制用于不正当目的。

（3）模型中毒：模型中毒是指在模型训练阶段故意引入错误的或误导性的数据，以影响模型的决策和输出。这种攻击可能导致模型在实际应用中产生错误的预测或行为。

（4）算法漏洞：大模型中存在漏洞和后门问题，可能导致恶意攻击和数据破坏。

（5）组件漏洞风险：大模型应用系统中的组件可能存在漏洞，导致安全风险。

（6）硬件漏洞风险：用于大模型训练和部署的硬件可能存在安全漏洞。

（7）平台漏洞风险：大模型运行的平台可能存在安全漏洞。

（8）对抗攻击风险：大模型可能面临对抗性攻击，影响其性能和安全性。

（9）提示注入：攻击者通过绕过过滤器或使用精心设计的提示词来操纵LLM，执行攻击者想要的操作。

（10）输出处理不安全：对大模型输出结果未审查即接收，暴露后端系统。

（11）拒绝服务攻击：攻击者与LLM应用密集交互，消耗大量资源，影响服务质量。

（12）供应链漏洞：LLM应用可能受到存在漏洞的组件或服务的影响。

（13）敏感信息披露：大模型可能无意泄露敏感和机密信息。

（14）插件设计不安全：LLM插件输入不安全和访问控制不足。

（15）过多权限：LLM拥有过多功能、权限或自主权。

（16）过度依赖：过度依赖不受监督的LLM，导致错误信息和安全漏洞。

（17）模型盗窃：恶意行为者未经授权访问和泄露LLM模型。

解决方案：

（1）权限管理：确保大模型的权限最小化，避免不必要的功能和权限。

（2）内容过滤：在模型输出阶段，使用过滤器来检测和阻止有害内容的生成。

（3）人工确认：在执行关键操作前要求人工确认。

（4）安全审查和监控：定期进行安全审查和监控，发现并防范潜在的攻击和漏洞。

（5）查询限制：对模型API的查询次数进行限制，防止攻击者通过大量查询来推断模型结构。

（6）数据验证：在训练数据进入模型前，对数据进行严格的验证和清洗，防止恶意数据的注入。

（7）模型监控：实时监控模型的输入和输出，检测异常行为和潜在的攻击。

（8）供应链管理：确保供应链的安全性和可靠性。

（9）信息保护：对敏感信息进行严格保护，防止泄露。

（10）冗余和备份：在大模型应用系统中引入冗余和备份机制，确保系统的稳定性和可靠性。

（11）安全测试和审计：定期进行安全测试和审计，及时发现和修补系统中的漏洞。

（12）跨平台兼容性：确保大模型在不同平台上的兼容性和安全性。

（13）始终假设语言模型的输出可能是恶意的，将其视为攻击者的潜在入口。

（14）如果输出要发送给客户，请务必注意向客户做出的承诺。

（15）尽量避免依赖语言模型的输出做出具有安全意义的决策（如授权）。

（16）如果输出要发送给其他组件，使用前进行适当的验证。

（四）法律政策风险

（1）涉及当地的法律法规风险。

（2）知识产权：确保模型的训练数据和生成内容不侵犯第三方的知识产权。

（3）版权、所有权：涉及图书、杂志、图片、音乐、视频等的版权问题。

（4）与政治、种族、民族相关的敏感问题。

解决方案：

（1）法律审查：在模型开发和部署过程中，进行法律审查，确保符合相关法规，如 GDPR、CCPA 等。

（2）透明性：提供透明的模型开发和使用流程，确保用户知情并同意数据的使用。

（3）版权保护：确保训练数据和生成内容不侵犯第三方的版权，必要时获得相关授权。

（4）对敏感信息采用防护处理措施。

第十章

企业组织的 AIGC 进化

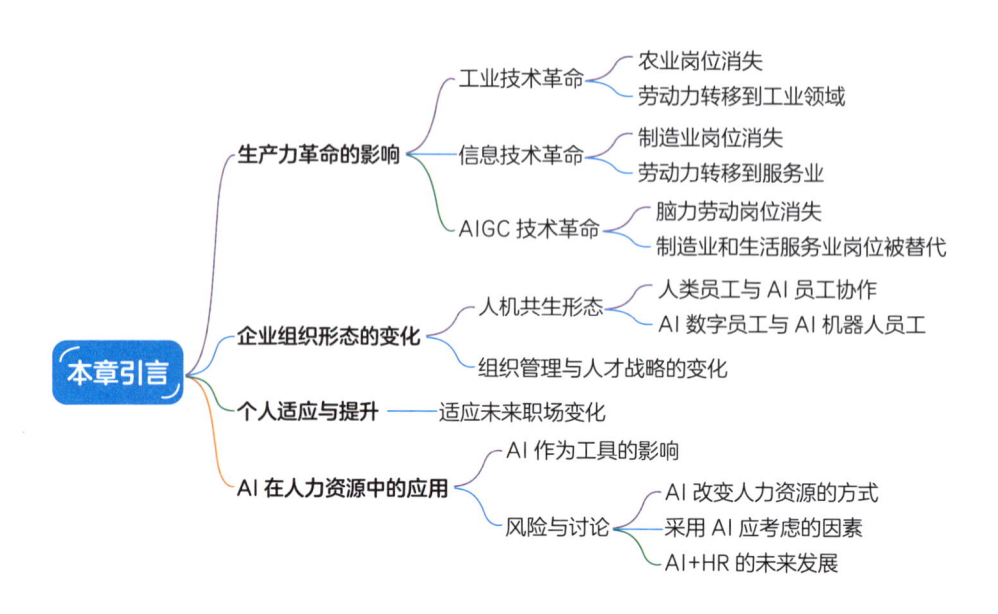

企业 AIGC 进化论：如何用生成式人工智能实现企业效率革命

本章引言

- 生产力革命的影响
  - 工业技术革命
    - 农业岗位消失
    - 劳动力转移到工业领域
  - 信息技术革命
    - 制造业岗位消失
    - 劳动力转移到服务业
  - AIGC 技术革命
    - 脑力劳动岗位消失
    - 制造业和生活服务业岗位被替代
- 企业组织形态的变化
  - 人机共生形态
    - 人类员工与 AI 员工协作
    - AI 数字员工与 AI 机器人员工
  - 组织管理与人才战略的变化
- 个人适应与提升
  - 适应未来职场变化
- AI 在人力资源中的应用
  - AI 作为工具的影响
  - 风险与讨论
    - AI 改变人力资源的方式
    - 采用 AI 应考虑的因素
    - AI+HR 的未来发展

第一节 AIGC 辅助人力资源管理

- **人力资源管理的 AIGC 应用概述**
  - 降本增效的潜力
  - 从事务性工作到人才运营的转变
- 招聘
  - AI 技术在招聘中的应用演变
  - 编写招聘职位要求（JD）
  - 简历筛选与 AI 大模型
  - 笔试与 AIGC 工具
  - AI 面试与数字人面试官
- 新员工培训
  - 个性化培训课程
  - 模拟实际工作场景训练
  - 智能虚拟助教与测评
- 绩效评估与反馈
  - 工作数据收集与分析
  - 个性化反馈与发展方向
- 员工关系管理
  - 员工咨询与智能聊天助手
  - 员工满意度调查与自动化
  - 情感分析与员工情绪理解
  - 员工关怀计划与个性化信息
  - 离职分析与预防措施

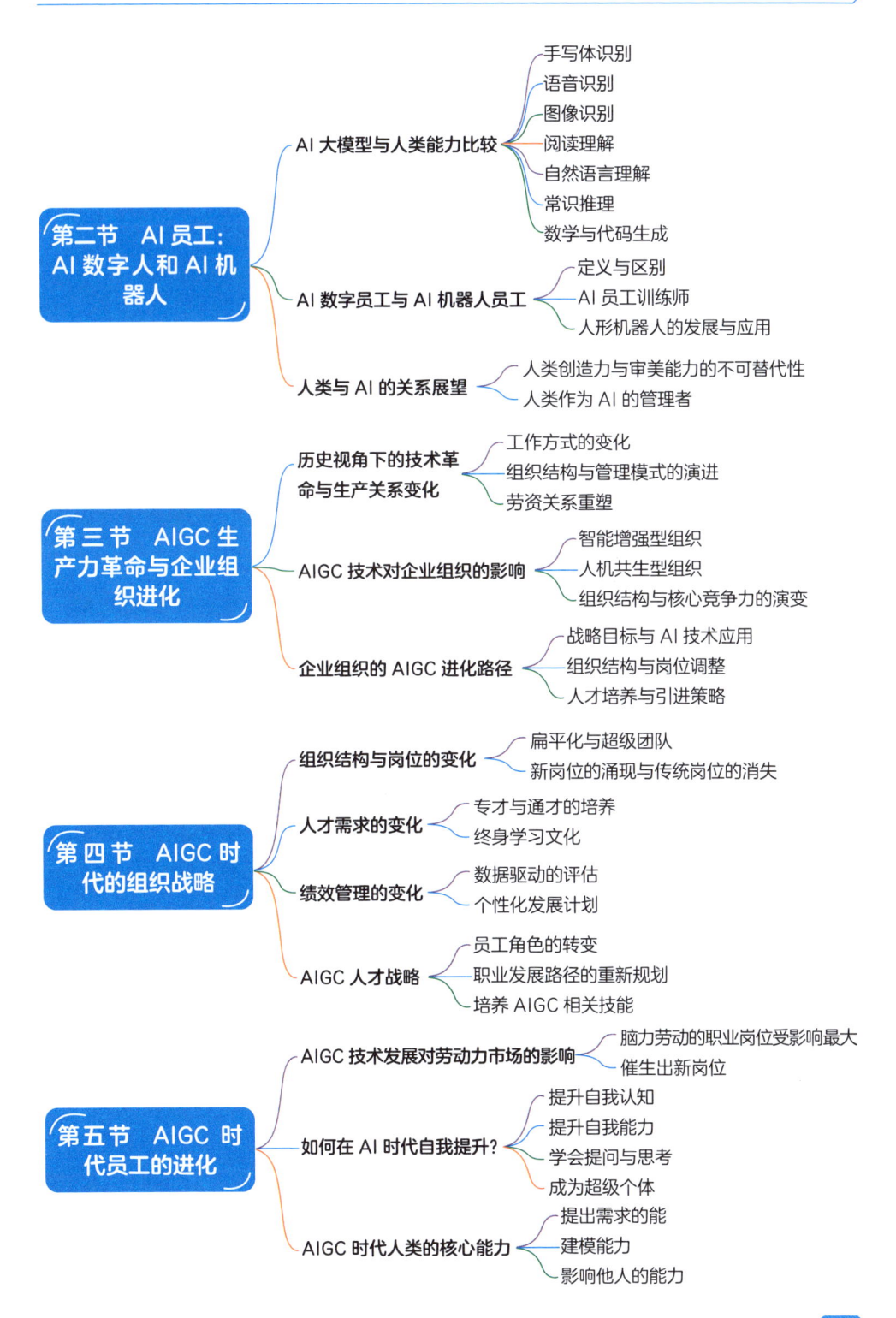

第十章　企业组织的 AIGC 进化

第二节　AI 员工：AI 数字人和 AI 机器人

- AI 大模型与人类能力比较
  - 手写体识别
  - 语音识别
  - 图像识别
  - 阅读理解
  - 自然语言理解
  - 常识推理
  - 数学与代码生成
- AI 数字员工与 AI 机器人员工
  - 定义与区别
  - AI 员工训练师
  - 人形机器人的发展与应用
- 人类与 AI 的关系展望
  - 人类创造力与审美能力的不可替代性
  - 人类作为 AI 的管理者

第三节　AIGC 生产力革命与企业组织进化

- 历史视角下的技术革命与生产关系变化
  - 工作方式的变化
  - 组织结构与管理模式的演进
  - 劳资关系重塑
- AIGC 技术对企业组织的影响
  - 智能增强型组织
  - 人机共生型组织
  - 组织结构与核心竞争力的演变
- 企业组织的 AIGC 进化路径
  - 战略目标与 AI 技术应用
  - 组织结构与岗位调整
  - 人才培养与引进策略

第四节　AIGC 时代的组织战略

- 组织结构与岗位的变化
  - 扁平化与超级团队
  - 新岗位的涌现与传统岗位的消失
- 人才需求的变化
  - 专才与通才的培养
  - 终身学习文化
- 绩效管理的变化
  - 数据驱动的评估
  - 个性化发展计划
- AIGC 人才战略
  - 员工角色的转变
  - 职业发展路径的重新规划
  - 培养 AIGC 相关技能

第五节　AIGC 时代员工的进化

- AIGC 技术发展对劳动力市场的影响
  - 脑力劳动的职业岗位受影响最大
  - 催生出新岗位
- 如何在 AI 时代自我提升？
  - 提升自我认知
  - 提升自我能力
  - 学会提问与思考
  - 成为超级个体
- AIGC 时代人类的核心能力
  - 提出需求的能
  - 建模能力
  - 影响他人的能力

355

本章引言

前两次生产力革命，即"工业技术革命"和"信息技术革命"对产业和企业冲击巨大，也引发了劳动力的大规模转移。在"工业技术革命"时期，众多农业岗位消失，劳动力转移到工业领域。进入"信息技术革命"时期，大量制造业工作岗位消失，劳动力转移到服务业，包括以脑力劳动为主的服务业和生活服务业等。同样地，"AIGC 技术革命"时期也将导致大量脑力劳动岗位消失，而"具身智能"技术的发展，更将使大部分制造业岗位和生活服务业岗位被 AI 工业机器人和人形机器人取代。

企业组织形态将会出现"人机共生"的形态，即人类员工和 AI 员工（AI 数字人员工和 AI 机器人员工）协同工作的方式。企业组织管理和人才战略将发生重大变化。

人们也要提升自己，适应未来职场的重大变化。

AI 是一个有用的工具，但它会把"人"从人力资源中剔除吗？

如今，AI 广泛应用在人力资源领域，引起了越来越多人的关注，在 AI 不断发展的当下，将 AI 纳入人力资源的风险也引发了系列讨论。

本章我们一起来讨论 AI 改变人力资源的一些方式，采用 AI 改变人力资源时应该考虑的因素以及"AI+HR"可能走多远。

第一节 AIGC 辅助人力资源管理

从 AI 大模型的技术应用成熟度来说，人力资源（HR）管理工作最适合使用 AIGC 工具来降本增效。HR 的日常工作，如招聘、员工培训、绩效管理和员工关系管理都可以使用 AIGC 工具提高效率。这有助于 HR 摆脱烦琐的事务性工作，释放处理低价值任务的时间，从而有更多精力去运营与企业人才的关系。

一、招聘

在人才招聘领域，AI 技术的应用已经从 AI1.0 时代单纯的流程优化与 AI 算法简历筛选，进化到 AIGC 时代的"AI 理解人"模式。

首先，就是解决招聘效率问题。招人速度慢、HR 事务性工作繁重，是企业长期面临的痛点，企业利用 AI 大模型能够自动处理大量重复性工作。

（一）编写招聘职位要求（JD）

职位相同的但类型不同的企业要求差异很大，岗位种类又比较多，以前招聘经理写 JD 都是让部门经理写，或者去招聘网站找相同的岗位要求复制，其效果自然不好。利用 ChatGPT 或者 Kimi 这样的 AI 大模型，在提示词中加入企业个性化需求，写出的 JD 的质量很高，既符合企业特点，也很专业。

（二）简历筛选

招聘高峰季，招聘经理的邮箱塞满了简历邮件，人工处理非常慢，如果利用 AI 大模型的语言理解能力，通过对简历内容的语义分析、关键词提取等，AI 系统能够迅速识别出候选人的技能、经验、教育背景等关键信息，并与岗位需求进行匹配，效率非常高，筛选的效果也远远比人工好。

AIGC 工具筛选简历有两种方案。一种方案是手工方式，编写好筛选简历提示词模板，利用 AI 大模型处理文件的能力，批量筛选简历。为了提高效率，可以用"影刀"这样的 RPA 工具实现自动化操作，或者用 Python 编写一段代码来实现自动化。其步骤体现在如下方面。

（1）在一个文件夹中用 PDF 格式保存所有候选人的简历邮件，包括简历内容和附件。

（2）在另一个文件夹中保存 JD。

（3）创建简历匹配度提示词。提示词模板如下：

> 职位描述（JD）：
> [在这里粘贴职位描述的详细内容]
> 简历内容：
> [在这里粘贴简历的详细内容]
> 请根据上述职位描述和简历内容，计算出简历与职位描述的匹配度，并给出详细的分析和评分。评分标准包括但不限于以下几个方面。
> 1. 工作经验的匹配度（满分 10 分）
> 2. 技能的匹配度（满分 10 分）
> 3. 教育背景的匹配度（满分 10 分）
> 4. 其他相关资格和证书的匹配度（满分 10 分）
>
> 请给出每个方面的评分，并计算总分（满分 40 分）。同时，请提供详细的分析说明，解释评分的依据。

（4）用 RPA 工具做一个自动化工作流，先上传 JD 和简历匹配度提示词，然后逐个上传简历文件，让 AI 大模型进行简历匹配度计算，得出匹配度，再用 Excel 记录，也可以编写 Python 来实现这个流程。

（5）处理完所有的简历文件后，利用 Excel 文件中的匹配度排序，筛选出合适的简历。

另一种方案是选用一款专门的 AI 简历筛选工具，如 Resumescreening、SkillPool 等。这些工具能够将招聘人员提供的职位描述与候选人简历进行比对，自动评估候选人的技能和经验,将他们按照匹配度进行排序,从而加快筛选过程,提高招聘效率。

(三)笔试

利用 AIGC 工具和企业知识库来生成笔试题目,避免应聘者事先在网上刷面试题,也可以用 AIGC 工具来分析应聘者答卷,能够提高数倍的效率。搭建一套 AIGC 笔试系统,比较复杂,可以找专业团队定制开发,或者选择市场上成熟的"招聘 AI 笔试"系统。

(四)AI 面试

AI 面试是最近一年比较热门的 AIGC 工具。

传统的人工面试方式存在诸多亟待解决的痛点。首先,招聘过程几乎完全依赖企业内部的人力资源,这导致招聘流程冗长且效率低下,无法满足快速变化的市场需求。其次,由于企业各地分公司的 HR 对人才的评估标准缺乏统一性,面试过程中对候选人的评价往往较为主观,各地招聘到的人才质量参差不齐,难以保证整体的人才质量。这些问题不仅影响了企业的招聘效率,也制约了企业的持续发展。

AI 面试的方法是建立"数字人面试官",利用 AI 大模型语音识别、语音合成、语义理解、智能问答和表情识别等 AI 技术,来代替人类面试官。"AI 数字面试官"效率非常高,它和劳动密集型企业的大规模招聘需求天然适配。因此,很多蓝领工作岗位,已经开始采用 AI 面试进行筛选。另外,企业校招也是 AI 面试的一大场景,因为大量企业需要在短时间内面试大批量学生,使用 AI 面试可以帮助招聘方降本增效。

二、新员工培训

用 AIGC 工具辅助培训新员工可以覆盖所有的环节。

入职培训阶段,AIGC 工具首先根据员工的背景和职位需求,定制个性化的培训课程。这些课程涵盖了公司文化、价值观和规章制度等基础知识,通过互动式视频和图文并茂的电子手册,可让新员工在轻松愉快的氛围中学习。

进入岗位培训，AIGC 工具通过模拟实际工作场景，提供角色扮演和情景模拟训练。新员工可以通过与虚拟客户或同事的对话，练习沟通技巧和解决问题的能力。AIGC 工具还能够根据员工的互动反馈，实时调整教学内容，确保培训更加贴合实际工作需求。

在其他培训过程中，如技能提升或领导力发展，AIGC 工具同样发挥着重要作用。它能够根据员工的学习进度和表现，推荐适合的学习资源和进阶课程，帮助员工不断提升自我。

教学过程中，AIGC 工具充当了一个智能的虚拟助教，能够全天候、无间断地回答员工的疑问，提供即时的答疑服务。无论是技术问题还是流程上的疑惑，员工都能够得到快速而准确的解答。

在测评环节，AIGC 工具通过在线测试和模拟考核，评估员工对培训内容的掌握程度。它能够生成详细的报告，帮助培训师了解每位员工的学习情况，及时调整教学策略。

整个培训过程中，AIGC 工具还具备强大的数据分析能力，能够追踪员工的学习行为，分析培训效果，为培训内容的持续优化提供数据支持。

三、AIGC 辅助绩效管理

首先，AIGC 工具可以收集和分析员工的工作数据，包括项目完成情况、工作质量、团队协作和创新能力等关键绩效指标。然后，基于这些数据，AIGC 工具能够生成个性化的绩效报告，突出员工的强项和需要改进的地方。接着，AIGC 工具可以模拟一对一的反馈会议，提供定制化的建议和改进方案，帮助员工明确发展方向。

此外，AIGC 工具还能够根据员工的反馈和互动，不断调整评估标准和反馈内容，确保评估过程的公正性和有效性。通过这种方式，AIGC 工具不仅提高了绩效评估的效率和准确性，还增强了员工对评估过程的接受度和参与感。

四、AIGC 辅助员工关系管理

利用 AIGC 工具辅助 HR 进行员工关系管理工作，可以从多个方面显著提升效率和效果，具体包括员工咨询、员工满意度调查、情感分析、员工关怀和离职分析等工作。

（一）员工咨询

AIGC 工具可以作为智能聊天助手，全天候为员工提供咨询服务。无论是关于公司政策、福利待遇还是职业发展路径，员工都可以随时向智能助手提问，获得即时且准确的回答。这不仅减轻了 HR 的工作负担，还提高了员工的满意度和信息获取效率。

（二）员工满意度调查

通过 AIGC 工具，HR 可以设计和分发自动化的员工满意度调查问卷。智能系统可以根据员工的反馈，实时生成分析报告，识别出员工满意度的关键驱动因素和潜在问题。这样，HR 可以迅速采取行动，改善员工体验和工作环境。

（三）情感分析

AIGC 工具具备强大的自然语言处理能力，可以对员工的文本反馈进行情感分析。通过分析员工在邮件、聊天记录和调查问卷中的语言情感，HR 可以了解员工的真实情绪和心理状态，及时发现并解决员工的困扰和不满，防止问题进一步扩大。

（四）员工关怀

基于情感分析和满意度调查的结果，HR 可以制订个性化的员工关怀计划。AIGC 工具可以帮助 HR 自动化地发送生日祝福、工作纪念日提醒和健康关怀信息等，增强员工的归属感和幸福感。此外，智能系统还可以推荐适合的培训课程和职业发展机会，帮助员工实现个人成长和职业进步。

（五）离职分析

在离职分析方面，AIGC 工具可以通过数据挖掘和分析，识别出离职员工的共同特征和离职原因。智能系统可以生成详细的离职分析报告，提供数据驱动的洞察，帮助 HR 优化招聘、培训和员工管理策略，降低员工流失率。通过预测模型，AIGC 工具还可以提前预警潜在的离职风险，帮助 HR 采取预防措施。

通过利用 AIGC 工具，HR 可以在员工关系管理工作中实现高效、精准和个性化的管理。这不仅增强了员工的满意度和忠诚度，还为企业创造了更和谐和积极的工作环境，最终推动企业的持续发展和成功。

第二节　AI 员工：AI 数字人和 AI 机器人

一、AI 大模型和 AIGC 工具

自 2017 年论文《注意力机制就是你所需要的一切》（*Attention is All You Need*）发布以后，AI 研究呈爆炸式增长，在 arXiv（论文预发表网站）发布的与 AI 相关的论文急速增加，大型 AI 公司也竞相推出功能越来越强大的 AI 大模型和 AIGC 工具。从发展趋势来看，AI 大模型将在方方面面不断超越人类。

从单项技能来看，AI 大模型已经接近或者超过人类，如表 10-1 所示。

表 10-1　AI 大模型与人类能力比较

技能	时间	与人类能力比较	测试标准	说明
手写体识别	2018 年	2018 年，手写体识别在 MNIST 测试库上的准确率已经达到或接近人类水平，甚至在某些情况下超过了人类的识别能力。通过不同的技术和方法，将 MNIST 手写数字识别的准确率显著提升至 98% 以上，业内最佳准确率甚至达到了 99.84%	MNIST	MNIST 测试库是一个著名的手写数字图像数据集，广泛应用于机器学习和计算机视觉领域的研究和教育。它最初由美国国家标准与技术研究院（National Institute of Standards and Technology，NIST）提供，并由 Yann LeCun 等人进行数字化处理。MNIST 数据集已成为评估图像分类算法性能的基准

续表

技能	时间	与人类能力比较	测试标准	说明
语音识别	2017年	2017年，微软研究人员在Switchboard任务中将语音识别的词错率降至5.1%，这一成绩与人类专业速记员的水平相当。具体来说，人类专业速记员的词错率一般认为是5.9%	Switchboard	Switchboard是一个广泛使用的公共电话对话转录数据集，它为自然语言处理和语音识别研究提供了丰富的、多样化的口语素材
图像识别	2015—2019年	"TOP-5错误率"的概念是指在图像识别任务中，系统有5次机会（即5个预测类别）来正确识别图像中的物体。如果在这5个预测中任何一个是正确的，那么这个识别就被认为是成功的。错误率是指系统在这5次机会中仍然无法正确识别图像的比例。人类的表现大约在TOP-5错误率为5%左右，意味着在5次预测机会中，人类平均有5%的概率无法正确识别图像。而一些先进的人工智能系统已经将错误率降至4.58%，这表明这些AI系统在同样的5次预测机会中，无法正确识别图像的概率更低，表现已经超越了人类的平均水平	ImageNet	ImageNet拥有超过1400万张经过标注的图像，涵盖了超过2万个类别，是计算机视觉和机器学习领域最重要的数据集之一，特别是在图像分类、目标识别和深度学习方面
阅读理解	2018年	谷歌推出的预训练语言模型BERT在SQuAD v1.1的阅读理解任务上首次超越人类两个百分点	SQuAD1.1	SQuAD1.1是一个广泛用于自然语言处理领域的问答（QA）数据集，有10万多个问题，覆盖广泛的主题和领域，包括科学、历史、技术等，为研究人员提供了一个标准化的测试平台，用于开发和评估新的算法和技术
自然语言理解	2024年	ChatGPT-4o在GLUE基准测试中的表现接近人类水平	GLUE	GLUE是一个自然语言处理领域的标准化评估套件，旨在全面评估模型对各种自然语言理解任务的性能。它包含多个不同的自然语言处理任务，如情感分析、问答、文本蕴含、相似度比较等

续表

技能	时间	与人类能力比较	测试标准	说明
常识推理	2023年	ChatGPT-4 在 HellaSwag 基准测试中的表现是 81.7 分	HellaSwag	HellaSwag 专注于对话生成任务，特别是生成符合特定情境和角色描述的对话。对于推动对话生成和自然语言理解的研究具有重要意义，它为研究人员提供了一个测试和改进模型在复杂对话场景中表现的平台
数学	2024年	ChatGPT-4o 在 GSK-8k 获得 90.5% 的正确率，超出人类平均水平	GSK-8k	GSK-8k 是一个大模型数学推理能力评测基准，由 OpenAI 发布，它包含 8500 个中学水平的高质量数学题数据集
代码生成	2024年	ChatGPT-4o在GSK-8k获得90.2%的正确率，超出人类平均水平	HumanEval	HumanEval 是一个用于评估代码生成模型性能的数据集，这个数据集包含 164 个手工编写的编程问题，每个问题都包括一个函数签名、文档字符串（docstring）、函数体以及几个单元测试。这些问题涵盖了语言理解、推理、算法和简单数学等方面

从综合认知水平来看，ChatGPT-4o 开始接近成人的水平。笔者的心理测评团队做了专业化的测评，详细内容可以参考第三章。

二、基于 AI 大模型的 AI 员工

随着 AI 大模型的认知水平提高，AIGC 工具除了能完成写作、画图、文本生成语音和视频等通用办公工作外，各行业开始开发行业大模型和专家大模型，AIGC 工具向生成专业化内容方向发展，如法务大模型、审计大模型和医学大模型等。

同时，机器人领域也在飞速发展，在 AI 大模型的加持之下的人形机器人，已经能通过学习来完成简单的家务工作了，如洗碗、叠衣服等，虽然颤颤巍巍，动作迟缓，但是未来 2~3 年，人形机器人将变得非常强大。特斯拉 CEO 马斯克在全球股东大会上正式宣布，计划从 2025 年开始限量生产 Optimus 机器人，以供特斯拉工厂使用，马斯克进一步指出，未来人形机器人的数量可能会超过人类，

第十章 企业组织的 AIGC 进化

可能达到 100 亿个至 200 亿个，全球所有低端劳动力都将永久退出市场。

AIGC 工具将从"工具"进化为"AI 员工"。在数字世界里工作的是"AI 数字员工"，在现实物理世界里如工厂、农田和家庭里工作的是"AI 机器人员工"。

以前的软件系统或者一些人工智能软件系统和"AI 数字员工"有什么区别？以前的工业机器人自动化程度也很高，和"AI 机器人员工"又有什么区别呢？其根本区别在于一点：传统的软件系统或者工业机器人是工具，只能完成出厂前设置好的工作任务，即封闭式工作任务，也只能在封闭的环境中工作。如果要增加新的功能或者技能，只能由工程师开发完成后升级软件。而"AI 员工"包括"AI 数字员工"和"AI 机器人员工"，它是以 AI 大模型为核心的，相当于有了"大脑"，能完成开放式工作任务，即除了有出厂前设置的技能之外，还能后天学习。也就是说，可以通过训练"AI 员工"的方式来让它完成新的工作任务，不需要回厂升级，这一点极为重要。

因此，未来会有一个新岗位，即 AI 员工训练师（培训师），专门培训（训练）AI 员工。

不久的将来，AI 大模型会达到 AGI 的水平，意味着"AI 员工"可以自主学习新的工作技能，自我进化。

人类会不会像现在很多人担心的那样，"人类会被 AI 淘汰了"或者"人类会被 AI 毁灭了"？不用担心，这件事永远不会发生。

从企业角度来看，被 AI 大模型技术淘汰的只有"旧职业"，被"AI 员工"替代的只是旧岗位，新技术革命会催生出更多的新需求，会诞生更多的新岗位。

因为人类是 AI 的"造物主"，就像大自然是人类的"造物主"一样，人类可以用科技对大自然做局部的改造，但永远无法战胜大自然。同理，AI 只能在某些方面超出人类，但永远无法战胜人类。

人类的创造力和审美能力是 AI 永远达不到的，人类也永远比 AI 能更加及时掌握自己和身边的信息，人类将掌握最终的决策权。

从人本主义角度来看，整个人类最重要的使命是做好智能机器的牧羊人，本质上就是要求人类扮演好机器的管理者角色。

第三节　AIGC 生产力革命与企业组织进化

一、生产力革命推动生产关系革命

人类历史上，**每一次重大的技术突破，使得工作效率提升数十倍，都会引发生产力革命，并推动生产关系革命**。换句话说，生产力的提升必然引发生产关系的变化，如工作方式、组织结构和管理模式的变革。技术环境发生重大变化，企业组织必须进化来适应环境才能生存和发展。生产力和生产关系的变化驱动企业组织结构和管理模式的变革，企业需要适应新的生产力工具和管理流程。

以第一次工业革命为例，看看生产关系发生了怎样的变化。

（1）工作方式的变化：在工业革命之前，生产主要以手工业为主，工人以家庭作坊的形式进行生产。随着工业革命的到来，机器取代了手工，工厂制度应运而生。这种变化使得生产过程实现了规模化、标准化，大幅提高了生产效率。工人从家庭作坊聚集到工厂中，形成了集中的劳动力市场。

（2）组织结构的变化：在工业革命之前，生产组织以家庭作坊和小规模工厂为主，生产过程相对简单，组织结构也比较简单。随着工业革命的推进，大型工厂和企业逐渐成为主导，组织结构变得更加复杂，出现了专业的管理层，负责协调和管理生产过程。此外，企业开始采用科学的管理方法，如泰勒的科学管理理论，以提高生产效率。

（3）**管理模式的变化：在工业革命之前，企业管理主要依靠经验和个人权威。**随着工业革命的进行，企业管理逐渐采用了更加科学和系统的方法。例如，泰勒的科学管理理论提出了通过科学方法确定最佳的工作方法和程序，提高劳动生产率。此外，福特制的流水线生产模式也体现了对生产过程的精细管理和控制。

（4）劳资关系的变化：工业革命导致了生产关系的重塑。资本主义生产方式逐渐成为主流，劳动力成为商品，劳动者与资本家之间形成了雇佣关系。工人阶级的形成和工人运动的兴起，使工人开始争取自己的权益，如改善工作条件、提高工资等。这促使企业逐渐重视员工的福利和培训，以提高生产效率和员工满意度。

二、企业 AIGC 组织进化

同样的，AIGC 技术作为新的生产力革命，将显著提高智力劳动的工作效率，带来工作方式、组织结构和管理模式的全面变革。这种变革不仅重塑了企业的内部运作方式，还推动了整个社会经济结构的进化，催生出更加高效、灵活和创新的生产关系模式。

通过合理利用和管理 AIGC 技术，企业和社会可以实现更高的生产力和更好的发展前景，为未来的发展注入新的动力。

（一）企业运作模式的进化阶段

随着 AIGC 技术的进步，企业从传统的工作模式逐渐进化，进化的过程分为两个阶段，先是"智能增强"模式的过渡阶段，然后是"人机共生"阶段。

1. 智能增强过渡阶段

在智能增强过渡阶段，企业通过引入 AIGC 软件和 AI 机器人来辅助员工工作，提高工作效率和质量。这些智能系统充当助手的角色，执行数据密集型任务和自动化流程，使人类能够专注于更具创造性和战略性的工作。

2. 人机共生阶段

在人机共生阶段，随着 AGI 技术的成熟，AIGC 软件将会进化为"AGI 数字员工"在数字世界里工作，而 AI 机器人将会进化为"AGI 机器人员工"在现实的物理世界里工作。

"AGI 数字员工"在数字世界中工作，它们能够处理和分析大量数据，执行复杂的计算任务，进行高级的模式识别和预测分析。"AGI 数字员工"在金融、医疗、教育、研究等领域发挥巨大的作用，可以提供个性化服务、自动化咨询、智能诊断和研究支持。

"AGI 机器人员工"在物理世界中工作，它们具备高度的自主性和灵活性，能够执行物理操作、移动和与环境互动。AGI 机器人员工可以在制造业、物流、服务业和医疗手术等领域发挥重要作用，提高生产效率，执行精确操作，甚至在危险环境中替代人类工作。

在人机共生的工作场景中，人类员工与 AGI 员工的关系也将会从智能增强型组织的"使用者—工具"进化为"合作伙伴—分身""使用者—合作者""决策者—执行者"等新型的工作关系，即"人机共生"模式。

在人机共生的企业环境中，AGI 员工和人类员工将共同协作，发挥各自的优势。人类员工可以专注于创造性思维、情感交流、战略规划和决策制定等需要人类直觉和情感智慧的领域。AGI 员工则可以处理那些需要大量计算、数据分析、重复性劳动或在极端条件下进行的任务。

这种共生关系将推动企业实现更高的生产效率、更好的服务质量和更快的创新速度，同时也需要企业在组织结构、工作流程、伦理规范和员工培训等方面进行相应的调整和优化，以适应这一新时代的工作模式。组织工作模式进化示意图如图 10-1 所示。

图 10-1　组织工作模式进化示意图

（二）企业组织的进化类型

传统企业组织的核心竞争力是人，一个好的组织是围绕发挥人的能力来设计的。

企业组织相应进化为两种类型：智能增强型组织和人机共生型组织。

智能增强型组织和商业模式的设计就应该进化为围绕发挥"人+AI能力"的方式来设计。

而人机共生型组织形态是围绕"AGI员工"来设计的。企业的基础是"专家级的AGI员工"。

总之，AIGC生产力工具革命将推动企业组织向更加自动化、智能化、灵活化、协作化、个性化和可持续化的方向发展，催生出一系列新型组织模式。这些模式将有助于企业更好地应对快速变化的市场环境，实现创新和可持续发展。同时，企业也需要关注AIGC技术带来的挑战，如伦理、合规和安全等问题，确保技术健康、有序发展。

第四节　AIGC时代的组织战略

一、企业组织变化

从企业AIGC进化的趋势来看，企业组织进化会发生四种变化：组织结构变化、岗位变化、人才需求变化和绩效管理变化。

（一）组织结构变化

企业组织结构会因为AIGC工具的引入而快速地扁平化，规模也会快速缩小，职能部门也会整合，会出现越来越多的超级团队、超级员工。

超级员工在AIGC工具的辅助下，一个人可以完成10个人的工作，甚至可以完成多个岗位的工作。比如，软件开发团队一般会有产品经理、UI设计、架构设计、代码开发、测试、部署和运维等工作岗位，而一个超级员工可以在AIGC工具的辅助下完成一个团队所有的工作。

同样的情况也会出现在**超级团队里，一个 10 人小团队和 100 个 AI 助理可以完成原来需要 100 人的大规模团队的工作。**

原有企业的职能部门之间的界限也会更加模糊，原有的职能部门划分是根据专业技能分工的，有了 AIGC 工具辅助，一个部门可能会掌握所有部门的专业技能，企业组织会进化成多个独立的小团体。

（二）岗位变化

AIGC 时代，许多传统岗位将被高度智能化的 AIGC 工具取代，但也会出现大量新的岗位，如 AI 大模型训练师、数据分析师等。

（三）人才需求变化

未来企业需要两类人才，即专才和通才。专才是业务领域的专家，有高水平的专业技能、丰富的专业经验和独到的见解。这类人才是未来"AGI 员工"的导师，负责训练出专家级的"AGI 员工"，完成专业化的工作任务，并能持续训练"AGI 员工"，适应不断变化的市场需求和技术发展。

通才是行业专家，对行业的每个领域都有了解，了解每种工作的任务，也熟悉每个工作岗位。这类人才能在"AGI 员工"的辅助下完成所有的工作任务，指导、监督"AGI 员工"工作。

（四）绩效管理变化

企业提出适应 AIGC 时代的绩效管理策略，如基于数据的绩效评估、实时反馈和个性化发展计划。除了传统的业绩指标，**绩效评估应更加重视员工在 AIGC 技术应用中的创新和贡献，以及其对团队和企业的长期价值创造。**

二、AIGC 人才战略

AIGC 人才战略在当前快速发展的数字化时代显得尤为重要。随着 AI 技术的不断革新和普及，企业对 AIGC 人才的需求也日益增长，除了引进培养 AIGC 相关人才外，原有员工的角色也正经历着深刻的转变。

第一点，员工角色将从传统的执行者转变为 AIGC 工具的应用者。这意味着员工需要掌握并熟练运用各种 AIGC 工具，以提高工作效率和质量。他们需要了解 AIGC 工具的功能、特点和适用场景，并能够将其灵活运用到实际工作中，从而实现工作流程的优化和自动化。

未来员工不仅是 AIGC 工具的应用者，还将成为"AIGI 员工"的指导者和创新者。他们需要具备丰富的经验和深厚的专业知识，能够指导或引导"AGI 员工"解决在使用过程中遇到的问题。同时，他们还需要具备创新意识和能力，不断探索新的应用场景和解决方案，推动 AIGC 工具在企业中的深入应用和发展。

第二点，为员工规划新的职业发展路径。原有的职业发展路径一般是两个方向，即专业化方向和管理方向。AIGC 时代员工的职业发展路径，变成"专业+AIGC"和"管理+AIGC"两条路径。

第三点，提倡终身学习的人才文化，员工需要不断学习新技能，包括专业知识和 AIGC 工具相关技能，如数据分析、AI 技术和跨学科知识，以适应 AIGC 时代的需求。

三、企业组织的 AIGC 进化路径

"未来很美好，现实很骨感"，**如何落地企业组织的 AIGC 进化战略呢？**

首先，确定企业在 AIGC 时代的战略目标，明确 AI 技术在企业中的应用方向和预期成果。企业组织是建立在生产、运营和管理流程之上的，组织战略进化一定是跟随企业战略进化而进化。

其次，调整组织结构，建立 AI 团队。有条件的企业组建专门的 AI 团队，负责 AI 技术的研发和应用。不具备 AIGC 工具应用开发条件的企业，可以采取合作开发，寻求外部资源。

另外，根据 AIGC 工具的成熟度和企业应用情况进行岗位调整。减少管理层次，合并职能部门；减少岗位种类，合并原有岗位；减少管理岗位，新增 AIGC 相关岗位，如提示词工程师、业务数据分析师和业务建模专家等。

最后，培养与引进人才，培训现有员工。为员工提供 AI 技术相关的培训课程，提升员工的技能水平。引进 AI 人才，吸引和招聘具备 AI 技术背景的专业人才。**从长远来看，需要加速培养或者引入行业的专才和通才，而淘汰大量的中庸人员，特别是"老黄牛"型和"小白兔"型的人员。**

第五节　AIGC 时代员工的进化

AI 时代下，打工人何去何从？在不考虑可能造成的社会问题的情况下，AI 时代下打工人的分化会更加严重。因为现在的中间层，即那些在"螺丝钉"式的办公室工作的人员，未来将越来越多地被 AGI 员工取代。

从好的角度来看，工作将更加尊重人，因为有比人更好用的机器，也就用不着把人变成机器了。一小部分人，将成为"超级个体"，他们可以大量使用 AIGC 工具，与 AGI 员工配合，完成过去需要整个团队才能完成的事情。

但现实是当前世界上的大多数工作都是"螺丝钉"式的，于是从事大量的一般性办公室工作的人员可能都需要另谋出路了。所以，打工人要努力让自己跟上时代的脚步，让自己和企业一起进化。

一、AIGC 技术发展对劳动力市场的影响

在劳动力市场，AIGC 工具会让企业效率大幅提高，因而短期会导致工作岗位减少，但长期的需求激增会创造更多的工作岗位。关于这一点，我们可以参考 2023 年 3 月 17 日，OpenAI 官网发布的研究论文《GPTs 是 GPTs：初步探讨大型语言模型对劳动力市场的潜在影响》（*GPTs are GPTs*：*An early look at the labor market impact potential of large language models*），该论文对 LLM，特别是 GPT 对美国不同职业和行业的潜在影响进行了探讨。

（1）多数职业将受到 GPT 的冲击：80% 的工人有至少 10% 的任务可以通过 GPT 减少超过 50% 的工作时间；19% 的工人有至少 50% 的任务可以通过 GPT 减少超过 50% 的工作时间。

（2）GPT 的影响横跨各类薪资层级：尽管存在部分特殊情况，但整体来看，工资越高，受 GPT 冲击的程度越大。

（3）职业技能与 GPT 的冲击程度有关：科学和批判性思维技能最不容易受

GPT 冲击，而编程和写作技能受影响的程度最高。

（4）高学历更容易受到 GPT 的冲击：持有学士、硕士和更高学位的人比没有正规教育学历的人更容易受到 GPT 的冲击。

（5）在职培训时长与 GPT 冲击程度有关：在职培训时长最长的职业收入水平偏低，且受 GPT 冲击程度最低，而没有在职培训或只需实习的工作则表现出更高的收入水平和更容易受 GPT 冲击的属性。

（6）证券相关和数据处理行业受 GPT 影响程度最高：在人类打分和 GPT 打分模式下，证券商品合约及其他金融投资和数据处理托管分别是受 GPT 冲击程度最高的行业；在直接调用 GPT 模型的情况下，口译笔译和数学家分别是受影响最大的职业；在进一步开发 GPT 衍生功能的情况下，数学家和会计审计则分别为受影响最大的职业。

几乎所有脑力劳动的职业岗位，无论是初级办公还是业务专业人士，都会受到巨大的影响。

事情的另一角度是新增了很多岗位需求，我们可以看到现阶段 AIGC 人才需求最大的三个行业分别是互联网、广告媒体和消费品，而下一个阶段会向金融、汽车、高端制造、医疗健康和能源等领域拓展。

在互联网行业，尤其是在 AI 技术日新月异、持续创新的今天，对人才的需求尤为突出。这个行业急需那些能在 AI 技术前沿持续探索、应用并引领创新的工程师，特别是那些精通机器学习和深度学习的专业人才。

而在广告媒体领域，AIGC 工具的应用为创意内容的生成和优化提供了强大的支持。因此，这个行业对能够熟练运用 AIGC 工具、具备丰富文本和图片编辑经验的人才需求迫切，比如擅长 AI 绘图的专家、精通 AI 视频音乐编辑的能手，以及擅长文本生成的工程师等。

对于消费品行业而言，推动营销创新、提升用户体验是至关重要的一环。这就需要能够巧妙应用 AIGC 工具，并与消费者进行深度互动的人才。比如，擅长打造虚拟人的工程师、精通智能客服和智能语音技术的专业人才等，都是这个行业急需的宝贵资源。

二、如何在 AI 时代自我提升？

（一）提升自我认知

使用 AIGC 工具的目的是提升工作效率，而不是减少工作量。人们对 AI 大模型（如 ChatGPT）或者 AIGC 工具（如 Midjourney）存在一些普遍的误解。有些人认为 AIGC 的目的是替代我们的工作职责，而另一些人则认为它主要用于减轻日常工作压力。就像那句老话所言，"工作应当变得越来越智能，而不仅仅是要求我们越来越努力"。

虽然这个观点曾经颇有道理，但我们必须明白，拥有 AIGC 技术的不仅仅是我们，竞争对手也同样能够利用这些工具。所以我们要认识到，将 AI 融入我们的工作和项目中，并不是为了找到捷径以少做工作。相反，它更多的是用来扩大我们的努力范围并实现更高成就的技术工具。然后，跟随时代的脚步，和 AIGC 技术一起进步。

（二）提升自我能力

要做到能够和 AI 一起协同进化，我们需要提升哪些能力呢？

1. 提升善用工具能力

在人类的发展史中，使用工具的人往往比不使用工具的人表现更出色。工具的演化历程从农业时代的水车运输，到第一次工业革命的纺织机，再到信息时代的电脑，工具越来越自动化。不懂得如何运用 AIGC 工具来自动化重复性任务，就如同不会使用电脑处理复杂计算一样，若不能适应这一转变，就会面临被时代淘汰的风险。

我们在第四章"AIGC 超级个体进化"中介绍了很多 AIGC 工具，如果在日常工作和学习中使用，会极大提高效率，从而腾出更多时间进行更高层次的思考。

2. 提升抽象与整合能力

AI 大模型已经将人类历史上积累的庞大知识库进行了高效的压缩与整合。这些工具使得我们可以迅速地检索和应用所需知识，而不再需要像过去一样，死记硬背每一个知识点。**随着我们思维方式的演进，深入学习所有的知识细节变得不再那么必要**。相反，我们可以在需要时利用这些工具加速学习过程，更重要的是，它们能帮助我们培养更高层次的学习能力，例如，提取关键信息并忽略不必要的细节。

实际上，AI 的发展不仅体现在其自身不断学习和掌握新技能上，同时也体现在使人类学习变得更加容易上。随着技术的不断进步，AI 将能够更深入地理解"人类如何学习"，并根据个体差异，以最适合的方式呈现知识，从而极大地提升学习效率和吸收效果。

过去，人们普遍认为，随着世界知识的快速增长，专业化将是不可避免的趋势。然而，**AI 在知识自动化方面的进步为我们揭示了另一种可能性：整合而非专业化**。在这一新范式下，人们将在更高层次上进行工作，为 AI 提供指导方向并做出关键决策。这不仅是一种充分挖掘人类潜能的方式，也是使我们能够专注于策略制定，而将具体的执行细节交给更擅长此任务的自动化系统来处理。

但这并不意味着基础认知的培养不再重要。我们可以利用大语言模型来加速认知能力的提升，并用它们来指导学习过程。通过这种方式，我们的生物大脑与机器智能可以协同进化。这样，我们就能腾出更多的时间投入高阶思维的锻炼中，如规划、评估、决策、抽象和创造等，这些都是培养更深层次理解力和直觉所必需的。

过去缺乏高级认知能力可能没有太大的代价，但在 AI 日益自动化的今天，不具备创造能力的工作将逐渐失去其经济价值，因为 AI 能够以更高的效率完成这些任务。因此，培养高级认知能力，不仅是个人发展的需要，也是适应未来社会的关键。

3. 学会提问与思考

在许多事情都被自动化的情况下，什么是值得学习的呢？

首先，学会提问，未来的教育应侧重于如何提出有价值的问题，而不仅仅是回答问题。好的思考才能带来好的问题，批判性思维和好奇心是思考的前提，也是人类文明能够向前的动力。

其次，学会广泛而深入地思考。尽可能多地吸收各种知识和思维模式，重点培养结构化思维，将复杂的问题分解成更小、更易管理的部分，并通过逻辑和有条理的步骤来解决，从而达到解决整体问题的目的。

使用 AIGC 工具的过程，同时也是一种深入思考的过程。为了让 AIGC 工具生成高质量的内容，需要对生成的产品做专业分析，分解成最小颗粒度，精细控制，写出高质量的提示词。过去这个思考过程是隐性的，只存在于我们的大脑，而现在为了指导 AIGC 工具，必须将这个过程显性化，要把思考过程逻辑化、结构化，然后才能写出提示词，不断地与 AIGC 工具对话，进行调整，最终才能获得满意的成果。

所以通过广泛而深入的思考，我们才能定义真正对我们有价值的东西。

4. 成为超级个体

每次遇到大的技术转型，必定会有很多人被甩下车，但也有很多人搭上了转型的便车。现在的趋势很明显，要成为能指挥 AIGC 帮我们干活的超级个体，就像山姆·阿尔特曼（Sam Altman）在 WTF（What the Future）平台上比喻的那样："如果每个人都有一家由一万个能力极强的虚拟 AI 员工组成的公司，世界将会怎样？" **要成为能调动 AI 干活的人，而不是被 AI 替代的人**。

（三）AIGC 时代人类的核心能力

在 AIGC 时代，人类的核心能力将更加凸显其独特性和不可替代性。首先，提出需求的能力是创新的起点，它驱动着技术的发展和应用。其次，提出正确的问题能够引导我们深入探索未知领域，激发新的思考和解决方案。**决策能力是领导力的体现，它帮助我们在复杂多变的环境中做出明智的选择**。

建模能力让我们能够将现实世界的复杂性抽象化，通过构建模型来预测和优化结果。判断优先级的能力使我们能够在有限的资源和时间内，有效地分配注意力。而想象与创造则是人类智慧的源泉，它推动我们超越现状，创造出前所未有的新事物。

影响他人的能力，包括沟通和领导技巧，是协作和团队工作的关键。塑造共识则涉及建立共同的价值观和目标，这对于团队和社会的和谐发展至关重要。当世界充满了廉价的人造智能的时候，人类的情感联结和存在感就显得十分有意义。提升情绪管理和沟通能力，会提高建立社会连接的效率，人类的服务会变得更加昂贵。即使 AI 再强大，我们依然生活在人类社会中，而非虚拟的 Matrix 世界，社会连接是个人最重要的资本。我们正步入社交与智能融合的新互联网时代，应让智能工具成为我们扩大社交网络影响力的工具，把它们当作"积木"一样组合成"成品"，来完成我们想做的事情。

在 AIGC 时代，这些核心能力将成为人类与 AI 协作的桥梁，确保我们能够引导和利用 AI 技术，实现更加丰富和有意义的生活。

最后，引用斯蒂芬·沃尔夫勒姆（Stephen Wolfram）在 *Will AIs Take All Our Jobs and End Human History—or Not? Well，It's Complicated...* 中所表述的一段话："在新兴的 AI 世界中，有许多技能对大多数人类来说可能不再有意义——正如今天的自动化进步使过去的许多技能变得过时一样。但可以预见人类仍会有自己的角色，对我们来说，最重要的是学会如何选择'下一步要去哪里'，以及在计算宇宙的无限可能性中，我们应该引领人类文明走向何方。"

参考书目

[1] 查尔斯·佩措尔德. 图灵的秘密：他的生平、思想及论文解读 [M]. 北京：人民邮电出版社，2012.

[2] 周志华. 机器学习 [M]. 北京：清华大学出版社，2016.

[3] 周志明. 智慧的疆界：从图灵机到人工智能 [M]. 北京：机械工业出版社，2018.

[4] 伊恩·古德费洛，约书亚·本吉奥，亚伦·库维尔. 深度学习 [M]. 北京：人民邮电出版社，2017.

[5] 邱锡鹏. 神经网络与深度学习 [M]. 北京：机械工业出版社，2020.

[6] 张奇，桂韬，郑锐，等. 大规模语言模型：从理论到实践 [M]. 北京：电子工业出版社，2024.

[7] 李寅. 从 ChatGPT 到 AIGC：智能创作与应用赋能 [M]. 北京：电子工业出版社，2023.

[8] 李开复. AI 未来进行式 [M]. 杭州：浙江人民出版社，2022.

[9] Sandra Kublik，Shubham Saboo. GPT-3：Building Innovative NLP Products Using Large Language Models[M]. Sebastopol，California：O'Reilly Media，2022.

[10] Ben Auffarth . Generative AI with LangChain：Build large language model (LLM) apps with Python，ChatGPT，and other LLMs[M]. Birmingham，UK：Packt Publishing，2023.

[11] 石毓智. 认知能力与语言学理论 [M]. 上海：学林出版社，2008.

[12] 戴维·多伊奇. 真实世界的脉络：平行宇宙及其寓意 [M]. 北京：人民邮电出版社，2016.

[13] R.M. 哈尼什. 心智、大脑与计算机：认知科学创立史导论 [M]. 杭州：浙江人民出版社，2010.

[14] 三谷宏治. 经营战略全史 [M]. 南京：江苏凤凰文艺出版社，2016.

[15] 魏炜，张振广，朱武祥. 超越战略：商业模式视角下的竞争优势构建 [M]. 北京：机械工业出版社，2024.

[16] H. 伊戈尔·安索夫. 战略管理 [M]. 北京：机械工业出版社，2022.

[17] 人前研一. 企业家的战略头脑 [M]. 北京：三联书店，1986.

[18] 樱田润. 图形思考：一张图展现你的逻辑思考力 [M]. 杭州：浙江人民出版社，2019.

[19] 久恒后一. 图形思考与表达的 20 堂课 [M]. 南昌：江西人民出版社，2019.

[20] 塞缪尔·阿贝斯曼. 为什么需要生物学思维 [M]. 成都：四川人民出版社，2019.

[21] 亨利·柏格森. 创造进化论 [M]. 北京：时代华文书局，2018.

[22] 诺瓦克. 进化动力学：探索生命的方程 [M]. 北京：高等教育出版社，2010.

[23] 丹尼尔·列维汀. 有序：关于心智效率的认知科学 [M]. 北京：中信出版社，2018.

[24] 理查德·道金斯. 盲眼钟表匠 [M]. 北京：中信出版社，2016.

[25] 理查德·道金斯. 魔鬼的牧师：关于希望、谎言、科学和爱的思考 [M]. 北京：中信出版社，2016.

[26] 理查德·道金斯. 自私的基因 [M]. 北京：中信出版社，2016.

[27] 约翰·霍兰德. 涌现 [M]. 杭州：浙江教育出版社，2022.

[28] 卡尔·波普尔. 客观知识：一个进化论的研究 [M]. 北京：中国美术学院出版社，2003.

[29] 斯蒂芬·斯托加茨. 同步：秩序如何从混沌中涌现 [M]. 成都：四川人民出版社，2018.

[30] 罗家德，曾丰又. 复杂治理：个人和组织的进化法则 [M]. 北京：中信出版集团，2020.

[31] 连诗路. 产品经理进化论：AI+ 时代产品经理的思维方法 [M]. 北京：电子工业出版社，2017.

[32] 迈克尔·波特. 竞争优势 [M]. 北京：中信出版集团，2018.

[33] 亚伯拉罕·马斯洛等著. 马斯洛论管理 [M]. 北京：机械工业出版社，2021.

[34] 乔纳·伯杰. 疯传：传染 [M]. 北京：电子工业出版社，2017.

[35] 尼克·莱恩. 40 亿年地球生命简史 [M]. 上海：文汇出版社，2022.

[36] 平井孝志. 麻省理工深度思考法：从模型及动力机制来思考现象 [M]. 北京：中国华侨出版社，2018.

[37] 迈克尔·韦德，杰夫·劳克斯，詹姆斯·麦考利，等. 全数字化赋能：迎击颠覆者的竞争战略 [M]. 北京：中信出版集团，2019.

[38] 赵宏田. 用户画像 [M]. 北京：机械工业出版社，2020.

[39] 刘润. 新零售：低价高效的数据赋能之路 [M]. 北京：中信出版社，2018.

[40] 尼尔·布朗，斯图尔特·基利. 学会提问 [M]. 北京：机械工业出版社，2013.

[41] 王林建. 营销指标：公司高管和营销经理必须掌握的 120 个管理工具 [M]. 北京： 企业管理出版社，2009.

[42] 陈亮途. 社会化营销：人人参与的营销力量 [M]. 沈阳：万卷出版社，2011.